마르크스,
TV를 켜다

이 도서의 국립중앙도서관 출판시도서목록(CIP)은 서지정보유통지원시스템 홈페이지(http://seoji.nl.go.kr)와 국가자료공동목록시스템(http://www.nl.go.kr/kolisnet)에서 이용하실 수 있습니다. (CIP제어번호 : CIP2013009545)

마르크스, TV를 켜다

마르크스주의 미디어 연구의
쟁점과 전망

마이크 웨인 지음
류웅재
김수철
이희은
이영주
성민규 옮김

Marxism and Media Studies:
Key Concepts and Contemporary Trends

한울
아카데미

Copyright ⓒ Mike Wayne 2003. MARXISM AND MEDIA STUDIES: Key Concepts and Contemporary Trends first published by Pluto Press, London www.plutobooks.com

이 책의 한국어판 저작권은 Pluto Press와의 독점 계약으로 도서출판 한울에 있습니다. 저작권법에 의하여 한국 내에서 보호를 받는 저작물이므로 무단전재와 복제를 금합니다.

차례

추천의 글 마르크스주의 이후의 문화연구? _ 7
옮긴이 서문 다시 마르크스를 호출하는 시대의 마르크스주의 미디어 연구 _ 15

감사의 말 _ 21
서론 TV 화면에서 사회적 장면으로 _ 22
제1장 계급과 창조노동 _ 29
　계급지도 그리기 _ 31 ｜ 중산층과 인텔리겐치아 _ 43 ｜ 문화적 실천의 특수성: 영화와 음악의 경우 _ 57 ｜ 노동의 추상성 _ 65
제2장 생산양식 기술과 뉴미디어 _ 71
　기술결정주의와 뉴미디어의 붕괴 _ 74 ｜ 생산양식과 발전양식 _ 79 ｜ 생산력과 생산관계 _ 87 ｜ 냅스터가 남긴 문제 _ 92
제3장 자본의 힘 할리우드의 미디어-산업 복합체 _ 101
　독점과 경쟁 _ 104 ｜ 독점자본주의의 두 단계 _ 109 ｜ 포드주의와 포스트포드주의 _ 111 ｜ 디즈니: 미디어 통합의 사례 _ 118 ｜ 공론장 _ 125 ｜ 공영 텔레비전의 위기 _ 128 ｜ 미디어와 국가의 공생관계 _ 130 ｜ 광고 _ 132 ｜ 충돌하는 이해관계들 _ 134
제4장 국가 불가능한 것을 통제하기 _ 139
　현실을 응시하기: 현대 미디어 정책의 추세 _ 142 ｜ 국가에 대한 이론화 _ 149 ｜ 정치적인 것과 경제적인 것 _ 153 ｜ 국가의 한계 _ 161 ｜ 시장에서 정치의 소멸 _ 164 ｜ 국민국가 안의 문제적 접합 _ 171 ｜ 국가주의를 넘어서 _ 176

제5장 토대와 상부구조 정치적 무의식의 재구성 _ 181

유물론과 관념론 _ 186 | 정치경제학과 철학을 매개하기 _ 188 | 생산양식으로의 귀환 _ 195 | 상부구조 _ 201 | 루이 알튀세르: 중층결정 또는 매개? _ 207 | 제임슨의 가이거 계수기 해독: 텍스트에서 생산양식으로 _ 211 | 토대-상부구조, 〈빅브러더〉를 만나다 _ 216

제6장 기호, 이데올로기 그리고 헤게모니 _ 229

기호의/기호로서의 세계 _ 231 | 역사적 유물론의 도전 _ 245 | 이데올로기와 헤게모니 _ 255

제7장 상품물신주의와 사물화 환영의 세계 _ 269

상품물신주의와 주체 _ 272 | 물신주의의 사회적 모델 _ 278 | 영화 〈파이〉와 주체 없는 주체들 _ 282 | 내재 _ 284 | 분열 _ 287 | 전도 _ 292 | 억압 _ 294 | 상품물신주의의 경제학 _ 298 | 상품물신주의, 점유, 환영 _ 304 | 사물화의 알레고리로서의 〈다크시티〉 _ 311

제8장 지식, 규범 그리고 사회적 이해관계 다큐멘터리의 딜레마 _ 321

지위변화모델로서의 계급 변증법 _ 323 | 객관적인 대상과 객관적인 주체 _ 329 | 동일성과 부정 _ 336 | 지젝과 실재계 _ 340 | 하버마스, 지식, 사회적 갈등 _ 343 | 노동의 관점에서 _ 353

제9장 결론 주요 개념과 최근의 흐름에 대한 성찰 _ 373

주 _ 389

참고문헌 _ 393

찾아보기 _ 406

추천의 글

마르크스주의 이후의 문화연구?

서동진 _ 계원예술대학교 교수

　나는 사회학을 전공했다. 문화연구 분야에서 공부하고 글을 쓴 이들 가운데 제법 많은 이들이 사회학에 적을 두고 있을 것이다. 그런데 내 또래의 많은 이들이 그랬을 테지만 나 역시 처음부터 사회학을 공부할 생각으로 사회학과에 들어간 것은 아니었다. 주변 사람들은 조숙한 문학청년(?)이었던 내가 국문학과 같은 곳엘 들어갈 것이라고 흔히들 짐작하곤 했다. 그렇지만 고교 시절부터 대학에 진학한 선배들로부터 알음알음 들었던 학생운동에 관한 소식은 일찌감치 사회학과를 나의 지원학과로 낙점해주었다. 어쨌거나 맹랑하게도 나는 오직 학생운동을 위해 대학을 갈 필요가 있다고 다짐을 해두었고, 당연히 진학할 학과는 열성 운동권이 가장 많은 학과여야 했다. 그것이 사회학과였다. 대학에 입학하자마자 마침 학원자율화로 대학 교정은 시위가 없는 날이 없었고, 나는 빠짐없이 시위에 참여했다. 그러니 내게 사회학이란 학문이 무엇인지는 전연 관심사가 아니었다. 전공 수업을 들어간 날도 손을 꼽을 정도였다.

　그렇지만 어쩌다 대학원에 진학하려 마음을 굳히게 되었고, 늦되게 사회학 교재들을 읽게 될 일이 생겼다. 그런데 그즈음 사회학 교재를 읽다 자주 등장하는 마르크스주의적 사회학이란 용어를 대할 때, 왠지 거북한 기분이 들었다. 그것은 어쩐지 그로테스크한 용어법 아닌가, 하는 의구를 버리기 어려웠다. 지금 생각해보면 그런 불편한 기분은 이해할 만한 일이다. 그럼, 마르크스주의적 사회학이 있다면 자유주의적 사회학이란 것도 있을까. 실은 그런 것을 상상한다는 것 자체가 난센스일 것이다. 사회학은 특정한 역사적인 시대를 맞이하여 등장한 자유주의 그 자체이기 때문이다. 사회과학은 정치의 대상을 사회^{Society}로 상상하는, 흔히들 사회국가$^{the\ social\ state}$라 칭하는 자유주의의 새로운 단계가 만들어낸 이념적인 학문이기 때문이다. 이즈음 출현한 독특한 지식이었던 "사회과학", 그 가운데 촉망받는 과학이었던 사회학은 자신의 학문적인 무의식으로서의 자유주의를 품고 있다. 그렇다면 대체 마르크스주의적 사회학이란 무엇일까. 사회학 교과서들이 말하듯 이런 것일까. "사회학은 크게 기능적 사회학과 갈등적 사회학, 사회의 체계와 질서를 강조하는 사회학과 갈등과 변동을 강조하는 사회학으로 나눠볼 수 있는데, 마르크스주의적 사회학이란 후자에 속하는 것으로……." 물론 이런 말은 제법 그럴싸하게 들린다. 그렇지만 자유주의적 사회학이란 것을 상상하는 것이 터무니없는 것처럼, 실은 마르크스주의적 사회학이란 것도 엉터리 같은 발상 아닐까. 사회학과 만난 마르크스주의란 결국 더 이상 마르크스주의와는 관련 없는 자유주의에 의해 윤색된 마르크스주의 없는 마르크스주의일 것이기 때문이다.

 그런데 이런 생각은 문화연구에 대해서도 예외 없이 적용될 수 있다. 문화연구에 비판적 사회과학, 혹은 "앵글로색슨" 식으로 말하자면 비판이론의 앞날이 달려 있는 것처럼 보이던 눈부신 시절은 분명 저물어가고 있는 듯 보인다. 문화연구는 더 이상 매력적인 학문으로 보이지 않는다. 사정은 더 험악하다 해야 옳다. 이름난 좌파 이론가들은 마치 길가에서 쿵쿵대는 늙고

병든 개를 발길질하듯 문화연구에 조롱을 퍼붓는 것을 예사로 하고 있다. 이를테면 스타 철학자인 슬라보예 지젝$^{Slavoj\ Žižek}$의 글을 읽다 보면 우리는 이곳저곳에서 예외 없이 문화연구를 비아냥거리는 대목과 마주치게 된다. 나는 그가 문화연구를 자유주의적 이데올로기의 정수인 것처럼 푸대접하는 것에 아무런 이의가 없다. 외려 그런 대목을 마주치면 '아무렴, 댁의 말이 백 번 옳고말고!' 속으로 맞장구를 치고는 한다. 명색이 문화연구학회의 임원인 주제에(참고로 나는 2013년 현재 팔자에 없는 문화연구학회의 총무이사를 맡고 있으며, 문화연구 분야의 대표적인 저널인 《문화/과학》의 편집위원을 맡고 있기도 하다) 문화연구를 향한 린치에 동조한다는 것은 어쩌면 괘씸한 자세일지도 모른다. 그렇지만 솔직히 말하건대 나는 문화연구를 향한 그러한 난폭한 비방을 온전한 대접이라고 생각한다.

서구 1세대 문화연구자들의 글을 읽다 보면 우리는 거의 예외 없이 이런 자기서사를 마주하곤 한다. 특히 문화연구의 보수성이나 자유주의적인 색채를 비난하는 마르크스주의자들의 비판에 직면할 때마다(물론 나라고 그런 비판을 액면 그대로 지지하는 것은 아니다), 문화연구자들은 으레 거들먹거리며 그리고 아직도 몽매에서 벗어나지 못한 딱한 자들이라도 만난 듯이 이렇게 말하곤 한다. "나도 한때 마르크스주의자였던 적이 있었으나 이런저런 회의와 반성 끝에 그것의 문제를 깨닫고 문화연구에 발을 들이게 되었으니……." 그러나 "마르크스주의를 지나 문화연구로"란 이들의 발언을 듣다 보면, 그들이 희한한 논리적인 변형을 수행하고 있음을 주목하지 않을 수 없다. 어떻게 마르크스주의는 문화연구로 전환할 수 있을까. 문화연구와 마르크스주의는 어떻게 등가^{等價}의 대체물로 호환될 수 있는 것일까. 혹은 마르크스주의의 오류와 제약은 문화연구에 의해 어떻게 교정될 수 있다는 것일까. 아니 백 보 양보하여 어떻게 문화연구로 인해 마르크스주의는 더 풍부해지고 더 멋진 마르크스주의로 변신할 수 있는 걸까. 그들은 담론의 스타일리

스트인지라 마르크스주의란 담론에 시대에 알맞은 "코디"라도 해준 것일까. 이때 우리가 시야에서 놓치지 말아야 할 것은, 바로 문화연구로 옮겨감으로써 만들어지는 마르크스주의에 대한 정의일 것이다.

이런 주장은 어쩐지 "현실 사회주의"의 몰락 이후에 마르크스주의가 전체주의를 낳는 교의였다는 것이 마침내 입증되었다고 능청을 떠는 자유민주주의자들의 주장과 어딘가 닮은 구석이 있다. 어떤 점에서 닮았냐고? 그것은 반자본주의적 사유의 가능성 자체로서의 마르크스주의를 어떤 특정한 재앙 혹은 효과를 초래한 교의로 한정한다는 점에서 일단 닮았다고 말할 수 있다. 마르크스주의에 관해 조금이라도 들어본 이라면 마르크스주의는 환원할 수 없는 다양한 입장과 논쟁의 전장이었다는 것을 잘 알고 있을 것이다. 이를테면 수없이 다양한 당파로 갈라져 입씨름을 벌였던 수없는 마르크스주의 자체의 소란스러운 역사에서부터 마르크스주의자가 아니었던 마르크스에 이르기까지 말이다. 그렇다면 어떻게 문화연구로 인해 마르크스주의가 하나로 간단히 응결될 수 있을까. 과연 그들은 어떤 마르크스주의를 머릿속에 그리고 있는 것일까. 여기에서 우리는 문화연구가 규탄하는 마르크스주의가 실은 온전한 반자본주의적 사유로부터의 이탈을 위한, 더 엄격하게 말하자면 개종을 위한 알리바이의 구실을 하는 것은 아닐까 하는 혐의를 떨치기 어렵다.

그렇다면 어떻게 문화연구는 마르크스주의와의 결별에 이르렀다고 주장할까. 문화연구의 교과서적인 텍스트, 예를 들어 존 스토리John Storey나 존 피스크John Fiske 같은 이들이 쓴 문화연구 입문서를 읽어본 이라면 모르지 않듯이, 그곳에서 마르크스주의란 경제가 모든 것을 결정한다는 미친 신학으로 출현한다고 말할 수 있을 것이다. 모든 존재 속에서 신의 의도를 간파해야 한다고 말하는 신학처럼 모든 존재 속에서 경제의 결정을 발견해야 한다고 악다구니를 쓰는 미친 마르크스주의 말이다. 그 결과 우리는 문화연구가 환상 속에서 그려낸 몽매한 자들의 이념으로서의 마르크스주의를 돌려받게 된다. 가엾고 불쌍한 경제주의란 신학의 희생양 마르크스주의자들이란 동정과 함께. 번거롭겠지만 문화연구의 전도사 격의 인물인 존 피스크의 말을 참조해보면 어떨까.

그는 문화연구 교과서의 베스트셀러인 『대중문화의 이해』•란 책에서 문화연구의 대상을 정의하려고 시도한다. 이때 피스크는 흥미롭게도 문화연구가 경제에 관한 학문이라고 너스레를 떤다. 물론 그 경제는 마르크스주의자들이 생각하는 이른바 "재정적 경제financial economy"와 다른 "문화 경제cultural economy"란 것이다. 부의 순환을 다루는 것이 재정적 경제라면(물론 이것도 너무나 우스운 이야기이다. 경제란 부의 순환을 가리킨다는 생각은 오직 자본의 생각일 뿐이다. 마르크스주의에게 있어 경제란 착취를 감추기 위하여 만들어낸 헛소리의 대명사이기 때문이다), 문화연구는 "의미와 쾌락의 순환"을 다룬다는 것. 이것이 피스크가 제시한 문화연구의 대상이다. 그의 말을 그대로 옮기자면 "대중문화는 소비가 아니다. 그것은 문화이다. 다시 말해서, 대중문화는 사회체계 안에서 이루어지는 의미와 쾌락의 능동적인 창조 및 순환 과정이다. 비록 산업화되어 있을지라도, 상품의 구매라는 측면에서 문화를 설명하는 것이 불가능하다."•• 그러나 이는 문화연구의 독자적인 대상을 정의하기 위해 조직된 독특한 "반-경제"의 궤변이라 부르지 않을 수 없다. 상품, 산업, 경제적 실재로서의 문화만이 아닌 문화연구의 대상으로서의 문화를 지정하기 위해 문화연구는 손쉽게 문화를 경제의 외부라는 곳에 자리를 잡도록 한다. 그렇지만 그렇게 추방한 경제는 문화연구의 내부 속으로 다시 은밀히 되돌

• 존 피스크, 『대중문화의 이해』, 박만준 옮김(경문사, 2002).
•• 같은 책, 29~30쪽.

아온다는 것 역시 잊지 말아야 한다.

말이 나온 김에 바로잡도록 하자. 화폐의 순환, 혹은 경제적 실재로서의 문화를 연구하는 것은 재정적 경제의 세계이며 의미와 쾌락의 순환이라는 문화경제야말로 문화연구가 걸머져야 한다는 문화연구의 지도급 지식인들의 허무맹랑한 주장에 대하여, 이렇게 대꾸해야 하지 않을까. "이봐요, 문화연구자 양반. 그런 식의 나누기를 한다는 것이 불가능하다는 것이야말로 마르크스주의의 요점이라는 것을 모른다는 말이오. 마르크스는 경제와 문화라는 것이 다른 것이라고 주장하는 착각이야말로 가장 황당한 자본주의적 환상임을 누차 역설했다는 것을 모른다는 말입니까. 상품과 화폐로 채워진 세계, 그러니까 당신네가 말하는 재정적인 경제란 동시에 의미와 쾌락의 순환 그 자체라고 마르크스는 『자본』이란 책에서 틈날 때마다 주장하지 않더란 말입니까. 예를 들어, 상품 물신주의에 관한 부분에서 마르크스란 사람이 뭐라고 말합디까. 그는 이렇게 말하지 않습니까. '상품은 언뜻 보면 자명하고 평범한 것으로 보인다. 그러나 분석해보면 그것이 사실 형이상학적인 교활함과 신학적인 변덕으로 가득 찬 매우 기묘한 것임을 알게 된다.' 그의 말인즉슨 재정적 경제란 결국 문화경제와 같은 것이라고 말하지 않는 것 아니겠습니까. 그럼 당신이 말하는 문화연구의 그 학술적 프로그램은 마르크스주의로부터의 전진이기는커녕 외려 기껏 마르크스주의가 밝혀놓은 것을 무위로 돌리려는 퇴행적인 헛발질이 아니라면 뭐란 말입니까!"

그러나 너무 나아가지는 않기로 하자. 문화연구는 자신의 환상 속에 마르크스주의라는 우상을 만들어놓고는 의기양양하게 그것을 파문했다고 힐난하지 않도록 하자. 문화연구는 급진적인 체하는 자유주의 지식인들이 고안해낸 새로운, 아카데믹한, 너무나 아카데믹한 농담이라고 조롱하지 않도록 하자. 변화된 21세기 자본주의가 만들어낸 눈부신 학술적 이데올로기의 총아라고 빈정대지는 않기로 하자. 그렇다고 문화연구는 무고하다고 탄원하지도 않기로 하자. 어느 아시아의 나라에서 문화연구를 공부하기로 마음을 굳힌 자들의 순진한 욕망에 난폭한 테러는 삼가도록 하자. 마치 내가 1990년대 초반의 어느 날 스튜어트 홀$^{Stuart\ Hall}$이란 학자가 이끌던 버밍엄대학 현대문화연구소가 출판한 책들을 읽고 문화연구에 열광했을 때 그 열광 속에 깃든 욕망을 무시당하고 싶지 않은 것처럼. 그렇다. 우리는 그동안 마르크스주의를 잘못 이해하고 있었다. 마치 경제란 것이 문화를 결정한다는 생각처럼. 그러나 경제로 환원할 수 없는 문화란 것이 있는 것이 아니라, 경제와 문화란 것이 다른 것이란 생각이 잘못이었다는 결론에 이르기 위해, 문화연구란 것이 필요했었을 것이다. 우리는 문화의 상대적 자율성, 문화라는 것이 갖는 엄연한 능력을 발굴하기 위해 문화연구를 필요로 했던 것이 아니라, 어쩌면 경제와 문화란 분간에서 벗어나기 위해 문화연구를 필요로 했던 것인지도 모른다. 프레드릭 제임슨$^{Fredric\ Jameson}$이라는 괴팍한 마르크스주의자가 어느 글에서 자본주의란 것이 등장하기 위해 "프로테스탄티즘"이라는 사라지는 매개자$^{vanishing\ mediator}$가 필요했다고 갈파했던 것처럼, 우리는 자본주의의 적대와 불가능성을 사유하는 마르크스주의를 얻기 위해 문화연구라는 사라지는 매개자를 필요로 했던 것인지도 모른다.

그러므로 우리는 기꺼이 마르크스주의적 문화연구라는 난센스를 받아들일 수 있어야 한다. 제대로 된 마르크스주의를 얻기 위해 지금 우리는 문화연구를 경유해야 한다. 더 이상 세계를 주재하는 종교로서의 기독교가 아니라 사생활의 윤리로 전락한 기독교를 만들어내며 종교로서의 자리를 잃게 된 프로테스탄티즘이 맡았던 역할처럼, 우리는 문화연구의 역할을 필요로 한다. 따라서 우리는 문화연구를 거침으로써 빈사 상태에 빠진 혹은 위기에 빠진 마르크스주의를 소생시킬 수 있는 가능성을 발굴할 수 있을지도 모른다. 마르크스주의를 극복했다고 자처하는 문화연구에게 바로 문화 자체를 상대하게 함으로써 말이다. 가상자본주의, 상징과 기호의 자본주의에 접어들었으며 문화 자체가 경제이고 경제 자체가 문화라고 역설하는 이데올로기적 표상들에 대하여, 문화연구는 과연 어떤 답변을 할 것인가. 굳이 따로 문화연구의 도움을 얻을 필요도 없이 경영자와 마케터, 홍보담당자의 입으로부터 의미와 쾌락 자체가 가치의 원천이라는 말이 흘러나온다. 나아가 소심한 문화연구와 달리 그들은 이것이 문화에 그치지 않고 경제 자체라고 떳떳이 말한다. 재정적 경제와 문화적 경제를 애써 나누려는 문화연구의 소심함을 조롱하듯이 말이다. 그리고 이것이 아마 우리 시대의 진정한 경제주의일 것이다. 그렇다면 우리는 문화연구에서 재정적 경제란 이름으로 추방한 경제가 기이한 모습으로 창문을 통해 들어온 풍경과 마주하고 있는 셈이다. 그리하여 경제주의로부터의 해방을 강변하던 문화연구가 우리 시대의 최악의 경제주의에 갇히고 마는 역설에 이르게 된다. 그리고 종내 일부 문화연구자들이 기꺼이 창의산업연구로 전향하는 희한한 현상까지 목격하게 된다. 이제 그러한 역설의 수수께끼를 문화연구 스스로 풀어야 할 때이다. 그를 위해 우리는 마르크스주의를 손쉽게 청산했다고 믿는 문화연구의 미신으로부터 벗어나야 한다. 문화연구로부터 마르크스주의를 추방한다는 것은 불가능하다. 자본주의 없는 문화를 상상할 수 없듯이 말이다.

그러니 우리 시대의 미디어와 문화의 겉과 속을 현미경처럼 낱낱이 들여다보는 마르크스주의자 마이크 웨인의 이 책이 나는 무척 반갑고 또 고맙다. 이제 번역되어 나온 이 책의 도전을 오늘날 우리 문화연구자들이 (물론 이제 막 문화연구에 관심을 갖기 시작한 입문자들도) 어떻게 받아들일지 자못 기대하지 않을 수 없다.

옮긴이 서문

다시 마르크스를 호출하는 시대의
마르크스주의 미디어 연구

언제부터인가 그리고 상당히 오랜 시간 동안, 마르크스와 그의 지적 유산은 어느 누구도 좀처럼 말하지 않게 되었거나 최소한 공적 담론의 영역 내에서 공공연히 외면되어오던 주제였다. 한때 한국 사회에서는 마르크스란 이름을 호명하거나 『자본론』, 『경제학-철학 수고』, 『정치경제학 비판』, 또는 『독일 이데올로기』 등 그의 저작을 소지하는 것이 곧바로 이적이나 범법, 혹은 불온함의 상징이었고, 그로 인해 신체적, 사회적, 법적 제약을 감내해야 하던 시절이 있었다. 그런데 이 시기에는 오히려 마르크스의 주장이 일종의 교리와도 같이 세상을 구원해줄 어떤 것이라는 설명하기 어려운 묘한 아우라^{aura}가 있었다. 이는 역설적으로 마르크스의 현실적 유용성, 또는 사회적 실천에 지침이 되는 이론으로서의 잠재성이나 기대를 함축적으로 보여주는 일화이기도 하다. 그러나 최근에는 전 지구적 자본주의의 심화, 혹은 신자유주의로 명명되는 시대적 패러다임의 변화 속에서 이런 신비감이 소멸됨은 물론, 그의 진지한 문제제기와 이론마저도 현실 설명력과 적용력을 상실한 구시대의 유물로 여겨지고는 한다. 특히 지난 세기 말, 그의 이론을 현실 운용의 원리로 차용한 정치경제 체제의 급격한 몰락은 이후 '역사의 종언'이나 '이데올로기의 종언' 등의 담론에 의해 자본주의의 항구적이고 되돌릴 수 없는 승리로 선언적으로 자축되어온 것이 사실이다.

1989년 베를린 장벽의 붕괴와 소련의 해체, 최근 G2라는 용어가 상징하듯이 세계무대에서 중국의 급부상과 시장개방 등 일련의 사건은 특정한 양식의 자본주의와 이에서 파생하는 세계화, 개인주의, 소비주의, 민영화, 시장화, 효율성, 경쟁 등의 이데올로기 및 담론정치를 보편화하고 일정 부분 공고화하는 데 성공했다. 그러나 2007년 시작된 미국발 세계 금융위기와 2011년 유럽의 주요국 및 미국 뉴욕 등 세계적 대도시의 시위에서 촉발된 전 지구적 금융자본주의의 모순에 대한 광범위한 이의 제기는 오래전 자본의 위험과 방종에 대해 설득력 있게 경고한 마르크스와 그의 사상을 다시 한 번 주목하게 하는 계기가 되었다. 1930년대와 1970년대의 대공황에 비견해도 좋을 작금의 세계 경제위기, 그리고 이에 연동하는 정치와 문화의 영역에서 새로운 처방이 필요한 때에 마르크스의 진단이 그의 사후 130여 년이 지난 시점에서도 여전히 유효한 의미를 지닌다는 것은 우리에게 시사하는 바가 크다고 볼 수 있다.

물론 인류 역사의 발전과정에 대한 마르크스의 설명이나 사용가치, 교환가치, 잉여가치 등의 개념은 주류 정치학이나 경제학의 관점에서 볼 때 논란의 여지가 있고, 변화하는 시대를 적실성 있게 설명하기에는 부적합한 낡은 틀이라는 반론을 제기할 수도 있을 것이다. 그러나 동시에 우리는 마르크스의 작업을 통해 그가 제시한 일련의 개념과 이를 풀어내는 틀거리가 현재의 정치경제적, 그리고 구조적 모순뿐 아니라, 우리가 살아가는 사회와 문화, 인간의 존재조건과 관계의 문제들에 대한 숙고와 전향적 논의에 일종의 실마리를 제공해줄 수 있으리라는 근거 있는 믿음을 얻게 된다. 이는 마르크스의 이름이 직접적으로 언급되지 않는 무수한 사회문화적 맥락을 포함한 현실에 대한 진지하고 비판적인 논의에서 자연스럽게 그의 아이디어와 이미지가 소환되거나 중첩되는 데에서도 어렵지 않게 발견할 수 있는 것이다.

예를 들어 커뮤니케이션학의 주요 쟁점인 미디어 공공성, 전 지구적 미디어와 정보의 확산, 대중문화의 상업화, 노동의 유연화, 다문화 사회, 명품과 몸에 대한 관심, 테크놀로지의 발전과 부작용, 정치경제적 변동과 미디어의 역할 등은 마르크스가 이미 오래전에 논구했거나 죄르지 루카치, 안토니오 그람시, 루이 알튀세르, 허버트 마르쿠제, 테오도어 아도르노, 발터 벤야민, 위르겐 하버마스, 레이먼드 윌리엄스, 스튜어트 홀, 장 보드리야르, 질 들뢰즈, 프레드릭 제임슨, 에르네스토 라클라우, 샹탈 무페, 슬라보예 지젝, 안토니오 네그리, 데이비드 하비, 지그문트 바우만 등 그의 지적 전통을 계승하는 후학들에 의해서 조금씩 다른 모습으로 지속적으로 논의되고 있다.

지난 사반세기 동안 미디어와 커뮤니케이션 연구의 흐름은 수용자와 미디어 효과 등 현재 무엇이 일어나고 있고, 이를 토대로 미래에 어떤 일이 일어날 것인가를 예측하거나 통제하는 데에 집중되는 경향이 있었다. 그러나 오늘날 미디어와 커뮤니케이션학에서 요구되는 비판적 연구의 새로운 방향은, 언론 혹은 방송환경이나 커뮤니케이션 테크놀로지의 급격한 변화의 양상 속에서도 좀처럼 쉽게 변하지 않는 '보편성의 정치'와 오늘날의 현실에 일정 부분 조응하는 기존 비판적 패러다임의 공리 및 전제에 어떻게 인식론적이며 실천적으로 천착하느냐의 문제와 관련된다.

이런 점에서 마이크 웨인Mike Wayne의 『마르크스, TV를 켜다Marxism and Media Studies』는 미디어, 커뮤니케이션 연구의 핵심적이며 성찰적인 과제들을 마르크스주의적 시각에서 방송 산업의 소유와 집중, 독점과 경쟁, 자본주의 위기, 공론장 등으로 범주화해 이론적, 경험적, 역사적으로 확대하고 심화하는 데 도움을 준다. 기존 미디어와 커뮤니케이션의 비판적 연구에서 마르크스주의에 대한 접근은 대부분 방송의 소유와 통제 등 주로 산업적이거나 제도적인 문제에 초점을 맞추는 경향이 강했다. 이 책의 미덕은 이러한 주제들을 무게 있게 다루면서도, 동시에 비판적 연구의 고전적이며 이론적인 논의를 빠르게 변화하고 있는 현실을 설명하거나 밝게 비추는 방식으로 활용하고 분석한다는 데에 있다. 나아가 이러한 이론과 개념 적용의 범위를 미시적이고 일상적인 부분에까지 솜씨 있게 확장시키며 현실 분석 및 적용의 가능성을 모색하고 있다는 견지에서 일정한 차별성을 갖는다고 할 수 있다.

특히 이 책은 오늘날 우리가 목도하고 있는 자본주의의 구조적 모순에서 기인하는 위기와 내파의 징후는 물론, 전 지구적 층위에서 신자유주의 체제가 야기하는 일련의 문제들을 사회, 문화의 영역에서 적절하게 진단하는 틀을 제공해주고 있다. 나아가 이러한 거시적 담론과 의제를 미디어와 커뮤니케이션 영역의 경험적 사례들을 통해 실증적으로 분석하고 검증함으로써 방송과 영상 미디어를 둘러싼 다양한 현상과 효과가 사회와 문화의 영역을 포함한 우리의 일상에서 어떻게 작동하는지, 또 이를 어떻게 '낯설게 보기'하는 가운데 개선해나갈 수 있는지에 대한 시대적 화두를 제공해줄 수 있을 것이다. 오늘날 글로벌 자본주의와 관련된 위기의 징후들이 여기저기서 드러남과 더불어 이를 대안적으로 상상하기 위한 비판적 이론과 시각에 대한 관심이 국내외에서 높아지고 있다. 커뮤니케이션 연구 분야에서도 디지털 미디어의 확산에 따라 다양한 사회 현상—사회운동, 권력구조, 민주주의, 지적재산권 등—과의 관계에 대한 정치한 분석과 조망을 충족시키는 비판적·대안적 시각 및 논의들에 대한 요구가 증대하고 있다.

이런 맥락에서 마이크 웨인은 미디어 정치경제학적 시각을 차용해 포스트포드주의$^{Post-Fordism}$ 이론과 독점자본주의 이론 간의 긴장과 공모에 대한 실증적 분석을 통해, 현재 방송 미디어가 독점과 경쟁을 미디어 상품의 생산, 분배, 소비의 분야에서 구체적으로 어떻게 적용시켜 나가는지 실증적으로 논의한다. 예를 들어, 디즈니 사의 자사 미디어 기업들에 대한 소유권 통제와 자본 집중에 대한 저자의 분석은 거대기업에 내재화되고 있는 독점자본주의의 특성을 분석하는 데 매우 흥미롭고 유용한 사례이며 창의성, 민주적 기업경영, 사회적 협력 등과 같은 일반화된 개념들에 대한 비판적인 성찰에 도움을 준다. 이 책의 또 다른 미덕은 마르크스주의의 관점에서 이른바 '객관성' 주장을 비판적으로 검토하는 가운데, 미디어산업이 만들어내는 지식과 규범과 사회적 관심사들에 대한 미디어 이용자들의 창의적이며 비판적인 거리두기 방식에 대해 탐색한다는 점이다. 또한 마르크스의 주요 개념과 분석 대상인 사용가치, 교환가치, 소외, 물신 숭배, 토대와 상부구조, 국가 등에 대해서도 다양한 사례를 들어 흥미로운 논의를 하고 있다. 이를테면 저자는 최근 뉴미디어 산업의 발전을 자본주의의 내재적 위기의 메커니즘인 과잉생산이라는 시각에서 바라볼 수 있다고 주장한다. 즉, 뉴미디어의 등장으로 자본 간의 경쟁에 의한 대규모 투자에 실제 기술혁신의 한계를 넘어서 유동자본의 과잉 고정자본화가 이루어지고, 투자-이익 실현 기간이 지나치게 늘어나는 현상도 찾아볼 수 있다고 말한다. 기술혁신에 대한 우리의 기대에도 불구하고 이러한 기술혁신 자체만으로는 자본주의의 근본적인 위기 또는 내재적 메커니즘을 바꾸기는 힘들다는 것이다.

방송 미디어와 문화연구에서 비판적이며 질적인 연구 경향은 보통 마르크스주의적 전통을 계승한 구조주의와 후기 구조주의, 프랑크푸르트 학파로 대변되는 독일의 비판이론과 버밍엄 학파로 대변되는 영국 문화연구의 지적 전통을 따르는 경우가 많다. 이들은 주로 자본주의 생산양식과 상부구조, 계급, 기호와 이데올로기, 헤게모니, 상품 물신성, 사물화, 현대 사회의 총체적인 관료체계, 국가, 전 지구화, 신자유주의, 권력관계 등의 주제를 다룬다. 그동안 한국에서는 비판커뮤니케이션 연구critical communication studies나 문화연구cultural studies가 이 같은 연구경향을 대표해왔다. 최근 세계화와 신자유주의의 구조적 모순과 이것이 미시적 일상에 미치는 영향 등과 관련하여 다양한 지역과 국가, 그리고 로컬local의 층위에서 변화하고 있는 미디어와 문화

지형을 서술하면서, 이러한 변화가 세계화의 영향력과 어떻게 연결되어 있는지를 분석하는 연구들이 늘어나고 있는 추세이다.

국내외의 이러한 변화와 일정한 성과에 발맞추어 최근 국내 미디어 연구자들 사이에서 단행본 규모의 연구에 대한 요구가 증대하고 있다. 이런 점에서 마이크 웨인의 책은 출판된 지 몇 년이 지났음에도 불구하고, 현재 한국 미디어의 상황과 연구 경향에 비추어 매우 놀랄 만한 관련성과 함의를 보여준다. 국내 방송 영상 등 미디어 연구의 심화된 논의를 촉발하고 이 분야의 질적 도약에 기여할 수 있는 저서라고 할 수 있을 것이다. 이 책의 제1장과 제2장은 변화하는 미디어 환경과 테크놀로지의 의미를, 제3장과 제4장은 신자유주의 시대에 방송에 미치는 자본과 국가의 의미를, 제5장과 제6장은 방송 자체의 문화적 의미를, 제7장과 제8장은 프로그램의 특징과 의미를 각각 살펴보는 데 중요한 밑그림과 함의를 제시한다.

이 책이 한국의 미디어와 문화, 커뮤니케이션 연구의 외연을 확장하는 가운데, 현재 우리가 목도하고 있는 전 지구적 정치경제, 사회문화의 위기적 징후와 이에 대한 새롭고 전향적인 변화의 가능성에 대한 유용한 설명을 제시할 수 있기를, 나아가 우리가 함께 꿈꾸는 다른 세계에 대한 창의적 지도 그리기와 이에 대한 상상력을 확장하는 논의를 보다 풍성하게 하는 데 도움이 되기를 희망한다.

마지막으로 이 책을 펴내기까지 관심과 열정을 가지고 도움을 주신 모든 번역진과 편집진, 도서출판 한울, 한양대 미디어커뮤니케이션학과 대학원생들, 그리고 마지막 교정 작업에 도움을 준 한양대 미디어커뮤니케이션학과 석사과정의 이은아 씨에게 감사를 전한다.

2013년 여름, 옮긴이 일동

감사의 말

이 책이 출간되기까지 도움을 주신 분들에게 감사를 전합니다. 우선 이 책을 포함해 마르크스주의와 문화연구 기획을 지원해주신 플루토 출판사에 감사드립니다. 이 책의 기획 단계에서부터 책의 구성과 내용에 대해 조언해주신 그레이엄 머독^{Graham Murdock} 교수와 이 책을 집필할 수 있도록 제게 연구년을 허락해준 브루넬 대학교에 감사드립니다. 제2장에 대해 조언해준 피터 위소커^{Peter Wissoker}와 로버트 글린^{Robert Glynn}, 그리고 책 전반에 관해 통찰력 있는 제언을 해준 피터 케이런^{Peter Keighron}과 디어드리 오닐^{Deirdre O'Neill}에게도 감사를 전합니다. 이 책의 진행과정에서 가졌던 주저와 의구심을 해소하는 데 도움을 준 더글러스 켈너^{Douglas Kellner}, 원고를 꼼꼼하게 교정해준 로라 해리슨^{Laura Harrison}, 그리고 제3장과 제5장의 일부에 대해 조언해준 *International Journal of Cultural Studies*와 *Radical Philosophy*의 논문 심사위원들께도 감사를 전합니다. 제3장의 초기 원고는 "포스트포드주의, 독점자본주의 그리고 할리우드 복합 미디어 산업체"라는 제목으로 *International Journal of Cultural Studies*(2003, 제6권 1호)에, 그리고 제5장의 일부는 "빅브러더의 감시와 계급"이란 제목으로 *Radical Philosophy*(2003, 117호)에 각각 실린 것임을 밝혀둡니다.

서론

TV 화면에서 사회적 장면으로

영국 텔레비전 프로그램의 엔드 크레디트에서 최근 전례 없는 일이 발생하고 있다. 가령 "한때는 느린 속도로 화면 전체를 흐르던 엔드 크레디트가 점차 축소되거나 쪼개지거나 한쪽으로 쏠리거나 박스 안으로 편집되고, 아니면 거의 알아보기 힘들 정도로 빠르게 지나간다".[1] 이는 ≪가디언≫ 미디어 증보판의 뉴미디어 섹션에 실린 어느 기사에서 발췌한 것이다. 이러한 '뉴스'의 기획과 편집은 현재 일어나는 사건과 트렌드에 관한 정보 전달을 위해 일상적으로 행해지는 관행이다. 이러한 미디어의 관행 속에서, 전문적인 것으로 보이는 화제나 엔드 크레디트처럼 상대적으로 사소한 뉴스거리와 보다 거시적이고 실질적인 사건들 사이에 탐구할 만한 가치가 있는 어떤 관계가 있을 수 있다는 가정은 매우 놀랄 만한 것이다. 실제로 ≪가디언≫의 심층 보도와, 텔레비전의 저녁 뉴스에서 최소한의 분석만으로 보도되는 사건들 사이에 어떤 관계가 있을까? 과연 엔드 크레디트가 축소되고 쪼개지고 작은 박스 안으로 편집되는 것과 아르헨티나의 부에노스아이레스 같은 현대적인 대도시에서 IMF 정책의 시행에 저항하는 폭력적 대중집회가 벌어지는 것 사이에 어떤 관계가 존재하는가? 미디어에서 일어나는 이런 식의 축소와 분리와 편집이 개발도상국의 특정 지역에 대한 서구의 폭탄 투하와

도대체 무슨 관련이 있는 것일까? 이와 같은 엔드 크레디트의 두드러진 변화와 영국의 운송, 보건, 교육과 같은 공공 서비스의 민영화에 대한 국가의 소극적 제재 사이에는 정말 연관이 없는가? 우리의 이러한 일상적이고 미시적인 미디어 경험과 미디어 자체의 구조 사이에 어떤 상관관계도 없을까? 그리고 이러한 모든 것들을 미디어의 형식과 내용 그리고 미디어가 생성하는 의미들에 연결하는 것은 무엇인가? 어쩌면 영화 〈매트릭스^{Matrix}〉(앤디 워쇼스키$^{Andi\ Wachowski}$와 래리 워쇼스키$^{Larry\ Wachowski}$, 1999, 미국)의 네오^{Neo}처럼 우리는 세상이 잘못된 방향으로 움직이고 있다는 것을 직관적으로 깨닫고 있을지 모르지만, 동시에 세상이 미디어에 의해 특정한 형태로 묘사되는 한 왜 그런지에 대한 분명한 이유를 알기는 어려울 것이다. 하지만 우리를 현혹시키는 사건들과 논쟁들의 복잡성을 분류하고 분석하는 것을 어디에서부터 시작해야 할까?

미디어 연구자로서 우리가 이야기를 시작하는 데 그 무엇보다 적합한 것이 있다. 바로 엔드 크레디트이다. 여기서 문제는 최근에 텔레비전 방송시간의 특징이 변해왔다는 것이다. 과거에는 우리가 시청한 프로그램을 만든 사람들의 참여와 역할을 보여주는 엔드 크레디트가 올라가는 것을 프로그램의 일부로 여기며 보는 일이 자연스러운 것이었다. 그러나 오늘날 시청자를 두고 벌이는 방송 사업자들 간의 격렬한 경쟁은, 엔드 크레디트가 이제는 시청자들을 잡아두기 위해 고안된 각종 프로모션 및 광고와 자리다툼을 해야만 한다는 것을 의미한다. 이러한 경쟁은 텔레비전 산업 내에서 자연스럽게 생긴 것이 아니라 국가와 기업에 의해 의도적으로 촉진되고 제도화된 것이다. 방송시간은 이제 이전에는 볼 수 없던 경제적 가치를 지니게 되었다. 재화가 몇몇 사람들에게 가치 있는 것이 되기 위해서는 다른 사람들에게는 부족한 것이 되어야 한다. 예로부터 자연은 인류에게 일정한 한계를 부여하고 끊임없는 고난을 주었고, 이로 인한 결핍은 오랫동안 인류를 괴롭혀왔다. 우리에게는 이러한 한계와 역경을 극복하기 위한 기본적 수단이 부족했다. 이후 새로운 사회적, 경제적 체제가 출현하여 점차적으로 발전하고 성숙했는데, 이 체제는 결핍을 정복할 것을 약속했고 이전에 결코 얻지 못했던 음식, 건강, 물질적 부, 그리고 문화적 풍요를 공급했다. 이러한 약속은 부분적이고 불평등하며 때로는 퇴행적이고 제한적인 방식이기는 할지라도 실제로 성취되었다. 그러나 동시에 많은 사람들에게 이러한 약속은 결코 지켜지지 않았다. 오늘날 자본주의로 알려진 사회경제적 체제는 사실상 결핍을 없애지 못했다. 오히려 자본주의 체제는 인위적이거나 사회적으로 **만들어진** 새로운 형식의 결핍을 가져왔다. '시간이 돈'이라는 말이 있다. 이 말은 시간이 희소 자원, 즉 가치가 되었다는 말을 다르게 표현한 것이다. 시간은 이제 텔레비전에서 **너무나도** 가치 있는 것이어서 방송 사업자들은 엔드 크레디트를 완전히 없애거나 이를 인터넷으로 옮겨놓을 가능성에 대해 생각하게 되었다. 텔레비전 프로그램을 생산해온 노동을 이렇게 지워버리는 것에 대해 물론 노동조합은 탐탁지 않게 여겼다. 미국에서는 디스커버리 채널이 이러한 아이디어를 제기했다가, 다양한 영화제작자 기구들을 대표하는 다큐멘터리 크레디트 연합에 의해 맹공격을 당했다. 신문은 이 사건에 관해 "미국 언론에서 디스커버리 채널을 '탐욕스럽고' 게다가 '미국적이지 않은' 것의 대명사로 만들었으며, 이는 디스커버리 채널의 유럽과 미국 양쪽의 경영이 경색되게 하는 계기가 되었다"라고 보도했다.[2] 경쟁의 논리와 시청자를 확보하는 것에 대한 욕구, 그에 따르는 광고주로부터의 이윤(정부 지원으로 운영되는 방송의 경우 시청자 점유율을 유지하는 것)은 따라서 저항에 직면한다. 그것은 사회적 그리고 경제적 체제의 한 가지 중요한 측면을 나타내는데, 바로 이런 것들이 아무런 도전 없이 진행되지는 않는다는 것이다. 텔레비전 산업을 '탐욕적'이라 명명하는 미국 언론, 즉 광고주들에 의해 지원받는 자본주의 언론이 이러한 저항을 지지해왔다는 사실은 또 다른 역설적 측면을 보여준다. 이는 사회적이며 경제적인 '일상'이 모순으로 가득하며, 한 층위에서는 특정한 가치를 지지하는 개인과 집단적 행위자들이 또 다른 층위에서는 이와는 상반된 실천을 한다는 것이다. 또한 우리는 상업주의의 국제화가 종종 미국으로부터 수출되어 영국으로, 그리고 그다음에 세계의 나머지 지역으로 예정된 경로에 따라 진행됨을 이해해야 한다. 산업계의 입장을 대변하는 자료들의 논조에 의하면 우리의 신문 기사들은 엔드 크레디트를 재편하는 생각에 대해 상당히 비판적이다. 한 논평가는 "소비자가 이러한 문제에 관심을 기울인다는 것을 주장할 증거가 어디에도 없다"고 강변한다. 그러나 한편으로는 시청자들이 광고의 범람에 염증이나 불만을 느낀다는 충분한 증거들이 존재한다. 물론 이러한 소비자의 반응은 미디어산업의 존재 자체를 위태롭게 하는 것이기에 산업적 차원에서 이에 부응하기란 어렵다.

이 시점에서 누군가는 어쩌면 이러한 논쟁 자체에 무관심할 수도 있고, 나아가 어떤 쪽의 입장을 견지하든 이것이 죽고 사는 정도의 심각한 문제가 아니라고 느낄 수도 있을 것이다. 그러나 중요한 점은, 만약 세상이 앞서 언급한 인위적인 결핍, 이윤을 위한 경쟁, 노동의 소외, 당면한 문제를 해결하기 위한 새로운 기술을 자본에 봉사하는 방식으로 사용하는 것 등의 원칙들로만 전적으로 구성된다면 과연 어떨지 상상해보는 것이다. 물론 이는 상상력이 풍부하지 않을지라도 가능한 일이다. 사실상 이것이 바로 우리가 사는 세상이기 때문이다. 우리 삶의 모든 영역과 우리가 맺는 모든 상호작용에 침투해 있는 자본의 힘에 대한 통찰은 엔드 크레디트에서부터 원유(자본주의의 사회경제적 관계 내에서 독점적 공급자들에 의해 희소하게 된 또 다른 자원이자, 재생 에너지원에 대한 연구를 더디게 하는) 공급을 둘러싼 전쟁까지 포괄한다. 자본의 권력은 변화하는 미디어 기업의 구조, 국가의 역할, 새로운 기술의 사용, 그리고 미디어가 생성하는 문화적 형식과 의미들에까지 침투해 있다. 이러한 힘들은 다양한 수준과 층위의 강도 및 활력, 저항과 반격 등의 놀랄 만한 선회와 전환, 그리고 접합으로 점철되어 있다는 점에서 모순적이다.

이것이 한편으로는 새롭게 고삐가 풀린 자본주의 그 자신과 자본주의가 틈입해 있는 세계―우리 자신과 정체성에 대한 우리의 인식을 포함해―를, 다른 한편으로는 실제적이고 이론적인 저항의 힘을 재구조화하는 자본주의의 담론이다. 이 모두는 미디어를 통해 전달 및 여과되고, 이는 이 책이 기술하고자 하는 현대 사회의 주요한 조류 중의 하나이다. 그리고 우리의 안내자이자 나침반이 될 핵심 개념은 마르크스주의로부터 나온다.

마르크스주의는 미디어 연구를 위한 방법론 그 이상의 것이다. 마르크스주의는, 19세기에 턱수염이 무성한 한 독일 사람이 프랑스의 급진적 정치학, 독일의 관념론 철학, 그리고 영국의 경제 분석 등을 종합함으로써 발전시킨 이래로 이를 둘러싼 논쟁과 경쟁이 그치지 않았던 정치적, 사회적, 경제적, 그리고 철학적 자본주의 비판으로 자리매김해왔다. 비평으로서의 마르크스주의는 자연히 당대의 사회정치적 체제에 대한 대안은 없을 것이라 느끼는 사람들로부터 비호의적이거나 혐오에 찬 또는 희화화된 평가를 받아왔다. 또 마르크스주의는, 이러저러한 자칭 마르크스주의자들이 획득한 현실적 권력과 성취에 의해 심각하게 왜곡되거나 손상되어왔다. 이 과정에서 가장 많은 주목을 받은 이들은 친자본주의적 부르주아 비평가들이었다.

서구에서 마르크스주의는 1960년대와 1970년대에 개발도상국과 서방세계 도처에서 유행한 정치적 급진주의의 시류에 편승하여 학계에서 높은 위상을 누렸다. 반면 최근까지 문화와 미디어 연구 내에서 종종 마르크스주의는, 그것이 견지하는 주된 관심사와 접근이 극도로 정교화된 분석 도구들에 의해 대체된 현실에서 기껏해야 방법론사의 한 부분으로 여겨질 뿐이었다. 그런데 이러한 추세에 변화가 시작되고 있다는 신호가 보인다. 이는 아마도 프레드릭 제임슨^{Fredric Jameson}이 언급했듯이, "마르크스주의를 극복하기 위한 시도들은 더 오래된 마르크스주의자들의 입장을 재발견하는 것으로 끝나버리고는 했다"(Jameson, 1988: 196)는 것을 깨닫기 시작했기 때문일 것이다. 이 책은, 미디어 연구에서 보다 급진적인 접근을 원하고 왜 현실이 그렇게 구성되었는지에 대한 근원적 질문을 던지는 가운데 미디어와 문화를 적확하게 이해하는 방법을 찾는 사람들을 위해 쓰였다.

이러한 맥락에서 나는 마르크스주의가 우리가 당면한 문제를 해결하기 위해 시작할 수 있는 가장 좋은 방법론이라고 믿고 있다. 물론 이것이 마르크스주의가 모든 답을 가지고 있다는 의미는 아니며, 정말로 그러한가는 마르크스주의자들 사이에서도 오래된 논쟁거리이다. 그러나 하나의 방법론으로서 마르크스주의는 상당한 유용성을 지니고 있다. 마르크스가 『공산당 선언』을 처음 집필한 1848년보다 그의 진단이 더 부합하는 것처럼 보이는 오늘날의 세계에서는 특히 그렇다. 이 책은 마르크스 사상을 역사로서 구성하기보다는 현시대의 경향에 더 많이 대입한다. 또한 고도의 자본주의라는 맥락에서 우리가 미디어와 문화를 이해하는 데 도움이 될 것이라는 기대를 품고서 마르크스의 주요 개념들을 끌어내고 이를 더 자세히 설명한다. 나는 이러한 개념들의 복잡성을 희생시키지 않으면서도 가능한 한 이를 알기 쉽게 설명하고 적용하고자 노력했다. 이것은 마르크스주의의 반대자들이 마르크스의 개념을 '지나치게 단순한' 것으로 성급히 묵살하는 경향이 있기에 특별히 중요하다. 어떤 면에서 자본주의는 믿을 수 없을 정도로 또한 비이성적으로 단순하다. 그러나 다른 측면에서 보면 자본주의는 극도로 복잡하기에 마르크스는 인류를 위해 이것의 역사적 중요성을 분석하고 이해하기 위한 방법을 발전시키는 데 그의 전 생애를 헌신했다.

이 책은 마르크스의 주요 개념의 해설과 미디어 분석을 결합하면서 미디어의 실천과 구조가 작동하는 결정요인들에 대한 논쟁에서부터 미디어가 생산하는 의미들에 관한 텍스트 차원의 문제, 그리고 최종적으로는 자본주의하에서 의식과 지식의 특성 및 운명에 관한 보다 철학적인 문제들까지 다룬다. 어떤 장들에서는 일련의 개념적 문제를 설명하기 위해 다양한 미디어를 사례연구로 활용하고 있지만 대체로 특정 미디어에 초점을 맞추어 논의를 전개하고 있다. 인터넷과 디지털 기술 그리고 문화는 제1장과 제2장에서 논의한다. 할리우드의 미디어-산업 복합체는 제3장에서 다루고 영국의 텔레비전은 제4장에서 주로 언급하고 있다. 또 텔레비전은 〈빅브러더 Big Brother〉의 국제적인 현상에 대한 사례연구와 함께 제5장의 주된 논의를 이룬다. 인쇄 미디어는 제6장에서 다루고, 제7장에서는 할리우드 영화가, 제8장에서는 다큐멘터리가 중심이 된다. 이 책은 이처럼 다양한 미디어의 흐름이나 역사에 대해 개별적이고 미시적으로 논의하지는 않을 것이다. 그 대신 이 책은 미디어의 상호 역학관계에 초점을 두고 동시대의 미디어 실천들을 분석함으로써 마르크스주의의 설명력을 입증하고자 한다. 나아가 미디어를 (그리고 미디어가 제기하는 질문들을) 통해 마르크스주의의 개념을 더 명확하고 예리하게 하거나 그에 대해 문제를 제기하고자 한다. 이 책에서는 또한 대안적인 비마르크스주의, 또는 유사마르크스주의적 관점들을 심층적으로 검토하고 이에 대해 비판적으로 논의할 것이다. 동시에 경우에 따라 마르크스주의의 맹점을 조명하기 위해 다른 관점들을 차용할 것이다. 왜냐하면 우리가 세상을 이해하기 위해 선택하는 방법론은 세상이 어떻게 변하는지에 영향을 주고, 이 과정에서 어떤 방법론이 사용될 것인지 그리고 왜 이것들은 불가피하게 정치적인지를 보여주기 때문이다. 이러한 견지에서 이 책은 마르크스주의를 미디어와 문화연구의 주요 어젠다로 변화시키기 위한 헌신으로 보아도 좋을 것이다.

제1장

계급과 창조노동

> 자본이란 무엇인가? 자본은 **축적된 노동**이다.
> _ 마르크스^{Karl Marx}, 『경제학-철학 수고^{Economic and Philosophical Manuscripts}』
>
> 고등교육이 특정한 노동과정에 필수적인 자격증이 될수록, 지식노동은 점점 더 프롤레타리아화된다. 말하자면 상품으로 전환된다.
> _ 만델^{Ernest Mandel}, 『후기 자본주의^{Late Capitalism}』

마르크스주의의 방법론과 사회구성체social formations 비판에서 어느 하나의 개념이 절대적인 중심성을 가지게 된다면 그것은 바로 계급class일 것이다. 계급은 사회적·경제적인 위치를 지정하고 언제나 계급들 사이에 적대적인 관계를 수반한다. 계급은 사회적인 분할과 충돌의 원인일 뿐만 아니라 지리나 민족이나 젠더 등의 다른 사회적 정체성 같은 요소들과 복잡하게 얽힌다. 계급과 다른 사회적 관계들이 맺고 있는 관계의 성격은 각기 다른 정치 전략들 사이에서 발생하는 충돌의 주제였을 뿐만 아니라 많은 토론과 논쟁과 언쟁의 주제이기도 했다. 하지만 마르크스주의자들에게 계급은 사회적 존재와 발전의 토대가 되는 노동이나 생산과 필수적인 관계를 맺는 근본적인 것이다. 이는 소비를 가능하게 만드는 인간 노동을 적절하게 은폐하는 용어인 오늘날의 소위 '소비 사회'에서는 인기가 없는 생각이다. 만약 당신이 노동의 근본적인 속성을 의심한다면, 오늘 아침 막 깨어났을 때 당신이 얼마나 많이 노동에 의존했는지 생각해보라. 당신은 분명 한 시간 동안 천

장을 멍하니 응시하고만 있지는 않았을 것인데, 당신이 가스와 전기 스위치를 켜는 순간, 수도꼭지를 트는 순간, 시리얼을 찾아 선반에 손을 뻗고 우유를 마시기 위해 냉장고를 열 때, 지금 이 책을 읽는 동안 입고 있을 그 옷들을 찾아 입을 때 당신은 이미 노동에 의존하고 있는 것이다. 만약 당신이 한 시간 동안 천장만 쳐다보고 있었다 하더라도 그 천장은 누군가가 만든 것이다. 이 모든 것들은 특정한 사회경제적 관계에 기초해 조직된 타인의 노동력에 의존하고 있으며, 우리는 이 모든 것들을 너무나 당연하게 생각할 수도 있지만 그것들이 없다면 삶은 야수같이 될 것이고 금방 바닥이 드러날 것이다. 점점 더 커지는 사회적 상호의존과 호혜의 정치적이고 방법론적인 함의는 혁명적이다.

문화 분석에서 창조노동에 관한 질문은, 대개 문화적 가공물이 지닌 스타일의 특색을 창작의 과정에 참여하는 가장 중심적이고 창의적인 사람에게 결부시키면서 개인적인 저자성의 범주에서 다루어졌다. 마르크스주의의 틀 내부에도 저자 분석이 존재하기는 하지만,[1] 나의 관심은 창조노동과 지식노동의 보다 넓은 사회적 조건, 즉 자본과 전통적인 노동계급 사이에서 모순적인 위치를 차지하는 **집합적인** 관계로서의 사회적 조건들을 탐색하는 데 있다. 이 모순적인 위치를 살펴보기 위해 우리는 노동의 분화나 기술의 영향과 같은 미디어 생산의 구체적인 조건들에 지식노동을 위치지우면서 마르크스주의와 사회학에서의 계급 개념을 대면시킬 것이다.

계급지도 그리기

전형적인 이미지, 그러니까 최근 계급관계에서의 압력과 변환을 보여주고 계급관계의 지도를 제공하는 하나의 소우주에서 시작해보자. 여기서 우리는 창조노동이나 문화노동의 계급적 위치의 애매모호함을 명확하게 드러낼 수 있다. 이 이미지는, 몸과 젠더와 복제^{reproduction}라는 질문들을 둘러싼 시대정신을 두드렸던 리들리 스콧$^{Ridley\ Scott}$의 고전적인 픽션호러 하이브리드 영화이자 주목할 만한 시리즈의 시작을 알린 〈에이리언^{Alien}〉(1979, 영국/미국)으로부터 나왔다(Penley, 1989; Creed, 1993; Kuhn, 1990). 지금까지 주목을 많이 받지 못했지만 이 시리즈의 영화들, 특히 1편에서 중심적인 것은 바로 계급 문제이다.

계급 개념은 보편적으로 순환되는 대중적 지혜와 지식의 보고이기도 한 일종의 상식으로서 즉시, 자연스럽게, 대부분 무의식적으로 이해되는 코드이며 대중문화에 암시적으로 부호화되어 있다. 바르트$^{Roland\ Barthes}$는 미디어 텍스트가 의존하고 있고 구체적인 서사들로 변형되는 이 지식을 문화코드$^{cultural\ code}$라고 불렀다(Barthes, 1990: 20). 〈에이리언〉에서 먼 우주 공간의 탐험선 노스트로모^{Nostromo} 호의 승무원들은 가사상태^{假死狀態}에서 깨어나 미지의 행성에서 온 신호에 응답한다. 계급의 기표들로 채워져 있는 한 장면에서 파커^{Parker}(1978년 미국에서 개봉한 폴 슈레더$^{Paul\ Shrader}$의 고전적인 노동계급 드라마 〈블루칼라$^{Blue\ Collar}$〉에 출연했던 야펫 코토$^{Yaphet\ Kotto}$분)와 브렛^{Brett}(해리 딘 스탠턴$^{Harry\ Dean\ Stanton}$분)은 알 수 없는 신호를 찾아 조사하러 가는 것을 꺼려하고, 리플리^{Ripley}(시거니 위버$^{Sigourney\ Weaver}$분)로부터 특별한 임무에 대한 보상을 확실히 약속받고자 한다. 이 장면이 전개되는 장소는 파커와 브렛의 책임구역인 우주선의 가장 아래 깊숙한 곳이다. 미래를 설정하고 있음에도 불구하고 이곳은 기계와 설비, 배관으로 가득 차 있고 밸브에서는 쉴 새 없이 증기가 뿜어져 나온다. 이것들은 **육체노동**계급이 일하는 산업부문을 상징하는 기표들이다. 파커와 브렛의 언어적인 대화 역시 계급위치를 보여준다. 그들은 특별한 임무에 대한 지불을 확실히 받고자 한다. 이들은 선의로 무엇을 하는 것이 아니다. 이들의 태도는 노동계급의 관점을 대표하는 것이라 할 수 있는데, 이는 그들의 직업적 기회(가능성)가 매우 제한되어 있다는 것과 '선의' 혹은 '공익'이라는 생각을 처음부터 부정하게 만드는 그들과 그들의 고용주 간의 대립하는 이해관계를 현실적으로 헤아리게 해준다. 반면 리플리는 확실히 다른 계급위치를 차지한다. 그녀는 관리자의 지위를 상징하는 펜과 클립보드^{clipboard}를 가지고 있으며, 파커와 브렛에게 질문을 하기보다 응답하고 법—앞으로 발견하는 것들이 무엇이든 간에 그들의 보수를 보장하는—을 인용한다. 법을 믿고, 인용하고자 하는 법에 대해 충분히 알고 있다는 것은 **교육**과 **세계관**의 차원에서 그녀의 다른 계급위치를 보여준다(누구나 직관적으로 알 수 있듯이 교육과 세계관은 계급위치를 정확히 보여주고 결정한다). 결국 리플리라는 인물은 우주선의 공간적 관계(위/아래)에 내재한 계급의 차원을 환기시키며, 원하는 것이 있으면 자신이 다리가 되어주겠다고 파커와 프렛에게 비꼬는 투로 말하고 있을 때 이 우주선의 노동의 분화—그리고 이 분화와 연결된 특권과 지위와 권력까지도—를 명백하게 드러낸다. 따라서 리플리는 **중간계급**의 기표들을 가지고 있다. 이 중간계급의 기표들은 두 남성에 비해 우월한 리플리의 여성적 계급권력이 야기하는 젠더적 긴장과 결합하고 있으며, 다른 많은 것들에서도 그렇지만 바로 이것을 통해 이 영화는 1980년대부터 두드러지기 시작한 중간계급과 노동계급 부문에서의 여성 노동의 유입을 예언적으로 예측하고 있다.

지금 여기까지 우리는 계급관계에 대한 매우 **부분적인** 지도를 살폈을 뿐이다. 그런데 이 부분적인 지도는 계급과 관련된 사회학적인 논의들을 지배하고 있다. 일반적으로, 주류 사회학은 직업, 수입, 교육, 소비패턴과 같은 요소들을 계급 소속을 규정하는 주된 준거들로 간주하면서 계급을 일련의 계층적인 것으로 제시한다. 주류 사회학은 모든 계급지도에 중요한 뉘앙스를 제공하고 있지만, **생산의 사회경제적 관계**$^{the\ social\ and\ economic\ relations\ of\ production}$라는, 마르크스주의가 강조하는 계급에서 정말로 핵심적인 사실을 결정적으로 배제한다. 이로 인해 주류 사회학이 설명할 수 없는 사회적 경험의 거대한 부분이 존재하는데, 왜냐하면 주류 사회학의 계급지도에서는 지배적인 극檟과 변화를 이끌어내는 사회경제적 힘들이 덜 이론화되거나 보이지 않기 때문이다. 예를 들어, 주류 사회학의 계급 규정은 오늘날 동시에 발생하는 여러 가지 사태들, 즉 왜 바클레이 은행이 "하나의 거대한 세계를 위한 하나의 거대한 은행^{a big bank for a big world}"이라는 광고 캠페인에 돌입하고 작은 지점들을 폐쇄하고 있는지, 왜 개발도상국가들이 의료나 교육에 지불하는 것보다 더 많은 돈을 서구의 은행들에 지불해야 하는지, 왜 금융투기에 대한 0.25%의 세금이 지구의 빈곤을 막을 수 있는 2,500억 달러를 만들어낼 수 있는지, 그런데도 왜 이 세금을 징수할 수 없는지, 또는 유전자변형식품들^{GM foods}이 안전성과 환경에 미치는 영향에 대한 소비자들의 광범위한 우려에도 불구하고 왜 시장으로 몰려드는지를 설명할 수 없다. 사람들의 직업과 교육적인 배경에 대한 질문들은 계급이 이러한 사회적 현상들을 어떻게 만들어가는지를 짚지 않고 있다. 인기 있는 A급 사회학 교재에서 이 같은 계급지도를 살펴보자.

　사회 계급에 대한 최근의 연구들은 비육체노동을 행하는 화이트칼라 중산계급과 육체노동을 행하는 블루칼라 노동자 계급에 초점을 맞추었다. 이 두 계급은 직업적인 범주에 따라 여러 수준으로 세분화된다. 전형적인 분류는 아래와 같다.

　　　중산계급　　　고위 전문직, 경영, 행정직
　　　　　　　　　　일반 전문직, 경영, 행정직
　　　　　　　　　　정규 화이트칼라와 일반 감독직

노동계급	숙련 육체노동
	반숙련 육체노동
	비숙련 육체노동

(Haralambos, 1985: 48)

　사회학자들이 그리고 있는 계급 그림은 분명히 〈에이리언〉과 같은 대중적인 텍스트와 거의 동일하게 계급을 **묘사**하고 있다. 이런 의미에서 계급이란 프레드릭 제임슨이 말했던 '이념소^{ideologeme}', 즉 (사회학 저작에서) 어떤 개념이나 교리, 아니면 픽션물의 서사로 스스로를 드러낼 수 있는 신념체계이다. 이 두 극極 중에서 어떤 한 극에 더 많은 비중을 둘 수 있지만, 근본적인 관념 없이 서사가 전개될 수 없고 또 가장 관념적인 작품도 보통 어떤 종류의 이야기를 하고 있기 때문에 두 구성성분의 요소들이 항상 존재한다(Jameson, 1989: 87). 우리는 〈에이리언〉이 표준적인 사회학 텍스트에서 묘사하고 있는 것과 유사하게 계급의 이념소를 보여주고 있음을 알 수 있는데, 리플리를 '정규 화이트칼라/일반 감독직'에 위치시키고 파커와 브렛은 '숙련된 육체노동'에 위치시킨다는 것이다.

　그러나 여기의 사회학적 지도에는 매우 중요한 것이 빠져 있다. 사회학은 노동계급이나 중산계급 내부 혹은 이들 간의 차이에 세밀한 관심을 기울이지만, 이러한 층들이 관련될 수밖에 없는 계급세력$^{class\ force}$을 간과하고 있다. 〈에이리언〉(그리고 이의 후속 시리즈)에서는 흥미롭게도 또 다른 계급세력이 나타나는데, 가장 극적으로는 승무원 중에 한 명인 애쉬^{Ash}가 승무원의 목숨을 대가로 에이리언을 회사 측에 보내도록 회사에 의해 프로그램화된 로봇으로 판명된다. 비밀스럽게 사건의 과정을 만들어가는 '회사'의 갑작스럽고 난데없는 전경화前景化는 계급에 대한 주류 사회학의 논의 내부에서 종종 사라져 있는 계급, 즉 자본가 계급에 대해 우리가 주목하도록 한다. 자본가 계급에 대해 말하는 것은 하나의 계급으로서 그들의 작인(作因), 즉 그들의 이득을 위해 세계를 조직하고 형성하려는 의식적인 시도들을 강조하는 것이다. 하지만 자본가들은 또한 어떤 의미에서 '자본의 인격화'(Mészáros, 1995: 66) 인데, 그들은 자본의 논리에 의해 수립된 척도에서 그리고 그러한 척도를 따라 행위해야만 한다. 이것이 삶을 구조화하는 원리이며, 만약 개별 자본가들이 이를 따르지 않는다면 사업에서 이내 퇴출될 것이다. 이러한 논리에는 두 가지 특징이 있는데, 이윤 축적의 지속과 경쟁이다. 〈에이리언〉에서 우리는 중산층을 상징하는 리플리가 노동계급과 자본계급 사이에 극적으로 위치하는 계급지도를 가지게 된다. 주류 사회학에서 구상(具象)적이고 개념적인 장애는 '중산층'을 중간에 위치시키는 샌드위치에서 자본의 위치가 설명되지 않는다는 점이다. 〈에이리언〉에서 리플리와 관객인 우리가 알고 있는 것은 그녀보다 더 낮은 위치에 있는 파커와 프렛이 수행하는 노동과의 차이에도 불구하고, 그녀보다 위에 있는 세력(즉, 자본가)이 보기에는 그녀 또한 똑같이 소모용품이라는 점이다. 그리고 이것은 광범위한 사회구조적 변화를 상징한다. 자본 권력의 확장과 침투, 그리고 특히 생산과정을 재구조화하는 자본의 힘은 임시노동자화나 단순노동자화 같은 것을 통해 폭넓은 중산층에 영향을 미친다. 이 같은 과정들은 자본주의가 조장하는 차별 및 특권들과 관련되거나 충돌한다.

〈에이리언〉이 계급구조에 대한 보다 완성된 지도를 우리에게 제공할 뿐만 아니라 중산층의 시각에서 그려진 지도라는 점을 이해하는 것은 중요하다. 리플리가 이 영화의 여주인공이기 때문에, 외계생명체의 위협을 극복할 수 있는 희망과 회사의 계획들이 **투사**되는 대상도 바로 그녀이다. 이 같은 계급적 관점의 한 징표는 이 영화가 파커를 죽여 없앰으로써 리플리와 파커 −애쉬의 살인 계획으로부터 그녀를 구하는− 의 계급동맹의 일시적인 가능성을 제거해버리는 것이다. 그래서 이 영화는 크게 보면 중산층과, 조금 더 구체

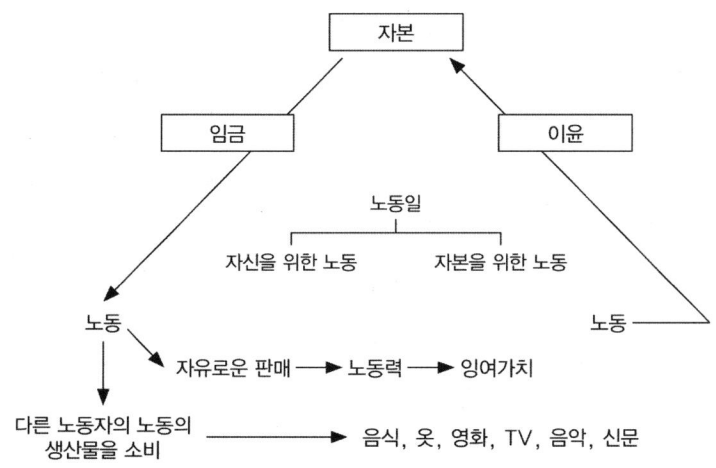

그림 1.1 계급관계의 이분 모델

적으로는 영화 제작에서 핵심적인 창작의 위치 — 일차적으로 스콧과 작가 댄 오바넌^{Dan O'Bannon} 그리고 월터 힐^{Walter Hill} — 를 차지하고 있는 문화노동자들의 '정치적 무의식'의 서사적 표명으로 이해될 수 있다(Heffernan, 2000: 9).

이제 우리는 **그림 1.1**에서 그려진 마르크스의 계급지도를 조금 더 자세하게 살펴볼 필요가 있다. 왼편에서 오른편으로 이동하면서 우리는 노동자가 자본에 자신의 노동력을 판매하는 방식을 볼 수 있다. 마르크스는 노동력을 인간이 가지고 있는 정신적이고 신체적인 능력의 총합으로, 모든 품목의 사용가치를 생산할 때마다 인간이 사용하는 것이라고 설명한다(Marx, 1983: 164).

말하자면 노동력은 자유롭다고 말해지고 노동력을 판매하라는 공식적인 강요가 없음에도 불구하고, 만약 노동력을 판매하지 않거나 판매할 수 없다면 노동자는 매우 빈곤하고 주변부적인 존재일 수밖에 없다. 그리하여 마르크스는 '경제의 둔중한 강압'은 다른 생존수단이 없는 노동자들이 자본에 대해 종속적인 관계에 놓일 수밖에 없게 만든다고 말한다. 그래서 마르크스가 반어적으로 설명하는 것처럼, 노동은 자신의 생산수단으로부터 자유롭고 또 생산수단을 짊어지지도 않는다(Marx, 1983: 668). 거꾸로 말하면 궁극적으로 자본은 (토지와 설비와 원자재와 같은) **생산수단**을 소유함으로써, 노동과는 분리 불가능한 신체를 노동일 동안에 소유할 수 있게 된다. **그림 1.1**은 노동자들이 자신의 노동을 통해 발생시키는 가치를 임금이라는 형태로 자신에게 다시 지불하는 한, 노동일의 일부를 자신을 위해 노동한다는 것을 보여준다. 하지만 노동자는 노동일의 많은 부분을 무료로 자본을 위해 노동하는데, 노동력이 자신의 생존과 재생산(의복, 음식, 주거 등)에 필요한 가치보다 훨씬 더 많은 가치를 발생시키는 특별한 능력을 가지고 있기 때문이다. 바로 이것이 노동이 생산하는 상품에 내재하는 '잉여가치'라고 불리는 가치이다. 악령처럼, 자본은 자본을 증대시키는 노동력을 가진 노동자의 몸에서 나와 노동이 생산하는 상품 속으로 들어가고 상품의 사용가치가 소비되어 교환될 때 이 물질적인 몸[상품]을 떠난다. 교환의 지점에서 자본의 정신은 물질적인 신체를 벗어나 잉여가치―상품에 내재된―를 이윤으로 전환시키는 화폐 자본으로 스며들어간다(자본의 정신과 유령 간의 이 같은 비유는 제7장에서 더 깊이 다룬다).

자본이 이윤을 얻으면서 자본의 화신^{化身}들은 두 가지 일을 하게 될 것이다. 첫째, 이들은 자본의 일부를 자신들의 개별적인 소비로 유용할 것이다. 하지만 둘째로 만약 그들이 계속해서 자본의 화신으로 남기를 원한다면, 그들은 생산수단을 늘리고, 탐욕의 순환고리를 계속 실행시키기 위해 착취해야 할 더 많은 노동력을 구매할 수 있게 하는 임금에 재투자해야 한다. 반면 노동은 자신이 번 임금을 가져가고 다른 노동자들이 생산한 **비생산적인 자산**(소비재)을 구매하는 데 사용한다. 미디어 상품은 이러한 소비재 중 일부가 될 것이다.

이러한 계급지도는 자본과 노동 간의 관계가 **내재적·구조적으로** 적대적임을 우리에게 말해준다. 잉여가치의 추출은 자본이 어떤 상품을 어디서, 왜, 언제, 어떻게 생산해야 하는지에 관한 근본적인 통제자가 되게 한다. 그래서 생산은 내재적·구조적으로 **쟁론**의 영역(노동이 개인적이든 집단적이든 다양한 규모로 전략을 펼치며 자본의 우선성에 저항하거나 그것을 전복하는 영역이자, 자본이 그러한 우선성과 논리에 대한 어떠한 도전도 다양한 전략으로 봉쇄하고 은폐하는 영역)이 된다.

이 쟁론은 계급투쟁이라고 불린다. 마르크스주의에 적대적인 수많은 논평가들은 최근에 계급투쟁이 거의 진행되지 않는다고 지적한다. 하지만 계급투쟁은 이 '투쟁'이 무엇을 포함하는가에 대한 상상에 달려 있다. 한편으로 이 투쟁에는 저항과 혁명의 상징들인 파업과 거리의 바리케이드가 있고, 다른 한편으로 계급투쟁은 결근이나 부의 분배와 같은 수동적이고 개별화된 형식을 취할 수도 있다. 그래서 〈브레즈네프에게 보내는 편지$^{\text{A Letter to Breznev}}$〉(크리스 버나드$^{\text{Chris Bernard}}$, 1985, GB)*에서 방탕한 테레사^{Theresa}는 가금류를 다듬는 일을 하며 시간을 보내는 공장에서 크리스마스를 맞아 친구를 위해 최상의 칠면조 견본을 들고 나온다. 이때 영화의 사운드트랙에는 멀리서 들려오는 경찰차 사이렌 소리가 포함되어 있다. 이 법의 기표는 테레사의 절도의 의미를 그녀의 노동자로서의 생활을 구성하는 부와 기회에 대한, 그리고 삶에 대한 더 큰 도둑질과 대비하여 생각하도록 만든다.

마르크스주의가 호소하는 두 근본적 계급 사이의 간극은 중산층의 중요한 역할을 설명하는 데 실패함과 동시에 각각의 계급 내부의 **내적인** 응집성과 동질성을 지나치게 중요한 것으로 가정한다고 자주 비판받아왔다. 이러한 거부는 주의 깊게 다루어져야 한다. **그림 1.2**와 함께 시작해보자. 사회학

---

* 영국 리버풀 노동자의 삶을 다룬 로맨틱 코미디 영화. 본문 중의 각주는 모두 옮긴이주이다.

자들에게 중산층과 노동계급 내부의 그리고 이들 사이의 차이를 설명하는 것은 일상적인 일이다. 노동계급 내부의 숙련노동자와 반숙련노동자 같은 구분이나 중산층 내부에서 화이트칼라와 하급 전문직을 구분하는 것은 매우 중요한 일이지만, 사회학은 종종 차이**만을** 보는 경우가 많았다. 마르크스주의자들은 그러한 차이가 절대적인 것이 아니고, 다만 생존을 위해 노동을 팔아야 하는 계급의 사회적, 경제적 단위 내부에 차이 나는 양상들이 존재하며, 여기에는 중산층에 의해 수행되는 '지식'노동의 경우가 **포함된다**고 강조한다. 임금 노동에 대한 고전적인 설명―중산층을 노동계급의 범주에 포함시키는―은 마르크스가 제시했는데, 그는 노동이 자본과 새로운 기술에 종속되어간다고 주장했다.

> 전체적인 노동 과정의 실질적인 **수행자**는 개별 노동자가 아니라 점차 더 **사회적으로 통합되어가는 노동의 능력**인데, 다양한 노동 능력들은 상품의 즉각적인 생산 과정에서 각기 다른 방식으로 참여한다. 어떤 이는 경영자, 엔지니어, 기술자, 감독자로서 지식 노동을 조금 더 수행하며, 또 어떤 이는 보다 직접적인 육체노동을 수행한다. 이러한 **노동 능력의 기능들**은 자본에 의해 직접적으로 착취되며, 자본의 안정화와 총체적인 생산과정에 **종속된다**. 만약 우리가 이같은 작업장을 구성하는 전체적인 노동자를 고려해본다면, 전체 노동자의 한 파편일 수밖에 없는 개별 노동자의 기능이 직접적인 육체노동과 다른 것인지 아닌지는 완전히 사소한 일에 불과하다(Mandel, 1978: 195).

정신노동과 육체노동 내부와 그들 간의 위계적인 구분은 자본주의가 발전시킨 과정의 한 측면이며, 사회학은 이러한 차이들을 부각시켰다. 이와 대조적으로 마르크스는 자본주의가 사회적으로 통합된 노동 능력을 발전시키는 동일한 과정의 조금 다른 측면을 강조하는데, 여기서 특정한 노동의 역

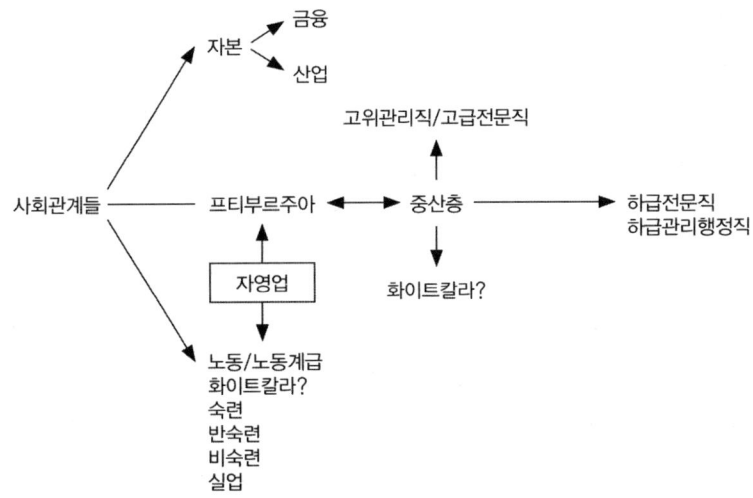

그림1.2 계급관계: 마르크스주의와 사회학적 관점의 종합

할들은 다만 전체 노동자의 한 갈래일 뿐이며 모든 역할은 자본의 일반화된 착취에 종속된다. 마르크스의 주장의 또 다른 논점은 마르크스주의가 자본주의를 비판하는 데 중심적인 것으로서, 노동 내부 및 노동 간의 위계들과 그것들이 촉진하는 사적 이윤의 착취가 생산의 진보적인 **사회화**를 방해한다는 것이다. 생산의 사회화란 노동이 점차 상호의존적이 되는 것을 말하며, 생산 과정의 한 부분이나 생산의 한 영역이 도처의 다른 노동자들의 노동에 의존하게 되는 것이다. 마르크스에게 생산의 사회화는 자본주의 생산의 위계적이고 이윤 추동적인 구조를 초월할 수 있는 객관적인 가능성과 도덕적 필요성을 제공한다. 하지만 작업장 내부에서의 차이들에 지나치게 많은 초점을 맞추면서 계급 이익의 일치를 설정할 수 있는 가능성을 이론적으로 파괴해버린 사회학과 달리, 마르크스는 이 같은 차이가 사실은 사소한 것이라고 시사하면서 지나치게 멀리 나아가 버렸다. 이들과는 달리 우리는 전통적인 노동계급과 지식인들이 동일한 사회경제적 힘, 즉 자본과 어떻게 각기 다른 관계를 맺는지를 파악해야만 한다. 관계들이 그렇게 서로 다른 한, 노동능력의 객관적인 일치는 분쇄될 수 있고 계급의식의 성장은 억제되고 저해될 수 있다. 반면 그러한 차별적인 관계들이 모두 축적과 경쟁이라는 신을 모시는 자본과 관계를 맺는 한, 각기 다른 유형의 노동들은 근본적인 이해관계를 공유한다고 말할 수 있다. 계급에 관한 사회학과 마르크스의 모델에 나타나는 애매모호함은 내가 **그림 1.2**에서 노동계급과 중산층 아래에 표시한 화이트칼라 노동과 관련된 물음표에서 드러난다. 사회학자들은 노동계급의 모든 직업이 그렇듯이 화이트칼라 노동이 상부에 의해 어느 정도까지 규격화되고 관리되는지에 대해 논쟁해왔다. 우리가 본 것처럼 〈에이리언〉과 리플리의 운명은 화이트칼라 노동의 프롤레타리아화 경향을 보여주는 것이다. 그리고 우리가 보게 될 것처럼, 중산층의 출현은 노동^{labour}을 노동계급$^{working\ class}$에 포함되는 것이 아니라 하나의 특정한 범주로 보아야 한다는 것을 의미한다. 에런라이크$^{Barbara\ Eherenreich}$는 노동계급을 "전문가나 경영자나 기업인이 아닌 모든 사람들로, 봉급^{salary}이 아닌 임금^{wage}을 받고 일하며, 짐을 나르고 싣고 운전하고 감독하고 타이핑하며 키보드를 치고 청소를 하며 다른 사람들을 위해 물리적인 보살핌을 제공하거나 요리하고 서비스하는 사람들"(Eherenreich, 1995: 40~41)로 규정한다. 그는 노동계급이 미국 인구 중 60~70%를 차지한다는 사실에 동의한다. 하지만 그는 미디어에서는 노동계급이 이 같은 비율로 전혀 나타나지 않는다는 사실을 적시한다. 다시 한 번 우리는 노동계급과 중산층 간의 중요한 차이들(직업의 안정성, 승진)을 나타내는 임금과 봉급 간의 사회학적 구분을 보게 된다. 하지만 사회학은 또한 어떤 중요한 연속성을 은폐한다.

프티부르주아(혹은 소자본가)들은 작은 사업을 하는 자기 고용자로 규정된다. 생산의 사회적 관계에서 이들은 스스로가 고용주이고 때로는 적은 수의 사람을 고용하기 때문에 자신의 노동력을 고용주에게 판매하지 않는다는 사실에 의해 특징지어진다. 가족, 교육과 문화자본의 차원에서 이들은 중산층 출신일 수도 있고 노동계급 출신일 수도 있다. 노동계급 출신의 프티부르주아는 작은 가게나 시장 좌판을 운영하거나, 숙련직인 배관과 전기 설비업이나 서비스(청소 등) 같은 일을 하는 경우가 많다. 따라서 이들은 문화적으로는 노동계급이면서 경제적으로는 소자본가라는 '**모순적인 계급위치**'를 가지게 된다. 물론 모든 계급위치는 모순적이지만 말이다. 중산층 프티부르주아는 교육자본을 가지고 사업을 시작하는 경향이 있는데, 이들은 공식적인 교육자격을 획득하기 위한 (시간의) 투자에 적극적이다(Bourdieu, 1996: 287). 예를 들어 정보기술회사, 실내 디자이너, 대체 치료사와 약사, 그리고 독립 미디어 회사들이 여기에 포함된다. 이 계급은 시장에서 엄청난 힘을 행사하는 독점자본주의의 압력과 경쟁에 계속해서 직면한다(제3장 참조). 실제로 할리우드 영화에서 가장 빈번하게 만들어지는 계급 드라마 중에 하나는 독점자본주의가 지배하는 세계에서 살아남기 위해 처절하게 투쟁하는 프티부르주아의 모습을 담는 경우가 많다(〈유브 갓 메일You Have Mail〉, 노라 에프런Nora Ephon, 1998, 미국; 〈패스워드Antitrust〉, 피터 호이트Peter Howitt, 2001을 보라).

중산층과 인텔리겐치아

나는 지금부터 중산층으로 관심을 돌리고자 하는데, 그 이유는 바로 문화노동자와 미디어노동자를 이 계급에 위치시킬 수 있기 때문이다. 다음에서 나는 세 가지를 다루고자 한다. 첫째, 생산의 사회적 관계의 측면에서 중산층을 지식노동자로 정의하고, 둘째, 자본주의의 사회적 삶의 생산 및 재생산에서 지식노동자의 분포와 기능을 살펴보며, 셋째, 문화노동자나 지식노동자들의 계급적 위치의 정치적 함의와, 지식과 문화와 정보가 점차 중요해지는 기술적 변화의 상황에서 지식노동자와 자본 사이에 발생하는 적대의 가능성을 탐색하고자 한다.

지식노동자

마르크스주의자들의 이해에 따르면 생산의 사회적 관계에 의해 계급이 규정된다. 여기서 '**사회적**social'이라는 용어가 강조되는데, 왜냐하면 '사회적인 것the social'에서 하나의 결정요인, 즉 '경제적인 것the economic'을 추출해내고 이를 특권화하는 경향이 존재해왔기 때문이다. 마르크스주의에서 자본주의에는 실질적으로 단지 세 개의 계급이 존재한다. 가장 주된 계급은 노동력을 사고팔 수 있는 노동계급과 자본계급으로 정의된다. 세 번째 계급은 프티부르주아로서 자신의 노동력을 팔지 않고, 작은 규모의 시설을 소유하면서 노동계급과 자본계급 간에 발생하는 주된 적대의 사각지대에 놓인다. 그래서 지금까지 이 세 계급은 생산의 **경제적** 관계에 의해 규정되었다. 하지만 경제적 결정요인과 관련해 핵심 요지는 다시 한 번 상기할 필요가 있는데, 그것이 노동과정에서 타인의 노동이나 자기의 노동에 대한 **사회적** 통제가 이루어지거나 그렇지 못할 수 있는 주요한 수단을 제공한다는 점이다(Wright, 1979: 194). 그렇다면 사람들이 반드시 자신의 노동력을 팔아야 하고, 그리하여 생산기구들에 대한 통제권을 하나의 총체로서의 자본에 효율적으로 이양할 때 무슨 일이 발생할 것인가? 또 반대로 한정적이고 가변적이더라도 사람들이 **자신**의 노동에 대한 실질적인 통제권을 확보한다면 무슨 일이 발생할 것인가? 많은 중산층의 위치가 바로 이러하다.

결정적으로, 중산층은 다른 이들과 마찬가지로 임금을 받기 위해 자신의 노동력을 팔아야 한다. 이 임금은 보통 대부분의 노동계급 성원들이 확보하는 것보다 많고(특히 민간 부문에서 더욱 그렇다), 이 격차는 매우 중요하다. 하지만 이 격차가 가장 결정적인 것은 아니며 모든 경우에 항상 결정적인 것도 아니다. 고급 상위 시장에 출시되는 자동차 모델의 생산 공정에 있는 숙련된 자동차 생산노동자는 대학 강사보다 훨씬 더 많은 임금을 받을 수 있다. 생산의 사회적 관계에서 노동계급과 중산층의 차이를 만드는 결정적인 특징은 중산층은 바로 지식노동자라는 점이다. 라이트Erik Olin Wright가 지적했듯이, 중산층의 중심적인 활동은 (단순히 아이디어를 이용하기보다) 아이디어를 정교하게 다듬고 보급하는 것이다(Wright, 1979: 192). 그람시Antonio Gramsci는 바로 이러한 이유로 이 계급을 '인텔리겐치아intelligentsia'라고 불렀다. 그람시는 "모든 사람은 지식인이다. 하지만 모든 지식인이 사회에서 지식인의 기능을 하는 것은 아니다"(Gramsci, 1971: 9)라고 주장한다. 자본주의에서 아이디어의 정교화와 보급은 아주 특별한 지식의 양식—교육기관들이 공식적으로 인가하는—들을 독점하는 특정한 범주의 사람들 내에서 전문화되고, 부르디외Pierre Bourdieu가 말했던 것, 즉 '사회자본(사적 인간관계, 알맞은 사람을 아는 것)'과 문화적 취향을 형성하는 능력 및 선호의 사회적 획득을 말하는 '문화자본'의 이점을 증식시키며, 더 나아가 계급적 차이를 재생산하는 데 기여한다(Bourdieu, 1996). 라이트는 또한 이 집단을 지식인으로 부르면서 노동, 자본, 프티부르주아라는 세 갈래로 분할된 집단보다 다소 **불분명한** 집단으로 파악한다(Wright, 1979: 203).

여기서 두 가지 면이 강조할 만한 가치가 있다. 첫째, 문화산업 내부의 노동 분업에서 지식노동과 육체노동 혹은 기술노동 간의 분할은 핵심적이다. 둘째, 아이디어와 의미들의 정교화 및 배포의 전문화와, 최소한 매일 매일의 차원에서 보자면 생산 과정에서 어느 정도 상대적인 자율성과 독립성을 확보하는 것 사이에는 긴밀한 관계가 있다. 아이디어들은 하나의 과정으로서 계속해서 발전하기 때문이며, 끊임없는 감시와 중단이 이러한 발전의 형식을 교란하거나 붕괴시키기 때문이다. 아이디어의 생산에서 전문화는 또한 지렛대를 제공하는데, 왜냐하면 그러한 아이디어들의 내용이 사람들의 머릿속이나 (혹은 영화나 텔레비전에 나오는 스타의 경우에) 불가분하게 노동력 (혹은 노동 수행)의 한 부분인 퍼포먼스에서 나오기 때문이다. 어떤 경우이든, 자본을 위한 가치와 소비자를 위한 사용가치 간의 불가분한 연결은 창의적 노동이 그것에 대해 자본이 내리는 명령과 통제 구조에 어떤 문제를 만들어낸다는 것을 의미한다. 이것이 바로 문화적이고 지적인 생산 영역에서, 숙련노동이 자신의 결과물에 대해 통제력을 상실한 근대 자본주의 이전에 존재했던 일종의 장인적인 생산양식들이 지속되는 이유이다(Garnham, 1990: 36~37). 따라서 지적 노동에 대한 자본의 통제는 생산의 지점에 존재하는 정상적인 실천들에 비해 상대적으로 완화되지만, 재생산과 분배 그리고 수입 ―문화적 생산물이 완전히 만들어졌을 때― 에 대한 통제는 매우 고차적인 자본주의적 통제 구조로 완전히 통합된다(Hesmondhalgh, 2002). 그래서 지적 노동은 극복할 수 없는 문제를 내놓지 않으며, 확실히 각기 다른 미디어 산업들은 창의적이고 지적인 노동을 형성하고 이 노동들에 영향을 미치는 차별적인 방식을 발전시키고, 창의적이고 지적인 노동에 적용되는 특정한 잣대를 설정한다. 이 같은 방식으로 지식인들이 자신의 노동을 팔기 때문에 그들의 진정하고 다양한 자율성은 지속적인 위협 아래 놓이게 된다. 중산층이 확대되고/확대되거나 산업화되면서 제도사(製圖士), 기술자, 엔지니어, 회계사, 교사, 간호사와 미디어 종사자들의 경우처럼 중산층의 기술과 지식은 일종의 인플레이션에 직면하고, 그들이 보다 많아지고 대체가능하게 됨에 따라 그들의 가치는 상실된다. 또는 그러한 기술들이 새로운 기술에 통합된다 (Braverman, 1974: 407, Wright, 1979: 210~211). 예를 들어, 개인용 컴퓨터의 출현이 대본작가들의 생산성을 엄청나게 증가시켰을 때, 동일한 양을 생산하는 데 드는 시간이 줄어든 것이 아니라 오히려 지금까지 보다 더 많은 양을 생산하기 위해 더 열심히 노동해야 했다. 대본작가인 폴 애버트[Paul Abbot](2000~2001년까지 방송된 노동계급을 다룬 BBC 텔레비전 드라마 〈클라킹오프

Clocking Off〉의 작가)는 심화되는 경쟁과 기술 발전이 어떻게 작가를 부분적으로 프롤레타리아로 만드는지에 관한 하나의 사례를 다음과 같이 묘사하고 있다.

1990년대 초, 텔레비전 편성 책임자들은 게릴라 전투 준비를 하기 시작했다. 나는 〈코로네이션 스트리트 Coronation Street〉의 대본작업이 워드 프로세서로 막 이루어지기 시작했을 때(수정액은 이제 그만 안녕!) 스토리라인 작가였다. 이야기는 동일했지만, 산출 속도는 두 배에 달했다. 작가 사무실에 있을 때 우리는 이 기술이 우리에게 이득이 될 것이라고 상상했다. 하지만 전혀 그렇지 않았다. 월요일, 수요일 그리고 금요일 회차의 에피소드 수가 늘어났다. 스탠Stan이 죽었을 때 힐다Hilda가 어떤 색깔의 가디건을 입었는지를 확실하게 말해 줄 수 있는 새롭게 장착된 컴퓨터 저장매체를 들여다보았던 기억이 생생하다. 우리를 '현대화'시키는 일을 담당했던 사람은 쥴스 번스Jules Burns였는데, 그는 만면에 미소를 띤 채 팡파르를 울리듯 "왜 골치를 썩이고 그래?"라고 말하며 자랑스럽게 기록보관용 컴퓨터 스위치를 켰다.[2]

이 인용문에서 우리는 노동의 위계적 분업 속에서 지식인의 범주가 어떻게 내적으로 차별화되는지를 볼 수 있다. 예를 들어, 영화와 텔레비전 제작자들은 애버트와 같은 창작 노동자들과 이윤 축적을 담당하는 고위 관리자를 매개한다. 이 같은 매개는 동일한 조직 내부에서도 일어날 수 있고, 자신의 회사를 소유한 프티부르주아 제작자와 이들이 특별한 일을 위해 고용한 창작자들 그리고 이 일에 참여하는 재정 투자자들 사이에서도 일어날 수 있다. 이 같은 특별한 사례에서 컴퓨터 기술은 기록 자료들의 편집과 검색을 위해 관리자들에 의해 사용되고 작가들의 생산성을 증가시키면서, 오랫동안 일해왔던 작가들의 기억에 회사가 의존하는 정도를 감소시킨다.

분포와 기능

브레이버먼[Harry Braverman]은 기업뿐만 아니라 병원, 학교, 정부 부처와 같은 자본주의 고유의 생산체계 외부의 조직에 종사하는 엔지니어, 기술 관리직, 하위 감독직과 관리직, 마케팅, 재정 관리와 조직 경영직 등을 중간 집단이라고 규정한다(Braverman, 1974: 403~404). 하지만 이 같은 진술을 조금 더 분석할 필요가 있으며, 지식노동자와 이들의 사회적 기능의 분포를 탐색해볼 필요가 있다. 왜 중산층은 마르크스의 시대 이후에 그렇게 급속하게 확장되었을까? 존 클라크[John Clarke]는 '자본의 회로'에 대한 마르크스의 논의를 우리에게 상기시킨다. 자본의 순환은 생산의 과정, 생산물의 순환, 생산물의 교환(구매), 생산물의 소비와 실제적인 사용을 포함한다. 만약 이 전체의 회로가 작동하지 않는다면, 잉여가치는 성취될 수 없다. 클라크가 지적하듯이, 자본에게 문제는 이 과정이 복잡하고 모든 종류의 공백, 장애, 방해물, 긴장, 충돌이 이 과정에 포함되어 있어 이것들을 잘 관리해야 한다는 것이다(Clarke, 1991: 48~49). 그래서 자본의 회로를 완성시킬 수 있도록 모든 요소들(인간, 물류, 기술과 문화 등)을 조정하는 (그리고 가속화시키는) 일들을 위해 중산층이 나타나고 확대되었다.

생산의 회로를 잘 조절한다는 사고는 중산층이 하는 많은 것들을 점유하고, 다양한 중산층, 특히 회계사, 변호사, 관리자, 상급 관리자, 로비스트 등이 하는 대부분의 것들을 설명해준다. 광고, 마케팅, 홍보, 시장 조사 부문의 문화 생산자들 또한 생산과 소비 과정의 회로를 조정하는 데 주된 역할을 한다(Murdock, 2000: 16).

중산층이 잉여가치를 직접적으로 생산하기보다 생산의 사회적 관계들을 재생산하고 바퀴들에 윤활유를 붓고 이를 조절하는 데 기여한다는 생각은 오랫동안 있었다. 이는 소위 '전문직 중산층[Professional Middle Class, PMC]'이라고 불리는 계층에 대한 에런라이크[Barbara Ehrenreich and John Ehrenreich]의 고전적인 연구의 요지이기도 하다(Ehrenreich, 1979: 12). 하지만 마르크스주의 경제학자인 에르네스트 만델^Ernest Mandel^은, 잉여가치와 이윤을 발생시키는 데 기여하는 한 연구 노동자와 엔지니어의 노동은 그 자체로 생산적인 것이라고 마르크스가 명백하게 진술했음을 우리에게 상기시킨다(Mandel, 1978: 255). 우리는 직접 생산자와 생산관계를 재생산하는 사람들을 예리하게 구분하기보다 이들이 서로 긴밀하게 연결되어 있다고 보아야 한다. 결국 조절자들은 생산 회로에서 필수적이며(조절자들이 없다면 생산회로는 분해된다), 생산자(노동계급과 중산층)들은 생산행위 그 자체에 의해 생산관계의 재생산에 기여한다(Noble, 1979: 131). 그렇다면 문화노동자들은 어떠한가? 그들의 상징적 생산물이 미치는 영향을 고려하면 그들은 재생산(지배적인 사회 질서를 정당화하는 관념과 가치, 다른 한편으로는 이데올로기라고 알려진 것들을 생산하는 것)에 관여하는 것일 수 있다. 반면 생산의 관점에서 보자면, 이들은 미디어 자본을 위한 잉여가치를 실현하는 상품들을 생산하며, 실제로 상품으로서의 문화 상품들은 자본의 투자와 이윤을 위해 점점 더 중요해지고 있는 것이 사실이다. 하지만 경제적인 명령과 문화적 가치 사이에는 필연적인 일치가 없으며, 게다가 경제적인 명령과 문화적 가치들이 서로 종종 갈라지는 많은 이유들도 존재한다.

경제, 기술 그리고 문화

간햄^N. Garnham^은 문화산업의 사회경제적 모순들에 대한 자신의 중요한 연구에서 문화와 정보 상품들이 소비에 의해 없어지거나 파괴되는 것이 아니기 때문에 고전적인 공공재에 속한다고 말한다(Garnham, 1990: 38). 문화와 정보 상품들은 또한 또 다른 관련된 의미에서 공공재이다. 문화 상품들은 소비를 통해 없어지지 않고 공유되기 때문에 자신들의 의미와 가치, 쾌락을 획득할 수 있는 객관적인 토대를 가지게 된다. 영화나 음악을 소비하면서 얻게 되는 쾌락과 의미들은 확실히 음식과 주거와 같은 생물학적인 욕구를 충족시키거나 냉장고나 세탁기와 같은 개인적인 실용품들을 이용하는 데서 오는 것과는 다른 집합적인 경험의 일부이다. 물론 집합적인 의미들은 매우 기능적인 상품들(혹은 그들의 디자인)에도 부착되어 있고, 더 나아가 옷이나 자동차와 같은 상품들의 경우에도 마찬가지이다. 하지만 문화(지위나 정체성의 문제)가 이 상품들에 부착되어왔다고 말하는 것이 정확하다. 문화 상품들의 유일한 존재 이유가 문화적인 표현이기 때문에 집단적인 이용과 소비가 훨씬 더 요구된다. **소비자 상품의 문화화**culturalisation of consumer commodities에는 특이한 긴장이 존재하는데, 소비자 상품은 배타적인 (취향) 집단뿐만 아니라 광범위한 집합체에 어필하지만, 동시에 그것들은 사적으로 소유되고 팔리고 구입되기 때문이다. 소비를 에워싸고 있는 문화는 사적 재산권의 체계 안에서 점차 더 사회화된 의미들에 의존하게 된다. 사적인 상품의 지위를 벗어난 사회적 산물로서의 문화적 산물을 둘러싼 투쟁들은 내가 살펴보고자 하는 소프트웨어 엔지니어와도 관련된 이슈이다. 하지만 이 투쟁에서 지식인들의 기여 역시 생산의 문화화culturalisation와 밀접한 관련이 있다. 이 생산의 문화화는 바로 생산이 관념과 정보의 생산 및 전파에 더욱더 의존하는 과정이다. 에르네스트 만델이 (아마도 낙관적으로) '후기 자본주의'로 정의내린 것은 정보를 만들고 분류하고 분배하는 컴퓨터 기술에 의존한다. 1954년 (미국 경제가 군사 경제에 의해 발전되던 시기 이후) 미국 경제의 사적인 영역에 데이터 처리 기계들이 도입된 것은 그 이후에 자본주의를 변환시킨 기술적 혁명에서 가장 핵심적인 것이었다(Mandel, 1978: 194). 연구와 개발, 기술혁신과 기업들 간의 무자비한 경쟁에 투입되는 막대한 비용은 후기 자본주의 기업의 더 정확하고 더 많은 기획을 필수적인 것으로 만들었다(Mandel, 1978: 228). 엄청나게 많고 복잡한 데이터를 신속하게 처리하는 능력(Mandel, 1978: 229)을 가진 컴퓨터는 회사 내부에서의 계획을 가능하게 만들었지만, 또한 역설적이게도 기업 간 경쟁을 필수적인 것으로 만들었다(결국 총체적인 사회의 민주적 계획은 불가능하게 만들었다). 기업 내부의 계획은 조직의 적응력, 혁신, 생존의 핵심적 토대인 지식과 정보의 자기 성찰적 운용을 수반하고, 상사들과 관리자들 사이에 새로운 의식의 양식을 만들어낸다(Prusak, 1997). 그래서 문화적 자산과, 모든 노동자들이 가지고 있는 지식 자원의 중요성에 대한 새로운 각성이 기업경영이론에 확대되었다. 커뮤니케이션 기술 상품들은 경쟁 우위성을 유지하는 데 있어서 지식의 중요성을 확대시켰다(Tapscott et al., 1998). 지식인의 상대적이고 다양한 자율성은 더 이상 지식을 표준화하는 일의 어려움에 달려 있지 않게 된다. 지식은 기계를 통해 표준화되고, 노동 계급은 그 대가를 치르게 된다. 융통성 있고 지속적으로 발전하는 자원으로서의 지식의 적용(Castells, 1996)은 사실은 표준화시키기 매우 어려운데, 왜냐하면 표준화라는 것이 지식을 즉각적으로 고정시키고 새로운 조건에 대한 반응성을 억제하기 때문이다. 이 같은 경직성을 피하기 위해서는 새로운 기술들이 단순히 적용되는 도구가 아니라 발전하는 과정이어야 한다(Castells, 1996: 32).

그러나 노동 현장의 문화적 자원과 지식 자원들을 유지하고 발전시키는 데 있어서 문제점은, 문화적 상품 그 자체의 경우처럼 그것이 **실제로 현존하는** 자본주의를 중단시키는 사회 구조를 필요로 하거나 아주 분명하게 가리킨다는 것이다. 이렇게 지식과 기능의 발전과 전파를 위해서는 어떤 기업경영 교과서가 우리에게 말해주는 것처럼 '자유로운 커뮤니케이션'과 공통의 목표의식이 필요하다. 그리고 확실히 어떤 반어적인 의미도 없이 다음과 같이 말할 수 있게 된다. "지금까지 관찰해온 이 태도는 경영자와 피고용자들 간의 신뢰의 구축을 통해 나온다. 단지 신뢰만이 지식을 회사 내부에 흘러다니게 만들고 경험의 공통된 세계를 만든다"(Roos, 1997: 127). 생산의 문화화라는 관념은 우리가 정보사회로 이동하고 있다고 주장하는 현대 자본주의를 설명하는 가장 핵심적인 주제 중에 하나이다. 이러한 주장은 매우 종종, 내구 소비재의 산업적 생산과 연관되어 있는 계급투쟁은 이제 과거지사가 되었다는 논지와 함께 전개된다. 나의 주장은 자본에 그리 달갑지는 않을 것이다. 만약 (사고, 가치, 쾌락과 같은) 모든 분맥分脈에서 문화가 의미의 공유와 교환에 전부라면, 생산의 문화화는 의심스러운 발전이며 공유에, 상호의존에, 그리고 생산 및 소비의 사회화에 강력한 한계와 불평등과 왜곡을 부과하는 생산양식 내부의 문제시되는 **발전양식**일 것이다.

자본과 인텔리겐치아: 대립되는 사례연구

우리는 프티부르주아뿐만 아니라 지식인들이 자본과 노동 사이에 모순적으로 자리하고 있음을 보아왔다. 지식인들은 문화적 특권, 직장의 상대적인 독립성, 그리고 대개는 급여수준으로 인해 노동계급과는 구분되며 어느 정도는 자본에 통합되어 있다. 그러나 지식인들은 자본가가 아니며, 노동자로서의 그들의 지위 자체는 자신보다 하위에 있는 노동자 계급과 동일한 착취 및 프롤레타리아화 과정에 종속될 때마다 거듭 확인된다. 자본과 노동 사이에 끼어 있는 그들 역시 경제적으로 자본과 노동에 의해 구성—문화를 '자본'으로 사용하지만, 그들은 여전히 고용된 사람들이다—되며 사고의 수준에 따라 그것들의 영향을 받는다. 하지만 지식인들은 자본가로도 노동자로도 완전히 통합되지 않은 채, 종종 사고의 선에서 그치든(사회적 문제에 대해 개인적 해결방법을 추구하는 등) 아니면 말 그대로 스스로 사장boss이 되는 방향으로 경제적 이동을 하든지 하여 프티부르주아를 향해 강하게 끌리는 경향이 있다. 그러므로 자율성의 문제, 독립의 문제, 존재론적인 일의 의미에 관한 문제가 지식인들에게 중요한 문제였다는 사실은 그다지 놀랍지 않다(Hefferman, 2000: 39~71). 지식인들이 자신들의 사회적 역할을 설명하기 위해 시도했던 한 가지 방법은 생각의 가공자와 유포자가 된다는 것이 무슨 의미인가를 비정치화하는 것이었다. 이는 사회적 기득권에서 지식생산을 떼어놓고, 전문성을 자본과 노동 간의 사회적 갈등을 초월하는 것으로 정의하고, 대신 지식인이 하는 일의 본질을 '객관성'과 '합리성'으로 포장하는 행위를 포함한다. 그럼에도 불구하고 '객관성'의 이데올로기가 전 인류를 위해 일한다는 구실 하에 자본가에 대한 지식인의 역할을 합리화해온 것이 사실이라 해도, 그것이 자본의 불합리성과 불공평함이 무시하기에는 너무 심각해졌을 때 지식인과 고용주와의 갈등을 불가피하게 유도해온 것 또한 사실이다(Ehrenreich and Ehrenreich, 1979: 22). 자본과 지식인 간의 적대 형태의 한 종류는 지식인들이 자본가들의 이익을 일반 대중의 이익으로 다시 수렴시키기 위해 실용적인 자본 개혁을 추구할 때 발생한다. 그러나 다른 형태의 적대는 지식인들이 자본주의의 상식적 절차와 근본적으로 충돌하는 요구를 주장할 때 (그들이 인식하든 하지 않든 간에) 그들을 자본으로부터 다소 극적으로 분리한다. 여기서 실용주의적 개혁은 자본의 이익과 나머지 인류의 이익 간의 근본적인 차이를 지적하는 요구로 변화하기 시작한다.

 자본가와 인텔리겐치아 간에 존재할 수 있는 다른 형태의 적대들의 좋은 예는 소프트웨어 문화산업에서 발견할 수 있다. 최근 유저[user]가 소프트웨어 코드에 접근할 수 있게 하자는 운동이 활발하게 진행되어왔다. 기업 소프트웨어는 인터넷이 확대됨에 따라 점차 소유 모델을 채택했는데, 이 모델은 프로그램 코드에 접근하는 것을 불가능하게 하고 있다. 따라서 이러한 소프트웨어는 공짜로 주어진다 해도 표현과 사용이라는 측면에서는 자유롭지 못하다. 소스코드를 알아내지 못하면 복사하여 다른 유저에게 코드를 유포할 수 없을 뿐 아니라 소프트웨어를 수정하거나 맞춤식으로 사용할 수 없고 버그를 수정할 수도 없다. 소프트웨어 프로그램의 코드에 접근하는 것이 정치적 문제가 된 주요한 이유는 정확히 말하자면 '생산의 문화화'와 '문화적 제품의 확대된 생산'이라는 이중의 동학 때문이다. 생산의 문화화는 소프트웨어 엔지니어들의 지식과 기술에 막대한 프리미엄을 붙여왔다. 그러한 지식인 노동자들에게는 자신들이 회사에 부를 창출하는 주요 자산이라는 점이 매우 분명하다. 그러나 동시에 그들은 회사의 정책과 안건이라는 한계 내에서 근무해야 한다. 따라서 과정은 비밀에 부쳐진다. 즉, 서로 다른 회사에 근무하는 서로 다른 소프트웨어 엔지니어들은 비슷한 문제에 봉착하게 되지만, 기업 간의 경쟁 때문에 해결책을 논의하거나 공유할 수 없다. 보다 효과적으로 계획할 수 있도록 경영관리 이론가들이 회사들에 모색할 것을 촉구하는 생각의 '자유로운' 의사소통은, 여기서 회사라는 범주 **내에** 갇혀버린 의사소통의 한계를 뛰어넘고자 하는 것이다. 궁극적으로는 시간과 노력을 낭비하게 만드는 자본의 논리에 매여 낮에는 사기업에서 근무하는 많은 소프트웨어 엔지니어들이 밤에는 보다 대중적인 목적을 위해 일한다. 그 외에도 소프트웨어 개발자들은 민주적인 원칙을 경제활동에 도입하고 기업의 지배에 대항하고자 하는 명백한 의도를 가지고 FreeDevelopers.net과 같은 인터넷 협동조합을 설립하고 있다.

소프트웨어는 문화적 산물이고 비디오나 타자기와 같은 물질적인 제품이 아니라 표현과 의사소통의 수단이기 때문에, 소스코드에 접근하는 문제는 더 큰 사회적 중요성을 띤다. 이는 소프트웨어에서 소유 모델에 대한 이론이 갈리게 하고 그것이 투쟁의 장이 되게 한다. 예를 들면, FreeDevelopers.net은 다음과 같이 언급하고 있다.

> 우리의 적은 독점 소프트웨어 회사들과 그러한 회사의 경영자들이다. 이들은 독점 개발자를 예속시키는 시스템을 영구화하여 부당하게 이득을 취하며 이것은 코드를 숨기는 결과로 나타난다. …… 우리는 이러한 음모에 대해 격렬하게 끝까지 싸울 것이다.

그러나 소프트웨어 개발업계에 있는 모든 사람들이 이 문제를 그렇게 적대적 관계로만 보는 것은 아니다. 소스코드에 대한 접근을 허용하기 위한 움직임에는 두 가지 계열이 있다. 오픈소스 운동은 보다 실용적인 계열을 대변한다. 오픈소스는 소스코드를 공유하는 데서 오는 상업적인 이익을 강조한다. 협동조합과 인터넷의 유포 능력을 이용하여, 소프트웨어 프로그램은 한 회사의 연구실에서 갇혀 있을 때보다 훨씬 더 철저하게 전 세계의 수백만 유저들에 의해 테스트되고 버그를 치료할 수 있게 된다. 따라서 오픈소스가 소프트웨어를 개발하기에 보다 합리적이고 효율적인 수단인지에 대한 논쟁의 범위는 넓다. 회사의 수익에 위협이 되지 않도록 기업체들이 소프트웨어를 오픈소스로 하되 다른 제한사항을 두고 판매하는 것도 여전히 가능한 일이다. 예를 들면, 회사에서는 코드를 복사하여 유포하거나 수정하는 것에 제한조건을 둘 수 있다. 또는 회사 내의 서비스 지원팀으로 소스코드의 접근을 제한할 수도 있으며, 이는 일반 유저에게 소스코드를 유포하지 않고 서비스 지원팀이 기술적인 어려움을 보다 효과적으로 처리할 수 있도록 해준다. 따라서 오픈소스는 소스코드를 마음대로 하고자 하는 자유를 통제하는 많은 방법을 가려주는 PR 도구이자 마케팅 도구가 된다.

리처드 스톨먼Richard Stallman이 설립한 프리소프트웨어 재단Free Software Foundation, FSF에서는 소스코드 문제에 대해 보다 급진적인 접근법을 채택했다. 스톨먼은 '카피레프트copyleft' 시스템, 즉 일반공중허가서General Public License, GPL를 고안했고, 이는 소스코드를 순수하게 무료로 한다는 점을 보증한다. GPL은 네 가지 구성요소를 가지고 있다. 어떤 목적으로든 프로그램을 구동할 수 있는 자유, 프로그램이 어떻게 작동하는지 연구하여 본인의 필요에 맞게 바꿀 자유, 사본을 다시 배포할 자유, 프로그램을 수정하여 대중에게 유포할 자유가 그것이다. FSF가 고집하지는 않지만, 일반적으로 그러한 활동은 금전적 의미에서도 자유, 즉 '무료free'이다. 개발자들은 자신이 고안한 소프트웨어에 금액을 매길 수 있지만, 카피레프트 시스템하에서 그런 소프트웨어는 금액을 지불하고 싶지 않거나 지불할 수 없는 유저들에게까지 자연스럽게 퍼지게 될 것이다(구매자들이 복사하여 재배포를 할 수 있기 때문이다). 오픈소스 모델이 자본주의를 더 효율적으로 만들고자 하는 반면, FSF는 급진적인 주장의 논리를 더욱 추종해왔다. FSF의 목적은 소프트웨어로 말하자면 소유 모델을 폐지하는 것이다. 리처드 스톨먼은 다음과 같이 주장했다.

> 만일 …… [사람들이] 소프트웨어를 쓰지 않는다면, 아마도 요리를 할 것이다. 요리를 한다면 아마도 요리법을 공유할 것이다. 그리고 아마도 요리법을 바꿀 것이다. 무언가를 다른 사람들과 공유하는 것은 자연스러운 일이다. 그러나 모든 사람들의 활동을 통제하여 이익을 얻고자 하는 사람들은 우리가 서로 공유하지 못하도록 막으려 한다. 우리가 서로 도울 수 없다면 우리는 무력해지고 그들에게 의존하게 될 것이기 때문이다.

그러나 프리소프트웨어 운동에는 모호한 점이 있다. FreeDevelopers.net의 경우와 같은 많은 개발자들은 스스로를 반기업적이라고 여기지만 반자본주의적이라거나 명백히 사회주의적이라고 여기지는 않는다. 하지만 이러한 입장은 '노동자 통제', 그리고 소프트웨어와 개발자에 대한 대중의 참여 및 사회적 협력에 대한 논의를 임의적으로 제한하여 프리소프트웨어 운동의 논리에 따르기를 거부함으로써만 유지될 수 있다.

문화적 실천의 특수성: 영화와 음악의 경우

우리는 자본주의하에서 노동이 잉여가치를 생산하기 위해 존재한다는 것을 알게 되었다. 이것은 형태나 인간의 필요와 관계없이 **모든** 노동에서 사실이다. 그러므로 여기에는 자본에 대한 그리고 자본과 노동의 관계에 대한 일반성이 있고, 세상을 제대로 알고자 하는 비판적인 이론이라면 이에 부합해야 한다. 그러나 이러한 일반성, 자본주의가 모든 것에 그 논리를 적용하고 있는 가차 없는 일반성 또한 이론/사고가 피해야 하는 문제의 일부이기도 하다. 만일 자본주의에서 모든 것이 상품, 즉 사고팔아야 하는 무언가라면, 이 일반화된 상품화는 필수적이기는 하지만 문화적 노동이 상품을 생산하면서 취하는 서로 다르고 구체적인 형태를 이해하는 데 충분한 근간은 되지 못한다(Ganham, 1990: 29). 왜냐하면 자본주의 논리의 보편성만을 보면서 자본과 서로 다른 종류의 노동이 맞물린 구체적이고 특정한 방식을 보지 못해서는 안 되기 때문이다. 우리가 일반적으로 모순적인 문화노동자의 입장을 탐구하기 시작한 것은 이러한 이유에서이다. 노동으로서의 그들은 잉여가치를 생산하기 위해 존재하거나 자본의 회로를 조정하여 잉여가치의 생산을 보증하는 주요 구성요소이다. 하지만 그들의 바로 그러한 자산은 위에서 아래로의 통제라는 자본의 일반적인 메커니즘에 쉽게 이용되지 않는 어느 정도의 자율성, 대화, 일시적인 지속기간을 요구한다. 한편 자본에 대한 사용가치와 문화노동자 개개인의 심신 간의 뗄 수 없는 관계는, 보다 일상적이고 육체적인 종류의 노동력처럼 교체하고 통제할 수 있게 하는 데는 어떤 장애가 놓이게 한다. 정치적인 힙합 펑크/록 그룹인 레이지 어게인스트 더 머신Rage Against The Machine은 정치적으로 보다 유순한 멤버 및 상품을 가진 레코드 레이블과 쉽게 교체될 수 없다. 왜냐하면 멤버와 상품이 뒤얽혀 연결되어 있기 때문이다. 마찬가지로, 1990년대 후반에 중산층의 고뇌를 다루며 성공한 ITV 드라마 〈콜드피트Cold Feet〉의 창조적인 생산자들이 자신들의 노동이 보여주기식이 되고 정형화될 것을 두려워하여 시즌5를 만들고 싶지 않다고 결정했을 때, 이 문화적 제품을 더욱 착취하고자 했던 ITV는 단순히 신규 작가나 배우 등을 모집하여 시리즈물을 재창조할 수가 없었다. 그 드라마를 그 자체일 수 있도록 독특한 개성을 부여한 것은 바로 그 시리즈물을 만든 문화노동자들의 노동력이고 연기력이었기 때문이다.

그럼에도 불구하고 창조적인/지적인 노동의 이러한 차이가 자본가에게 항상 나쁜 소식이었던 것은 아니다. 그것은, 스스로를 노동계급과는 구분해왔고 자본이 세운 광범한 의제와 목표를 인정하는 대신 기꺼이 특권적 지위를 얻어온 계급 분파의 팽창을 의미했다. 모순적인 계급위치에 속함에도 지식인들은 산발적으로만 **적대적인** 위치를 차지했다. 왜냐하면 문화적 노동이 스스로 합리화와 권리박탈에 대한 내재적 저항감을 가지고 있다고 하여 자본이 일반적인 논리를 (많은 점에서 매우 성공적으로) 관철하지 못했음을 의미하는 것은 아니기 때문이다. 계획과 실천을 대다수 노동력에게서 분리한 문화의 산업화(Braverman, 1974)와 지배적인 경영엘리트에 의한 계획 집중은 할리우드 영화 스튜디오에서 매우 효과적으로 실행되었다. 촬영 스크립트는 영화의 청사진이자 프로듀서들이 계획에 대비한 진척도를 측정하면서 프로덕션 과정을 매일 통제할 수 있었던 수단으로 작용했다(Bordwell, Staiger and Thompson, 1988: 135~137). 노동과 계층적 통제에 대한 이런 분리는 규격화된 생산절차와 함께 아도르노^{T. W. Adorno}와 호르크하이머^{M. Horkheimer}로 하여금 문화산업이 "몇 밀리미터의 차이로 서로 구분되어 대량생산되는 자물쇠"처럼 모든 진정한 개성을 파괴하고 그저 유사 개성만을 남긴다는 주장을 하도록 했다(Adorno and Horkheimer, 1977: 374). 이것은 오늘날 위에서부터 만들어지고 조정되는 아이돌을 보면 공감을 얻을 수 있다. 실제로 〈팝스타^{Popstars}〉(ITV, 2001)의 경우에는 이러한 제작과정 자체가 텔레비전 프로그램이 되었는데, 여기서 오디션을 보고 선발된 사람들은 결과적으로 (필연적으로 단명한) 히어세이^{Hear'Say}라는 그룹명으로 가공과정을 밟게 될 예정이었다.

거시적인 관점에서 구속적인 사회적, 조직적, 경제적 결정요소는 모두 강력해보일 수 있지만, 이러한 권력관계는 보다 미시적인 하루하루의 수준에서 협상되어야 한다. 이것이 바로 인간이라는 요인의 문제를 재도입한다(Negus, 1997: 69). 빈센트 포터$^{Vincent\ Porter}$가 언급하듯이, 감독의 카메라 각도 선택이나 연기자로부터 유도한 특정한 뉘앙스는 미묘하지만 현저한 방식으로 영화의 의미를 바꿀 수 있다(Porter, 1983: 181). 헤스몬달$^{David\ Hesmondhalgh}$ 또한 창조적인 문화노동자들이 즐기는 '자율성의 비일상적인 수준'을 강조한다(Hesmondhalgh, 2002: 55). 그러나 우리의 행동을 구성하는 제도적인 규범 및 기대를 내재화하는 인간의 성향을 고려하면 '자율성'을 측정하기는 어렵다. 부르디외$^{P.\ Bourdieu}$는 이러한 과정을 '아비투스^{habitus}'의 개발이라 부르며 이 것을 "의미 있는 실천과 의미를 주는 인식을 생성하는 기질로 내재화하고 변환하는 필연성"으로 정의한다(Bourdieu, 1996: 170). 할리우드에는 영화에서 조금이라도 다른 차이를 쥐어짜내고 제도화된 규범의 한계를 밀어내고자 했던, 그리고 그러한 자신의 노력에 해고라는 보상을 받았음을 알게 된 감독들의 이야기가 널려 있다.

1957년에 유니버설 스튜디오는 오슨 웰스$^{Orson\ Wells}$의 마지막 할리우드 영화인 〈악의 손길$^{Touch\ of\ Evil}$〉(오슨 웰스, 1958, 미국)의 편집을 맡게 되었다. 영화 편집자인 월터 머크$^{Walter\ Murch}$는 이렇게 말했다.

[웰스의 영화는] 할리우드 기준에서는 아마도 최악일 죄를 저질렀는데, 10년 정도 시대를 앞섰던 것이다. 경영진에서는 다소 관습적인 B급 영화를 기대했는데, 영화의 혁신적인 편집과 카메라 작업, 실제 장소의 사용, 소리의 비정통적인 사용에, 그리고 주제적으로는 고정관념을 뒤집는 대담함과 인간의 타락을 반복적으로 표현하는 데 언짢아하며 당황했다.

웰스는 차후에 영화에 대한 자신의 비전과 최종 스튜디오 버전 작품 간의 차이를 상술한 58쪽 분량의 메모를 작성했다. 머크가 분명히 말하듯이, 최종 스튜디오 버전은 웰스가 만들어냈던 형식적이고 주제적인 차별성을 보다 정형화된 작품으로 재통합하는 것이었다.

그런데 웰스의 경우와 같은 경험은 고전적인 스튜디오 시대의 특정한 조직 형태에 한정되지 않는다. 보다 최근에, 리처드 스탠리^{Richard Stanley}라는 영국의 작가 겸 컬트호러영화 감독은 갑자기 임금 노동의 무력감을 경험했다. 〈닥터 모로의 DNA^{The Island of Dr. Moreau}〉(결국 이 영화는 존 프랑켄하이머^{John Frankenheimer} 감독에 의해 1996년 개봉되었다)라는 미국 영화를 제작하다가 해고되었던 것이다. 정보사회의 주창자인 로버트 라이시^{Robert Reich}에 따르면 이러한 종류의 일은 일어나서는 안 되는 것이었다. "본사에서 임원들이 그러하듯이, 아이디어의 판매자는 …… 최종 제품에 대해 최소한 같은 정도의 권한을 행사하고 통제력을 가져야" 하는 것이었다(Reich, 1991: 102). 스탠리는 말런 브랜도^{Marlon Brando}와 발 킬머^{Val Kilmer}의 관심을 끌었던 대본을 썼다. 뉴라인^{New Line}이 그 영화의 재정후원을 맡고 있었다. 그러나 영화 촬영장에서 자존심을 통제하지 못해 스탠리가 킬머와 사이가 틀어지자 희생된 것은 스탠리였다. 서로 다른 문화노동자들과 자본, 그리고 도전적인 아이디어들이 섞이고 논쟁의 소지가 없는 무언가로 재구성되는 바로 그 냉소적인 과정 간의 역학관계를 스탠리는 작가 데이비드 휴스^{David Hughes}에게 다음과 같이 멋지게 설명했다.

그러나 킬머와 같은 우수한 사람을 처음에 끌어당겼던 것은 바로 스탠리, 또는 그의 대본이 아니었던가? "그건 중요치 않네. 대본은 그저 미끼일 뿐이야. 그들은 영화를 찍는 데 사실은 대본을 원하거나 필요로 하지 않아. 배우의 관심을 끄는 데 필요로 할 뿐이지. 일단 배우가 영화를 찍기로 하면, 대본은 아무렇게나 내버려지고 이제는 완전히 다른 것을 할 시간이란 말이지. …… 내 대본에서 프렌딕^{Prendick}은 유엔에서 근무하는 일종의 민권 변호사였지. 남태평양의 부갱빌^{Bougainville} 같은 곳에서 평화협정을 끌어내기 위해 노력하다가 막 돌아온 사람이었어. 그런데 그때 세계의 다른 지역에서는 제한적인 핵 거래가 일어나고 있는 거지." 이러한 전제는 원작 소설과는 다른 것으로 스탠리가 내놓고자 하는 작품의 초석이었다. "야수 인간들이 문명의 요람이 되었고, 잠재적으로 종의 진화에서 다음에 올 것이 되었네. 모로^{Moreau}는 인간에 대한 대체 종^{種}에 대해 부지런히 고민하고 있었지." 스탠리의 초안에서 프렌딕은 모로가 죽었을 때 입법자의 역할을 떠맡으며 야수 인간들을 위해 문제를 해결해야 한다. "그것은 유고슬라비아나 소말리아에서 행해진 일들을 조롱하는 의미를 갖게 될 예정이었지. 그곳에서 유엔 소속의 인간은 극도로 형편없는 일을 하며 자신이 보호하고자 했던 사람들을 훨씬 망쳐버리는 거지. 그 부분이 완전히 다 사라졌네. …… 이제는 외부인에 의해 해방된 노예 일당이 반란을 주도하고 …… '미국인들에게 기회가 반이라도 주어진다면' 하는 낡고 친민주주의적인 자유 미국이라는 메시지만 남는단 말일세.

내가 이 글을 쓰는 2001년 10월 초, 미군과 영국군은 아프가니스탄에 폭격을 가하고 있다. 이번에 그들의 닥터 모로는 걸프전(1991)의 사담 후세인$^{Saddam\ Hussein}$이나 (코소보의) 슬로보단 밀로셰비치$^{Slobodan\ Milošević}$가 아니라 오사마 빈라덴$^{Osama\ bin\ Laden}$이다. 그들의 행위를 지지하는 대중은, 근본적으로 그들의 행위와 적들의 행위 간에는 질적으로 도덕적인 차이가 있다고 말하는 서양의 정치가와 기관들에 의존한다. 그리고 여기에서는 스탠리의 대본에서 모로와 프렌딕 간의 연속성이 억압되었던 것처럼 그들과 적 사이의 유사성이나 연계성을 억누를 필요가 있다. 그렇다면 이러한 맥락에서 우리는 스탠리의 경험이 아마도 문화적 상상력에 대한 대중의 논의(또는 논의 부족)와 다양성(또는 편협함) 및 그것을 회의하는(또는 신뢰하는) 특성에 대해 막대한 함의를 던지는 연속된 문화적 투쟁의 일부임을 알 수 있다.

영화와 텔레비전 프로덕션의 상업적인 특성은 자본이 분명한 방식으로 독점하도록 했고 또한 노동 분업을 공고히 해왔다. 즉, 상대적으로 보았을 때 노동계급은 이런 문화생산의 권력에 접근하는 것이 노동공정의 기술적이고 육체적인 구성요소로 크게 제한되었다. 한편 중산층은 창조적인 부분을 점유해왔고, 완성된 문화적 상품을 통해 발현되는 정치적 무의식뿐만 아니라 문화적 과정에서(노사 간의 대화에서조차) 주요한 매개 작인을 제공해왔다. 자본과 인텔리겐치아의 이러한 지배력은 음악업계와 비교할 때 상대적이고 분명해진다. 예를 들면, 수십 년 동안 할리우드 스튜디오 시스템의 미국 영화에는 소규모 흑인 독립영화가 존재했다. 그러나 이것은 흑인음악과 비교하면 문화적 영향력에서 비교할 수 없을 정도로 뒤처져 있었다. 대략 '블랙스플로이테이션Blaxploitation'● 영화들이 나오는 1970년대가 되어서야, 그리고 보다 안정적이고 정통적으로는 1980년대 후반이 되어서야 영화에 흑인 배우와 감독 및 제작진들이 제대로 약진하게 되었다.

    그것은 영화업계에서는 아주 최근에서야 모색하기 시작한 방식으로, 흑인 연예인과 창조성에 대한 무대로 작용할 수 있었던 음악과 그 생산 및 소비의 특성 때문이다. 시각적인 문화에서 흑인 영화 제작은 명백하게 흑인의 재현과 흑인이라는 '이슈' 그리고 흑인 관객에게 묶여 있었다. 그러나 기타 문화생산자들과 대중에게 흑인음악은 미국의 인종차별을 뛰어넘는 영향력을 지녔던 것이다. 바와 카페 같은 공공장소에서의 소비형태는 음악을 다른 활동과 결합시키며 영화 소비라는 보다 독점적인 활동을 뛰어넘는 사회적 범위를 제공했다. 게다가 영화는 (비디오가 등장하기까지는) 영화관이라는 공공장소에서만 소비가 가능했지만, 음악은 특정 장소에서 제품을 경험─영화의 경우처럼─하기보다는 레코드판이나 테이프라는 제품을 실제로 구매하

● 흑인을 부정적으로 정형화하고 왜곡하는 것.

여 가정에서 소비할 수 있었다. 이것은 음악에서 소매점과 유통의 가능성을 막대하게 확장하여, 업계 내에서 백인 소유의 독점적 지위가 구축되기 훨씬 어렵게 만들었다. 또한 가정에서 소비한다는 것은 음악이 영화보다는 훨씬 더 강력하게 일상생활에 얽혀 있다는 것을 의미했다. 하드코어 힙합 아티스트이자 전에 N. W. A.Niggaz With Attitude라는 밴드 소속이었던 닥터 드레Dr. Dre는 이렇게 회상한다. "엄마의 카드 파티에서 레코드를 틀면 사람들은 소리를 지르며 일어나서 춤을 추곤 했다. 나는 사람들을 자극하는 것이 너무나 좋았다." 따라서 음악은 영화와는 달리 미국 흑인 노동계급의 삶에 주요한 일부가 되었다. 게다가 음악은 여러 번 반복해서 듣는 경향이 있지만, 보다 설명적이고 다른 활동과 같이 하기에 불편한 영화는 같은 사람이 여러 번 반복적으로 소비하는 경우가 훨씬 드물다. 아울러서 음악과 관련한 문화적 기술과 지식은 공교육 밖에서 얻을 수 있으며, 더욱이 (영화업계의 자본 집중적인 성격과 비교했을 때) 상대적으로 저렴한 음악의 문화적 생산은 재능 있는 흑인, 특히 재능 있는 흑인 노동계급에게 기회를 열어주었다.

힙합은 이 사실을 잘 보여주는 한 예가 될 수 있다. 힙합은 1980년대 초반의 그랜드마스터 플래시Grandmaster Flash의 사회적 현실주의에서부터 퍼블릭 에너미Public Enemy와 같은 동부 해안 래퍼의 흑인 민족주의에 이르기까지, 서부 해안 밴드인 N. W. A.의 음악과 같은 소위 '하드코어' 힙합이나 갱스터 랩을 둘러싼 논쟁에 이르기까지 이러한 현상을 잘 보여준다. 「퍽 다 폴리스Fuck tha Police」와 같은 곡이 실린 N. W. A.의 1988년 데뷔 앨범 〈스트레이트 아우타 콤프턴Straight Outta Compton〉은 더블 플래티넘, 즉 200만 장 판매를 달성했다. 할리우드 영화에서는 잘 나타날 것 같지 않은 감성을 표현한, 마르크스주의를 표방한 힙합밴드 더 쿠프The Coup도 있다. 〈파티 뮤직Party Music〉(2001) 앨범에서, 싱어인 부츠 라일리Boots Riley는 자신의 어린 딸에게 아이가 자라나는 세계의 권력구조에 대한 이야기를 한다.

세상은 동화가 아니야

세상은 무시무시한 부유한 백인 남자들에 의해 굴러가지

쉽게 말해줄게

그들을 보스라 부르자

사람들이 손실을 보는 동안에

그들은 너의 돈을 가져가

아프리카의 흑인들을 팔아 공짜로 일을 시켰고

여전히 우리는 제대로 먹을 만큼도 벌지 못하네.

The Coup/75ARK, 2001

음악에서의 흑인 문화 생산은 (불행하게도 마르크스적인 요소는 아니지만) 1990년대 초반 흑인 영화가 작게나마 발전하는 데 공헌했다. 그 예로 〈뉴 잭 시티^{New Jack City}〉(마리오 반 피블스^{Mario Van Peebles}, 1991, 미국), 〈스트레이트 아웃 오브 브루클린^{Straight Out of Brooklyn}〉(매티 리치^{Matty Rich}, 1991, 미국), 〈보이즈 앤 후드^{Boyz N the Hood}〉(존 싱글턴^{John Singleton}, 1991, 미국) 등이 있는데 이런 영화들이 결코 문제가 없는 것은 아니다(McCarthy, 2000). 그러나 위에 기술한 모든 이유로 인해 흑인 뮤지션들은 제작자로 변신할 수 있었고 자신의 음반사를 가진 매우 성공적인 프티부르주아 비즈니스맨―대부분은 남자였다―이 될 수 있었다. 이는 단번에 그들의 지위를 보장해주었고 그들이 기업의 후원에 덜 의존적이게 하는 한편, 신인을 발굴하는 길을 열어 흑인음악의 다음 세대와 조류를 재생산하는 데 매우 도움을 주었다. 그러나 힙합이 빈민가의 산물이었고 힙합 아티스트들이 '유기적 지식인^{organic intellectuals}'(계급의 사회적이고 생산적인 생활과 직접 연관되고 유지되는 지식노동자를 일컫는 그람시의 용어)이었다면, 성공은 흑인 뮤지션들을 계급과 그들의 음악을 알린 문화에서 벗어나게 하여 '전통적 지식인^{traditional intellectuals}'(시간이 지남에 따라 노동의 분리와 새로운 계급적 힘의 상승으로 사회적, 경제적 삶에서 진행 중인 역학관계에 대해 감각을 잃어버리는 지식인을 일컫는 그람시의 용어)으로 만들어버리는 것이다. 이런 궤도는 그들의 작품과 대중과의 관계에서 계급 특유의 긴장과 양가성을 만들어낸다. 성공의 궤도는 연관된 음악가에게 근본적인 문제를 제기한다. 더 쿠프의 멤버들과 같은 몇몇은 계급 동화를 거부하는 다양한 방식을 선택하지만, 백인 엘리트들과 친하게 지내는 것이 알려진 '퍼프 대디$^{Puff Daddy}$' 션 콤즈$^{Sean Combs}$와 같은 다른 사람들은 보다 무비판적으로 자신들의 사회적 궤도를 수용한다.

노동의 추상성

인간의 노동이라는 것이 무엇이기에 우리 인류에게 그렇게 중심적인 것이 되었는지를 이해하기 위해서, 보다 '철학적인' 담화로 넘어가 이 장을 마무리하고자 한다. 또한 자본주의에서 이런 중심적 인간 활동에 무슨 일이 발생했는지를 조사하고자 한다. 이는 문화노동의 특질과 역할을 이해하는 데 도움을 줄 것이며, 문화노동이 이윤을 내도록 작동하게 하기 위해 자본이 제기하는 특정 문제들도 이해할 수 있게 해줄 것이다. 여기서 주요한 개념은 **추상성**이다. '추상적^{abstract}'이라는 단어의 일반적인 사전적 정의는 물질적인 대상 및 예시와는 상관없는 **사고**를 언급한다. 구체적이지 않은 생각, 세부사항을 결여한 생각, 특정한 것, 빛과 그늘, 다양성에 주목하지 않는 생각 말이다. 그러나 마르크스에게 자본주의에서 가장 강력한 추상성을 보여주는 것은 바로 **물질적 실체 그 자체**이다. 구체적이고 특정한 것과의 접촉을 잃은 물질적 실체 말이다.

마르크스가 말하는 구체적이고 특정한 것이란 노동에 대한 것이다. 마르크스에게 노동은 단순한 활동이 아니라 인간(마르크스가 인간 종이라고 표현한 것)의 본질적인 부분이다. 노동은 그것이 없이는 어떠한 인간 진보, 인간 사회, 문화도 없는 생산이다. 노동을 통해 인류는 주변의 자연세계와 사회세계를 변형시키고, 따라서 동시에 스스로를 변형시킨다. 그것은 자연의 일부가 되도록 '자연이 부여한 인간 존재의 상태'(Marx, 1983: 179)이자, 동시에 한편으로는 자연을 변형시키고 인류의 역사에 대한 전망을 펼친다. 마르크스가 언급하듯이, "벌은 많은 건축가를 부끄럽게 하지만 …… 최고의 벌과 최악의 건축가가 구분되는 지점은, 이 최악의 건축가는 구조물을 현실에서 세우기 전에 상상 속에서 먼저 세워본다는 것이다"(Marx, 1983: 174). 따라서 인류는 자연과 눈먼 곤충의 주기를 거부한다. 노동에서 인류는 선택과 결정을 한다. 인간의 노동은 본질적으로 실용적인 창조성이다. 살기 위해 자연 자원에 의존하면서도, 인간의 노동은 세계에 대한 의식적인 통제와 변형을 보여준다. 따라서 "노동력의 행사, 즉 노동은 노동자 스스로의 삶-활동이며 삶의 현시이다"(Marx, 1973: 49). 그러나 자본주의에서 노동력은 자본에, 자본의 인격화에 통제력을 양도한다(노동력을 판매한다). 이것의 실질적인 결과는 노동자 자신의 '삶-활동'이, 수익률을 극대화하는 방식으로 조정하고 통제하는 다른 사람들의 처분에 놓이게 된다는 것이다. 이제 노동자에게 삶이란 자신의 '삶-활동' 외부에서 시작되며, 그들은 비슷하게 삶을 부정하는 활동에 종사하는 다른 노동자의 제품과 서비스를 소비한다.

 마르크스에 따르면 물질적인 노동과정이 추상적이 된 것이다. 노동활동은 노동이라고 하는 구체적인 특수성과의 관계를 잃은 것이다. 자본에게 노동력은 전유한 잉여가치의 원천으로서, 상품과 돈으로서의 자본 순환을 통해 수익으로 변화할 것이다. 노동과정의 모든 것과 그것이 생산하는 제품은 이러한 목적에 종속되어야 한다. 그렇다면 추상적인 것은 이윤 동기의 진정한 지배 그 자체이다. 이윤 동기는 〈우주생명체 블롭^{The Blob}〉(척 러셀^{Chuck Russell},

1988, 미국)에서의 괴물 블롭과 같은 것으로, 접촉하는 모든 것을 흡수하여 자체의 동종 구조물로 만들어버린다. 그러한 '블롭화^{blobification}' — 모든 것을 동일한 목적으로 환원하는 것 — 는 돈의 지배, 금융 계산의 지배, 질적 평가를 압도하는 양적 평가기준의 지배와 밀접하게 관련이 있으며, 이러한 경제적 우선순위는 자본과 그 인격화의 사회적 지배에 대한 현시이다.

자본주의에서 추상적이 되어버린 노동의 특수성이라는 개념에 대해 조금 더 알아보기 위해서는 마르크스의 **가치** 개념을 이해할 필요가 있다. 가치의 실체는 사회적 부를 생산하는 노동력의 생산능력이다. 가치는 인간의 노동이 만든 제품에 녹아 있다. 가치는 따라서 매우 추상적인 **개념**이다. 그러나 그것은 개념일 뿐이라는 것에 주목할 필요가 있다. 마르크스는 아리스토텔레스가 고대 그리스에서 가치 개념에 대해 암중모색한 점에 주목했다. 아리스토텔레스는 한 재화의 가치는 다른 재화와 양적인 비율로 **등가**가 될 수 있음을 알았다. 따라서 예를 들면 '침대 다섯 개=집 한 채' — 분명 이것은 주택시장이 통제 불능으로 되기 이전의 이야기이다 — 가 성립한다. 이러한 비교는 그들 사이에 어떤 **동등함**이 있고 어떤 **측정**이 이루어지고 있음을 암시한다. 하지만 아리스토텔레스에게 이렇게 물어보라. 어떻게 "그렇게 다른 것들을 …… 같은 단위로 잴 수 있는가?" 하고 말이다(Marx, 1983: 65). 아리스토텔레스의 대답은 그것이 "실용적 목적을 위한 임시변통"으로 관습일 뿐이라는 것이다. 마르크스의 대답은 그것들이 모두 노동의 산물이기 때문에 같은 단위로 잴 수 있다는 것이다. 마르크스는 아리스토텔레스가 노예의 노동력이 필요한 사회, 즉 말하자면 노동력이 명백히 같은 단위로 측정되거나 동등할 수 없는 사회에서 살았기에 가치개념을 정식화할 수 없었다고 주장했다.

침대와 집의 공통점을 둘 다 인간 노동력의 예시라고 이야기하는 것은 물론 추상적 사고의 한 예이다. 특정한 인간의 욕구를 위해서 특정한 방식으로 특정한 재료를 가지고 작업하여 침대를 만드는 것의 특수성과 집을 짓는 것의 특수성은 시야에서 사라진다. 꼭 해로울 것만은 없다. 그것은 다만 우리 주변의 세계에 축적된 인간 노동의 충만함에 대해 어떤 일반화를 하는 하나의 방식일 뿐이다. 그러나 우리 주변의 세계가 **실제로** 서로 다른 종류의 노동에, 노동으로 만든 제품에, 그것의 필요성 및 용도에 차이가 없는 **듯이** 구성된다면 어떤 일이 일어날까? 그렇다면 칼튼 커뮤니케이션즈^{Carlton Communications}의 회장 마이클 그린^{Michael Green}과 같은 사람을 만나게 된다. 아리스토텔레스가 '비슷하지 않은' 것들을 같은 단위로 잴 수 있다는 바로 그 **생각**에 대해 곤혹스러워한 지 이천 년이 지나, 그린은 사물의 비유사성을 철폐하고 **실제로** 이들을 같은 단위로 측정할 수 있다는 사실이 매우 기쁘다고 밝힌다. 그는 이렇게 말했다. "나는 텔레비전을 제조 과정으로 생각합니다. …… 텔레비전 프로그램과 이 라이터 간에 무슨 차이가 있겠습니까?"(Tracey, 1998: 12). 마르크스가 주장했듯이, 자본주의에서 "'노동'이라는, '일반적인 노동'이라는 범주의 추상성 …… 현대 정치경제의 시작점은 실제로 구현된다"(Marx, 1973: 49). 자본주의에서는 사회의 생산적인 삶을 구성하는 여러 다른 종류의 구체적인 노동은 '실질적으로는 추상적인 노동'이 된다(Murray, 2000). 가치의 본질(노동으로 인한 사회적 부)이 추상적이 된다. 노동은 제품으로 구체화(역사적으로 인간 노동의 일반적인 상태)되지만 이윤 축적이라는 추상적이고 체계적인 논리(자본주의에만 있는 논리)에 따라서 구체화된다. 그러나 이것은 이 장의 결론에서 내릴 이유로 인해 '착취의 평등'을 초래하지는 않는다.

  이리하여 마르크스에게 사회주의는 자본이라는 추상적인 전제정치로부터 노동이 해방되는 것을 의미한다. 마르크스에게 물질적인 생산은 양적으로 변형되어야 하며(노동일수를 현저하게 줄이며) 질적으로 변형되어야 한다. 말하자면 물질적인 생산에 현재보다 훨씬 더 큰 영역의 참여와 만족감이 주어질 수 있다는 것이다. 그러나 물질적 생산은 여전히 역사적으로 용납될 수 있는 수준에 따라 삶을 유지하도록 하는 요구조건들이 남아 있는 한 필요의 영역에 매이게 될 것이다. 따라서 마르크스는 진정으로 자유로운 노동을 문화적 놀이 및 생산과 연관시켰다. 여기, 물질적 욕구가 일단 충족된 곳에 소위 "스스로를 위한 인간 잠재력의 개발"이라고 마르크스가 칭했던 것을 구현할 가장 광대한 영역이 존재한다(Marx, 1980: 166).

◆ ◆ ◆

이 장에서는 서로 경쟁관계에 있는 두 계급모델을 들고 마르크스적인 시각에서 사회학적인 모델을 비판했다. 주류 사회학이 자본가 계급과 축적의 역학관계에 대해 외면하는 것은 심히 문제가 있지만, 자산의 차별적인 분배에 대한 사회학적인 관심이 마르크스의 계급모델에 어떤 문제를 제기한다는 점은 인정했다. 특히 나는 중산층—그람시에 따라 인텔리겐치아로 부르는 것을 더 선호한—의 문제(그리고 그들의 '지식 자산')에 관심을 기울였다. 우리는 계급구조에서 그들의 위치가 모순적이며, 그들이 한편으로는 괴롭힘을 당하면서 자본과 자신을 구별하고 다른 한편으로는 노동과 자신을 구별하려고 노력하는 것을 보았다. 그들은 생산을 조정하고 가치, 믿음, 지식, 대중담론, 우리가 사는 세계에 대한 표현을 만들어내는 데 중심적인 역할을 한다. 우리는 미디어 생산 내에서 '인텔리겐치아를 위한 자율성의 문제' 대 '자본을 위해 인텔리겐치아를 통제하고 합리화하게 하는 문제'가 주요한 동학임을 보았다.

자본의 축적논리는 인간 노동(과 인간 필요)의 특수성에 대한 추상적인 무관심으로 이해될 수 있다. 노동을 추상적인, 같은 단위로 측정할 수 있는, 등가의 것으로 만드는 주요한 암시 중 하나는 개개의 노동력이 등가에 호환성을 갖게 하며, 따라서 자본에 대한 그들의 협상력을 약화시키고 쉽게 대체할 수 있게 만드는 것이다. 노동자의 호환가능성은 추상성의 핵심 특징이다. 그러나 문화노동자들이 쉽게, 또는 다른 문화노동자로 쉽게 교체되지 않는 한, 창조적 노동에 대한 자본의 명령에는 어떤 문제가 야기될 수밖에 없다.

자본주의 축적논리의 추상적 특성은 착취의 평등, 즉 모든 노동이 동등한 정도로 그리고 동등한 방식으로 착취당하는 일을 낳지는 않는다. 이것은 세 가지 이유에서이다. 첫째, 경쟁우위를 끊임없이 찾는다는 것은 자본주의가 이윤을 높이기 위해 세울 수 있는 사회적인, 혹은 자연적인 임금격차를 강구한다는 것을 의미한다. 둘째, 자본의 명령에 대한 저항이 동일하지 않다. 셋째, 인간 생활의 물질성에 대한 자본의 추상적인 무관심에도 불구하고, 실제로는 격차에 반응해야 하고 이를 통해 일을 해야 한다. 바로 여기서 물질적 실천의 특수성이 생산되는 것이다. 이것은 예를 들면 지식노동자의 차별적 특성이 임금 노동자로서의 정체성을 억압하도록 할 때 유리하게 작용할 수 있다. 그러나 이는 또한 자본의 논리에 대한 저항을 위해 차별적인 전망과 공간을 열어둔다. 예를 들면, 우리는 영화와 음악이라는 문화적 관습의 분명한 물질성이 흑인과 노동계급의 문화 생산자들에게 다른 가능성과 한계를 제공하는 것을 보았다. 자본주의가 사회적 실천의 구체적인 물질성을 실질적으로 추상화한다는 명제는 이 책에서 중요한 주제이다. 추상화가 물질적인 삶의 세부적인 사항들과 특수성에 대한 체계적인 무관심을 의미한다면, 자본주의는 일종의 탈물질적인 물질주의가 될 것이며 이에 대해서는 제7장에서 상품물신주의를 다루며 살펴보게 될 것이다. 그러나 이런 탈물질주의 또는 추상적인 물질주의는 이 책 전체에 걸쳐서 마르크스주의와 같은 비판적인 이론이 줄타기를 하는 데 적합하다. 차이와 저항을 발견할 수 있는 구체적인 실천의 물질성에 계속 주의를 기울이는 한편, 자본의 축적/경쟁 역학의 취약한 **일반성**을 이해하도록 끊임없이 노력하는 줄타기 말이다.

제2장

생산양식
기술과 뉴미디어

> 역사적인 체계들은 …… 말 그대로 역사적이다. 역사에 등장했다가 결국에는 사라진다. 구조적인 위기를 만들어내는 내재적 모순의 격화라는 내적 과정들의 결과로서 말이다. 구조적인 위기들은 육중하며 순간적이지 않다. 그것들이 도래하는 데는 시간이 필요하다. 역사적 자본주의는 20세기 초반에 구조적인 위기에 들어섰으며 아마도 다음 세기 언젠가 역사적인 체계로서 죽음을 맞이할 것이다.
> _ 월러스틴Immanuel Wallerstein, 『역사적 자본주의Historical Capitalism』

> 자본은 …… 사회의 생산력 발전과 본질적인 관계를 갖고 있다. 사회의 생산력 발전 자체가 자본 그 자체에서 장벽을 만나게 될 때에만 이러한 관계는 사라진다.
> _ 마르크스, 『정치경제학 비판 요강Grundrisse』

> 레코드 회사가 음악가의 작품을 발전시키고 통제하는 데 수백만 달러를 쓰면서 소비재로서의 그들의 가치를 기대한다면 …… 회사 관계자들은 그들이 팔고 통제하기를 원하는 것들이 그저 전 세계를 자유롭게 떠도는 단순 정보가 되었다는 사실을 알게 되었을 때 아마도 충격을 받게 될 것이다.
> _ 올더먼John Alderman, 『소닉 붐Sonic Boom』

이번 장에서는 마르크스의 생산양식mode of production이라는 개념을 뉴미디어 경제, 문화, 기술을 통해 설명하고, 또한 역으로 그것들을 생산양식을 통해 설명함으로써 생산양식이라는 개념을 뉴미디어를 이해하는 해석적인 도구로 제시하고자 한다. 생산양식은 마르크스주의 이론의 핵심적인 **양대 개념**인 생산력과 생산관계로 구성되어 있다. 이미 제1장에서 생산양식의 특정한 형태에 대해 이야기한 바 있다. 우리는 자본주의의 핵심적인 사회적 관계가 자본과 노동의 적대적 축을 따라 형성되는 것을 알고 있다. 이 축에는 인텔리겐치아도 관여하고 있으며, 그들은 자본과 노동, 그리고 종속적인 프티부르주아 사이에서 모순되는 위치를 차지하면서 사상을 만들어내고 전파하는 데 관여하는 핵심적인 집단이다. 이번 장에서는 노동과 자본의 사회적 관계가 어떻게 상호작용하고 생산력과 모순되는지를 살펴보고자 한다. 생산력은 기계장치(고정자본), 인간의 노동력, 산업에 쓰이는 지식과 기술 그리고 심지어 인간의 노동에 복무하는 자연의 에너지를 포함한다. 생산력

은 항상 사회적 (그리고 문화적) 관계에 의해 설정된다. 생산력과 생산관계라는 핵심적인 양대 개념을 분석적으로 활용하면, 생산력과 생산관계의 상호관계에서 모순이 나타나는 방식을 강조하는 것이 얼마나 중요한지 알게 될 것이다. 계급 간의 투쟁은 결과적으로 생산력을 활용하는 것을 두고 수행되는 싸움이다. 여기서 우리의 초점은 일반적으로 생산력의 중요한 하위범주인 커뮤니케이션의 생산력이다. 이 장에서 우리가 관심을 갖고 살펴볼 핵심적인 커뮤니케이션 생산력은 새로운 디지털 미디어 기술이다.

2000~2001년의 닷컴 붕괴는 경기순환이론 내부에 광범위하게 강요되었던, 이제는 정보기술이 자본주의에 새로운 경제 패러다임을 제공한다는, 즉 이제는 더 이상 경기순환이론이 들어맞지 않는다는 이론이 분쇄되는 데 기여했다. 이러한 기술유토피아적인 낙관론은 광범위하게 퍼져 있는 기술결정론을 가장 잘 보여주는 사례이다. 기술결정론은 재계의 전문가나 사상가의 견해 차원을 넘어 사회 및 문화 이론에도 깊숙하게 침투해 있다. 뉴미디어는 스위치에 의해 발생되는 전기적 자극―컴퓨터 언어의 1과 0으로 이루어진―의 '비트'로 데이터가 전환된, 즉 마이크로프로세서로 처리되는 정보인 디지털을 의미한다. 디지털 미디어의 주요한 담지체가 바로 컴퓨터들을 연결해주는 인터넷과 월드와이드웹, 즉 네트워크상의 한 곳에서 다른 곳으로의 간편한 경로 탐색―하이퍼링크를 통한―과 사용자 환경을 제공하는 소프트웨어이다. 뉴미디어를 두고 이루어지는 모든 논쟁은 본질적으로 이들 기술이 자본의 사회적 관계와 통합, 변환 또는 충돌하는 정도를 놓고 벌어진다.

따라서 생산양식과 같은 '낡은' 개념과 미디어 기술 내 최첨단 발전 기술을 나란히 놓는 것은 의도적이며 전략적인 것이다. 생산양식은 마르크스주의에 대한 비판 또는 종종 마르크스주의자들이 받아들이는 비판보다 훨씬 더 풍부한 개념적인 총체성을 가지며, 이를 문화와 소통의 영역으로 전환시키면 상당한 잠재적 설명력을 갖는다는 것이 나의 주장이다. 뉴미디어 기술과 자본 간의 모순적인 관계를 탐색하기 위해 나는 『정치경제학 비판 요강 Grundrisse』에 있는 자동화된 기계장치(고정자본)에 대한 마르크스의 논의를 가져올 것이다. 우리는 또한 마르크스주의 전통 안팎에 존재하는 모든 형태의 기술결정론에 대해 논박할 필요가 있을 것이다. 뉴미디어 기술을 자본주의의 근본적인 동학과 연결 짓기 위해, 마누엘 카스텔 Manuel Castells의 개념인 **발전양식** mode of development을 (카스텔이 한 방식은 아니지만) 생산양식 내에 위치시킴으로써 해당 개념이 가진 잠재적인 측면을 활용하기로 한다. 이 장의 주장은 인터넷에 중점을 둘 것이며, 냅스터에 대한 사례연구를 통해 결론을 내릴 것이다. 냅스터는 음악산업의 공격수 역할을 하는 산업 협회인 미 레코드산업 연합 Recording Industry Association of America, RIAA이 저작권법 위반으로 규정한 음악파일 공유 웹사이트이다.

기술결정주의와 뉴미디어의 붕괴

생산양식 개념을 적절하게 이해한다면, 가속화된 자본 주도의 변화가 만들어내는 광폭한 기술결정론 담론에 대응하는 강력한 무기가 될 수 있다. 그러나 기술결정론은 분간해내기가 어렵다. 정치적 우파로부터 나타나기도 하고 좌파로부터 나타나기도 한다. 또한 낙관론일 수도 있고 비관론일 수도 있다. 기술결정론의 통상적인 특징은 기술과 그것의 발전, 적용, 효과를 기술이 배태되어 있는 사회적 관계 외부에 있는 것으로 취급한다는 것이다. 즉, ① 분석에서 사회적 관계를 주변화하거나 제외하고, ② 사물에 내재된 특성이라기보다는 사람들 간의 사회적 관계의 결과인 기술에게 권력과 인격을 부여한다는 것이다.

1990년대에는 뉴미디어와 통신 부문에 침투한 기술결정론의 예를 목도

할 수 있었다. 이 10여 년의 기간 동안 통신 분야 및 인터넷에 대한 관심과 투자, 기업 활동은 급격히 팽창했다. 뉴미디어는 생산성을 향상시키고 혁신을 일궈내면서 신기술로 인한 기회의 풍요를 이끌고 산업 구조와 고객 관계를 변형시키는 것처럼 보였다. 금융 분석가, 기업 경영진, 고위 정치인 및 자본을 옹호하는 학자들은 자본주의의 견고한 법칙인 "호황 뒤에는 언젠가 불황이 온다"는 경기순환의 발전과정을 벗어나게 하는 이 기술이 가진 '새로운 패러다임'에 대해 흥분하여 떠들기 시작했다. 소위 '무중량 경제^{weightless} ^{economy}'에 대한 수많은 이야기가 있었는데, 이는 전자상거래와 그 뒤를 이은 모바일(휴대폰) 상거래가, 느리고 무겁게 작동하는 전통적인 제조업의 주기적인 불황으로부터 벗어날 수 있게 해줄 것임을 의미하는 말이다.

마르크스는 『경제학-철학 수고』에서 왜 부르주아 경제 분석이 자본주의의 내적인 동학과 구조적인 경향성으로부터 자본주의 발전 경향성을 독해해내지 못하고, 그 대신에 그것을 "외부적인 그리고 명백히 우연적인 환경"(Marx, 1972: 106)으로 인식하기를 선호하는지에 대해 서술하고 있다. 뉴미디어의 부상과 주식시장의 붕괴에서 우연적인 것은 없다. 새로운 패러다임에 속한 테크노버블$^{techno-bubble}$과 테크노배블^{technobabble}●이 21세기 시작 시점에 이를 부인하는 현실과 만났다는 사실은 가장 흥미로운 아이러니 중의 하나이다. 그러나 필연적인 붕괴가 일어났을 때 그 대가를 실제로 치르는 것이 바로 노동자라는 사실은 이를 더 이상 아이러니로만 바라볼 수 없게 한다. 이는 자본의 **근본적인** 동학이 18세기, 19세기, 그리고 20세기와 매우 유사하다는 점을 확인시켜준다. 이러한 붕괴는 대중문화에 얕지만 광범위한

● 테크노버블은 기술기업들이 거품을 안고 있었음을 뜻하는 용어이며 테크노배블은 현실에서 가능하지 않은 기술적인 잡담거리가 회자되는 것을 뜻하는 용어이다.

영향을 미쳤던 닷컴 기업들에만 국한된 것은 아니었다. 반도체(마이크로칩)는 시장에 과잉공급되었고 생산은 위축되었다. 브리티시 텔레콤$^{British\ Telecom}$, 프랑스 텔레콤$^{France\ Télécom}$, 도이치 텔레콤$^{Deutsche\ Telekom}$ 등 유럽의 거대한 텔레콤 회사들이 별 볼 일 없게 되어버렸으며 보다폰^{Vodaphone}과 같은 모바일 전화 기업의 이익도 급격히 줄어들었다. 무기 제조사에서 IT 회사로 최근 변신한 마르코니^{Marconi}와 같은 회사의 주가는 주당 12파운드에서 2001년 말에는 경악스럽게도 29펜스로 폭락했다.[1]

자본주의 사상가들이 새로운 패러다임에 대한 이론을 정식화하고 있을 때에도 텔레콤 회사들은 자본주의가 언제나 미래의 불행을 낳는 방식 **그대로** 시장에 진출했다. 마르크스는 자본주의가 그 이전 모든 시대의 관점에서는 부조리로 보였을 '유행병'에 주기적으로 어떻게 휘둘리는지 묘사했다 (Marx, 1985: 86). 기업들이 단기간에 이윤을 획득하고 중기적으로는 시장의 한 부문을 획득할 수 있으리라고 기대하는 시장영역에 투자와 자원을 퍼부음으로써, 과잉생산은 호황/불황 순환의 고전적인 특징이 된다. 어느 논평가가 지적했던 것처럼, "이는 마치 20명의 선수들 각자가 30%의 시장 점유율을 달성할 수 있을 것이라고 생각하는 것과 같다".[2] 미셸 아글리에타$^{Michael\ Aglietta}$는 자본주의의 호황/불황 순환을 관찰하면서 "**금융 위기는 사업에 도취되는 것으로부터 시작한다**"라고 말했다(Aglietta, 1979: 358, 강조는 원문). 이에 따라 축적된 잉여자본은 신기술 시장 내에서 선도적 위치를 차지하기 위해 뛰어들고, 유동자본을 고정자본으로 급히 전환하는 과열 투자 시기의 특징을 보인다(Harvey, 1984: 303~304).

그러나 혁신적인 기술이 새로운 서비스를 효과적으로 제공할 수 있는 능력치를 넘어서는 규모의 투자가 이루어진 것이 곧 명확해졌다. 특히 **빠른 속도로 방대한 정보를 전달하는 고속 인터넷망 서비스**는 그 시작에서 일련의 오류를 범했다. 비록 모든 붕괴가 그런 것은 아니었으나 닷컴기업의 붕괴는 붕괴의 전형적인 특징을 재현했다. 투자와 회수의 자본 회전 기간이 늘어나면서 투자 자본이 벤처 기업에 기대하는 평균 이윤율이 불안정한 것으로 보이기 시작하고, 투자자들은 자신들의 자본이 다른 곳에서 더 많은 수익을 낼 수 있지 않을까 안달하여 고민하기 시작한다.

가장 절망적인 사실은 업계 전문가들에 의해 기술유토피아적 낙관론이 예견되고, 이들이 예상한 이윤에 근거하여 이루어진 투자가 소비자들의 수요에 너무 앞서갔다는 것이다. 20세기 초반 이래로 생산과 소비 간의 관계 조절은 자본주의의 기초였다(Aglietta, 1979: 158~161). 소비자들의 취향이 분화되고 급격히 변화한 최근 몇 년간, 새로운 정보기술은 생산과정 내에서 생산과 소비 간의 관계를 재조정하는 수단으로 환영받았다. 그런데 소비자들의 수요에 대한 업계의 관점은 그것을 무한히 확장하거나 조종하거나 변화시키는 일이 가능하다는 것이었다. 생산과 소비 간의 분리 및 자본을 추동하는 경쟁적인 압박은 기술유토피아적 낙관론이 종종 "실제 사용자 관점"(Dijk, 1999: 75)을 보지 못한다는 것을 의미한다. 기존의 미디어는 일상적인 문화, 습관, 일과, 감정들에 스며들어 있어 자본의 필요와 이윤 목표에 의해 간단하게 없어질 수 있는 것이 아니다. 예를 들어, 책이 사라질 것이라든가 컴퓨터와 TV가 융합될 것이라는 등의 모든 예언과 걱정은, 이것이 단순히 기술적으로 가능함을 받아들이면서 동시에 문화적으로도 사람들이 이러한 것들을 바란다고 잘못 받아들여졌다. 자본의 기술유토피아는 모든 것들을 동질적이고 유연하면서 상호교환이 가능한 지평으로 축소시키고, 문화적·맥락적인 의미와 미디어가 작동하는 기반에 배태되어 있는 사회적 관계에 주목하지 않는다. 기 드보르$^{Guy\ Debord}$는 "소외된 소비는 소외된 대중이 생산을 보충하도록 하는 의무가 되었다"(Debord, 1983: 42)라고 말한 바 있다. 그러나 뉴미디어의 제1물결에서 이러한 공통적인 경고들은 귀담아 들려지지 않았다. 온라인 소비자 기반은 예상처럼 실체화되지 않았다. 모바일 전화 시장은 포화상태였고, 소비자들은 업계가 이미 정비를 마친 제3세대 인터넷 설비로 생각처럼 빠르게 이동하려고 하지 않았다.

이러한 거부감에는 비문화적인 측면이 있는 것 역시 사실이었다. 무한정으로 필요를 확장하는 것에 대한 소비자들의 거부감이라는 경제적인 요소도 있었다. 노동자인 소비자들은 그들의 노동으로부터 최대의 이윤을 뽑아내려는 자본에 의해 임금을 착취당한다. 개별 자본단위로 보면 이는 합리적인 것이지만, 자본 전체로 보면 이는 소비자인 노동자들의 가처분소득이 제한된다는 것을 의미한다. 때때로 이는 축적된 잉여자본의 생산 투자가 수요를 능가한다는 것을 의미한다. 노동자 자신이 자본을 위해 생산하는 소비재들을 모두 흡수할 수가 없다는 것이다. (마르크스가 경제의 제2과정 Department II 이라고 부른) 소비상품에 대한 수요의 위축은, 다시 (마르크스가 제1과정 Department I 이라고 부른) 생산과정의 각기 다른 자본단위에 의해 만들어지는 생산수단에 대한 수요에 영향을 미친다.

마지막으로, 자본과 노동 간의 적대의 축으로부터 직접적으로 이러한 네 가지 모순이 나타나지는 않는다는 점을 지적할 만하다. 처음 세 가지 모순(잉여자본, 자본가들의 경쟁, 과잉 연장된 순환주기)은 모두 자본이 작동하는 내적인 모순인 반면 네 번째 모순은 자본과 소비 간에 나타나는 모순이다. 그러나 동시에 직접적인 생산자로부터 생산수단에 대한 소유권 및 통제권을 제거하는 것, 즉 자본과 노동의 분리와 축적을 위한 축적이라는 논리는 이러한 모순들이 필연적으로 발생할 수밖에 없는 생산양식 또는 구조를 만들어내며, 지금까지 살펴보았듯이 2000~2001년의 뉴미디어 산업에서 압축되어 나타났다.

이 기간의 커뮤니케이션 산업의 성장과 극적인 쇠퇴 이야기는 기술이 생산과 소비의 근본적인 사회적 (그리고 문화적) 관계의 외부나 그 위에 또는 그것을 초월해 존재한다고 인식하는 기술담론―경제순환에 악영향을 미치지 않았다고 할 수 없는-의 문제점을 고스란히 드러낸다. 이러한 닷컴/뉴미디어의 폭발이 붕괴로 이어지는 것이 필연적이거나 미리 정해져 있는 것은 아니다. 단지 자본주의 체계 내에 붕괴를 필연적으로 만드는 체계적이고 구조적인 그리고 반복적인 성향이 있었고, 또한 존재한다는 것이다. 그러나 언제, 어디서 그리고 어떤 정확한 환경 구성하에서 일어나는지는 예상할 수 없다 해도, 이러한 사실이 커뮤니케이션 및 뉴미디어가 장기적으로 가져오게 될 변화를 저평가하게 하지는 않는다. 단지 그것들이 가져올 영향이 무엇이든지 간에 그 영향은 근본적으로 자본의 동학 **내에서** 나타나는 것이지 자본의 동학을 혁신적인 새로운 방법으로 변형시키는 것은 아니라는 것이다.

생산양식과 발전양식

경제적인 측면에서 신기술 패러다임이 자본주의 경기순환 법칙을 깨뜨리지 못했다면, 보다 넓은 의미의 사회적, 문화적 측면에서 본 신기술의 함의는 무엇인가? 신기술은 분명히 새로운 것이고 지지자들의 과장된 주장을 단순히 깎아내릴 수 있는 것은 아니다. 그렇다면 우리는, 자본주의가 그러하듯이, 기술력과 사회적 관계의 끊임없는 변혁을 지향하는 생산양식 **내에 있는** 연속성과 차이점을 어떻게 평가할 수 있을까? 여기서 사용할 수 있는 유용한 개념이 카스텔의 발전양식일 것이다. 만약 우리가 발전양식이라는 범주가 생산양식 범주 '안에' 있다고 볼 수 있다면, 뉴미디어 기술이 가져온 영향에 대한 우리의 생각을 재정의할 수 있는 또 다른 도구를 가지게 될 것이다. 발전양식은 특정한 '생산의 기술적 관계'에 의해 특징지어진다(Castells, 1996: 16). 이 생산의 기술적 관계는 생산에 구체적인 특질을 부여하고 특정한 사회적, 문화적 관계들을 내포하고 있다(그렇다고 이들 간의 비선형의 발전

관계를 말하는 것은 아니다). 산업주의와 정보주의라는 두 가지 발전양식에 대한 카스텔의 구분은 다음 장에서 자세히 살펴볼 포드주의과 포스트포드주의에 관한 논쟁과 관련이 있다. 여기서는 단지 정보주의하에서는 생산성이 "지식 창출, 정보 처리 및 상징적 소통의 기술에 달려 있다"(Castells, 1996: 17)는 것을 언급하는 것으로도 충분할 것이다. 카스텔은 지식이 언제나 생산과정에서 중요한 요소였음을 알고 있었다. 그러나 그는 정보주의에서는 "지식 그 자체에 대한 지식 행위"(Castells, 1996: 17)가 생산성의 핵심이 된다고 주장했다. 따라서 산업주의하에서 지식은 상품의 생산에 도구적으로 적용되는 반면, 정보주의하에서는 상품의 생산이 "지식 그 자체에 대한 지식 행위"에 의해 매개되는 경우가 증가한다고 말할 수 있다. 우리는 정보주의가 생산과정의 일반적인 문화습속을 강화하고, 그러한 곳에서 일반적으로 커뮤니케이션 능력이 생산력 발전에 결정적인 전환을 이루어낸다고 주장함으로써 이를 명확히 할 수 있을 것이다. 따라서 예를 들어 효율성 증대, 상품 개량, 빠르게 변화하는 시장 경향에 대한 대응을 통해 경쟁력을 획득하는 데 필수적인 것으로서의 기업의 지식 원천 및 기업 내 커뮤니케이션의 중요성에 관심을 두는 새로운 경영담론을 이야기할 수 있을 것이다(Thrift, 1999). 카스텔은 제조업의 희생을 기반으로 한 서비스업의 성장과 정보주의를 연관시키지 않았다. 문제는 사람들이 무엇을 만드는가가 아니라 어떻게 만드는가 하는 점에 있다고 보기 때문이다. 그럼에도 불구하고 생산과정 내에서 문화, 소통, 생각의 교류, 피드백 체계, 자료 분석 등의 중요성이 증가하는 것과 문화상품을 디지털 미디어와 같은 소비재로 만드는 자본의 양이 증가하는 것이 필수적으로 서로 연관되어 있다는 사실은 주목할 수 있겠다.

 그러나 카스텔이 사용한 방식으로 이해하는 발전양식 및 그의 용어인 '정보주의' 개념이 가진 문제점은 그가 이 개념이 자본주의 생산양식에 근거한다는 점을 충분히 그리고 일관되게 보여주지 못한다는 것이다. 그러므로 당시 그가 말한 발전양식은 자본주의의 적대적 모순을 초월하는 새로운 생산양식인 것으로 의심을 받아왔다.

산업주의는 산출을 극대화하려는 경제 성장에 근거하고 있다. 정보주의는 정보 처리에서 복잡성을 높이려는 기술 발전을 근거로 하고 있다. …… 지식과 정보를 추구하는 것이 정보주의하에서 기술이 가지는 기능의 특징이다(Castells, 1996: 17).

산업주의가 축적을 위한 축적('경제 성장' 및 '산출 극대화')과 연관되고 그럼으로써 과잉 축적을 향한 구조적인 경향과 연관되는 반면, 정보주의는 마치 정보처리과정이 축적의 과정 바깥에 있는 것처럼 더 많은 정보 산출의 복잡성과 연관되는 방식에 주목해야 한다. 카스텔의 주장에는 '새로운 패러다임'이라는 테제의 흔적이 명확하다. 정보기술에 적용된 정보처리 과정이 "(기술 변화와) 동일한 정도의 극적인 조직적, 제도적 변화라는 조건이 주어진다면 더 많은 생산성과 효율성을 이끄는 선순환"(Castells, 1996: 67)을 만들 것이라는 테제 말이다. '조직적' 및 '제도적' 변화는 넓은 의미의 더 근본적인 사회변화라기보다는 기업의 (그리고 규제 당국의) 구조 변화를 의미한다. 이것은 생산력의 구성 요소로서의 기술이 생산의 사회적 관계들의 모순 속에 더 이상 있을 필요가 없고, 그러한 사회적 관계들이 위기로 치닫는 경향을 실제로 해결할 수도 있다는 것을 내포하고 있다. 여기서 위기는 사회적 적대라기보다는 정보 경영의 기술적인 문제로 축소된다.

우리가 생산력과 생산관계 사이에 있는 본질적인 모순을 견지하고자 한다면 발전양식의 개념을 생산양식 개념 내에서 더욱더 굳건히 정립할 필요가 있다. 정보주의가 생산양식 내의 모순을 재설정하고 어떤 측면에서는 더욱 악화시킨다는 사실을 보여주어야 한다. 따라서 여기서 내가 하고자 하는 바는, 마르크스의 『정치경제학 비판 요강』에 나오는 고정자본 및 그것의 자동화된 기계로의 발전 그리고 그것이 필요노동시간과 맺는 관계에 대한 논의를 통해 정보기술과 디지털 미디어가 새로운 수준으로 제기하고 있는 **문화적** 모순을 생각해보는 것이다.

잉여가치를 생산하는 데 쓰이는 노동수단인 기계장치는 당연히 자본의 특정한 존재양식이다. 기계는 자본이 물리적이고 "지적인 기관$^{intellectual\ organs}$"으로 대상화된 것이다(Marx, 1973: 154). 고정자본은 일단 자본주의 생산과정에 통합되면 일련의 "변이"를 겪게 되고 "마침내는 하나의 '자동기계체제'가 된다"(Marx, 1973: 154). 보통 마르크스는 이러한 특정 자동기계장치의 발전을 변증법적 모순을 지닌 과정으로 보고 있다. 그것이 노동을 더욱 예속으로 몰아 넣으면서 동시에 노동이 해방될 수 있는 물질적 조건을 제공하기도 한다는 것이다. 전자의 경우, 마르크스는 자동화된 기계장치의 발전을 노동자와 생산도구의 관계 속에서 대비시키고 있다. 후자의 경우는 노동자의 어느 정도 독립적인 주도권과 특별한 독점적 기술을 필요로 한다(Harvey, 1984: 109). 기계장치로 인해 노동자의 기술은 장치의 일부로 흡수되거나 노동자 대신 "장인^{匠人}"이 된 기계에게 전이된다. 반면에 노동자는 "단순한 추상"으로 격하되어 노동자의 모든 면을 규정하고 결정하는 기계장치의 부속물이 된다(Marx, 1973: 155). 그러나 마르크스는 이러한 새로운 소외의 조건 하에서도 진보를 발견했다.

> 산업이 발전하면서, 실제 부의 창출은 노동시간과 노동량에 덜 의존하게 되며 노동시간 동안 운용되는 기계적인 장치의 힘에 의존하게 된다. 이들 장치의 강력한 효율은 생산비용인 즉각적인 노동시간과 다시 관련을 가지지 않는다. 기계장치는 단지 과학의 일반적인 상태와 기술 발전 또는 이들 과학을 생산에 적용하는 것에 의존한다(Marx, 1973: 164).

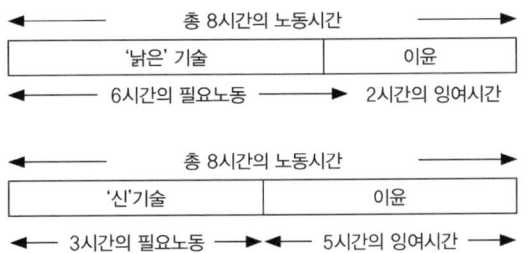

그림 2.1. 필요노동 및 문화적 정당성

　노동수단의 기계장치로의 변화는 생산성을 높임으로써 필요노동시간을 단축시킨다. 그러나 자본주의에서는 노동자의 수가 이에 대응하여 줄어들지 않고 대신에 잉여노동시간(노동자가 자신이 받는 임금 수준을 넘어서 생산해내는 가치에 대한 시간)이 증가한다. 물론 이러한 과정은 적어도 단기간에는 자본에 이득이 된다. 그러나 이는 또한 연장된 노동과 창출된 자본의 부 또는 이윤 사이의 불균형으로 **문화적** 위기를 만들어내기도 한다. 기술에 의한 필요노동시간의 단축으로 경제적 가치가 증가하는 동안(그림 2.1 참조), 교환의 가치관계를 정당화하는 데 필요한 문화적 가치는 침식된다. 이렇게, 음악 CD를 만드는 데는 몇 펜스밖에 들지 않을지라도 이를 15파운드에 팔게 된다는 것은 누구나 알고 있다. 그 결과 음악산업은 음악가와 소비자 모두로부터 광범위한 비난을 받게 된다. 냅스터의 성공은 이러한 이윤 취득에 대한 잠재적 분노가 쌓인 데 기인한 것이다. 이러한 신기술의 경제적 가치와 그 문화적 가치 간의 간극은, 발터 벤야민(Walter Benjamin)이 말한 것처럼(Benjamin, 1999a: 4~5), 아직은 현실화되지 않은 채로 남겨져 있는 새로운 경제 질서 내에서 예견되는 문화가 지닐 경제적 잠재성의 특정한 질적 측면에서 기인한다. 우리의 사례와 연관된 다른 예를 들어보자면, 디지털화는 재생산, 분배, 판매에 수반되는 방대한 필요노동시간을 단숨에 제거했다. 이진법에 의한 원작품의 전화(轉化)는 자본주의 정치경제학이 기반을 둔 희소성 개념 전반에 커다란 도전이 되었다. 이 역시 단지 경제적인 함의뿐만 아니라 문화적인 함의를 지니고 있다. 벤야민은 1935~1936년에 쓴 예지적인 글 「기술복제시대의 예술작품」에서 생산력으로서 새로운 커뮤니케이션 수단(특히 사진과 영화)의 핵심적인 특징은 복제 가능성이라고 했다. 이것은 예술에 대한 전통적인 인식과 일반적인 문화생산에서 혁명적인 의미를 지니고 있다. 수작업에 의한 예술의 재생산은 위조여서 "원작품이 모든 권위를 다 지니는 것"(Benjamin, 1999b: 214)을 확실히 하는 반면에, **기술적인** 재생산 수단은 예술, 원작, 원형에 대한 전통적인 인식을 위기에 **빠**트렸다. 재생산은 "전통의 영역으로부터 재생산된 대상을 분리한다"(Benjamin, 1999b: 215). 이 과정은 벤야민을 "기계장치에 의한 재생산의 시대에 쇠락하는 것은 예술작품의 아우라^{aura}"(Benjamin, 1999b: 215)라고 하는 유명한 예언으로 이끌었다. 이전의 예술작품은 사회적으로 구성된 위계, 경의, 추종, 경외, 존경이라는 아우라에, 그리고 특정한 전통 안에 있고 권위에 의해 수호되는 고정된 의미 속에 있으며 집중화된 제도적 통제 속에 있는 '아우라'에 둘러싸여 있었다. 이제 복제가능성은 예술작품을 독점적인 생산과 소비의 영역에서 끄집어내어 사진 또는 축음기의 형태로 사람들이 원본을 불충분하게나마 접할 수 있게 한다(Benjamin, 1999b: 214). 복제가능성은 대중의 산물이며, 문화적 소비에서 역사적으로 새롭고 독특한 방식으로 대중의 존재가 부상하도록 촉진한다. 우리가 앞으로 보게 될 것이지만 이 부분이 냅스터가 음악산업을 위협했던 핵심적인 사항이다.

필요노동시간을 단축하는 기계장치에 의한 생산성 증가는 또한 **생산의 사회화**, 즉 생산력과 생산관계의 모순이 일어나는 핵심 지점과 긴밀히 연결되어 있다. 기계장치는 비록 현상적으로는 (그리고 실제로) "자본자산"이지만, "일반적인 사회적 지식의 생산력"(Marx, 1973: 156~157)을 담고 있기도 하다. 따라서 고정자본은 점증하는 사회적 상호의존성의 척도이며 생산력 증가에 대한 공동의 기여분인 것이기에 이는 다시 사회적인 얽힘의 확장으로 이어진다. 마르크스에게 생산력 수준과 사회성의 증가 또는 정체 사이에는 긴밀한 관련이 있다. 봉건제 생산양식 내에서 장원의 경계에서 살던 소작인들 사이에 사회적 상호작용이 부족했던 것은 통신수단의 부족으로 더욱 그럴 수밖에 없었으며 동시에 낮은 생산력의 문제가 긴밀하게 얽혀 있었다(Marx, 1984: 108~109). 자본의 사회적 관계가 발전시킨 생산력의 혁명적인 변화는 다시금 우리의 사회성의 양태를 확장하고 강화한다.

그리고 이것은 생산수단의 사적, 경쟁적, 위계적 소유권을 기반으로 한 사회적 관계가 지닌 모순을 드러낸다. 뉴미디어 기술은 이러한 모순이 드러나는 완벽한 매개체이다. 인터넷과 월드와이드웹의 네트워킹 논리는 일반적으로는 생산력의 축적된 발전에 따른, 특수하게는 (전화선, 트랜지스터, 수학 등) 커뮤니케이션의 힘이 발전한 산물로서 불연속적인 기술이 낳은 우연적인 자산이 아니다. 이는 하드웨어 측면에서뿐만 아니라 미디어의 문화적인 측면에서는 더욱더 그러하다. 이 미디어의 문화적 측면은 커뮤니케이션(즉, 사고의 교환)과 협력(즉, 교환가치를 가지거나, 잠재적인 경쟁자에게는 허용되지 않음으로써 기업의 통제 안에서 일어날 수 있다는 조건하에서만 자본과 양립할 수 있는 가치) 등을 모두 포함하고 있다. 제1장의 오픈소스 운동에 대한 논의에서 확인한 것처럼 뉴미디어 기술 전체와 특히 인터넷 기술의 발전은 자본의 사회적 관계에 반하는 것이다. 물론 인터넷의 접속가능성은 단순히 기술과 사회적 관계에 대한 추상적인 문제만은 아니며 장소, 특히 1960년대 실리콘밸리가 위치한 미국 서부 해안이라는 자유주의적 공간에 결정적으로 영향을 받았다(혹은 매개되었다). [카스텔은 인터넷의 선조인 아파넷^{ARPANET}의 상호작용적인 특징과, 보다 위계적인 질서를 지닌 프랑스 컴퓨터 시스템 미니텔^{Minitel}을 대조한다(Castells, 1996: 342~357)].

고정자본의 특징 중 하나는 자본이 "특정한 사용가치로서 그 존재에 확고하게 묶여 있다"(Marx, 1973: 157)는 점을 나타낸다는 것이다. 그러나 당연히 그것이 사용가치에 일단 묶인 다음에는 자본주의하에서 해당 기계가 실제 활용되는지, 경제적으로든 이데올로기적으로든 고정자본이 일반자본으로 변형되는지, 가치관계와 그것을 지속시키는 문화적 가치(저작권 등)를 끊어 버리는 새로운 기계를 만드는 데 활용되지 않을 것인지에 대한 보장은 없다. 마르크스는 고정자본의 사용가치를 둘러싼 논쟁의 가능성을 명백하게 인정하고 있다.

> 만약 자본이 기계장치의 형태로 생산과정 내에서 사용가치의 성격을 적절하게 보여준다 해도 …… 반드시 이것이 (기계장치 그 자체의) 사용가치가 자본이라는 것을 의미하지는 않는다. 또는 기계장치가 자본과 동일한 의미로 간주될 수 있다는 것은 아니다. …… 자본주의의 사회적 관계에 종속되어 있다는 것이 기계장치를 활용하기에 가장 적절하고 최종적인 사회적 생산관계를 의미하는 것은 아니다(Marx, 1973: 158).

따라서 특정한 고정자본뿐만 아니라 일반적인 생산력은 그것을 최초 발전시킨 의도 또는 해당 자본이 배태되어 있는 특정한 생산영역의 관계를 넘어서는 잠재적인 잉여가치를 가지고 있다. 다시 한 번 인터넷을 고전적인 예로 들 수 있다. 인터넷은 핵공격이 발생했을 때 '작전 본부'의 누구도 타격을 입지 않도록 통신체계를 분산시키기 위한 미군의 프로젝트로 시작되었다. 이러한 분산화 목적 및 인터넷 기술 인프라를 수립한 지배적인 사회 권력과 그 인터넷을 활용하는 멕시코 남부의 사파티스타^{Zapatista}를 비교해보라. 사파티스타는 원주민 인디언의 사회적 요구를 설파하고 전 세계 사람들에게 상상력과 연대를 자극하는 데 인터넷을 사용하는 것으로 유명하다. 실제로 1994년 마지막 날의 사파티스타 봉기는, 지구촌 구석에서 백여 명에 의해 벌어진 자그마한 운동의 영향을 배가시킨 전 지구적 인터넷 통신의 힘이 없었다면 최근과 같은 반자본주의 운동을 고무하지 못했을 것이다.

생산력과 생산관계

생산력과 생산관계의 모순은 자본주의에 대한 마르크스주의 비판의 핵심이다. 우리가 지금까지 살펴보았듯이 과잉생산은 이러한 모순의 한 단면이다. 마르크스주의의 개념에서 생산력은 '생산의 사회적 관계'의 생존력과 지속가능성에 대한 의문을 언제나 제기한다. 이는 경제적인 측면뿐만 아니라 사회적, 문화적, 윤리적 측면에서도 마찬가지이다. 생산력과 생산관계의 모순에서 중요한 한 가지 논점은 새로운 (통신) 기술의 **잠재적** 활용과 **실제** 활용 간의 모순이다. 마르크스는 다음과 같이 말했다.

> 사회가 통제하는 생산력은 부르주아 소유권의 조건을 더 이상 강화하지 않으려는 경향이 있다. 반대로 이러한 조건에 비해 너무 강력해진 생산력은 족쇄가 채워지지만 곧 이를 극복하고 부르주아 사회 전체에 무질서를 가져옴으로써 기존의 부르주아 소유권을 위협한다(Marx, 1985: 86).

실러^{Herbert Schiller}가 논한 바 있듯이, 이제 인터넷과 일반적인 의미의 디지털 통신은 상품 판매를 위한 새로운 플랫폼을 제공하면서, 문화적 자원에 대한 참여를 넓히는 데 활용되기보다는 자본주의의 사회적·문화적 범위를 광대하게 확장시킬 것이다(Schiller, 1999). 생산력의 발전으로 인한 부르주아 사회의 붕괴는 마르크스가 여기서 제시한 바와 같이 그렇게 간단히 이루어지는 것은 아니다. 생산력이 "더 이상 부르주아 소유권의 조건을 강화시키지 않으려는 경향이 있다"는 말에는 어떤 확정적인 의미가 없다. 그러나 인터넷이 부르주아 소유관계에 대한 경제적, 정치적인 문제를 구성하는 것은 분명하며, 이 관점에서 보면 이러한 사회적 관계는 마르크스의 핵심 용어로 표현하면 생산력의 발전에 **족쇄**를 채우는 것이다. 예를 들어, 소통적인 생산력인 인터넷이 어떻게 위기 시에 국가의 뉴스 통제를 잠재적으로 무력화하는지 또는 적어도 평행추로서 기능하는지 생각해보라. 미디어가 위기의 중심에서 정보 원천을 다양화하고 국가에 덜 의존하게 하는 수단으로서 '현장의' 사람들에 의한 정보 생산과 배포의 가능성을 증가시키는 데 활용될 수 있다는 것은 명확하다. 채널4$^{Channel\ 4}$ ITN 네트워크의 뉴스 진행자 존 스노$^{John\ Snow}$는 이것이 정확히 2001년 영국에서 구제역 재난이 닥쳤을 때 일어난 일이라고 이야기했다. 그러나 문제는 있다. 스노는 채널4가 농수산식량부^{MAFF}의 '이기적인 수치 조작'에 반발하여 다음과 같은 것에 직접적으로 접근했다고 말했다.

> '현장'으로부터의 정보 …… 질병으로 피해를 입은 사람들과 직접적으로 통신하여 얻은 정보. 이러한 정보는 토양 협회나 기타 이익집단으로부터 온 홍보물이 아니라 사람에서 사람에게 온 이메일들이었다. 이들 메시지의 전체 내용은 농수산식량부나 누군가가 왜곡하는 정보를 능가했다. …… 그래서 '시골의' 촌사람들이 …… 그들이 생전에 보지 못한 농촌 재난에 대해 이해할 수 있게 되었다. …… 보로데일의 호텔 주인, 월트셔의 돼지 사육가, 보더스에서 양떼 목장을 운영하는 귀족 등…….³

계급과 지역의 분리를 극복하는 데 주요한 가능성과 문제를 동시에 열어놓은 소통적 생산력은 여기서는 농촌 부르주아라는 아주 '신뢰할 만한' 취재원들이 자신들의 입장에서 이야기를 할 수 있는 수단으로서 정보 수집을 다양화하고, 지배적인 사회적 관계 내에서 매우 적합하게 변형되었다. 또한 현재 인터넷은, 지배적인 뉴스 조직을 뒷받침하는 당연하다고 여겨지는 가정들 바깥에 있는 정보 및 분석의 원천지가 되고 있다. 그래서 실러가 전통적인 정치경제학 관점에서 시기적절하게 수행한 '디지털 자본주의'에 대한 역사적·경험적 연구는 문화적 변화, 문화의 동학, 문화적 논쟁 및 문화적 모순이 어떻게 기술 및 경제 발전을 문제시할 뿐만 아니라 그것을 추동하는지에 대해 경시하고 있다. 그 결과 그의 주장에는 다소 기능주의적인 생각이 들어가 있다.

생산력이 생산의 사회적 관계와 충돌하는 데 대한 자각 없이는 계급투쟁이라는 객관적인 상태는 실종된다. 그 대신에 계급투쟁은 계급지배로 교체된다. 예를 들어, 크로커$^{Arthur\ Kroker}$는 미디어와 기업가 계급의 기술주의적 낙관론을 비웃는다. 그러나 그가 "모든 기술은 해방과 지배의 상반되는 가능성을 가지고 있다"(Kroker, 1996: 171)라고 인정하고 있다 해도 그의 디지털 기술에 대한 논의에서 생산력은 실제로는 의미를 지니고 있지 않으며 따라서 생산력은 끊임없이 계급지배로 통합되는 악몽과 같은 오웰$^{George\ Orwell}$ 식의 각본에 쉽게 지배당하게 된다. "윤리 없는 가상성은 사회적 자살의 주요 배경이다. 이는 신체가, 아카이브화된 데이터 네트워크에 의해 재배열되어 미래를 위해 급속 냉동되는 거대한 극저온 저장소이다"(Kroker, 1996: 169). 브라이언 윈스턴$^{Brian\ Winston}$의 기술 발전 모델에도 명확히 비슷한 문제가 있다. 정보혁명의 과장된 환경에 대한 신선한 회의를 던지는 윈스턴은 혁신이 쇄도하는 서구 자본주의가 "구체적인 많은 변화에도 불구하고 근본적으로 연속성을 보이고 있다"(Winston, 1998: 2)라고 주장했다. 윈스턴은 잠재적으로 파괴적인 기술들이 현존하는 사회제도에 어떻게 배태되어 있는지 강조했다(Winston, 1998: 11). 그는 이를 "급진적 잠재성의 억압 법칙"이라고 칭했다. 그는 현대의 기업이 "기술적 발전의 전체 범위에 영향을 주는 주요 요소"(Winston, 1998: 51)라고 말한다. 그러나 그는 자신의 관심을 미디어 기술의 발전과 그것이 기존 제도에 처음 정착되는 것에만 한정시킴으로써, 그에 따른 문화적 충격, 문화적 전파, 문화적 잠재성을, 즉 사회적 관계를 통한 그러한 기술의 생산적인 잉여와 같은 측면을 소홀히 다루었고 그것들이 모순 없이 사회적 관계 안으로 통합되리라고 확신했다.

생산력 또는 생산관계가 사회변화를 설명하는 데 핵심인지의 여부는 마르크스주의 논쟁에서 지속적인 주제였다. 예를 들어, 리그비$^{S.\ H.\ Rigby}$는 마르크스가 적어도 그의 저작 일부에서 생산력의 발전이 잠재적인 생산성에 따라 재조정되고 사회적 관계를 발전시키는 곳에서는 '생산력 결정주의'에 빠졌다고 주장했다(Rigby, 1998: 106). 즉, 마르크스는 봉건주의 생산수단의 발전 중에 있는 특정한 단계—그러나 어떤 단계란 말인가?—에서 "소유권의 봉건적 관계는 이미 발전한 생산력과 더 이상 호환될 수 없었다. 이들은 곧 족쇄가 되었다. 그것들은 분쇄되어야 했고 분쇄되었다"(Marx, 1985: 85)라고 했다는 것이다. 사실 "되어야 하는" 것은 없다. 마치 자본주의가 공산주의를 '태어나게' 하는 것이 필연이 아닌 것처럼, 봉건주의의 '자궁'에서 자본주의가 나타난 것이 필연은 아니다. 그러나 명백하게 마르크스주의자들은 이러한 종류의 서사에 안착할 수 있다. "자본주의는 생산력을 발전시킨다. 생산의 사회적 관계가 적어도 다수의 이익의 측면에서 그 이상의 생산력 발전에 분명하게 족쇄를 채운다. 그래서 사회적 관계가 틀림없이 분리되어 붕괴된다"는 서사 말이다.

그러나 리그비가 지적했듯이, 역사를 통해 볼 때 생산력이 차근차근 발전하는 어떤 내적인 경향을 가지고 있는 것은 아니다. 오히려 생산력은 장기간의 역사 동안 뒤처지기도 했고 쇠퇴하기도 하고 발전하기도 했다. 중세 말에 중국은 '자본주의로 가는' 기술적 수단을 가지고 있었으나 거기에 도달하지 못했다. 그리고 서구의 생산력 발전이 중국을 능가하게 되는 400년 동안 거의 정체되어 있었다. 생산력 발전에 내재적인 경향이 있다면 이를 어떻게 설명할 것인가?(Rigby, 1998: 123). 사실상 생산력이 특정한 시간에 특정한 장소에서 왜 그리고 어떻게 발전하는지(또는 발전하지 못하는지)에 대한 주요 변인으로서, 생산의 사회적 관계(그러므로 인간의 행위 문제)를 다시 들고 와야만 설명할 수 있다. 생산력 결정론이 '진보'를 향한 인간 욕망이라는 어떤 초역사적인 존재론에 기대어 경시하고 있는, 생산의 사회적 관계의 중심에는 정확히 계급투쟁이 위치하고 있다. 예를 들어, 코헨[G. A. Cohen]은 지적이고 이성적인 인간은 (자원의) 희소성을 줄이고 싶어 하기 때문에, 생산력을 발전시키는 데 가장 적합한 생산관계를 선택하는 경향이 있다고 주장한다. 이러한 주장은 희소성을 줄이는 것이 사회화되고 제도화된 목적이며 인간 행위자들은 생산력을 더욱 발전시키는 데 필요한 적절한 관계를 '선택'할 수 있다는 가정을 하고 있다. 그러나 저작권을 보호하기 위해 냅스터를 무너뜨린 것이 희소성을 줄이는 데 가장 적합한 생산관계를 자유롭게 선택했기 때문이라고 보기는 어렵다.

리그비는 생산력 결정론을 목적론적이고 기능주의적이며 경험적인 근거가 없는 것이라고 보고 엄청나게 비판했다. 그러나 그 역시 생산력이 사회적 관계에 대해 상호적으로 결정적인 영향을 미친다는 것을 무시했다. 앞에서 설명한 것처럼, 문제가 있는 생산력 결정주의와 생산력에 결정론을 부여하는 것 사이의 차이를 구별할 필요가 있다. 일반적으로 생산력의 발전, 그리고 구체적으로 커뮤니케이션 기술의 발전은 계급투쟁이 일어나는 객관적인 환경을 구성하는 중요 요소이다. 우리가 보았듯이, 문화적 실천의 새로운 영역에서 특정한 투쟁에 대한 객관적인 조건들은 생산, 복제, 소형화, 융합, 저장, 배포 등 커뮤니케이션 기술의 발전으로 구체화된다. 1930년대 16밀리 필름의 발전은 좌파 영화감독들에게 기존에 생산과 배급과 상연을 담당하던 유통망 바깥에서 (주로) 다큐멘터리를 생산하여 배포할 수 있는 새로운 기회를 제공했다(Hogenkamp, 1986). 비디오의 발전, 그리고 현재 인터넷의 발전은 이러한 커뮤니케이션과 공론장의 의미를 둘러싼 투쟁을 확장하고 재구성한다(Wayne, 1997). 우리는 또한 커뮤니케이션이 가진 힘의 발전이, 생산수단의 사적 소유권에 반하여 대두되는 생산의 사회화에서 일반적인 성장의 지표이자 기여 요소임을 살펴보았다. 마지막으로, 생산력이 즉각적인 사용가치에 더하여 객관적인 가능성을 가지고 있음을 보았다. 따라서 생산력은 생산의 사회적 관계의 결과이자 객관적인 물질적 형태와 비중을 가진 (그럼으로써 상호 영향을 주는) 결과이며, 또한 자신이 구성되고 활용되는 사회적 조건을 '폭로'하는 것으로 이해되어야 한다(Harvey, 1984: 100).

냅스터가 남긴 문제

새롭고 활기차며 대화적인 공적 커뮤니케이션의 장을 건설할 것이라는 인터넷이 가진 잠재력에 대한 대부분의 논의는 뉴스와 정보 콘텐츠에 중점을 두는 경향이 있다. 나는 대신에 지금까지 논의한 생산력과 생산관계라는 양대 개념과 발전양식이라는 사안을 엔터테인먼트 및 레저의 공간, 즉 대개 비정치적이라 불리는 공간에 대한 논의로 확장하고자 한다. 이는 오히려 벤야민이 지적한 바(Benjamin, 1999b)처럼, 뉴미디어의 기술적인 발전이 모든 것을 정치화한다는 점을 보여주기 위함이다. 1990년대 말에 정치적 저항으로 구체화되었던 반자본주의 문화의 경우, 적어도 (가장 유명한) 냅스터 및 기타 서비스(카자^{Kazaa}, 뮤직 시티$^{Music\ City}$, 그록스터^{Grockster} 등)가 제공한 파일 공유 서비스로 인해 양성된 일종의 비공식적인 반^{反}기업 문화에서 그 뿌리의 일부를 찾을 수 있다. 앞에서 본 것처럼, 마르크스는 생산력의 기술적 발전은 희소성이 인간성에 행사해온 영향력을 천천히 약화시킨다고 말했다. 원자의 물리적 세계에서 비트의 디지털 세계로의 전환은 시공간을 넘어 정보 자원의 탄력성을 높인다. 자본주의 교환관계의 외곽에서 음악이 지니게 된 확대된 가능성은 부분적으로 제3세계 부채 탕감, 그리고 식량이 남아도는 세상에서 굶주린 자들에게 식량을 제공하는 것 등의 윤리적 요청이 증가하고 있는 것과 동일한 정치적 연속선상에 있다.

전 지구적 음악산업은 5대 음반 회사가 지배하고 있다. 워너Warner, 유니버설Universal, 베텔스만Bertelsmann, 소니Sony, EMI가 바로 그들이다. 이들은 미국 시장에서만 연간 수입이 140억 달러에 이른다(Alderman, 2001: 4). 이 회사들은 영화, 텔레비전, 출판 매체, 전자 기기 등에 자체적으로 관심을 가지고 있으며, 수직적 혹은 수평적으로 통합된 멀티미디어 산업체이다. 이들은 또한 게펜Geffen, 애틀랜틱Atlantic, 버진Virgin(각각 유니버설, 워너, 이엠아이가 소유한) 등 소규모의 음반 레이블들을 어느 정도 자율적인 자회사로 갖고 있다. 지적재산권과 인터넷의 접속가능성 사이에서 음악산업이 처한 주요한 모순은 1990년대의 두 가지 기술적 발전에 의해 촉발되었다. 첫째, 오디오 콘텐츠를 인터넷을 통해 전송할 수 있도록 한 디지털 파일 형식인 MP3의 발전이다. 어느 논평가가 "아마도 음반 산업의 종말과 동의어일 것"[4]이라고 묘사한 바 있는 MP3는 실제로는 음악 팬들을 효과적으로 연결시켜주는 새로운 소프트웨어에 연결됨으로써만 위협이 되었다. 이 소프트웨어는 냅스터를 창조하고 개인-대-개인P2P 프로그램을 만든 19살의 미국인 숀 패닝Shawn Fanning이 개발했다. 냅스터가 시작된 것이 (파일교환 소프트웨어를 만들 동기가 전혀 없는) 거대 기업의 연구개발실이 아니라 여가 시간에 디지털 미디어를 교환하면서 지식을 공유하고 일반화하는 사람들이었다는 점은 주목할 만하다. 따라서 PC, MP3 및 P2P는 마르크스가 자동화된 고정자본을 관찰하면서 지적한 "사회의 지적 능력의 일반적인 생산력"의 본보기다(Marx, 1973: 156~156). 〈패스워드Antitrust〉(피터 호이트Peter Howitt, 2001, 미국)와 같은 영화는 극적인 비현실성이 있지만, 어떤 면에서 보면 이렇게 일반화된 사회적 지식과 경쟁력을 확보해야 하는 기업 사이에 놓인 긴장에 대해 사회적으로 정확한 진단을 보여주었다. 영화에서 소프트웨어 기업인 너브^{NURV}의 개리 윈스턴$^{Gary\ Winston}$(이 역할을 맡은 팀 로빈스$^{Tim\ Robbins}$는 빌 게이츠$^{Bill\ Gates}$를 연상시킨다)은 아이디어를 훔치기 위해 젊은 소프트웨어 기술자 수백 명의 침실에 웹 카메라를 설치한다.

숀 패닝은 〈패스워드〉에 나오는 이상주의적인 젊은 컴퓨터 천재와 엇비슷하다. 그가 파일교환 프로그램을 개발하게 된 직접적인 동기는 원하는 MP3 파일에 연결을 시도하다가 문제에 직면한 그의 친구를 돕기 위해서였다.

패닝에게 그 프로젝트의 공동체적 잠재성이 갖는 중요성은 아무리 강조해도 지나치지 않다. 패닝은 살면서 전통적인 학문 방식에서보다 사람들과 이야기하면서 더 많은 것을 배웠다. 간단하게 말해서, 그는 사용자들이 서로에 관해, 공유 정보에 관해, 가장 좋아하는 음악에 대해 이야기할 수 있다는 생각을 좋아했다(Merriden, 2001: 4).

냅스터가 시작될 때부터 저작권의 심각한 장벽을 극복해야 한다는 것이 명확했음에도, 사업가이던 패닝의 삼촌은 닷컴 붐이 절정에 이른 시기에 벤처 자본가들로부터 투자를 끌어올 수 있었다. 냅스터가 개발한 P2P 시스템은 다음과 같이 작동한다. 회원-회원가입은 공짜다-은 그저 자신의 컴퓨터에 냅스터 프로그램을 다운받고, 자신들이 공유하기 원하는 음악파일을 지정한다. 냅스터 서버는 파일을 저장하지 않는다(냅스터는 이 점이 자신들을 소송에서 구제해줄 수 있기를 바랐다). 그 대신에 단순히 어떤 MP3 파일을 누가 가지고 있는지만 표시한다. 그러므로 냅스터 프로그램은 중개인과 같은 역할을 하며, 원하는 음악이 있는 다른 사용자의 컴퓨터와 사용자의 컴퓨터를 연결해준다. 1999년 6월에 출범한 냅스터에서는 얼마 지나지 않아 매일 밤 평균 50만 명이 파일을 교환하게 되었다(Alderman, 2001: 108). 그리고 냅스터 '공동체'는 3,200만 명으로 추산되었다(Merriden, 2001: 15). 가장 인기가 좋을 때의 사용자 수를 8,000만 명 정도로 추산하는 사람들도 있다.

인터넷과 같은 기술 발전은 미디어 소비의 개인화나 맞춤화라는 명칭으로 언급된다. 비록 이것이 P2P 기술 및 파일교환 문화가 번성한 특정 단면을 말해주기는 하지만, P2P는 또한 개인의 데이터 저장소를 모두에게 접근이 가능한 대규모 공적 네트워크와 연결시키기도 했다. 그런 점에서 P2P는 분명히 공동 소유의 연장선상에 있다. 비디오카세트 레코더 같은 재현을 위한 이전 시대 기술과 인터넷, MP3, P2P 기술과는 큰 차이가 있다. 할리우드가 소니의 베타맥스^{Betamax} VCR의 개발을 막기 위해 미 법원에서 제기한 소송이 실패한 적이 있는데, 냅스터의 변호사들은 그들의 기술과 이러한 이전 기술을 마찬가지의 것으로 보이게 하고자 했다. 그러나 디지털 기술은 거대한 복사 시스템일 뿐만 아니라 실제로 비용이 들지 않는 배포 시스템이기 때문에 기업의 이윤에 비교할 수 없을 만큼 큰 위협이다. 예를 들어, 영화 산업계는 하루에 백만 개의 영화 파일이 불법적으로 다운로드된다고 보고 있다. 생산을 할 수 있는 문화적 능력이 소비재 또는 상대적으로 저렴한 전문적 고정자본(비디오카메라, 디지털 편집, PC 출판)으로 시장에 점점 더 많이 유입됨에 따라, 배포와 판매에서 희소성의 소멸은 결정적인 것이 되었다. 그리하여 배포망과 판매의 통제가 독점적 자본주의에서 필수적인 것임이 입증되었다(더 자세한 내용은 제3장 참조).

냅스터가 경이적인 성공을 거두기 시작한 지 6개월이 지난 1999년 12월, 미 레코드 산업 연합^{RIAA}은 저작권 침해 소송을 제기했다. 곧 이어 헤비메탈 밴드인 메탈리카^{Metallica}와 랩 아티스트인 닥터 드레$^{Dr.\ Dre}$는 그들의 음악작품을 MP3 파일로 거래하는 사람들이 발견될 경우 소송을 제기할 것이라고 경고했다. 메탈리카와 닥터 드레의 이러한 행동은 자신의 이익을 옹호하는 기업 기계에 인간의 얼굴을 부여하려는 시도였다. 음악계에서 엄청난 부를 누리는 스타들이 받아야 할 작품에 대한 보상의 일부가 새어나가리라는 전망이 수많은 미디어 평론가들에게서 제기되었다. 이 평론가들은 P2P와 기타 복제 기술이 "인간의 진보와 번영"[5]을 위협한다고 말한 마이크로소프트사의 기술 개발 부문 부사장인 딕 브라스[Dick Brass]의 말에 동의하는 것처럼 보였다. 세상에 지친 어떤 사람은 냅스터 기술로 엘비스 프레슬리[Elvis Presley]의 노래 「제일하우스 락[Jailhouse Rock]」을 자신의 컴퓨터에 내려받고 나서는 자신의 윤리를 재발견하고 그 파일을 지워버렸다. 왜냐하면 (가슴에 손을 얹고 생각할 때) "대가를 지불하지 않고 엘비스의 음악을 즐기는 것은 그의 유산이나 음반회사에게 공정하지 않은 처사이기 때문"이었다.[6] 여기에 사회주의 윤리에 위반되는 것이 있는가? 오픈소스 운동의 소프트웨어 기술자가 자신의 작업물에 영구적인 사적 통제가 없게끔 설정한다는 사실은, (인간에게 즐거움을 제공한 대가로) 가수와 밴드들이 영원히 독점적인 권리를 가지고 그 결과 그들을 부자로 만들어준 팬들은 상상할 수도 없는 부와 기회를 누리게 된다는 절대적인 불변의 상황을 어느 정도 상대화시킨다. 사실 음악가들 사이에서도 의견이 갈렸다. 록밴드 푸 파이터스[Foo Fighters]의 멤버인 데이브 그롤[Dave Grohl]은 냅스터는 반드시 존재해야 한다고 선언하면서 유료 회원제를 향한 당시의 움직임을 언급하며 냅스터는 "모든 이에게 무료"여야 한다고 선언했다.[7] 파일교환이 음악가에게 타격을 준다는 주장이 가진 문제점은 이러한 파일교환에 가장 큰 영향을 받는 음악가들이 다락방 어디에선가 굶고 있을 가능성은 제일 적다는 데에 있다. 만약 복제가능성이 문화노동에 대한 끝없는 보상가능성을 없앤다 해도 음악가들은 언제나 나가서 음악계의 변방에서 대부분의 음악가들이 하는 것을 할 수 있다. 투어와 공연 말이다. 업계의 관점에서 보았을 때 가장 큰 위협은 아직 발매되지 않은 앨범이 인터넷에 유출되는 것이다. 그러나 이를 완전히 해결하기란 어렵다. 이러한 '유출'

은 라디오 방송국, TV 음악채널, 클럽 DJ 등에게 보낸 홍보물의 양이 증가함에 따라 유발되는 것이다. 다시 말해서 이미 시장에서 우위를 점하고 있는 아티스트들과 밴드들은 이익을 극대화하려는 음반사들에게 압박을 당하면서 음악의 다양성을 해치고 동질화하는 과정을 밟게 되는 것이다.

  미 레코드 산업 연합은 냅스터가 로열티를 지불하고 (성공하지 못한) 유료 회원제 서비스를 하도록 강제하는 법정 판결에서 성공을 거두었고, 이는 윈스턴이 급진적인 잠재성의 억압 '법칙'이라 불렀던 것을 잘 보여주는 대표적인 사례이다. 그러나 동시에 MP3와 P2P 기술을 다시 그것의 등장 이전으로 되돌릴 수는 없다. 이들의 등장과 발전은 생산력에 의한 '잉여'가 지배적인 사회적 관계와 마찰을 일으키는 충분한 증거이다. 한 기사는 다음과 같이 지적한다.

> 파일교환 사이트인 냅스터에 대한 법원의 폐쇄 명령 이후 음악 및 비디오 파일이 더 많이 교환되고 있다. 이는 인터넷에 기반을 둔 음악 저작권 침해를 막고 이를 자신의 실질적인 서비스로 대체하려던 음반회사들의 희망에 비관적인 전망을 드리우고 있다.[8]

  음악산업계가 지닌 문제점은 그누텔라^{Gnutella}와 같은 시스템은 더욱더 순수한 P2P의 형태를 띠고 있다는 점이다. 이들은 데스크톱 컴퓨터들 사이에서 파일을 이어주는 중앙 통제 시스템이 없는데, 이것은 법원에서 냅스터가 저작권 침해를 '책임'지게 만든 이유이며 따라서 소송에 이를 수밖에 없게 만든 원인이었다. 이처럼 더욱 순수한 P2P의 형태는 지금까지 "인터넷 제국의 가장 먼 변방"에 있었던 개인 컴퓨터라는 자원을 동원한다(Merriden, 2001: 127). 여기서 커뮤니케이션의 힘은 대안적인 사회적 배치의 유토피아적인 원형을 보여주고 있다. 즉, '국가'와 같은 구조(중앙 서버) 또는 시장(가치를 배제한 교환)이 없는 중개가 이루어지는 것이다.

한편 주요 음반사들은 유료 회원제 온라인 음악 사이트를 시작했다. 뮤직넷^Music Net^은 EMI와 AOL 타임워너와 베텔스만이 후원하고, 프레스 플레이^Press Play^는 소니 뮤직과 비벤디^Vivendi^(유니버설 소유)가 지원한다. 이들 서비스는 온갖 암호화된 방식을 사용해서 음악의 재생산을 어렵게 만들 것이고, 결국 서비스에 접근하는 정도에 따라 고도로 세분화된 가격대를 형성할 것이다. '사람들이 한때 공짜로 얻을 수 있었던 것에 대해 이제 돈을 지불할 것인가'에 의문을 갖는 것은 ≪비즈니스 위크^Business Week^≫만이 아니었다.[9] 그러나 다양한 형태로 공동이 소유했던 것을 상품으로 전환시키는 것은 자본주의의 전형적인 과정이다. 이는 튜더 왕조 이래 공동의 땅이었던 곳을 사유지화한 영국에서 시작되었다. 그레이엄 머독은 인클로저 운동 및 그것이 촉발한 저항 투쟁과 19세기부터 지금까지 발전하고 있는 매스미디어를 둘러싼 논쟁들 간의 '전율할 만한 유사성'을 찾았다(Murdock, 2001). 인터넷은 단지 '디지털 공공재'를 상품으로 만들려고 하는 갈등이 벌어지는 가장 최근의 장소일 뿐이다.

◆　◆　◆

우리는 적절히 재구성된, 생산양식이라는 범주와 생산력 및 생산관계라는 양대 개념이 여전히 뉴미디어 '혁명'에 대한 비판적인 관찰에서 중심적이며, 광범위하게 퍼져 있는 기술결정론에 대항할 수 있는 수단임을 이야기해 왔다. 흔히 주장되어온 것과는 달리 과잉생산과 이로 인해 위기로 치닫는 자본주의 경제의 근본적인 경향성을 뛰어넘는 새로운 패러다임이라는 것은 없다. 생산양식 내에서 적절하게 활용될 경우 카스텔의 발전양식이라는 개념은 생산양식의 모순이 특정한 신기술 및 미디어 현장 내에서 어떻게 재구성되는지 이해하는 데 도움을 줄 수 있다. 나는 단축된 필요노동시간과 증가하는 잉여노동시간 간의 모순에서 문화적인 함의를 이끌어내기 위해, 자동화된 기계장치의 발전에 관한 마르크스의 논의를 가져왔다. 단기에 자본을 끌어 모을 수 있는 경제적 가치의 증가는 가치 있는 관계들이 필요로 하는 문화적 가치를 잠식-예를 들어 저작권법에 기대는 것-하는 대가를 치르고 이루어진다. 나는 냅스터의 대중성과 반자본주의 운동의 등장이라는 별개의 두 현상이 (파일교환자들의 주관적 정치성향과는 상관없이) 이러한 관점에서 서로 연결된다고 주장했다. 우리는 자동화된 고정자본이 개량하고 발전시키는 생산(및 소비)의 사회화가 새로운 정보기술의 중심적인 특징이라는 것을 이야기했다. 생산력으로서의 지식과 지식생산으로서의 소비는, 확대되는 사회적 토대 속에서 더욱 광범위하게 뻗어나간 뿌리가 되었다. 이것은, 오픈소스 커뮤니티와 MP3 및 P2P를 통한 공동 소유권의 거대한 확장을 둘러싼 논의들이 보여준 바와 같이 자본의 사적, 위계적, 경쟁적 관계에 기반을 둔 사회적 관계와 양립할 수 없다. 우리는 또한 마르크스가 고정자본의 실제 사용가치 및 잠재적(또는 잉여적) 사용가치 간의 모순을 통해 이러한 생각의 기반을 다지고 있었다는 점을 확인했다. 그런 점에서 자동화된 고정자본의 발전은 잠재적인 사용가치가 지속적으로 자본의 생산관계라는 편협한 사회적 우선순위에만 적합하게 되는 **문화적 과잉생산**(과잉생산에 의한 경제위기에 비견되는 문화적 위기)의 한 예이다. 따라서 생산력은 계급투쟁의 기반이자 장소이다.

제3장

자본의 힘

할리우드의 미디어-산업 복합체

독점자본주의 또는 탈산업자본주의의 후기 단계에서는 다수의 작은 사업체는 물론 유통망과 옛 상업적, 문화적 세계의 마지막까지 남은 요소들이 모든 것을 빨아들이는 하나의 메커니즘 속에 동화된다. 이제 통치과정에까지 손을 뻗치는 모든 사업 체계는 …… 상품의 자동적 판매에 자신의 존재를 의존하게 되며 …… 심리마케팅은 이 체계가 진화시키는 인위적 필요들을 일깨우기 위해 개인 삶의 가장 깊숙한 영역들에까지 손을 뻗침으로써 이 상품의 자동적 판매가 세계 지배를 완료하도록 한다.

_ 제임슨^{Fredric Jameson}, 『마르크스주의와 형식^{Marxism and Form}』

유연적 전문화는 영원한 혁신의 전략이다. 그것은 끊임없는 변화를 통제하려는 노력이라기보다는 이를 받아들이는 것이다. 이 전략은 편리한 다용도 장비와 숙련된 노동자에 기초하며, 이러한 유리한 혁신을 향한 경쟁의 형식들을 정치를 통해 제한하는 어떤 산업공동체의 창출에 기초한다. …… 유연적 전문화의 확산은 수공업 생산형태가 부활한 것과 마찬가지이다.

_ 피오레^{Michael Piorre} · 세이블^{Charles Sable}, 『이차 산업분할^{The Second Industrial Divide}』

자본은 20세기에 걸쳐 막대한 권력을 축적했지만, 특히 20세기 후반에는 기업의 구조에서 주요한 변화들이 있었고 자본의 활동에서도 상당한 확장이 있었다. 최대 규모의 다국적 기업들은 중소규모 국가들의 국내총생산을 넘어서는 수입을 창출하고 있다. WTO와 IMF 같은 초국적 기구들은 세계 도처에서 거대자본을 도와 무자비하게 그 증식을 도모한다. 민영화와 탈규제는 정치적 성향에 상관없이 모든 정부의 좌우명이 되었다. 커뮤니케이션의 공공 체계가 민영화되거나, 민간 자본으로 혹은 민간 자본과의 경쟁으로 공공 체계를 결정하는 일이 증가하고 있다. 기업의 의제와 정책과 인력들이 국민국가와 정부의 영역으로 광범위하게 침투하고 있다. 정치 엘리트와 비즈니스 엘리트 사이의 끈끈한 관계는 이제까지 미개척되었던 영역들에까지 이윤 동기나 상업화를 침투시켜, 오랫동안 자본의 지배 아래 있던 영역들에서 새로운 수준으로 자본축적 논리를 강화하면서 계급투쟁에서 결정적인 작용을 해왔다. 이것이 바로 이번 장에서 다룰 미디어-산업 복합체 내의 현

대적인 발달 양상들이며 다음 제4장에서 다루게 될 미디어 정책을 이해하는 데 필요한 큰 맥락이다.

이번 장에서는 거물급 정치인들과 재계 인사들의 최근 전략들과 변화하는 부^富를 상세히 기술하는 것보다는, 이러한 현대 미디어 환경을 분석할 수 있는 방법론적인 도구들에 초점을 맞춘다. 이런 방법론적인 도구들은 어떤 점에서는 상충하는 두 가지 패러다임들에서 나올 것이다. 자본주의가 독점의 경향으로 특징지어진다는 주장은 미디어에 대한 정치경제학적인 접근의 핵심이다. 실러(Schiller, 1989), 허먼과 촘스키(Herman and Chomksy, 1994), 와스코(Wasko, 1994), 바그디키언(Bagdikian, 1997), 허먼과 맥체스니(Herman and McChesney, 1997), 실러(Schiller, 1999), 골딩과 머독(Golding and Murdock, 2000), 그리고 윌킨(Wilkin, 2001) 등은 이러한 접근법의 대표적인 학자들이다. 그러나 자본주의의 독점 경향이라는 것은 또한 새로운 기업구조 및 시장전략과 모순적으로 결합한다. 이것은 독점자본주의 패러다임으로부터 얻는 것보다는 더 느슨하고 분권화되고 유연하고 다양하며 경쟁적인 **현상-형태**appearance-form를 고도자본주의에 부여한다. 이러한 변화들은 앞 장에서 정보주의와 발전양식이란 용어 아래 살펴보았던 생산과 커뮤니케이션의 새로운 기술적 힘들과 긴밀히 관련된다. 여기에서 우리는 이러한 범주들을 포드주의Fordism(산업주의industrialism)와 포스트포드주의post-Fordism(정보주의informationalism)라고 하는 두 가지 발전양식과 관련한 논쟁의 맥락에서 살펴볼 것이다. 앞 장에서 발전양식이라는 범주를 생산양식 속으로 통합했다면, 이번 장에서는 비슷한 통합이 포스트포드주의 패러다임과 독점자본주의 패러다임 사이에서 다시 한 번 만들어질 것이다. 이 패러다임들은 많은 방식에서 서로 모순적으로 보일 수 있다. 전대미문의 규모로 성장한 기업들이 세계 도처에서 더욱 다양하고 변화무쌍해진 시장들에 접근하려고 하는 상황에서, 나는 고도자본주의 내에서 벌어지는 독점과 경쟁, 집중과 분산, 문화적 지배와 문화적 다양성 사이의 변증법을 이해하기 위해서는 포스트포드주의의 패러다임을 독점자본주의 패러다임 안으로 통합할 필요가 있다는 주장을 하고자 한다. 동시에 우리는 **자본의 집적**^{concentration}**과 중앙통제**^{centralisation}가 새로운 조직구조와 기술에 의해 수정되거나 변경되어왔다는 포스트포드주의자들의 주장을 지지하기 어렵다는 것을 알게 될 것이다. 이러한 포스트포드주의자들의 시나리오를 따르는 이론가들은 사회적이고 경제적인 하강세가 없는 환상적인 자본주의를 제안하고 있다. 이렇듯 환상적인 자본주의에서의 경쟁은 기술적이고 문화적인 혁신으로 이어질 뿐만 아니라 포스트포드주의적인 새로운 돌봄, 나눔, '네트워크 사회성'으로 연결된다. 그리고 이 모든 것은 독점 없는 자본주의에 달려 있다. 이러한 시나리오는 방송국 임원들이 입에 올리고 싶기도 할 만한 근거를 갖지 못한다. 내가 분석하고자 하는 것은 복합미디어 기업인 디즈니 사의 몇몇 사례들인데, 이를 통해 나는 그러한 새로운 기업구조가 커뮤니케이션, 정체성, 의미가 구축되는 상징적 교환의 영역인 공론장에 주는 함의를 논의하고자 한다.

독점과 경쟁

독점과 경쟁은 "역사적 자본주의를 구성하는 한 쌍의 실재"이다(Wallerstein, 1989: 34). 옥신각신하는 샴쌍둥이처럼 독점과 경쟁은 불가분이면서도 상충한다. 경쟁은 노동자와 노동자를, 산업부문과 산업부문을, 지역과 지역을, 자본과 자본을 대립시키면서 광범위한 호소력을 갖는 자본의 논리이다. 묶어버린 풍선에서 공기를 빼낼 수 없듯이 자본주의 체제에서 경쟁을 배제할 수는 없다. 경쟁은 축적의 '규율'이 모든 것에 대한 구조적 강압력으로 작용하게 하는 수단이다. 허먼$^{Edward\ S.\ Herman}$과 촘스키$^{Noam\ Chomsky}$가 말하듯이,

"만약 경영자들이 주주의 수익을 추구하지 않는다면, 기관투자가들은 주식을 팔거나 (주가를 낮추거나) 인수를 생각하는 외부자의 말에 귀를 기울이려 할 것이다"(Herman & Chomsky, 1994: 11). 그러나 '경쟁'은 호감을 주는 언어이기 때문에 종종 그저 '장밋빛' 암시(혁신, 저가)로만 여겨지기도 하고, '순수한' 시장 교환이 거대기업에 의해 대체되면서 어쨌든 경쟁은 줄어들 것이라고 보는 마르크스주의자들도 심심찮게 볼 수 있다. 하지만 데이비드 하비David Harvey가 주장하는 것처럼, 독점자본주의 내에서 경쟁은 기업에 **내면화**되어 있고 따라서 이것은 기업들 간의 (이익을 위한) 경쟁을 촉발한다(Harvey, 1984: 141~148).

서로 독립적인 행위자들 사이의 시장경쟁(오늘날의 자유시장주의자들이 옹호하는 시대착오적이고 회복불가능한 19세기 모델)과 시장에서 행위자들의 수, 크기, 상호의존, 권력과 무관하게 일반화된 자본운영 논리로 벌어지는 기업경쟁은 서로 구별되어야 한다. 자본주의를 옹호하는 경제학자들과 정치가들은 경쟁이 선택과 상품의 다양성을 보장하기 때문에 소비자들에게 요긴한 것이라 주장하지만 정작 독점자본주의자들은 경쟁에 그다지 열광하지 않는다. 시장경쟁은 이윤율을 떨어뜨리기 때문에, 시장에서 활동하는 경쟁자들의 수를 인수와 합병 그리고 시장진입 장벽을 높임으로써 줄이고자 하는 피할 수 없는 압력이 있다. 따라서 경쟁은 그 반대의 경향, 즉 그 **시장체제에서 경쟁을 완전히 없애지는 않는** 독점을 낳는다. 적어도 정부가 소유한 몇몇 독점 사업을 제외하고 한 회사가 전체 시장을 통제하는 엄밀한 의미의 독점은 드물다. 소수의 거대 기업이 시장을 지배하는 과점이야말로 아주 전형적인 상황이다.

이렇게 시장권력에 편향된 자본주의의 경향성은 이 경제체제를 불가피하게 옹호하는 자들에게는 심각한 골칫거리이다. 그러한 사람들이 사회적 불평등을 걱정하느라, 예를 들어 세계에서 가장 부유한 200인의 재산 중 1퍼센트만 사용해도 세계의 모든 아이들에게 초등교육을 무상으로 제공할 수 있을 텐데 하는 생각으로 날밤을 새는 것은 아니다.[1] 그러나 공급자들 사이에서의 경제적인 불평등은 진정한 자유시장주의자들에게는 더 골칫거리이다. 왜냐하면 이것은 '자유경쟁'의 이상적인 모델의 오류를 나타내는 것이기 때문이다. 자본주의의 옹호자들은 일반적으로 독점적인 경향을 칭송하지는 않으며, 부인할 수 없는 경험적 증거가 나타날지라도 그러한 경향을 모른 척하려고 애쓴다. 호스킨스$^{Collin\ Hoskins}$와 그 동료들은 할리우드의 세계 영화 산업 지배를 조사하고 다음과 같은 다소 이상한 결론을 내린다. "만약 창의성과 문화적 목표가 중요하다면, 이처럼 미국이 지배하는 시스템 내에서 세계 전역의 독립 제작자들에게 남아 있는 기회는 예술적으로나 상업적으로 모두 매력적일 것이다"(Hoskins, McFadyen and Finn, 1997: 67). 1997년부터 2000년 사이에 영국 박스오피스에서 할리우드 영화의 점유율은 60퍼센트 아래로 떨어진 적이 한 번도 없었고 1998년에는 83퍼센트였다. 만약 영국 이외의 국가들(독일 혹은 프랑스)과 할리우드와의 공동제작을 포함한다면 그 수치는 훨씬 높아질 것이다. 영국과 미국의 합작영화 사례들은 다음과 같다. 〈치킨런$^{Chicken\ Run}$〉(피터 로드$^{Peter\ Lord}$와 닉 파크$^{Nick\ Park}$, 2000, 영국), 〈스내치^{Snatch}〉(가이 리치$^{Gay\ Ritchie}$, 2000, 영국), 〈케빈과 페리, 커지다$^{Kevin\ and\ Perry\ Go\ Large}$〉(에드 바이$^{Ed\ Bye}$, 2000, 영국), 〈스타워즈 에피소드 1: 보이지 않는 위험$^{Starwas\ Episode\ I:\ The\ Phantom\ Menace}$〉(조지 루카스$^{George\ Lucas}$, 1999, 미국), 〈노팅힐$^{Notting\ Hill}$〉(로저 미첼$^{Roger\ Michell}$, 1999, 미국/영국), 〈007 언리미티드$^{The\ World\ Is\ Not\ Enough}$〉(마이클 앱티드$^{Michael\ Apted}$, 1999, 영국), 〈셰익스피어 인 러브$^{Shakespeare\ in\ Love}$〉(존 매든$^{John\ Madden}$, 1998, 미국). 그 결과 1997년부터 2000년 사이에 영국 박스오피스 수입에서 영국 영화는 불과 4퍼센트 정도를 차지했고, 미국 이외의 나머지 국가들이 4퍼센트를 차지했다. 예외는 1997년이었는데, 당시 영국 영화는 자국의 워킹타이틀$^{Working\ Title}$ 사가 제작하고 그 모회사인 폴리그램 필름^{PolyGram}

Film 사―지금은 망해버렸다―가 배급한 〈미스터 빈^{Bean}〉(멜 스미스$^{Mel\ Smith}$, 1998, 영국) 덕분에 시장점유율이 8퍼센트 정도 상승했다.² 예술적이면서 상업적으로 매력적인 것과는 거리가 먼, 예를 들어 영국인의 삶의 복잡성을 보여주는 영화를 만든다는 문화적인 목표는 그 존재와 생존마저 위협받는 것 같다.

친자본주의 경제철학자인 밀턴 프리드먼$^{Milton\ Friedman}$은 독점이 사라지기를 열렬히 바라면서도, 독점을 향한 경향성을 마찬가지 방식으로 다룬다. 그는 이렇게 말한다.

> 기업 독점에 대한 가장 중요한 사실은 경제 전체를 놓고 볼 때 그것이 상대적으로 중요하지 않다는 데에 있다. 미국에는 400만 개의 기업이 있는데, 매년 40만 개의 새로운 기업이 생기고, 동시에 매년 그에 조금 못 미치는 숫자의 회사들이 사라지고 있다는 것이다(Friedman, 1982: 120).

자본주의 옹호자들에게서 전형적으로 나타나는 이러한 관점이 놓치는 것은 그러한 수백만 개의 기업들 사이에 위계와 경제적인 불평등이 있다는 것이다(마치 자본주의가 사회적인 불평등을 낳는 것처럼). 그리고 각 산업영역에서 소수의 기업만이 나머지 다수의 기업을 압도적으로 지배하리라는 점이다. 미국에서 20세기 중반까지 (대략 수백만 개 중에서) 500개의 주요 기업이 미국 내 산업 생산의 **절반**을 담당했고 국가 산업 자산의 **4분의 3**을 소유했다. 제너럴모터스$^{General\ Motors}$라는 한 기업이 미국 GDP의 3%를 차지했다(Reich, 1991: 46).

독점 경향성은 시간이 지날수록 효과적으로 측정될 수 있다. 1980년대 중반 이후로 상위 50개의 미디어 기업이 9개 혹은 10개로 줄어들었다(Bagdikian, 1997: xiii). 타임워너$^{Time\ Warner}$는 AOL과 1,060억 달러의 합병을 한 이후로 미디어산업에서 '우두머리'로 여겨진다. 디즈니, 비아콤^{Viacom}, 뉴스코퍼레이션, 소니, TCI/AT&T, 제너럴 일렉트릭은 1등급 미디어 기업으로서의 자격을 갖추게 되었다. 두 개의 유럽 회사도 이 목록에 추가되었다. 하나는 거대 출판기업이자 음반기업이기도 한 독일의 베텔스만이고, 또 하나는 캐나다의 주류회사이자 340억 달러를 들여 유니버설 영화사 및 음반사를 사들였던 시그램Seagram을 인수함으로써 2001년에 1등급 대열에 올라간 프랑스의 비벤디이다(비벤디는 결국 이 일로 부채 문제에 부딪혔다). 경쟁은 이런 과점 구조에도 여전히 존재하나, 자본주의 경제학자들이 생각하는 방식, 즉 가장 적고 일시적인 가격 경쟁과 상품 다양성만이 있는 방식으로는 작동하지 않는다. 그 대신에 시장점유율을 두고 경쟁이 벌어지며, 이는 집중적인 광고 캠페인이나 인수 및 합병을 통해서 달성될 수 있다. 반면에 수익을 증가시키기 위한 경쟁은 비용 절감이나 부유층 소비자 공략, 또는 생산품에 대한 문화적, 정치적 위험의 최소화로써 성취할 수 있다. 경쟁의 이러한 부정적인 결과에 더해 다음의 사실이 추가될 수 있다. 이론적으로 경쟁의 좋은 측면이란 것이 공동투자의 네트워크나 타 회사의 주식매입에 의해 차단된다는 것이다(Herman and McChesney, 1997: 56). 케이블 회사인 TCI 사의 전 사장인 존 멀론John Malone은 현재 리버티 미디어Liberty Media의 사장인데, 이런 식으로 이 회사는 영국의 케이블 회사 텔레웨스트Telewest의 지분을 25% 소유하고 있으며, 더불어 AOL, 비벤디, 모토롤라의 지분 일부뿐 아니라 루퍼트 머독Rupert Murdoch의 뉴스코퍼레이션 지분도 19% 가지고 있다(멀론은 TCI 사를 54억 달러에 거대 텔레콤 기업 AT&T에 매각했다). 이러한 기업들의 권력과 영향력의 범위에 대해서는 나중에 살펴보겠다. 지금은 자본주의 발전양식, 즉 포드주의와 포스트포드주의의 시대 구분에 관한 논쟁을 살펴보기로 한다.

독점자본주의의 두 단계

1980년대 후반과 1990년대 초반에 포스트포드주의 내의 많은 논객들은 독점을 향한 자본주의의 경향성이 기업구조와 관행의 변화, 새로운 기술, 문화 시장의 변화, 글로벌 시장 교환 등에 의해 결과적으로 뒤바뀌게 되었다고 주장했다. 포스트포드주의 패러다임은 동질적인 것이 아니라 그 안에 여러 다른 갈래와 전통들이 있다. 아글리에타(Aglietta, 1979), 리피에츠(Lipietz, 1987), 제섭(Jessop, 1997)과 같은 학자들과 연결되어 있는 조절학파^{Regulation} ^{School}는 넓게 보아 마르크스주의적인 지향을 보인다. 이 학자들은 잠재적으로 폭발적인 사회적 적대감 위에서 구축된 체계가, 제도적이고 규범적인 패턴에 따라서 어떻게 축적이 상대적으로 순조롭게 일어날 수 있도록 조절될 수 있는지 탐구한다(Amin, 1997: 8). 마르크스주의자인 지리학자 데이비드 하비―일반적으로 조절학파의 일원으로 간주되지는 않는다―는 노동과정에서, 노동시장에서, 생산물에서 그리고 변화하는 소비자 행위 패턴에 대한 반응에서 포드주의의 엄격성을 우회하는 유연축적$^{flexible\ accumulation}$의 관점으로 포스트포드주의를 정의했다(Harvey, 1990: 147). 여기서 핵심어인 '축적'은 착취적이고 적대적인 사회관계들을 갖는 포스트포드주의의 연속성을 강조한다. 이는 유연전문화 이론이라 불리는 포스트포드주의의 또 다른 갈래와는 다소 다르다. 유연전문화 이론은 정치적으로 더욱 자유주의적이고 훨씬 더 대중적인 파급력을 갖기 때문에, 정책 입안자들은 이를 활용하면서 그 내용의 일부를 정통 자유시장 부르주아경제 분석과 결합하기도 한다. 1980년대 중반에 처음으로 출간되었던 피오레$^{Michael\ Piorre}$와 세이블$^{Charles\ Sable}$의 『이차 산업분할$^{The\ Second\ Industrial\ Divide}$』은 이 패러다임을 초기부터 강력하게 지지했다. 이들은 숙련노동자들이 모든 상품생산군에 걸쳐서 교차근무하게 만드는 유연전문화를 19세기와 20세기 초반 수공업 생산 전통의 측면에서 살핀다. 이러한 수공업 생산방식은 대량생산―특정 분야로 (탈)숙련화된 노동자들이 단일 품목만을 다루는―의 등장으로 인해 주변화되었고, 제2차 세계대전 이후의 '근대화' 운동 중에 미국식의 모델을 채택했던 유럽에서는 거의 전부 사라져 버렸던 것이었다(Piorre and Sable, 1984).

그러나 미디어에 대한 제도적이고 경제적인 분석 영역에서만큼은 이 포스트포드주의 전통이 거의 영향을 미치지 않았다. 그 이유는 아주 분명했다. 유연전문화 이론은 독점자본주의의 경향이 역전되었거나 현재 역전되고 있다고 주장하는 경향이 있다. 정치경제학적 접근들은 미디어-산업 복합체에 대한 상세하고도 역사적인 경험적 설명을 가지고 유연전문화 이론에 도전한다. 예를 들어, 재닛 와스코$^{\text{Janet Wasko}}$의 할리우드 분석(Wasko, 1994: 249~252)은 그가 정보시대의 '신화들'이라고 부르는 것, 즉 정보시대가 더 많은 경쟁과 상품의 다양성을 가져왔다는 주장에 의문을 제기하는 정치경제학적 접근의 증거를 충분하게 제시한다. 하지만 필수적이라고 여겨지는 이런 역사적이고 경험적인 비평이 포스트포드주의 패러다임을 **이론적**으로 다루는 것과 같은 것은 아니다. 포스트포드주의 패러다임은 적어도 기업자본주의의 조직 방식이라는 구조에 존재하는, 변화를 인식한다는 장점을 가지고 있고, 따라서 이 장점을 우리의 설명에 반드시 통합할 필요가 있다. 왜냐하면 그 변화들은 문화적인 제품의 생산에 중요한 영향을 미치며, 문화의 상품화에 관련한 모순들을 해결하기 위해 발전된 전략들을 담고 있기 때문이다. 하지만 이때 중요한 점은 그러한 설명이 독점자본주의 패러다임에 통합될 필요가 있다는 것이다.

포드주의와 포스트포드주의

독점자본주의 시대에 자본주의적 생산양식의 주요한 원동력은 **자본의 집적과 중앙통제** 경향이다('3C 테제'라고도 부를 수 있겠다). 자본집적$^{concentration\ of\ capital}$이란 노동착취를 통해 자본이 축적되는 것을 말한다. 우리는 자본집적이 작동하는 것을 생산과정에 투자되는 자본이 증가하는 양에서 볼 수 있다. 예를 들면 영화제작의 평균 제작비용은 실질적으로 증가하고 있고, 이런 제작비용 증가는 경쟁관계에 있는 영화제작자들이 참여하는 데 진입장벽으로 작용한다. 그러나 축적된 자본의 양이 분산되고 쪼개어져 새로운 투자와 회사들로 유입되고 자본가 계급 내의 구성원들에게 더 넓게 퍼질 수 있다면 역설적이지만 자본의 창출은 어떤 탈집중화의 잠재력을 갖는다. 하지만 자본의 탈집중화라는 이 잠재력은, 경쟁이 이윤율에 대해 갖는 악영향 때문에 소수의 강대한 자본단위로 응집되는 것을 일컫는 자본**중앙통제**$^{centralisation\ of\ capital}$와 상호작용하고 또 그에 예속된다. 역사적으로 자본중앙통제는 산업영역과 금융영역 모두에서 일어났는데, 각 영역의 규모가 커지면서 서로 점점 밀접한 연관을 맺게 되었고 결국 생산을 축적이란 대명제에 가두어 버렸다.

이제 우리는 자본주의의 **생산양식**, 구조, 실천과 불가분하게 연관된 자본의 집적과 중앙통제 위에 포드주의 및 포스트포드주의를 연결할 수 있다. 명확하게 발현된 상태의 포드주의와 포스트포드주의는 구체적인 역사적 환경에 따라 다르게 나타나며, 따라서 다른 발전양식을 구성한다. 우선 포드주의의 관점에서 생산력의 기술적 발전이 일정한 수준에 이르면 자본집적은 대량생산의 길을 열어준다. 거대한 기업 내의 조립라인에서 일하는 수많은 노동자들은 상대적으로 좋은 임금을 받는데, 이는 다시 거기서 생산되는 대량생산품에 대한 구매력을 높인다. (이런 접근의 선구자는 자동차 제조업자

헨리 포드$^{Henry\ Ford}$였고, 그래서 이를 포드주의라고 부른다.) 생산과 소비의 이런 결합은 자본주의 경제의 순환경제$^{cyclical\ economy}$를 축소하는 데 도움을 주었다(하지만 해결하지는 못했다)(Aglietta, 1979: 117). 회사들은 규모의 경제를 달성하기 위해 회사의 몸집을 키웠고, 원재료에서부터 시판되는 완제품까지 생산과정의 면면을 통제하려 했다. 따라서 이는 수직적으로 통합된 기업으로 발전했는데, 할리우드 영화산업에서 그것은 5개의 '메이저'들이 1920년대까지 영화의 제작, 배급, 상영을 통제했다는 것을 의미했다. 수직적 통합은 독점적인 경향이 달성되는 수단이기 때문에 독점자본주의의 부수적인 특징이 아니라 (나중에 살펴보겠지만) 포드주의하에서 나타난 역사적인 환경에 의존하게 된 특정한 **형태**이다.

포드주의 기업 내에서 소유권과 일상적 통제 사이는 분리되어 있었다. 이런 분리는 관리자 계급의 성장과 인텔리겐치아의 확대를 이끌었다. 이러한 확대는 우발적인 것이 아니다. 오히려 점점 복잡해지는 생산체계에서 조정이 이루어지기 위한, 그리고 오늘날 교육 용어로 말하자면 '문제해결'을 위한 경제적 필수 요소였다. 그러나 인텔리겐치아들이 노동하는 조직구조는 특수한 역사적인 환경에 따라 다를 수 있다. 인텔리겐치아 아래에는 엄격한 위계체제하에서 일하는 노동계급이 있고, 그들은 매분 그들의 모든 움직임을 통제하는 '과학적 관리'(테일러주의)의 다양한 절차에 예속되어 있었다. 비록 기업들이 국제 시장을 놓고 경쟁하기는 했지만 '경제활동의 장소'는 국민국가였다(Webster, 1995: 140). 이는 자본과 국민국가 사이의 점증하는 끈끈한 관계를 의미했고, 두 번의 세계대전을 거치는 동안 경제계획을 세우는 데 있어서 국가의 역할은 강화되었다. 두 번의 세계대전과, 전후 복구를 위한 국가 주도의 경제계획 경험은 자본과 조직화된 노동력 사이에 '포드주의'라는 약속이 이루어지는 토대를 닦았다. 그리고 그 토대는 1945년 이후 서유럽과 미국의 사회민주주의적 합의 과정에서 견고해졌다(Jessop, 1991:

136~137), 서유럽과 미국의 경제적·군사적 파워는 1945년 이후 포드주의 체제의 국제화를 강화했다(Piore and Sabel, 1984: 133~134, Harvey, 1990: 141).

이제 명백하게 보이는 것은, 독점자본주의의 첫 국면이 국내 시장에서의 경쟁을 줄이고 더 혼란스러운 무정부-자유 시장자본주의$^{anarcho-free\ market\ capitalism}$의 요소를 갖게 했지만, 자본의 집중과 중앙통제는 점증하고 국제적 경쟁은 격화되고 있었다는 것이다. 자본은 새로운 시장과 축적 수준을 높일 수단을 모색함으로써 이 과정을 가능케 했다. 왜냐하면 표준화된 상품을 파는 국내 시장이 포화상태가 되고 국제경쟁이 격화되면서(Piore and Sabel, 1984: 184; Jessop, 1997: 259), 1960년대 중반 미국에서 수익률이 침체·감소했기 때문이다(Piore and Sabel, 1984: 165~167; Reich, 1991: 75~76; Harvey, 1990: 137). 국제적 경쟁의 격화는 기업의 분산 운영을 점점 더 촉진한 전 지구적인 운송 및 커뮤니케이션 네트워크의 효율성(그리고 이에 따른 저비용 달성)과 기술적 정교함의 진보에 의해서 특히 심해졌다. 동시에 소비자 시장은 급격하게 차별화되어가고 있었고, 따라서 탈숙련화된 노동과 획일화된 상품생산을 의미하는 낡은 포드주의 생산방식은 점점 더 문제가 되었다. 대조적으로 포스트포드주의는 더욱 전문적이고 차별적인 대량 생산품들의 효용기간이 짧아지게끔 생산기계를 신속히 개조하고 재프로그래밍할 수 있게 하는 마이크로프로세서 기술과 관련이 있었다(Aglietta, 1979: 125; Reich, 1991: 82~83; Amin, 1997: 15).

이처럼 치열한 전 지구적 경쟁환경을 이점으로 전환하기 위해서, 자본은 세계대전 이후의 시기에 서로 긴밀하게 연결되어 있던 국민국가의 사회민주주의적 합의로부터 떨어져 나와야만 했다. 결국 이런 새로운 상황을 정당화해준 것이 신자유주의의 등장이었다. '신자유주의'에서 '신新'은 그것을 '포드주의' 등장 이전에 존재했던 자유시장자본주의, 즉 **자유방임**의 초기 단계의 연장선에서 볼 수 있음을 의미한다. 또한 경제적인 의미에서 '자유주의'

란 자본에 대한 그 어떤 통제, 억제, 규제도 자유를 위반하는 것임을 의미했다(Friedman, 1982: 120). 전후 시대에 일어난 '하위계급의 사회적 승리'와 상대적으로 상품화되지 않은 공공영역의 확장은, 이윤율을 회복하기 위해서 후퇴해야만 했던 '자본 축적과 권위에 대한 위협'이었다고 러스틴[Michael Rustin]은 주장했다(Rustin, 1989: 308~309). 1973년 유가가 오르면서 높은 에너지 비용이 자본의 이윤율을 잠식하기 시작했고, 따라서 부르주아들은 소비자 시장에 반응하고 그것을 자극하는 새로운 생산구조와 생산방식들을 개발해야 한다는 압박을 받았다(Harvey, 1990: 145).

비슷하게 아글리에타[Michell Aglietta]는 포드주의의 위기와 그 위기의 잠재적, 일시적인 해결책을 결정하는 데 있어서 계급투쟁의 역할 – 예를 들면 생산라인에서 노동자의 저항 – 을 강조했다(Aglietta, 1979: 162~163). 그는 이러한 경향에 대한 자신의 초기 진단을 신포드주의[neo-Fordism]라고 불렀는데, 이는 포드주의와 포스트포드주의라는 두 국면 사이의 연속성을 지적하고, 결과적으로 꽤 널리 퍼지게 된 두 국면에 대한 단순한 이분법적 대립을 비판하기 위해서였다. 결정적으로 포스트포드주의와 관련된 기업구조를 둘러싸고 많은 혼란이 있었는데, 그러한 구조들은 사실상 새로운 것이 아니었다. 코울링[Keith Cowling]은 20세기 동안 작동했던 기업자본주의의 세 가지 조직 유형을 발견했다. 먼저 U유형[U-form]은 상품의 생산과 자본구현(상품의 구매와 이용)에 필수적인 모든 다른 요소들을 포함하는 **단일한**[unitary] 위계구조이다. H유형[H-form]은 경영관리의 주체는 다르지만 궁극적으로 하나의 재정관리 주체 아래 있는 일군의 기업들로 구성된 **지주**[holding]회사의 유형이다. U유형의 기업 – 포드주의와 가장 상관있는 – 이 합병, 인수, 그리고 다른 독점자본주의적 경향들을 통해 대세를 이루었는데, 이 유형에서 너무 비대한 위계구조와 중앙집중화된 통제방식은 점점 비효율적인 것이 되었다. H유형의 조직은 점점 커지면서 문어발식 확장을 했지만 통합되지는 못했다(Cowling, 1982: 83).

U유형이 너무 중앙집중화되어 있었다면, H유형은 그 반대로 너무 탈중앙집중화되어 있었다. 이 문제에 대한 조직적인 해결책으로 M유형$^{\text{M-form}}$이 부상했다. 이 유형은 **다차원 업무분담**^{multidivisional} 구조를 가졌다. 이 구조에서 생산과 판매의 각기 다른 상황들에 대한 책임은 분산된 반면, 고위 관리임원들은 자본 할당을 통제함으로써 전략적인 의사결정 전반과 다양한 사업추진 담당부서들에 최종적인 제재 권한을 가지게 되었다(Cowling, 1982: 84).

아글리에타가 주장한 바에 따르면, 기업구조의 내적인 문제는 부서들이 책임을 지는 특정한 상품 범주와 관련된 '이익 책임 단위'를 낳는 기업구조를 통해 해결되었다(Aglietta, 1979: 257). 그러나 이러한 다차원 업무분담 기업구조는 새로운 것이 아니었고, 1920년대 듀퐁^{Dupont} 사와 제너럴 모터스 사가 이미 개척해오고 있던 것이었다. 하비는 "이런 탈중앙집중화된 구조는 아주 조직적이어서 각 담당부서는 (생산라인이든 다른 업무영역이든지 간에) 재정적인 책임성을 가질 수 있었다"라고 주장한다(Harvey, 1984: 148). 여기서 새로웠던 것은 이것이 **지배적인** 기업구조로 정착되어, 오래전부터 확립되어 있었으나 이제는 점차 고도자본주의의 핵심적인 측면이 되고 있던 두 가지 요소와 결합했다는 점이다. 그 두 요소 중 하나는 **자회사와 하도급 업체**들로 얽힌 기업 간 관계였고, 다른 하나는 광고(상품 브랜드 만들기)의 혁신적이고 확장된 역할이었다.

이 지배적인 조직구조에서는 생산의 전체성은 와해되고 기업은 하도급 업체이든 자회사이든 다른 회사들에게서 '외주 조달'을 하게 되었다. 분명히 하청은 자본주의의 오랜 특징이었고 마르크스도 그것에 대해 논의했다(Harvey, 1984: 140). 그러나 오늘날에는 자본의 중앙통제에 반하는 근본적인 탈중앙집중화의 경향과 더불어, 시장에서 자본이 작동하는 다수의 새로운 단위들을 제공하는 자회사와 하청 관계들이 상당히 증가했다. 라이시는 각기 다른 회사들에 분할되어 있는 다양한 생산요소들(착안, 디자인, 공장 생산,

포장, 배급, 마케팅)을 다루는 어느 정도 독립적인 자회사들과 독립적인 하청 업체들의 '망'이 출현했다고 본다(Reich, 1991: 100). 세이블 역시 "거대한 다국적 기업의 재조직화"를 지적하면서, "생산 라인이 제품의 판매, 하청, 심지어 연구까지 스스로 조직하는 권한을 증가시켜온 단일한 운영단위들에 집중되고 있다"라고 말한다(Sabel, 1997: 103). **자율성**의 문제는 뒤에서 살펴볼 것인데, 그것이 자본주의가 이제는 문화적 차이, 혁신, 직원들의 창의성, 협동, 심지어 직장 내의 더 많은 민주주의와도 화해를 할 수 있다는 지나치게 낙관적인 희망을 뒷받침하기도 한다는 점에서 살펴볼 가치가 있다(Piore and Sabel, 1984: 115; Hall and Jacques, 1989: 15).

그러나 잠시 독점으로 내달리는 경향성을 뒤집었던 것처럼 보이는 그 수많은 새로운 자본 운영 단위들을 살펴보자. 래시$^{Scott\ Lash}$와 어리$^{John\ Urry}$는 "조직된 자본주의"의 종말에 대한 글에서, 자본의 중앙통제와는 대조적인 자본의 새로운 '분산'을 발견했다(Lash and Urry, 1987: 2, 5). 그러나 좀 더 면밀하게 조사해보면 이 자본의 분산은 소유의 집중 문제에 관련된다기보다는 ① 대규모 공장에서 작은 공장으로의 변화와 ② 포드주의하의 지역적인 집중과는 달리 세계 도처에서 발견되는 (종종 값싼 노동력이 있는 개발도상국으로의) 자본의 **지리학적인** 재배치를 가리킨다. 공장 크기도, 지리학적인 확산도 계속되는 자본의 중앙통제화와 양립하지 않는 것은 아니다.

유연전문화 이론에서 또 다른 인기 있는 용어는 '분산'과 매우 비슷한 '수직적 탈통합$^{vertical\ disintegration}$'이다. 가령 크리스토퍼슨$^{S.\ Christopherson}$과 스토퍼$^{M.\ Storper}$(Christopherson and Storper, 1986; Storper, 1997)는 할리우드 영화산업이 포스트포드주의로의 전환을 말해주는 변화의 모델로 간주될 수 있을 것이라고 주장한다. 할리우드의 포드주의 구조가 개발하고 의존했던 시장 안정성은 두 가지 충격으로 파괴되었는데, 하나는 1948년 미국 연방대법원이 할리우드 거대기업들이 영화 상영관 업주들에게 부당한 이해관계를 강요하지 못하도록 한 「독점금지법」이었고 다른 하나는 1950년대 텔레비전의 출현이었다. 이에 대한 대응으로, 자체 제작에 의존했던 낡은 스튜디오 시스템은 지금처럼 편집, 조명, 음향, 영화제작, 특수효과 회사와 같은 '중간재 제공자'들과 독립제작자에게 쪼개져서 넘어갔다(Storper, 1997: 211~212). 옛날의 스튜디오 영화 마지막에 올라오던 엔드 크레디트와 지난 25년간 만들어진 영화의 엔드 크레디트를 비교해보면 영화산업의 새로운 기업구조를 알게 될 것이다.

과거 스튜디오들이 장기간 계약을 맺곤 했던 기술인력과 창의인력 풀은 이러한 작은 단위들로 나뉘거나 프리랜서로 활동하거나, 아니면 에이전트 하에서 있다가 어떤 영화가 만들어지는 때에 맞추어 한데 모이게 되었다. 하지만 시장 지배의 문제들이 생산, 배급, 교환을 **교차하는** 수직적 관계방식들에 따라 평가되는 상황에서 '수직적 탈통합'이라는 용어를 생산영역에만 적용하는 것은 지극히 잘못된 일이다. 특히 영화상품을 관객과 연결하는 배급은 영화산업 내에서 주요한 전략적 통제 부문으로 남아 있다(Askoy and Robbins, 1992: 7). 앞에서 살펴본 것처럼, 할리우드는 세계 영화시장을 지배하는 것과 비슷한 방식으로 영국의 박스오피스 또한 지속적으로 지배하고 있다. 그리고 1940년대 후반에 반독점법이 공포되고 나서 할리우드가 상영관에 대한 직접적 통제에서 손을 떼기 시작한 반면, 1980년대에는 신자유주의의 등장으로 정치적인 환경이 급변하게 되었다. 이에 따라 할리우드 메이저 스튜디오들은 전 지구적으로 멀티플렉스 상영관을 확대하면서 다시 배급 분야에 뛰어들고 있다.

할리우드는 과거에 하나 또는 두 개(영화와 TV)의 문화산업 영역을 운영했지만, 오늘날에는 다수의 산업 영역과 통합된 문화산업들의 중심이 되었다. 영화는 비디오, 책, 만화, 음악, 컴퓨터 게임, 테마파크와 관련 파생상품 등과 같은 일련의 '시너지' 효과를 통해 박스오피스와 텔레비전에서 판매를 추동하는 걸출한 미디어 콘텐츠/상품이다(Askoy and Robins, 1992: 17). 그러므로 미디어 기업의 현 구조를 이해하기 위해서는 적어도 다음의 네 가지 용어를 이해할 필요가 있다. 원재료와 판매처 사이를 연결하며 여전히 존재하는 수직적 통합, 수많은 영화 제작사들이나 신문사들처럼 동종 산업 영역 내에서 여러 다른 회사들을 소유하는 수평적 통합, 하나의 모회사 안에 여러 다른 유형의 미디어와 관련 생산 요소들을 한데 엮어 시너지 효과를 창출하는 교차소유 통합, 그리고 마지막으로 미디어 관련주를 갖고 있지 않은 기업 산하에 미디어 회사가 실질적으로 속한 산업 간 통합이 그것이다. 이 산업 간 통합의 방식으로 미국 텔레비전 네트워크인 NBC를 소유하고 있는 기업이 세계 최대 기업 중 하나이자 중공업, 금융서비스, 약품, 미국 내 전자제품 주식을 보유하고 있는 제너럴 일렉트릭General Electric, GE이다.

디즈니: 미디어 통합의 사례

이런 새로운 기업구조가 어떻게 작동하는지 알아보기 위해 디즈니와 같이 미디어 중심적인 기업을 좀 더 철저히 살펴보도록 하자. 1980년대 초반까지 디즈니는 통합이 충분히 이루어지지 않은 채 할리우드의 주변 기업으로 쇠락했고, 여전히 월트 디즈니Walt Disney(1967년 사망) 시절부터 전해 내려온 사업 기풍으로 경영되고 있었다. 자본을 축적하라는 압력이 얼마나 강화되었는지는 디즈니가 자신의 상업자산과 상품브랜드를 공격적으로 이용하는 데 제한을 두었던 기존의 사업 기풍이 이제 디즈니가 독립적인 기업으로 생존하는 데 위협이 되는 것으로 보였다는 데서도 드러난다. 1984년 마이클 아이스너Michael Eisner가 새로운 CEO로 등장하면서, 그가 구성한 새로운 경영팀은 디즈니를 세계의 막강한 미디어 기업 중 하나로 변모시켰다. 아이스너가 내린 첫 번째 결정 중 하나는 영화와 텔레비전 프로덕션을 확장하여, 이미 수익을 창출하던 디즈니 테마파크 시설의 관람료를 올리는 것이었다(Grover, 1997: 73).

1996년 아이스너는 ABC 텔레비전과 라디오 네트워크의 모회사인 캐피털 시티즈Capital Cities 사를 190억 달러에 매입하여 그의 경영하에서 디즈니가 벌인 최대 규모의 기업 인수사업을 완수했다. 교차소유 방식의 미디어 통합을 통해서 디즈니 영화와 텔레비전 프로그램들은 방송시간을 확실히 보장받게 되었다. ABC는 또한 상당히 인기 있는 ESPN 케이블 스포츠 채널을 사들였다. ESPN은 아시아와 라틴아메리카와 같은 세계 시장에서 발판을 마련하고 있었고 디즈니는 성공적으로 침투하지 못했던 시장에 스포츠 채널을 이용하여 자사를 홍보할 수 있다는 사실을 깨달았다(Grover, 1997: 285). ABC는 또한 유럽, 일본, 중국의 시청각 시장에도 관심을 가졌다. ABC는 디즈니 상품들을 홍보하기 위한 방송시간을 제공했고 더불어 ABC 프로그램들도 그것들을 교차홍보했다. 때때로 디즈니 사는 모회사인 자신의 광고와 홍보를 위해 ABC의 방송뉴스 프로그램 시간을 줄이곤 해서 비난을 받아왔다. 한 신문은 다음과 같이 보도했다.

> 플로리다에서 디즈니의 '실제' 동물의 왕국이 개장하기 직전에, ABC의 〈굿모닝 아메리카Good Morning America〉는 디즈니의 회장 아이스너와의 아부성 인터뷰를 방송했다. 시청자들은 "강, 공원, 세계를 창조하는 것은 창세기에서나 가능했던 일입니다"라는 별난 아부를 접하게 되었다.[3]

최근에 영화제작은 각 국가와 지역 문화를 고려하면서 주의 깊게 이루어진다. 디즈니는 세계 곳곳의 이야기들을 모두 끌어 모아 전략적인 순간에 세계 시장에 배포함으로써 자신이 문화적으로 미국만의 기업이 아니라 전 세계의 기업인 것처럼 보이게 만들려 애썼다. 1960년대 후반부터 1970년대에 이르는 동안 라틴아메리카에서는 북미의 문화제국주의와 인종차별주의에 대한 저항이 증가하고 있었다. 디즈니 상품의 주된 수요자들이 어린이들이어서 교육적 쟁점의 제기가 불가피했기 때문에 디즈니는 아주 좋은 공격 대상이었다(Dorfman and Mattelart, 1991). 〈포카혼타스Pocahontas〉(마이크 게이브리얼Mike Gabriel, 1995, 미국)는 토착 남미인들의 '친숙한 전형'을 '포스트모던하게 재구성'함으로써(Sardar, 2002: 193) 라틴아메리카 시장에서 디즈니에 대한 관심을 새롭게 할 수 있었고, 이는 ABC/ESPN과의 계약으로 이어졌다. 프랑스의 전통적인 이야기를 각색한 〈미녀와 야수Beauty and Beast〉(게리 트러스데일Gary Trousdale, 1991, 미국)는 파리 디즈니랜드-당시에는 유로 디즈니라고 알려졌던-가 개장하던 해인 1992년에 개봉했다. 디즈니는 유럽에서 보통 테마파크가 폐장할 때인 겨울에 영화를 개봉함으로써 더 많은 관객을 끌어들였다. 테마파크와 디즈니 영화제작의 더 많은 시너지 효과는 빅토르 위고Victor Hugo의 〈노트르담의 꼽추The Hunchback of Notre Dame〉(게리 트러스데일, 1996, 미국)의 애니메이션 버전에서 나타났다. 프랑스의 이야기를 바탕으로 만든 이 두 번째 영화의 개봉은 디즈니의 테마파크가 처음 몇 해 동안 손해를 보고 나서 경제적으로 소생하던 때와 같은 시기에 이루어졌다. 1995년까지 디즈니 테마파크의 입장객은 절반이 프랑스인이었고, 이 테마파크는 '쥘 베른의 우주탐험'이라는 놀이기구를 만드는 등 '프랑스화'하느라 분주했다.[4] 다른 한편으로, 중국의 민족주의적 전설에 바탕을 둔 〈뮬란Mulan〉(배리 쿡Barry Cook, 1998, 미국)은 세계에서 가장 잠재력 있는 미디어 시장인 중국에 디즈니 임원들이 3주간 출장을 다녀온 후 제작에 착수했다.[5]

 2001년까지 디즈니의 이익을 분야별로 살펴보면, 텔레비전과 케이블 채널에 38%, 테마파크와 리조트에 28%, 스튜디오 엔터테인먼트(영화, 텔레비전, 비디오)에 24%, 그리고 파생상품 및 라이선스를 포함한 소비자 상품과 디즈니 상점, 출판 10%로 나뉘어 있었다.6 이렇게 미디어와 엔터테인먼트의 교차소유가 내는 시너지의 잠재력이 명백하게 드러나면서 디즈니는 정기적으로 이를 이용한다. 교차소유 방식의 미디어 통합뿐만 아니라 수평적 통합의 사례도 있다. 예를 들어, 디즈니는 다양한 관객을 위해 소재를 전문화한 제작 스튜디오들을 가지고 있다. 이런 스튜디오들은 관객들을 연령과 취향에 따라서 세분화한다. 월트디즈니픽처스^Walt Disney Pictures는 〈라이온킹^The Lion King〉(로저 앨러스^Roger Allers, 1994, 미국)과 〈101마리 달마시안^101 Dalmatians〉(스티븐 헤렉^Stephen Herrek, 1996, 미국)과 같은 어린이 영화를 제작하고 이를 이용한 테마파크와 상품을 만든다. 또한 월트디즈니픽처스는, 〈토이스토리^Toy Story〉(존 래시터^John Lasseter, 1995, 미국), 〈토이스토리 2〉(존 래시터, 1999, 미국), 〈몬스터 주식회사^Monster, Inc.〉(피트 닥터^Pete Docter, 2001, 미국)와 같은 혁신적인 애니메이션 영화를 만들어온 픽사^Pixar에 애니메이션 장편영화 제작 하청을 준다. 또한 디즈니의 자회사 중 하나인 터치스톤픽처스^Touchstone Pictures는 브루스 윌리스^Bruce Willis 주연의 〈식스 센스^The Sixth Sense〉(나이트 샤말란^M. Night Shyamalan, 1999, 미국), 윌 스미스^Will Smith와 진 해크먼^Gene Hackman 주연의 〈에너미 오브 스테이트^Enemy of the State〉(토니 스콧^Tony Scott, 1999, 미국), 니콜라스 케이지^Nicholas Cage와 앤젤리나 졸리^Angelina Jolie가 출연한 〈식스티 세컨즈^Gone in Sixty Seconds〉(도미닉 세나^Dominic Sena, 2000, 미국), 벤 애플렉^Ben Affleck 주연의 스펙터클 영화 〈진주만^Pearl Harber〉(마이클 베이^Michael Bay, 2001, 미국) 등 많은 예산과 유명한 거물급 스타들이 투입되는 영화를 제작한다. 그러나 디즈니가 1993년에 8,000만 달러에 매입한 미라맥스 필름^Miramax Films은 더 예술적인 관객의 취향을 고려하는 동시에 성인영화 애호가들을 위한 저예산 영화를 제작한다. 미라맥스 필름은 〈올 더 프리티 호시즈^All the Pretty Horses〉(빌리 밥 손튼^Billy Bob Thornton, 2000, 미국)와 〈갱스 오브 뉴욕^Gangs of New York〉(마틴 스코시지^Martin Scorsese, 2002, 미국)과 같은 미국의 독립적인 영화뿐만 아니라 유럽 영화산업에도 강한 연계를 갖고 있어서 〈셰익스피어 인 러브Shakespeare in Love〉(존 매든John Madden, 1998, 미국), 〈인생은 아름다워Life is Beautiful〉(로베르토 베니니Roberto Benigni, 1999, 이탈리아), 〈리플리The Talented Mr. Ripley〉(앤서니 밍겔라Anthony Minghella, 1999, 미국), 〈초콜릿Chocolate〉(라세 할스트롬Lasse Hallström, 2000, 미국), 〈말레나Malena〉(주세페 토르나토레Giuseppe Tornatore, 2000, 이탈리아), 〈브리짓 존스의 일기Bridget Jones's Diary〉(샤론 매과이어Sharon Maguire, 2001, 영국) 등의 영화를 제작했다. 디즈니는 또한 미라맥스 필름의 장르 사업부인 디멘션 필름Dimension Films을 통해 10대를 주요 관객층으로 하는 영화시장에도 진출했다. 디멘션 필름은 〈패컬티The Faculty〉(로베르토 로드리게스Roberto Rodriguez, 1998, 미국), 〈할로윈 7: H20Holloween: H20〉(스티브 마이너Steve Miner, 1998, 미국), 〈무서운 영화Scary Movie〉(키넌 아이보리 웨이언스Keenan Ivory Wayans, 2000, 미국), 〈헬레이저 5Hellraiser V: Inferno〉(스콧 데릭슨Scott Derrickson, 2000, 미국)와 같은 공포영화를 전문으로 한다.

이들은 브랜드 수준에서 '어느 정도 자율적인' 것으로 보이며, 각각의 스튜디오는 세분화된 전 세계 관객층을 대상으로 삼는다. 하비 와인스타인Harvey Weinstein과 밥 와인스타인Bob Weinstein 형제가 설립한 미라맥스Miramax는 디즈니와의 '합병' 이후에도 마케팅과 배급의 통제권을 가지면서 프로젝트의 비용을 대기 위해 디즈니의 자본을 이용할 수 있었다(Wyatt, 1998: 84). 동시에 여기에는 수직적 통합도 있다. 이 각각의 스튜디오들은 브에나 비스타 인터내셔널Buena Vista International, BVI을 배급망으로 삼고 있는데, 이 BVI는 모든 디즈니 영화를 최대 다수의 관객에게 전달하기 위한 강력한 세계적 배급 네트워크를 운영한다. BVI는 해외 영화 시장에서 매표소 수입만으로도 정기적으로 10억 달러 이상을 번다.[7] 또한 BVI는 다른 기업들과 상호 이익을 위한 교차홍보를 수행하기도 한다. 디즈니의 〈몬스터 주식회사〉는 영국에서 끼워팔기tie-in를 새로운 수준으로 끌어올렸는데, 맥도날드McDonald, 네슬레Nestlé, 파워젠Powergen, 로빈슨Robinson 음료, 심지어 페어리Fairy 분말세제 등과 함께 홍보를 진행했다. 이러한 교차홍보는 영화시장에서 이 영화에 투자된 엄청난 규모의 마케팅 캠페인과 함께 블록버스터급 위상을 부여하고, 이는 결국 이러한 수준의 자원을 동원하지 못하는 영화들을 시장의 주변부로 밀어내버린다.

배급 통제의 중요성은 아무리 강조해도 지나치지 않다. 그 중요성은 AT&T와 같은 텔레콤 회사와 TCI와 같은 콘텐츠 제공회사가 왜 함께 작업해왔는지 알 수 있는 주요한 이유가 된다(Golding and Murdock, 2000: 80). 그러한 기업 협업의 장점은 새로운 기술을 이용한 배급능력이 떨어지는 디즈니의 문제가 잘 설명해준다. 디즈니는 8,200만 가구에 공급되는 케이블 채널 폭스 패밀리Fox Family를 뉴스인터내셔널News International에게 50억 달러를 주고 매입했다. 그리고 이를 현재의 ABC 패밀리 채널로 바꾸어 브랜드 이미지를 새롭게 했다.[8] 그러나 케이블 채널은 콘텐츠와 관련된 것이지 배급과 관련된 것이 아니어서 디즈니는 그 케이블 채널을 중계하는 위성방송인 에코 스타Echo Star와 갈등을 빚게 되었다. 물론 기업자본주의는 마치 인형 속에 또 다른 인형이 들어 있는 러시아 마트로시카 인형같기 마련이어서 에코 스타를 15억 달러에 매입하여 소유한 것은 비벤디였다.[9] 에코 스타/비벤디는 그 어린이 채널에 대한 통제 주체의 변화로 인해 디즈니와 계약을 다시 협상해야 한다고 주장했다.[10] 그러한 갈등과 실랑이는 기업활동의 한 부분이지만, 모회사가 상품 체인의 연결고리들을 최대한 소유함으로써 매입과 매각 자체만으로도 큰 이득을 얻는다는 점이 명백해졌다(Wallerstein, 1989: 29).

지금까지 살펴보았듯이 라이시나 세이블과 같은 학자들에게, 기업들이 채택했던 망 형식의 새로운 구조는 힘의 분산을 초래했고 모회사 내에서 자회사들의 자율성을 부각시켰다. 예를 들어, 큰 출판사들은 모회사 내에 작은 독립 브랜드인 '임프린트imprint'를 만들어 그들 각자가 판권 획득과 출판에 대한 책임을 지게 한다(Reich, 1991: 92). 그러나 이런 자율성은 실질적인 것이라기보다는 브랜드 이미지 수준에서 실행될 뿐이다. 모든 회사의 운영을 하나의 단일한 브랜드로 하는 대신 분산시키고 분화시키는 이 새로운 구조는 다양한 브랜드가 하나의 포괄적 브랜드 아래에서 운영되는 것을 가능하게 하고 따라서 기업이 차별화된 미디어 소비자들에게 반응하게 한다. 그러나 우리는 브랜드의 자율성을 실제적인 자율성과 혼동해서는 안 된다. 오늘날의 자회사 및 하도급 자본주의는 탈중앙집중화된 자본축적을 수행한다. U유형의 구조로 모델화된 과거의 포드주의식 기업에서는 강력한 위계질서의 피라미드형 구조가 모든 사업을 통제했다. 어떤 의미에서 여기서 권력은 모회사 내에서 운영되는 특정 영역의 외부에 있고 겹겹의 위계구조 때문에 명백하게 강제적인 모습이 나타났다. 현재의 포스트포드주의 구조에서, 글로벌 기업 내에서 작동하고 있는 축적의 논리는 상대적으로 또는 형식적으로 자율적인 자회사나 하청업체에 각인되어 작동한다. 각각의 단위가 수익의 구심점이 되는 것이다. 만약 그런 경우가 아니라면, 즉 기업 내의 어떤 단위가 전 지구적인 기업 전략에 충분하게 맞춰져 있지 않다면, 모회사는 직접적인 중앙통제를 임의로 시행할 수 있다.

디즈니는 2001년과 2002년에 ABC 텔레비전 네트워크의 광고 수입이 감소하고 경쟁사인 CBS와 NBC에 비해 시청률이 떨어지면서 타격을 입었다. 디즈니의 방송사업 관련 수입은 전년도 62억 달러에서 57억 달러로 떨어져 5억 6,600만 달러나 감소했다.[11] ≪파이낸셜 타임스$^{Financial\ Times}$≫는 이렇게 보도했다. "디즈니의 아이스너 사장은 한 인터뷰에서 최근 ABC 네트워크에서 경영진을 대대적으로 개편하고 있어 올해는 호전을 기대한다고 말했다."[12] 방송편성이란 측면에서 '호전'이 무엇을 뜻하는지는 곧 명백해졌다. 20년 경력의 베테랑 시사 앵커 테드 코펠$^{Ted\ Koppel}$이 황금시간대에 진행하던 〈나이트라인^{Nightline}〉이 데이비드 레터먼$^{David\ Letterman}$이 진행하는 CBS의 연예토크쇼 〈레이트 쇼$^{Late\ Show}$〉와 맞붙기 위해 동시간대로 옮겨졌다. 광고수입의 측면에서 레터먼의 쇼는 〈나이트라인〉에 비해 두 배 이상을 벌어들였으나, 이것이 **시청자**들 사이에서 두 프로그램의 상대적인 인기를 반영하는 것은 **아니었다**. 평균 560만 명이 코펠의 뉴스 프로그램을 시청했던 반면, 레터먼의 〈레이트 쇼〉는 분명 더욱 '대중문화'적인 텔레비전 쇼였지만 평균 시청자 수는 470만 명이었다.13 그러나 여기에는 대중문화는 반드시 '대중적'이라는 통념을 깨는 핵심적인 요소가 있는데, 레터먼 쇼의 시청자 평균 연령은 46세인 데 비해 코펠의 뉴스 시청자의 평균 연령은 50세였다. **광고주들**에게는 그러한 연령 차이가 가장 중요했다. 결국 ABC의 시도는 실패했다. 왜냐하면 레터먼이 CBS로부터 더 좋은 계약조건을 받았기 때문이다. 모회사 내의 한 사업부가 지니는 자율성 문제에 관하여 이 이야기에서 배울 것이 있다. 모든 변화들은 방송 편성의 변경이 발표된 후 얼굴이 '창백해졌다'고 알려진 ABC 사장 데이비드 웨스틴$^{David\ Westin}$이 이해할 수 없는 수준에서 벌어졌다는 것이다.14 이것으로 우리는 왜 독점과 경쟁이 끊을 수 없는 긴밀한 연관성을 갖고 있는지 알 수 있다. 기업 간 관계들의 다차원 업무분담, 자회사, 하청 네트워크는 그 기업단위 **내에서** 그리고 기업단위 사이에서 가치의 법칙(이윤율을 최대한 끌어 올리라는 요구)을 **확장한다**.

공론장

지금까지 기업의 미디어 구조를 이해하는 데 집중하면서, 동시에 이를 진화하는 자본주의 생산양식과 발전양식이라는 더 넓은 맥락 속에서 살펴보았다. 이것들은 미디어 기업이 획득해온 거대한 경제적 자산과 권력이 어디에서 온 것인지를 알려준다. 이제 우리는 이러한 기업구조들이 '공론장$^{public\ sphere}$'에 가지고 있는 함의를 생각해볼 필요가 있다. '공론장'이란 용어는 약간의 설명이 필요하다. 이 용어는 특히 커뮤니케이션 철학자인 위르겐 하버마스Jürgen Harbermas와 관련이 있다. 하버마스는 공론장의 철학사를 논하면서 중세시대에는 힘 있는 개개인(즉, 귀족)의 이익과 분명하게 연결되어 있지 않은 토론이나 대화의 영역이란 없었다고 말한다. "공공성은 '봉건권력의 아우라'였다"(Habermas, 1996: 8). 이 아우라는 행위와 의상과 수사법의 귀족적 코드를 통해 형상화되었다. 하지만 자본주의가 대두하고 그것을 촉진한 인쇄기술이 등장하면서 국가와는 무관한 독립적 공론장이 점차 그 모습을 갖추게 되었다. 영국에서는 1730년 즈음에 "비판적인 정치적 토론에 참여하는 대중의 진정으로 중요한 기관인 신문이 최초로 만들어졌다"(Habermas, 1996: 60). 예를 들어, 의회의 반대에도 불구하고 의회에서 벌어지는 토론을 보도하려는 첫 시도가 있었던 것도 이때였다. 이 사례는, 권력을 가진 사람들의 활동이 평범한 시민들에게 미치는 영향이 이해되고 반향을 갖도록 그에 관한 정보가 공론장을 통해 제공되어야 하는 것임을 잘 보여준다. 그때 당시 대체적으로 소규모 개인 자본가들의 통제 아래 있던 미디어는, 힘 있는 농업 자본가들과 그들의 계급적 연대자인 상인들 그리고 초기 제조업자 계급에 의해 지배되고 있던 '낡은' 권력구조의 한 부분은 아니었다(Thompson, 1978: 252~253).

하버마스는 주장하기를 이런 새로운 공론장의 주요한 역할은 "이성에 복종하는 지배"(Habermas, 1996: 117)라고 했는데, 이는 권력이 단지 강압적으로 부과되거나 임의적인 것이 아니라 동의에 기초하고 이성적 활동에 따라 이루어지게 하기 위한 것이었다. 어쨌거나 이것은 공론장의 잠재성을 보여주었다. 하버마스와 다른 학자들은 이런 미디어와 공론장의 흥망성쇠를 변증법적 역전이라는 내러티브 안에서 다루었다(Curran and Seaton, 1997). 공론장 형성의 초기 단계에서 사유재산은 "합리적이고 비판적인 토론을 위한 **전제조건**"(Habermas, 1996: 164)이었다. 하지만 사적인 미디어가 대규모 사업의 일부가 되면서 이 공적 커뮤니케이션의 수단들은 성숙한 자본주의 사회의 새로운 권력구조로 통합되었다. 그래서 하버마스는 이를 공론장의 **재봉건화**라고 했는데(Habermas, 1996: 195), 왜냐하면 공론장이 개인의 이익을 추구하는 사적 권력의 표현수단으로 또다시 전락했기 때문이다.

사회적, 경제적, 정치적 권력이 불평등하게 집중되는 특징을 지닌 사회에서 투명성, 참여, 토론, 다양성, 비평, 지식을 효과적인 행동으로 바꾸는 능력과 같이 진정한 공론장을 뒷받침하는 원칙들을 실질적으로 찾아보기 어렵다는 점은 전혀 놀랍지 않다. 이러한 문화적 권리들의 부족함은 결국 폭력, 자포자기, 인간의 안전에 대한 위협 등을 양산하는 악순환의 불평등을 심화시킨다(Wilkin, 2001). 이제 우리는 분명히 자유가 없는 자유시장이 왜 그리고 어떻게 건강한 공론장 수립의 조건을 제공할 수 없는지에 관해 더욱 자세히 살펴볼 필요가 있다. 이런 비평의 기초는, 수많은 "정부와 지배적인 사적 이해관계들"이 미디어 내에서 자신의 목표에 맞는 의제들을 만들어내게 하는 '필터'들을 식별한 허먼과 촘스키(Herman and Chomsky, 1994: 2)를 보면 잘 이해가 된다. 한편으로, 허먼과 촘스키의 설명은 너무 '도구적'이고 지나치게 모순 없이 통합된 체계를 제시한다는 점에서 비판받아왔다(Golding and Murdock, 2000: 73~74). 그도 그럴 것이 정부와 지배적인 사적 이해집단들에 대해 비판적인 매체가 전혀 없을 리는 없다. 하지만 그런 매체가 있다면 그것은 그 체제가 공적 서비스의 원칙들을 구현하기 때문이 아니라 그런 체제의 모순들**에도 불구하고** 또는 그런 모순들을 통해서 가능하다는 것이다. 또한 우리가 인식해야만 하는 것은 이 장에서 우리가 논의하는 것이 미디어의 경제적, 제도적 구조, 즉 특정한 **결정의 척도**에 관한 것이란 점이다. 디즈니와 픽사가 제작한 〈토이스토리〉를 미국 군사주의에서 경합하는 두 가지 신화(즉, 카우보이이자 보안관인 우디[Woody]와 우주비행사이자 우주경찰인 버즈[Buzz])의 알레고리와 그것이 신세계질서[New World Order]에서 갖는 위치라는 측면에서 분석한 엘리너 번$^{Eleanor\ Byrne}$과 마틴 매퀼런$^{Martin\ McQuillan}$의 해체이론 (Byrne and McQuillan, 1999: 126)을 따라 해석하면, 자신의 장난감/상품을 존중하지 않는 괴팍하고 '나쁜' 옆집 소년 에릭^{Eric}으로부터 장난감들을 구출하려는 인도주의적 개입이 이루어지는 것을 통해서 우리는 다른 정치적, 사회적, 문화적, 역사적 결정의 척도들을 통해 의미가 만들어지고 순환한다는 것을 알게 된다. 미디어산업의 기관들과 그것의 경제학은 중요하기는 하지만 그저 여러 결정의 척도 중 하나이다. 하지만 이 척도가 다른 척도들과 복잡하게 연결된 관계들 안에 있음을 잊는다면 그 의미의 복잡성에 대한 우리의 이해는 줄어들 것이다.

공영 텔레비전의 위기

최근 영국 상업 텔레비전의 운명은 이윤동기의 증가가 어떻게 공론장을 공동화하고 있는지 보여준다. 다른 공공서비스와 마찬가지로 공영 텔레비전도 빠르게 무너지고 있다. 이러한 공영 텔레비전의 제도적 무력화의 조건은 다소 의도적으로 촉진되고 있으며, 그러한 문화는 그 합당한 지위를 잃고 있고, 이를 규제하는 체제도 변형되었으며, 경쟁과 초국적 자본의 침투는 날로 증가하고 있다.

전환기적 사건은 영국의 1990년 방송법이었다. 이 방송법은 그때까지 공공서비스 원칙 아래 운영되었던 ITV를 탈공공서비스화시켰다. ITV의 프랜차이즈 사업들은 경매에 붙여졌고, '질적인' 고려를 요구조건으로 간신히 올려두기는 했으나 기본적으로는 최고가를 제시하는 측에 팔렸다. 그러는 와중에 ITV의 옛 규제기구는 새롭고 '가벼운' 기준을 적용하는 독립텔레비전위원회$^{Independent\ Television\ Commission,\ ITC}$로 대체되었다. 하지만 여기서 보수당의 정책이 비판의 압력으로 수정되면서 ITC는 초기에 예상되던 것보다는 더 강력하게 공공서비스 원칙을 주장하게 되었다. 그러나 다른 산업들과 마찬가지로 하나의 규제체제로서의 ITC는 호랑이 꼬리를 붙잡고 있는 것과 다름없었다. 이제 광고 수입을 놓고 다른 텔레비전 방송사인 채널4 및 채널5와 경쟁하고 있는 새로운 ITV는 예전의 ITV보다 이윤동기라는 경제적 논리에 상당히 좌지우지되고 있다. ITV가 세계시장에서 경쟁할 수 있을 만큼 또는 유럽과 미국의 거대 미디어 기업에 의해 인수될 만큼 규모가 커지자 인수합병의 물결이 밀려왔다.

더 이윤지향적인 체제에서는, '용납할 수 있는' 최저시청률에 대한 기준이 높아진다. 순식간에 600~700만 명의 시청자를 확보하는 것은 지속불가능한 일이 되었으며, 뉴스와 시사 프로그램들은 이런 환경에서 불가피하게 고통을 겪게 된다. 따라서 ITV가 할리우드 영화와 경찰 프로그램에 시청시간대를 내어 주기 위해서 〈10시 뉴스News at Ten〉의 방송시간을 변경하려 시도했던 것은 전적으로 예측 가능한 일이었다(ITC의 지속적인 항의와 압력으로 〈10시 뉴스〉는 부분적으로 원래 시청시간대로 복귀했다). ITN(Independent Television News)은 또한 경쟁 입찰사인 BSkyB 컨소시엄을 물리치고자 ITV와의 계약가를 4,500만 파운드에서 3,600만 파운드로 내렸다. 그러한 경쟁의 '수당'은 일련의 인력 감축으로 이어졌는데, 특히 해외 지사들의 인력이 감축되었다. 동시에 ITV는 시청률과 광고 수입을 올리고자 소비자, 엔터테인먼트, 레저 프로그램을 더 많이 편성하라고 ITN을 압박하기도 했다.[15]

어린이 프로그램 방송편성은 상업주의의 찬바람을 느낄 수 있는 또 다른 영역이다. 방송표준위원회Broadcasting Standards Commission의 보고서에 따르면, 1990년대 후반까지 아이들을 대상으로 하는 텔레비전 프로그램은 미국산 수입 만화영화가 지배적이었고 그중 대다수가 여러 캐릭터 상품들과도 연관되었다. 반대로 다큐멘터리적인 프로그램과 드라마는 감소했다. 이는 애니메이션의 질이 근본적으로 떨어진다고 말하는 것이 아니며, 그것이 굉장히 독창적일 수도 있다고 말하는 것도 아니다. 마찬가지로 미국에서 수입한 애니메이션이 문화제국주의라고 비난받아야 한다는 것을 의미하는 것도 아니다. 미국산 애니메이션은 백인 중산층 캐릭터 일색이던 영국산 어린이용 텔레비전 프로그램과는 아주 다른 대중적인 언어로 시청자들에게 다가섰다. 그러나 중요한 점은 어린이 프로그램 방송편성을 추동하는 힘이 설명할 수 없는 체계적이고 자율적인 시장 논리이며, 그것은 장기적으로 시청자들의 선택의 폭을 좁히고 텔레비전 프로그램을 표준화시킬 것이라는 점이다. 이런 식으로 1981년의 BBC 어린이 프로그램의 9%가 애니메이션이었는데, 1996년에는 그 비율이 35%가 되었다. 같은 기간에 ITV의 애니메이션 의존도는 9%에서 40%로 증가했다.16 허먼$^{Edward\ S.\ Herman}$과 맥체스니$^{Robert\ W.\ McChesney}$에 따르면, "모든 국가에는 자국의 미디어 시장을 글로벌 미디어 시장에 통합하려는 강력한 힘이 존재한다"(Herman and McChesney, 1997: 50).

미디어와 국가의 공생관계

미디어는 거대 기업화되면서 국가와 상호이익을 위해 공생관계를 맺는다. 형식적으로든 비형식적으로든, 정치는 워싱턴과 웨스트민스터●에서 일어나는 것으로 정의된다는 결론을 공유하면서 미디어와 국가는 서로 의사소통하는 통로들을 두고 있다. 뉴스와 논평에서 놀라울 정도로 좁은 범위의 자료들만 사용된다는 것은 그것들이 미디어, 국가, 기업들 간의 밀접한 관

● 각각 미국과 영국의 '정치 1번가'를 표상한다.

계 안에서 만들어지고 재활용된다는 것을 의미한다. 국가는 그 자체로 방대한 양의 정보와 홍보자료를 가지고 있기 때문에 어떤 사안이건 간에 의제의 상당 부분을 통제할 수 있다. 미디어는 이런 상황에 도전하는 것이 아니라 오히려 보도자료를 정기적으로 만들어야 한다는 것 때문에 그러한 정보에 의존한다. 또한 미디어는 특히 정치인들에게 의존하는데, 그래서 정치인들과의 인터뷰에서는 무엇을 물어야 하고 무엇을 묻지 말아야 할지 그리고 어느 선까지 다루어야 할지에 관해서 암묵적인 규칙이 있다. 인쇄 미디어(신문, 잡지 등)의 저널리스트들은 종종 자신들의 취재원인 정치인들과 너무 밀접한 관계를 맺고 있어서 사실상 그들의 대변인에 불과한 것으로 보이기도 한다. 이처럼 기존의 주류 정치인들에 대한 의존은, 그날의 어떤 사안에 대해 정부와 반대자 사이에 잠정적인 합의가 있을 때(미국과 영국 내에서는 실질적으로 모든 사안의 합의가 그러하다) 전체적인 여론은 언제나 그렇듯이 무시되고 대안적인 정책 선택은 검토되지도 않은 채로 남게 한다. 미디어 관련 종사자들이 강력한 국가나 법인의 이익을 위한 전달자의 역할을 거부하고 그에 도전할 때, 이들은 탄압받거나 해고될 수도 있다. 미국 플로리다의 한 텔레비전 방송국에서 일하던 두 기자, 제인 에이커[Jane Akre]와 스티브 윌슨[Steve Wilson]은 생명공학 회사인 몬산토[Monsanto]의 대장암과 관련된 호르몬 사용에 관해서 조사했지만 이들의 프로그램은 방송되지 못했다. 미디어 재벌 루퍼트 머독의 폭스TV가 이 플로리다 주 소재의 방송국 소유주였고, 이 두 기자는 해고되기 전 일 년 동안 그 프로그램의 대본을 고치고 또 고쳐야 했다(Cohen, 1999: 138~140). 다국적 미디어 기업과 시청자들 사이에서보다 다국적 미디어 기업과 다국적인 생명공학 기업 사이에 명백히 더 많은 공통성과 상호동조가 있다.

광고

많은 미디어가 광고수입에 의존하고 있고, 이것은 미디어 콘텐츠를 변형시키는 가장 강력하고도 영향력 있는 압력 중의 하나이다. "광고와 자유시장은 미디어 소비자가 최종구매자로서 자신의 선택을 결정하는 중립적인 체제를 양산하지 못한다. 미디어의 번영과 생존에 영향을 행사하는 것은 광고주의 선택이다"(Herman and Chomsky, 1994: 14). 신문은 이의 고전적인 사례이다. 최종구매자의 선택은 긴 상품 유통구조에 속한 한 연결고리일 뿐인데, 신문과 텔레비전 산업에서 가장 중요한 것은 광고주들이 미디어 소비자들에게 접근하기 위해 광고할 자리와 시간을 구매하는 것이다. 예를 들어 신문 구독료로는 신문 제작을 위한 모든 생산비용을 감당할 수가 없으며, 신문 산업이 광고주들과 아주 효율적으로 연결되어 있다는 것은 그저 경제적 사실에 불과하다. 생산비용이 증가하면서 어느 매체에 광고를 실을지에 관한 광고주들의 선택은 공론장에 접근할 수 있는 목소리의 범위와 공론장을 통해서 대변될 수 있는 계층의 범위를 오랜 기간 좁혀왔다. 초기 자본주의 공론장에 대한 하버마스식 설명의 약점 중 하나는 그가 **부르주아** 공론장에 압도적이자 배타적인 관심을 두고 있다는 것이다. 그러나 19세기 초에는 인쇄 미디어로 성장한 노동자 계급의 공론장이 있었다. 그때 당시 급진적인 신문들은 특정한 판매부수를 정가로 일단 달성함으로써만 생산비를 감당할 수 있었다(Curran and Seaton, 1997: 16). 하지만 새로운 기술과 원자재와 신문배급과 관련한 비용의 증가로 신문산업은 점점 더 광고에 의존하게 되었다. 따라서 풍족한 중산층을 포함한, 사회적으로 더 혼합된 독자층을 가진 신문에게 자신의 돈을 쓴다는 광고업자들의 선호는 점점 더 결정적인 것이 되었다. 노동자 계급의 목소리를 직접적으로 전하거나 대변하던 급진적인 신문사들은 광고업자들이 그러한 신문사를 지속적으로 외면하면서 파산하게 되었다. 이런 사실을 고대사에서나 다루어질 사안으로 생각하면 안 된다. 영국에서는 1960년대 ≪데일리 헤럴드Daily Herald≫, ≪뉴스 크로니클News Chronicle≫, ≪선데이 시티즌Sunday Citizen≫ 등 노동자 계급의 신문들이 상당한 판매부수에도 불구하고 더 큰 기업에 흡수되거나 파산했다(Herman and Chomsky, 1994: 15). 1980년 런던에서 발행되었던 일간신문인 ≪이브닝 뉴스Evening News≫는 ≪이브닝 스탠더드Evening Standard≫에 흡수되었다. 그 후로, 노동조합에 아주 적대적인 우파 신문이었던 ≪이브닝 스탠더드≫는 영국 수도의 일간 뉴스의 의제를 지배해왔다. ≪이브닝 뉴스≫는 1980년 파산할 당시에 50만 부의 발행부수를 기록하여 당시 40만 부를 발행하던 ≪이브닝 스탠더드≫를 앞섰다. 그러나 노동자 계급을 독자층으로 겨냥한 ≪이브닝 뉴스≫는 경제적으로 더 풍족한 중산층을 겨냥한 ≪이브닝 스탠더드≫보다 더 낮은 광고수입을 보였다.17 다시 한 번 광고주들의 선택이 대중 구매자들의 선택보다 시장에서 더 큰 힘을 발휘했던 것이다.

광고주들은 그들의 메시지를 전달하기 위해, 그들의 광고를 게재하는 미디어의 콘텐츠 제작에 개입하기도 한다. 직접적으로는 신문 편집장들과 텔레비전 편성담당자들에게 로비를 하고, 간접적으로는 특정한 미디어콘텐츠에는 광고를 주지 않음으로써 미디어 의제 형성에 강력하게 개입한다. 그들의 주요한 관심은 그들이 광고하는 상품에 호감을 주고 동경심을 촉발하는 메시지에 해를 끼치지 않을 미디어 환경을 찾는 것이다(Wayne, 2000: 209~214). 기업 비판, 기업의 환경 파괴 탐사, 제3세계 문제 보도, 노동자의 안전 문제 탐사 보도, 강경한 소비자 고발 프로그램들은 모두 광고주들이 관여하는 한 환영받지 못하는 프로그램들이다(Herman and Chomsky, 1994: 17). 물론 이런 사실이 미디어에서 그러한 미디어콘텐츠를 찾을 수 없다는 뜻은 아니다. 그러나 광고주들에게 유해한 것으로 인식되는 수많은 미디어 소재들에는 경제적 한계들이 존재한다.

충돌하는 이해관계들

고도자본주의의 경제를 묘사하기 위해 쓰이는 망^{web}이라는 메타포는 힘의 분산이라는 긍정적인 암시를 제거한다면 놀라울 만큼 적절하다. 미디어 기업들은 전 세계 시장에서 수백, 수천 개의 자회사와 하청업체들을 거느리고 뻗어나가고 있기에 이윤율이라는 이해관계가 대중의 비판적 사고행위와 충돌하게 되는 것이 놀라운 일은 아니다. 사적 경제활동이 공공성에 대해 갖는 의미란 그것이 동시대의 미디어가 치료할 수 없는 사회 문제의 불화를 낳는다는 것인데, 그 이유는 바로 사적 경제활동이 주창하는 '공공성'이란 그 자체로 사적 경제의 막대한 이윤의 산물이기 때문이다. GE는 미국 3대 텔레비전 네트워크의 하나인 NBC를 소유하고 있다. 어떻게 NBC 뉴스가 모회사의 이해관계에서 자유로울 수 있을까? 역사를 보면 발전소, 원자로, 제트엔진 등의 제작자들은 주기적으로 각종 기업 범죄에 연루되어 뉴스에 등장해왔다(Bagdikian, 1997: 209). 중공업 산업의 기업들은 정부와의 계약에 의존하고 있다. 이 기업들은 정부와의 관계 만들기에서 뉴스가 일종의 지렛대가 된다고 보고, 필요에 따라 자신들에게 우호적인 보도를 늘리기도 하고 줄이기도 한다. 이런 식으로 경제적 힘은 정치적인 힘이 된다(Meier and Trappel, 1998: 39).

다른 기업들과 마찬가지로 GE는 거대한 잠재력을 지닌 중국 시장에 진입하기를 바라고 있다. GE의 CEO인 제프 이멜트$^{Jeff\ Immelt}$는 "중국은 2008년 올림픽을 개최함으로써 많은 사람들이 상상하는 것 이상으로 사업하기에 훨씬 더 좋은 곳임을 세계에 보여주게 될 것"이라고 말했다. 실제로 다른 사람들은 중국에서 인권 및 시민권이 형편없이 다루어지고 어떤 노동조합도 독립적이지 못하다고 "상상한다".[18] 그러나 이멜트의 말은 고생 한번 해보지 못한 사람들에게 전형적으로 나타나는 회의용 과시 발언 같은 것이다. "그와 같은 인권과 노동조합의 상황은 냉철한 상업적 문화로 이해될 수 있고 GE는 그것을 좋아한다"라고 이멜트는 말한다.

천안문 광장에서 일어났던 1989년의 중국 민주화 운동을 중국 당국이 무력으로 진압한 지 10년이 더 지나서 중국은 WTO에 가입했다. 디즈니의 마이클 아이스너 사장-당시 디즈니는 홍콩에 테마파크를 짓고 있었다-과 뉴스인터내셔널의 루퍼트 머독과 같은 미디어 거물들은 중국이 WTO에 가입하는 것을 도왔다. 이 두 회사 모두 미국 의회가 미국과 중국 간의 무역관계를 '정상화'하도록 로비했다.[19] AOL 타임워너와 함께 머독의 아시안 스타TV$^{Asian\ StarTV}$는 홍콩에서부터 부유한 중국 광동 지방의 호텔, 정부기관, 중국 엘리트들에게까지 방송을 내보내고 있었다. 이 모든 것이 점차적으로 서구 자본주의에 문을 열 (무려 12억 5,000만 명의 인구를 가진) 중국 시장의 장기적 개방과정의 한 부분이다. 1993년에 머독은 어떻게 '자유'(즉, 자본주의) 미디어가 어디에서나 독재자들의 간담을 서늘하게 하는지를 극찬하는 연설을 했다. 머독은 그때부터 독재자들과 긴밀한 연계를 갖고 있었다. 머독은 BBC 월드서비스TV$^{World\ Service\ TV}$를 자신의 아시아 스타TV 편성에서 제외했는데, 그 이유는 BBC의 보도가 중국 정부를 화나게 했기 때문이다. 또한 머독이 소유한 출판회사인 하퍼콜린스^{HarperCollins}는 홍콩이 중국에 인도되기 전인 1997년에 크리스 패튼$^{Chris\ Patton}$●이 홍콩을 더욱 민주화시킴으로써 중국 당국을 격노시킨 후로 패튼의 책의 출판을 철회하기도 했다. 뉴스인터내셔널의 '자유'에 대한 방어는 여기서 멈추지 않았다. 2001년 3월 루퍼트 머독의 아들이자 스타TV의 사장인 제임스 머독$^{James\ Murdock}$은 중국 정부가 탄압하던 종교단체인 파룬궁^{法輪功}을 고발하는 프로그램을 방송했는데, 그때 당시 파룬궁 회원들은

● 영국의 정치인이며 마지막 홍콩 총독을 역임했다.

옥중에서 고초를 겪거나 죽어가고 있었다. 그는 또한 중국을 아주 부정적으로 묘사하는 서구 미디어를 호되게 비난하기도 했다.[20] 머독의 통제하에 있는 많은 뉴스 채널과 정보 통로들이 그의 기업 이익이 걸려 있는 중국이나 다른 지역들에 대한 보도에서 얼마나 자유로울 수 있을지 우리는 질문을 던져야만 한다. GE, AOL 타임워너, 디즈니와 같은 거대 미디어 기업들의 중국 시장 진출과 더불어 비판적 언론보도의 여지는 빠르게 줄어들고 있다.

◆ ◆ ◆

이 장에서 나는 독점자본주의 패러다임을 통해 그려질 수 있는 자본의 집적과 중앙통제(즉, '3C 테제')를 향한 자본주의의 경향성이 여전히 자본주의의 경제논리의 중심을 구성한다는 것을 주장했다. 하지만 생산의 축적양식이 지속되는 바로 그 사회적, 조직적 형식들은 변화하는 역사적 상황들에 반응하며 발전해왔다는 것도 주지의 사실이다. 발전양식에서 이러한 변화들(포드주의와 포스트포드주의 사이의 변화 혹은 더 정확하게는 그 양자 간의 중첩)은 미디어 산업복합체가 만들어내는 문화적 결과물들에 영향을 주었다. 이런 새로운 조직 유형들은 권력과 자본의 집중으로 인해 구현되지 못한 다원성과 다양성이라는 외관을 자본주의에게 제공하기도 한다. 미디어 기업들은 자회사나 하청을 통해 세분화되고 차별화된 미디어 시장에 성공적으로 적응하는 반면, 이들이 생산한 문화상품들은 만연하고 탈중심화된 자본축적 논리에 귀속—결국 미디어 기업자본의 중앙통제 때문에—되고 만다. 궁극적으로, 우리가 독점자본주의 패러다임과 포스트포드주의 패러다임을 결합할 수 있는 방법은, 유연전문화론이 말하는 **현상-형태**—문화산물의 파편화, 다양성, 다원성, 자율성 등의—들과 전통적 미디어 정치경제학의 영역인 자본의 집적 및 중앙통제와 통제라는 **현실 관계**들 사이에 어떻게 마르크스주의적인 개념구별을 짓는가의 문제와 연결된다. 마르크스주의 이론 안에서, 현상-형태들은 단순히 환영이라기보다 우리가 살핀 것과 같은 현실 관계들에서 나온다. 앞서 논의했던 M유형의 기업구조는, 세분화된 시장에 진입하려는 기업에 유연화된 브랜드를 요구하는 글로벌 시장에서 (미디어) 자본의 중앙통제와 다각화가 만들어내는 문제들에 대한 기업의 지배적인 대응방식이다. 공론장, 토론, 대화, 표현의 자유, 다양성, 교육과 이성, 민주주의 등에서 나타나는 지속적인 독점주의적 경향들은 공공정책 수립에 커다란 함의를 준다. 공공미디어 정책 내의 이러한 경향들을 이해하기 위해서 우리는 지금 국가의 문제, 그리고 국가와 자본 간의 모순적인 관계에 관한 문제로 넘어갈 필요가 있다.

제4장

국가

불가능한 것을 통제하기

국가는 계급 모순이라는 **불화**의 산물이자 이것이 외화된 것이다.
_ 레닌Vladimir Lenin, 『국가와 혁명The State and Revolution』

근대 국가는 적대적으로 구조화된 사회적 재생산 체계이며 자본의 개별적인 생산 단위들로부터 제멋대로 발산되는 다양한 원심력을 광범위하게 통제하고자 하는 구체적인 역사적 양식으로부터 출발했다.
_ 메자로스István Mészáros, 『자본을 넘어서Beyond Capital』

　마르크스주의의 규범적 목표 중 하나는 국가 권력을 약화시키고 궁극적으로는 이를 폐기하는 것이다. 마르크스주의는 이러한 전제로부터 출발해 자본주의하의 국가를 분석하면서 시종일관 비판적 시각을 견지한다. 국가는 자본권력과 함께 사회 내에서 가장 중요한 권력복합체 중 하나임에도 불구하고 기존의 문화이론에서는 문화 생산 및 소비 영역을 제어하거나 이에 개입하는 국가의 역할을 종종 소홀히 다루곤 했다. 미디어 연구에서 국가의 문제는 주로 미디어 기업이나 생산자의 행위에 영향을 미치는 미디어 정책과 법적·제도적 규제로 제한적으로 이해되어왔다. 그러나 구체적인 미디어 정책 담론들은 국가에 대한 보다 깊이 있고 풍부한 일반 이론들, 특히 국가에 대한 마르크스주의 이론과 조응하지 못하고 개별적이고 단편적인 양상으로 진행되어왔다. 이는 국가에 대한 비판적 담론이 기존의 자유주의적 시각과 큰 차이를 보여주지 못한다는 점에서 문제가 있다. 그러므로 국가에 대한 마르크스주의와 자유주의적 시각의 차이를 구별하는 일이 필수적이

고, 이는 다시 명확한 이론적 틀을 필요로 한다. 자유주의 국가 개념은, 국가가 사회 내에 있는 각기 다른 그룹들의 경합하는 담론들을 관리하고 모든 그룹의 이해관계를 조정하며 어떤 한 세력이나 그룹도 다른 쪽을 지배할 수 없도록 균형자 역할을 한다는 것이다(Miliband, 1987: 4~5). 마르크스주의적 관점은 물론 이와는 다르다. 하지만 국가에 대한 명확한 이론이 없다면, 국가를 단순한 자본의 꼭두각시로 보기를 거부하는 세련된 마르크스주의 분석조차도 국가와 그것의 다양한 사회적 이해관계들과의 관계에 대한 자유주의적 관점의 비판적 분석과 큰 차이를 갖지 않을 것이다(Goodwin, 1999 참조). 그러므로 자유주의적 관점이 합법적인 요구들로 바라보는 것을 마르크스주의자들은 적대적이고 양립 불가능한 이해관계로 바라본다거나, 자유주의적 관점이 경쟁으로 바라보는 것을 마르크스주의적 시각은 권력관계의 비대칭적 구조로 바라보는 것을 이해하는 것은 중요하다. 나아가 자유주의적 관점이 국가를 분쟁을 조정하는 합리적 기구로 보는 데 반해, 마르크스주의적 관점은 국가를 사회 밖이나 위에 있지 않고 그런 모순들을 자신의 구조나 전략으로 통합하려 하면서도 그 자신이 바로 사회를 분열시키는 모순 덩어리라고 보는 것을 이해할 필요가 있다.

만약 우리가 자유민주주의적 **자본주의** 국가가 과거에 어떻게 운영되어왔으며, 이의 운영방식과 관련된 최근의 변화는 무엇인지 이해하고자 한다면 **자본주의** 국가의 특수성을 이해해야만 한다. 자본주의 국가의 특수성은 정치적 영역과 경제적 영역 간의 공식적이며 제도적인 분리에 있으며, 이러한 분리는 자유민주주의 국가에서 고도의 정당성을 부여받고 있다. 정치적 영역과 경제적 영역 간의 이러한 분리에서 나타나는 모순과 복잡성이 바로 이 장의 중심 주제이다. 우리가 앞으로 살펴볼 것처럼 정치와 경제 영역 간의 분리에 관한 이론화를 특히 어렵게 하는 것은, 국가의 복잡성을 이해하기 위해 양자 간의 실제적인 분리를 파악해야 하면서 동시에 이론적으로 연결되어야 한다는 것이다. 이는 실제로 애초에는 분리되어 있던 정치와 경제의 영역이 주로 자본주의와 자본주의 국가라는 동일한 사회적 관계로 수렴되고 상호 연결되었기 때문이다. 각각 다양한 사회적, 정치적, 문화적 역사 및 특색을 가지고 있는 국가적 환경의 다원성에 기반을 두고 있는 자본주의 국가와 자유민주주의적 자본주의 국가들에게 매우 다양한 차이들이 존재하기에 이러한 복잡성은 더욱 심화된다. 그러므로 국가를 이론화하기 위해서는 일정 수준 이상의 추상화가 요구되지만, 이러한 추상성은 필자가 동원할 수 있는 모든 구체적인 사례들을 통해 알기 쉽게 묘사될 것이다. 우리는 제3장에서 논의한 기업구조의 변화라는 맥락 내에서, 변화하고 있는 국가의 역할을 살펴볼 것이다. 나아가 우리는 전 지구화가 촉발한 국가와 민족 간의 문제적 관계에 대해서도 살펴볼 것이다.

현실을 응시하기: 현대 미디어 정책의 추세

오늘날 뉴미디어의 정경은, 과거 국가에 의해 직접 운영되거나 영국의 ITV처럼 강력한 규제를 받으며 기존에 공영방송의 고유 영역이라 여겨지던 위성 및 케이블 테크놀로지가 민간기업의 적극적 투자 및 소유가 허용되고 이런 현상이 가속화되는 가운데 신자유주의적 시장경제와 연동하며 전환되던 1980년대 초반으로 거슬러 올라간다(McQuail, 1998b: 109). 방송을 포함한 미디어 정책 일반의 이러한 '패러다임 변동'(Humphreys, 1996: 160)은 단지 유럽에 국한된 현상이 아니라 인도나 일본 등을 포함한 전 지구적 현상이기도 했다. 물론 이 시기의 미디어 정책이 전 지구적으로 획일화된 것은 아니고 유럽 내에서는 일련의 광범위한 자구책이 시도되기도 했지만, 분명한 것은 기존의 공영방송과 기타 공공성을 견지하던 기구들의 독점적 권리가 현저하게 약화됨과 동시에 다양한 민간 미디어 사업자들이 이 영역으로 진출했다는 점이다. 이 시기에는 상업 부문을 위해서 공공서비스의 역할은 줄어들었고, 소비자의 권리와 이에 대한 사회적 인식이 높아졌으며, 방송은 돈이 되는 상품이자 어떻게 경쟁력을 확보할 수 있는가가 가장 중요한 정책적 담론이 되는 산업의 영역으로 재평가되기 시작했다(Meier and Trappel, 1998: 40). 방송의 산업적이고 경제적인 차원이 미디어 정책에서 최상의 가치로 부상함과 동시에, 이전까지 유럽 국가들이 자명하게 인식하던 문화적이고 정치적인 문제들이 결과적으로 주변부로 밀려나게 되었다. 1945년 이래로 한때 국가가 다양성과 질을 보장하고, 지역적 불균형을 야기하거나 특정 서비스를 구매하지 못하는 사람들을 배제하고 민간 경영자에 의해 통제되는 자유 시장의 이데올로기에 대해 구체적 비판을 추동하던 시절이 있었다. 이 모든 것이 한때는 국가기구와 관료들의 상식이었다. 그리하여 이러한 사유화, 상업화, 미디어 집중, 국제화(McQuail, 1998a: 1)에도 불구하고 문화정치의 문제는 부차적이 되기는 했지만 여전히 남아 있는 것이다. 가령 문화의 상업화가 낳은 불안은 없어지지 않고 있고, 문화적 가치를 교환가치로 완벽하게 분해하고 대체하는 것(모든 것을 계량적이고 재정적인 가치로 환원하는 것)은 국가를 배제한 자유시장적 자본주의만큼이나 불가능한 일이다.

유네스코[UNESCO]는 "이는 단순히 정부가 문화적인 정책들을 채택할 것인지 말 것인지의 문제가 아니라, **어떻게** 하면 더 효과적으로 문화적 정책들을 채택할 수 있을 것인가의 문제다"라고 주장한다.[1] 문화상품은 다른 상품들과 달리 생산과 소비 양식의 사회화를 극명하게 드러내 보여준다. 문화상품은 VCR과 냉장고 또는 자동차가 할 수 없는 인간의 커뮤니케이션과 의미 교환을 촉진한다는 차원에서 소비자와 생산자 모두에게 사적 전유(또는 사유화)의 기존 패러다임을 바꿔놓았다. 이 점이 바로 파시스트, 자유주의자, 좌파를 포함해 거의 모든 행위주체들이 문화란 콩 통조림과 같은 가공식품 이상의 의미를 갖는 것이라고 주장하며 국가에 호소-비록 그들이 같은 언어와 논거를 사용하지는 않을지라도-하는 근거이기도 하다. 문화가 결국 자본에 의해, 그리고 시장을 통해 만들어지는 것임이 자명할지라도, 이러한 담론들에서 이는 단순히 경제와 이윤율로 환원되는 것이 아니라 정체성, 의식, 역사, 기억, 지각, 열망, 정보, 교육과 관련된 계량화하기 어려운 문제들과 연관된다. 그러므로 데이비드 퍼트넘David Puttnam 같은 자유주의적 인문주의자들은 영화가 비록 상업적 동기에서 출발했지만 교육적인 역할도 하고 있다고 옹호한다(Puttnam, 1997: 357). 이러한 주장은 라디오와 텔레비전의 경우에 역사적으로는 물론 정책적으로도 더욱 설득력을 갖는다.

국가에 의해 매개되는, 자본과 노동 사이의 다양한 세력의 정치적 균형은 오늘날 미디어 정책 형성에서 문화적·정치적 문제들이 배제되는 이유를 설명해주는 주요한 맥락이며 미디어 정책을 둘러싼 기존의 논의에서 줄곧 차단되곤 하던 결정적 문제들 중 하나이다. 이와 같은 세력의 균형을 재배치-이는 생각도 못 할 일은 아니다-함으로써 결과적으로 미디어 정책의 형성에서 문화적이고 정치적인 문제들을 보다 중심적인 위치로 밀어올릴 수 있을 것이다. 방송이 출현하고 성장함과 동시에 공공성을 획득하게 된 계기가 바로 정치적 맥락과 연관되어 있다. 그러므로 사회경제적인 것의 매개로서의 정치적인 것을 강조하는 입장은 방송이 기술적인 한계로 인해 공공적 매체로 자리매김했다는 기술결정론적 주장을 일축한다. 이렇게 정치적인 것을 강조하는 주장은, 인쇄매체와는 달리 라디오는 방송을 위한 주파수대를 필요로 하고 이는 제한적이므로 국가가 개입하는 것이라고 말한다. 기술적인 필요성 때문이 아니라는 것이다. 브릭스A. Briggs는 미국 내의 무수한 라디오 방송국과 이로 인한 주파수의 희소성이 전파의 간섭과 중첩을 야기한다고 지적하며 '전파의 혼란'을 경고했다(Briggs, 1961: 64). 하지만 그는 동시에 이러한 기술적인 요인 이외에 보다 근본적인 전망의 차이가 존재한다고 보았다(Briggs, 1961: 65). 그러나 케이블의 발달, 위성과 디지털 설비의 발전 등과 더불어 주파수 부족은 더 이상 문제가 되지 않았고, 이로 인해 공영방송의 역할이나 정당성에 대한 논의 또한 약화되었다. 이후로 기술주의적 논의는 오늘날 공영방송이 사라지는 데 대한 (그럴듯한) 비정치적 설명을 제공해준다는 차원에서 영향력 있는 설명이 되었다(Goodwin, 1999: 131).

공영방송의 기원이 주로 또는 부분적으로 기술적인 요인에 있다는 견해는 두 가지 상이한 국가 개입을 혼동하고 있다. 이를테면 방송에 관한 법적 권리를 국가가 승인해주는 것은 전파의 희소성을 고려할 때 반드시 필요한 일이지만, 방송에 대한 국가의 투자나 소유는 전혀 다른 종류의 문제이기 때문이다. 1927년 미국에서 미국 연방라디오위원회Federal Radio Commission 설립과 함께 이루어진 것처럼, 국가가 방송 운영권을 민간 사업자에게 양도하는 것은 당연히 가능한 일이다. 유럽에서 20세기에 들어 방송이 동시대의 영화와 유사한 양상으로 제도화되었더라면 유럽의 방송은 상업적 세력에 의해 거의 지배되었을 것이다. 하지만 1920년대 유럽의 정치적 상황은 미국과 사뭇 달랐다. 이 시기는 독점자본주의가 굳건하게 기틀을 다지기 시작했지만, 반면 조직된 노조가 자본주의의 혼란스럽고 순환적인 특성에 강력하게 저항하기 시작하던 때였다. 그리고 이 시기에 국가는 국민경제의 안정을 꾀하고자 대규모 기간산업을 통제하고 실제로 소유하는 데 개입하게 되었다. 소위 "정부가 경제에 덜 개입하는 것이 더 바람직하다는 정서"는 **종식**되었다 (Hobsbawm, 1968: 190). 영국에서는 1921년에 철도가 합병되었고, 1926년에 전기 공급이 부분적으로 국유화되고 라디오 방송은 전매 사업으로 운영되기 시작했다. 1927년에는 수직적으로 합병된 두 영화사의 성장을 촉진하기 위해 영화산업에 대한 실질적인 국가 개입이 시작되었다(Chanan, 1983: 57). 1932년에는 철강의 독점이 국가에 의해 후원되었고 1933년에는 런던 교통London Transport이 공공 시스템으로 통합되었으며 1936년에는 국가적인 석탄

카르텔이 조직되었다. 공영방송 서비스는 이러한 **정치적 선택**의 결과로 발전-오늘날은 같은 이유에서 쇠락의 길을 걷고 있지만-하기 시작했다.

우리는 오늘날 과거와는 매우 다른 정치적 맥락 속에 살고 있으며, 이것은 미디어 정책 분석에도 상응하는 영향을 미쳐왔다. 미디어 정책 분석은 그동안 놀라울 만큼 실용주의적으로 변모해 현실주의는 강화된 반면 이상주의와 근본적인 비판은 설 자리를 잃게 되었으며, 글로벌 시장 서비스의 논리를 넘어서는 커뮤니케이션의 미래라는 비전 역시 마찬가지 신세가 되었다(Mcquail, 1997: 43). 미디어 정책 분석에서 문화정치의 부재는 이 분야에서의 국가의 전략적 철수와, 그 결과 정부의 엘리트들이 소비자에게 필요하다고 여기는 것이 아니라 소비자 자신이 원하는 것을 주어야 한다는 명백하게 '비정치적'인 경제논리에 의한 식민화로 이어졌다. 콜린스$^{Richard\ Collins}$와 무로니$^{Cristina\ Murroni}$는 어떤 의미에서 야망이 축소된 미디어 정책을 옹호하는 하나의 사례로 제시될 수 있다. 그러나 그들의 현실주의 프로젝트는 실제로는 다소 모순적이라고 볼 수 있다. 그들은 자유주의적인 시장을 원하면서도 동시에 경쟁을 유지할 수 있게 하는 규제 체제 역시 원했다(Collins & Murroni, 1996: 9). 그러나 문제는 그들이 바라는 자유시장이 하나의 정치적 맥락-현재의 정치적 맥락-에서 나온 것임에도, 문화적 목표의 보호에 필요한 규제 체제에 대한 그들의 열망은 또 다른 정치적 맥락을 요구한다는 점이다.

이 시점에서 두 가지 유형의 비현실적인 정책 분석을 구별하는 것이 필요하다. 첫 번째 유형의 분석은 그러한 분석과 연관성이 없는 **외적인** 정치적 조건하에서 비현실적인 것으로 간주될 것이며 이는 특별히 문제가 될 것은 없다. 실제로 이러한 시각은 어느 정도 필요한 것이기도 하다. 콜린스와 무로니의 공정하고 엄격한 규제에 대한 요청은 이러한 범주에 해당하지만, 이것은 자유화의 필요성과 관련한 그들의 친시장적인 주장들로 인해 거의 부각되지 않는다. 두 번째 유형의 분석은 담론 내의 **내적인** 모순으로 인해 비현실적인 것으로 간주될 수 있을 것이다. 원칙적으로 첫 번째 유형의 분석은 변화된 정치적 맥락 안에서 현실적인 것이 된다. 두 번째 유형의 분석은 이와 대조적으로 그 시점의 **지배적인** 정치적 흐름에 조응하므로 표면상으로는 보다 현실적인 것으로 보이지만, 내적인 개념적 불일치와 부적합성으로 인해 근본적으로 첫 번째 형태의 비현실성보다 더욱 비현실적이다. 콜린스와 무로니의 미디어 정책 분석 역시 이러한 후자의 범주에 해당하는 것으로 보인다. 시장의 효율성이라는 신화에 대한 무비판적인 수용과 섞여 있기는 하지만, 그들의 분석에는 사실 시장의 문제점에 대한 광범위한 인식이 들어 있다. 그들은 시장이 소비자들을 배제하고 독점화하는 경향이 있으며(Collins & Murroni, 1996: 9), 위험을 회피하므로 갈수록 상품들을 표준화한다고 주장했다(Collins & Murroni, 1996: 63). 그러나 이러한 관찰은 신중하게 다루어져야 하며 절대로 일관된 이론적 틀로 통합될 수 없는 것들이다. 이렇게 각각의 문제점들은 행정적, 규제적, 기술적 수정이 필요한 것으로 보인다. 여기에서 경쟁과 독점 간의 관계 같은 문제들이, 제어하기 어려운 자본주의의 모순으로부터 형성된 것들이라는 논리는 설득력이 없다. 이것은 부르주아 정치경제학 및 철학의 특징으로, **현실**^{is}과 **당위**^{ought}, 사실과 가치, 실제로 시장이 어떻게 작동되는가와 어떻게 작동하도록 해야 할 것인가가 그들의 사고에서는 분리되어 있다. 이러한 균열이 바로 일반적으로는 국가가, 특수하게는 규제가 해결하고 치유하고자 하는 것이다.

그러나 문제는 콜린스와 무로니가 원하는 자유화와, 현실과 당위 사이의 모순을 봉합하고자 그들이 필요로 하는 규제가 두 가지 매우 다른 정치적 맥락으로부터 파생되기 때문에 그들의 구체적인 정책적 제안이 첫 번째 의미에서 비현실적으로 보인다는(외적인 정치적 조건과는 맞지 않다는) 것이다. 예를 들어 그들은 다양성을 보호하기 위해서 편집자와 저널리스트의 독립성을 '권리'로서 보장하는 것에 대해 고심했고, 실제로 1977년에 발족된 왕립

언론위원회Royal Commission on the Press에 이를 제안했다(Collins and Murroni, 1996: 73~74). 여기에는 주요 기관에 의해 제공된 보도물을 거부할 수 있는 권리, 신문에 어떤 콘텐츠를 담을 것인지를 (합리적인 수준의 경제적 고려와 기존의 정책적 범위 내에서) 결정할 수 있는 권리, 탐사 저널리즘을 수행하고 해당 언론사 그룹이나 동일한 기업 조직의 다른 부문들을 비판할 권리 등이 포함된다. 특이하게도 콜린스와 무로니는 편집과 저널리즘의 독립성에 가해지는 구조적 압력에 대해서는 전혀 논의하지 않고 있다(이 책 제3장 참조). 이러한 압력은 융합화, 다양화, 국제화되는 미디어 시장에서 더욱 체계화되고 강화되고 있기 때문에 어떠한 근본적인 고려사항들도 결국은 미디어 시장의 친시장적인 열기에 침식당할 것이다. 그러므로 위원회가 (다른 정치적 맥락하에서) 제안했던 권리들이 실제로 강화된다면, 이는 국가가 사적 소유권과 상당한 정도의 갈등을 겪도록 할 것이다. 콜린스와 무로니의 설명에서 정치적, 경제적 권력의 맥락이 빠진 것은 자유화와 효과적인 규제 사이를 중재하려는 그들의 의도를 매우 비현실적으로 보이게 한다. 사회적이고 문화적인 책무라는 관점에서 보면, 규제는 바로 자유화가 회피하고자 하는 것이다.

정책 분석에서 실용주의적인 경향의 또 다른 예는 토니 베넷Tony Bennett이 문화연구의 전통하에서 '수정주의 프로그램'이라고 불렀던 것으로, 이는 문화연구의 '저항적 토대'로부터 분리된 채 '문화적 기술자들의 훈련'을 주요한 과제로 삼는다. 베넷이 정확하게 지적했던 것처럼 문화연구와 문화연구자들은, 다소 모순적인 관계에 있었던 사회운동으로부터 거리를 두는 대신 "다양한 유권자들의 사회적, 정치적 요구가 실용적인 행정 옵션들로 전환되는 사회적 행정과 관리의 영역에 관심을 두기 시작했다"(Bennett, 1997: 57). 이런 말은 살짝 무미건조하고 좀처럼 우리의 심장을 뛰게 하지 않는다. 하지만 베넷은 문화연구가 제한적인 '실용적 효과'(Bennett, 1997: 55)를 지향하도록 하고자 하면서 두 가지 가정을 했다. 첫째, 그는 자유민주주의적 자본주의 국가의 보편성을 가정한다. 하지만 이런 것은 존재하지 않는다. 예를 들어, 1990년대에 슬로보단 밀로셰비치$^{Slobodan\ Milošević}$의 전체주의 체제에 저항했던 세르비아의 학생 연맹인 오트포르^{Otpor}에게 이러한 '수정주의적 프로그램'은 설득력을 가지지 못한다. 만약 이러한 예들이 서유럽과 북미의 독자들에게 다소 낯설게 들린다면, 위기로부터 자유로운 안정성이라는 베넷의 두 번째 가정으로 화제를 돌려도 여전히 비슷한 의문이 남는다. 사회운동에서 문화연구를 분리하는 것과 '실용적인 행정 옵션'을 추구하는 작업들에 헌신하는 것이 엄청난 윤리적, 정치적 비용을 초래할 수 있다는 것을 깨닫고자 한다면, 미국의 해외 정책 개입에 대해 대중에게 알리는 데 있어서 미국 미디어가 수행하는 통탄할 만한 역할과, 세계무역센터에 대한 테러리스트들의 공격에 어떻게 반응할지에 대한 논쟁이 얼마나 부재한지를 생각해보기만 하면 될 것이다.

국가에 대한 이론화

제3장에서 우리는 자본주의하에서 변화하는 기업구조가 시스템에 다원성과 다양성의 **현상-형태**를 가져다준다는 것을 살펴보았다. 우리는 자본주의 국가에서 역시 유사한 양상으로 국가의 공적 권위가 사회-경제적 영역으로부터 유리된 채, 비인간적인 메커니즘으로 보이는 역설과 허울의 세계에 편입되는 것을 경험한다(Holloway and Picciotto, 1991: 113). 기업의 구조와 마찬가지로 이러한 현상-형태는 단순한 환영이 아니라 실재하는 제도적 토대를 가진다. 그러나 이것이 현상-형태와 실재관계 사이의 구분을 만드는 지점이고, 동시에 이러한 현실에는 일정 정도 부분적이고 불완전하며 일방적이고 비현실적인 면이 있다. 이러한 현상-형태를 깊이 이해하고 극복하기

표 4.1 국가의 두 가지 작동 방식

축적   i. 국제 무역 협력
     ii. 국내 정책
     iii. 규제 기구

정당화   동의: 사회적·문화적 책무
     강제: 검열

위해서는 국가의 자율성을 강조하는 기존의 사회민주주의 이론을 넘어서야 한다. 그러나 국가의 자율성이라는 현상-형태 아래에 놓인 국가와 자본 간의 실재관계를 복원하기를 열망하다가 자칫 국가와 독점자본주의를 단순히 **동일한** 것으로 가정하는 정반대의 '속류' 마르크스주의의 오류에 빠지지 않도록 주의해야만 한다(Clarke, 1991: 3). 이와는 반대로, 이러한 현상-형태를 간파하려 할 때 우리는 **시장과 경제 행위자들**이 마치 정치와 국가로부터 완전한 자율성을 가진 것처럼 운영된다고 주장하는 신자유주의적 환상으로부터도 벗어나야 한다. 국가가 자본 및 다른 사회 계급들과 관련해 작동하는 두 가지 방식을 구분하는 것은 유용할 것인데, 그것은 축적과 정당화이다(Habermas, 1976: 96). 표 4.1은 이러한 활동들을 나타낸 것이다. 우선 경제적 축적의 문제에서 가장 중요한 활동 중의 하나는 현대의 국민국가가 자유시장자본주의를 위한 법률적, 규제적 틀을 세우는 국제 무역 협상에 관여한다는 것이다. 그러한 협상 중에 가장 중요한 포럼이 1997년에 「서비스 무역에 관한 일반 협정^{GATS}」을 체결한 세계무역기구^{WTO}이다. 이 협정에는 여기에 참여하는 각 국가들이 텔레커뮤니케이션 시장을 개방하고 규제를 철폐하는 것에 관한 조항이 포함된다. 브뤼셀에 기반을 둔 미국의 거대 통신기업인 AT&T의 한 이사는 이 새로운 환경에서 가장 큰 이익을 얻을 수 있는 것은 국제적 야심을 가진 사업자라고 지적한다. 막강한 자본력과 고도의 기술력,

재화의 다양성을 가진 이러한 사업자들은 이제 시장을 전 지구적으로 확장시킬 수 있다.[2] 우리는 국가가 한때는 보장했던 사회적, 문화적 책무들을 이제는 방기하고 있다는 것과, 현재 국가들 간의 법률 및 규제 제도를 조화시키고 국제적인 체제를 만들어서 국제적인 자본 간의 경쟁을 위한 토대를 제공하기 위해 **광범위하게 개입**하고 있다는 것을 구분해야 한다.

나아가 축적은 국가가 자신이 주관하는 미디어와 문화정책을 만들고 시행하며 일상적으로 감독할 규제 기구를 세울 것을 요구한다(특히 방송, 영화, 언론은 그들 자신의 자기 규제 기구를 가진다). 그렇지만 축적을 조정하고 관리하는 국가의 활동은 언제나 자본주의체제의 지속적인 정당화 과정 없이는 불가능하다. 이러한 정당화는 두 가지 속성을 갖는데, 하나는 동의이고 다른 하나는 강제이다. 잘 알려진 바와 같이 동의의 유형은 마르크스주의 전통을 계승한 안토니오 그람시가 소개했다. 즉, 피지배계급이 자발적으로 조직하고 동원한 이해와 요구를 자본주의를 유지하는 동력으로 적절하게 편입시키기 위해 국가가 이를 활용한다는 견해이다. 그러므로 지배계급의 룰에 대한 피지배계급의 동의를 얻는 것, 곧 그람시가 헤게모니라고 부르는 것은 지배계급에게 전략적 후퇴와 희생을 허용한다. 그러나 그것은 "본질을 건드리는 것"은 아니며, 경제활동의 중심에서 선도하는 집단을 괴롭히는 결정적인 기능을 하는 것도 아니다(Gramsci, 1971: 161).

이는 특히 미디어와 문화정책의 영역에서 다양한 축적 전략들이 시장이 충족시키지 못할 중요한 사회적·문화적 요구들을 누그러뜨리는 역할을 한다는 데에서 분명하게 드러난다. 이러한 용인은 직접적인 문화지원(이를테면 공영방송), 또는 규제 기구(예술위원회$^{Art\ Council}$, 영화위원회$^{Film\ Council}$, 정보통신청^{OFCOM} 등)의 감독을 통해 이루어진다. 오늘날 국가가 자본의 재생산을 촉진하기 위해 자본으로부터 받아내고자 하는 양보의 총량이 축소되었다는 것은 명백하다. 동의는 단순히 '아래'로부터의 이해와 요구를 수용하는 것이 아니라 미디어를 비롯한 각종 기구, 다양한 데이터의 운영과 해석 등을 통해 국가가 피지배계급과의 '의견 교환'에 참여하면서도 이루어지며, 이를 통해 국가는 논의의 틀을 구성하고 의제를 설정하기도 한다. 이런 식으로 국가가 사회문화적 약속들을 지키는 역할을 방기하는 것에는, 역설적으로 유연하고 탈규제화된 노동과 소비자 시장이라는 사탕발림으로 대중을 설득하고 기만하는 광범위한 선전이 포함된다.

국가는 또한 자신이나 기업들에 대한 위협을 감시하고 억누르기 위해 일련의 법적 기구를 동원하는 등 보다 강제적인 수단을 통해 체제의 정당성을 유지하고자 노력한다. 국가나 기업들이나 자본가들은 미디어의 표현을 제한하기 위해 동원할 수 있는 국가 안보, 명예 훼손, 저작권 등과 관련한 효과적인 법적 갑옷을 입고 있다. 특히 영국의 명예훼손법은 피고에게 진실 입증의 책임을 부과하기 때문에 더욱 구속적이다(Petley, 1999: 145). 공표 전에 확실한 증거가 제시되지 않는다면 우려나 의심이라는 정당한 영역이 미디어에게는 출입금지 구역이 된다. 예를 들어, 백만장자인 테디 골드스미스$^{Teddy\ Goldsmith}$가 후원하는 대표적인 급진 생태 매거진인 ≪에콜로지스트^{Ecologist}≫에 실린, 유전공학회사 몬산토를 비판하는 특집 기사는 그 기업으로부터 고소당할 것을 두려워한 인쇄업자에 의해 휴지조각이 되어버렸다.³ 경찰청은 경찰서 구치 과정에서 죽어간 흑인들의 사례를 다룬 영화 〈불의^{Injustice}〉(켄 페로$^{Ken\ Fero}$와 타리크 메흐무드$^{Tariq\ Mehmood}$, 2001, 영국)의 상영에 대한 검열과 억압을 위해 명예훼손이라는 위협을 사용했다.⁴ 영국 내의 여러 상영관에 경찰 사무관들이 사전에 소송 경고장을 팩스로 보내고, 표현의 자유를 원한다면 먼저 자산을 걸어놓으라고 경영자들에게 압력을 행사했다. 영화 제작자는 최후의 수단으로, 한때 제3세계 독재정권을 규탄하던 게릴라 영화와 유사한 종류의 특별한 회고전을 상영하곤 하던 대안적 장소(예술을 목적으로 무단으로 점유한 장소인 스쾃^{squat}, 카페, 홀 등)에서 상영을 해야 했다(Wayne, 2001:

56~60).

마지막으로 국가는 직접적인 물리적 힘에 의지할 수 있다. 실제로 합법적인 물리적 힘에 대한 국가의 독점적 권한은 국가를 정의하는 주요한 특징 중의 하나이다. 9·11 세계무역센터 붕괴에 뒤이어 벌어진 아프가니스탄 전쟁 중에 어느 미군 전투기 조종사는, 오사마 빈라덴의 비디오 영상을 방송한 후 유명해진 아랍 방송국 알자지라의 카불 사무실을 '우연히' 폭격했다. 이것은 빈라덴에 대한 선전전의 일종으로 간주되었고, 이로 인해 미국은 아랍 여론에 접근하는 데 불이익을 당하게 되었다. 그러는 동안 미국 내에서는 백악관 대변인인 아리 플라이셔^{Ari Fleischer}가, "엄밀하게 말하자면 [테러리스트들이 세계무역센터] 빌딩으로 돌진하는 순간에 비행기 안에 머물러 있던 것을 과연 '비겁한' 것이라 할 수 있는지"를 물었던 ABC 방송국 시사풍자 쇼 〈폴리티컬리 인커렉트^{Politically Incorrect}〉의 사회자 빌 마허^{Bill Maher}를 비난했다. 플라이셔는 이어 모든 미국인에게 "자신들이 말하고 행동하는 것에 대해 신중해야 함"을 주문했다. 이후 디즈니/ABC는 마허와 계약 갱신을 하지 않았다.

정치적인 것과 경제적인 것

생산양식의 초기 단계에서 사회경제적 지배계급은 국가기구 또한 사적으로 전유했다. 자본주의에서 새롭고 역사적으로 독특한 현상은 우선 생산양식에서 이러한 정치적인 것과 경제적인 것을 분리했다는 점이다. 이 결별은 주류 미디어 연구들이 산업경제를 정치적 권력과 제도로부터 분리하여 논의하게 했으며, 그동안 미디어 정책 입안과 관련된 정치학이 사회경제적 관계로부터 유리되거나 추상화된 논의에 천착하게 하는 결과를 초래했다. 이처럼 우리의 의식을 불완전하게 하는 인위적 구획은 정치권력과 경제권력

간의 제도적 분리에서 기인한다. 타임워너, 비벤디, 베텔스만 등의 CEO들은 일반적으로 그들의 경쟁자들과 마찬가지로 자국의 국회의원이 되거나 내각에 입각하지 않는다. 그렇다고 경영인이 정치를 하지 않는다는 것은 아니다. 마이크 데이비스$^{Mike\ Davis}$는 미국의 대통령 조시 W. 부시$^{George\ W.\ Bush}$와 그의 내각을 "사실상 에너지산업과 국방산업의 집행위원회"로 묘사했다.[5] 자본에 의한 행정 분야의 식민화는 자유민주주의적 자본주의 국가가 마치 물고기처럼 머리부터 부패해감을 뜻한다. 2001년 9월 11일 이전에도, 이미 부시와 다국적 기업들과의 친밀한 관계는 정당성의 문제를 분명하게 야기하고 있었다. 이것이 2001년 재선에 성공한 이탈리아 총리 실비오 베를루스코니$^{Silvio\ Berlusconi}$를 괴롭힌 문제 중의 하나이다. 베를루스코니는 미디어 거물로서 영화, 출판, TV 네트워크 부문의 지분을 가진 피닌베스트^{Fininvest}라는 지주회사를 소유했다. 이탈리아에서 가장 큰 TV 네트워크 민영방송 3개가 베를루스코니의 소유였다. 그는 이탈리아 총리로서 국영방송인 RAI에 대한 인사권을 가지고 있었고 따라서 이탈리아 TV 미디어의 95퍼센트에 달하는 영역을 효과적으로 통제하고 있었다.

 유럽 내에서 베를루스코니는 이례적인 경우이고, 여러 차례 위법과 연루된 오점은 그의 정부가 줄곧 위기를 조장한다는 오명을 얻게 했다. 베를루스코니는 그를 옹호하는 (구태의연한 극우 정치인 그리고 심지어 파시스트적인) 정치인들 사이에 둘러싸여 있어 그의 정부 안에서조차 독보적이라고 할 수 있다. 베를루스코니 정부의 이념적 위기는 자유시장주의 국가에서 정부에 직접적으로 관여하는 CEO가 정치적인 정당성에 얼마나 큰 손상을 입힐 수 있는가 하는 문제를 보여준다. 서구의 미디어 보도에서 자주 등장하는 주제인 정당성은 선출직 공무원의 활동과 자본 사이의 긴밀함 및 연관성에 대해서는 무관심하다. 하지만 회사의 대표이자 내각에 속한 CEO의 판단과 의사결정이 적절한 사회경제적 요건들을 두루 충족하기는 어려울 것이다. 기업의 대표자들은 그들 자신의 기업의 이해관계에서 자유롭기 어렵기 때문에 시스템으로서의 자본주의에 필수적인 응집력과 방향성을 제시하기 어렵다.

마르크스는 자본가들을 적대적인 형제들로 묘사했다. 그리고 자본가 계급 안에서 **계급 내** 경쟁은 왜 자본가들이 국가를 그토록 필요로 하는지에 대한 강력한 해답이 된다. 국가가 수행하는 역할 중 하나는 위법이 발생할 때 이것을 심판하는 메커니즘을 제공해주거나 경쟁이 원활하게 지속되도록 법적인 틀을 제공하는 것이다. 예를 들면, 2002년에 프랑스의 카날 플뤼$^{Canal\ Plus}$ 사가 루퍼트 머독의 뉴스코퍼레이션이 운영하는 회사 NDS에 고소를 제기한 경우이다. 고소의 내용은, 카날 플뤼가 제작하고 머독의 **경쟁자들의 유료 TV**에 사용되던 TV 스마트카드의 암호를 NDS가 이스라엘의 연구소를 이용해서 해독하려 했다는 것이었다. NDS에게서 자금을 제공받은 웹 사이트를 통해 그 코드가 유포되었고, 이것이 이 스마트카드의 암시장을 형성하는 데 일조했으며, 뉴스코퍼레이션의 경쟁사로서 이 카드를 사용하는 ITV 디지털 등의 회사 재정에 심각한 피해를 입혔다고 카날 플뤼는 주장했다. 이러한 예시는 국가라는 법적 울타리가 없는 자본주의는 상업적 군벌주의로 빠르게 몰락하게 된다는 것을 명백하게 보여준다.

그러므로 메자로스$^{István\ Mézáros}$는 국가를 "자본의 총체적인 정치적 명령 구조"를 제공하는 것으로 정의했다. 국가가 "자본의 분리된 생산단위들로부터 야기되는 통제되지 않은 원심력"(Mézáros, 1995: 49)을 통제하거나 혹은 결속시키는 역할을 수행한다는 것이다. 계급 내부에서의 경쟁은 국가가 자본의 **개별적** 행위자로부터 어느 정도 독립적임을 의미하기도 하지만, 이러한 독립성은 역설적으로 국가가 일반적인 자본의 변수로 통합되는 조건이 되기도 한다. 일단 국가가 분리된 정치적 영역으로서 구성되면, 경쟁 중인 통제 불능의 모든 자본 단위가 자신들의 영향력을 행사하고자 하는 수렴 지점, 말하자면 자본의 주요한 표적이 될 수 있다. 만약 장관이 중요한 업무로 외국을 방문한다면 미디어는 앞 다투어 이를 보도하려고 할 것이다. 하지만 TV나 신문을 통해 거의 보도되지 않거나 기껏해야 윤곽만 드러나는 것은, 방문국에서 달성해야 하는 경제적 이익을 위해 장관과 함께 비행기를 타고 동행하는 일군의 사업가 무리-대부분 남자-인 것이다. 비행기에 탑승한 장관이 지닌, 일종의 인격이 된 자본으로부터의 독립성은 그가 자본 일반을 위해 봉사하는 영업사원의 역할에 종속되는 조건 그 자체이기도 하다.

    국가는 일반적으로 자본을 대리하는 역할을 수행한다. 여기서 간과해서는 안 될 점은 자본이 일반적인 이해관계를 가지고 있다고 생각하는 것은 잘못이라는 점이다. 만일 그렇다면 국가의 의무는 간단명료해진다. 비록 자본이 자본축적의 조건을 보호하는 등 광의의 의미에서 일반적인 이해관계를 가진다고 가정할지라도, 구체적인 정책과 전략을 만들어내고 수행할 때 자본에게 일반적인 이해관계란 없으며 다만 경쟁하는 이해관계들의 주체만 존재할 뿐이다. 이렇게 국가가 자본 일반을 대리하는 역할 그 자체로 인해 모순적인 상황이 발생할 수 있는데, 이것은 자본이 (체제 전체에 일어날 수 있는 혁명의 위험들을 무시하며,) 아주 구체적인 상황들 속에서는 일반적인 이익을 얻지 못하기 때문이다. 일례로 보수당의 1988년 『방송백서』에서 ITV가 더 시장지향적인 네트워크로 재구성되어야 한다고 촉구했던 것을 들 수 있다. 결국 백서는 방송에 관한 독점사업권을 경매를 통해 최고 입찰자에게 부여하는 것을 제안했고, 정부는 방송의 질이나 문화적 산출물의 가치에 대해 경고하는 움직임에 아무런 관심도 없었다. 이러한 제안은 심한 반대에 직면하게 되었다(Goodwin, 1999: 138). 이미 방송사업을 하고 있던 회사들은 다양한 노동조합, 소비자 그룹 등과 연대해 이러한 제안에 반대했다. 비평가들은 신규 사업자들이 호황의 예고에 고무되어 과도하게 높은 입찰가를 불러 정작 프로그램을 제작하는 데 필요한 현금을 소진해버린 점을 비판했다(Mattelart, 1991: 102). 이러한 사례에서 기존 사업자와 미래의 신규사업자

간의 경쟁은 자본(가)의 유대를 약화시키는 데 일조했으며, 이 덕분에 결국 '질적인' 고려사항들이 경쟁 입찰 과정에서 도입되었다. 기존의 사업가들은 경제적 가치뿐 아니라 문화적 가치도 자신들의 실적에 포함시키는 이점을 누릴 수 있었다.

또한 국가는 파편화되고 경합하는 단위들에 맞서 평형을 유지시키는 동질적인 단위가 아님을 이해하는 것이 중요하다. 국가기구 자신도 내부적으로 파편화되어 있으며, 국가의 서로 다른 부문 및 구성요소들은 더 넓은 사회 내에서 경합하고 충돌하는 이익집단들과 관습적인 유대, 의존, 동맹의 관계를 맺고 있다. 국가의 이러한 내부적인 분화는 힘의 균형과 같은 자유민주주의적인 개념으로는 설명하기 어려운 것이다. 국가의 이러한 다양한 부문과 구역들은 국가 밖에 있는 소수자 이익집단에게 불리한 힘의 불균형을 특징으로 한다. 이는 유럽연합의 관료주의적인 기구들에서 극명하게 드러난다. EU에서 정책을 도입하는 주체인 유럽집행위원회(European Commission)는 서로 다른 기관들로 구성되어 있다. 가령 1980년대 TV시장의 규제완화를 이끌어냄으로써 자유화에 선구자 역할을 했던 유럽집행위원회 제3총국(Directorate General III)이 있고, 이보다 약한 유럽집행위원회 제10총국(Directorate General X)은 역사적으로 전통적인 공영방송과 연계되어 있었으며 자유화에 대한 온건한 반대 압력이 행사되는 창구였다(Humphreys, 1996: 269). 이러한 반대 압력이 최근 성공한 사례는 1989년의 자유시장 지침인 「국경 없는 TV」의 1997년 개정안이다. 개정안은 다음과 같이 규정하고 있다.

> 회원국들은 언어정책상의 목표를 달성하는 데, 그리고 정보, 교육, 문화, 오락의 제공자인 텔레비전의 역할 면에서 공적인 이익을 보호하는 데 관련된 세부적이고 엄격한 규칙들을 자신들의 관할하에 있는 방송사에게 자유로이 적용한다.[6]

여기서 우리는 경제적인 욕망과는 상치되는 문화 관련 정책의 귀환을 볼 수 있다. 문화적 기준의 부상은 우리가 주목해야 할 국가의 또 다른 모습을 보여준다. 국가는 고립되어 존재하지 않고, 두 가지 중요한 특징을 가진 **국가 간 체제**의 일원이다. 첫 번째 특징은 어떤 국가들이 다른 국가들보다 힘의 우위를 점하고 있는 위계적 체제라는 것이며, 두 번째 특징은 기업과 마찬가지로 국가 간에 동맹과 경쟁이 난무한다는 것이다. 국가의 규모와 국가 내 자본의 집적 및 중앙통제는 국가 운영에서 필수적인 조세를 위한 토대가 되며 동시에 국가 간 권력과 영향력의 서열을 결정하는 요인이 된다. 1980년대 후반과 1990년대에 유럽 엘리트 계층에게 자유시장주의적인 시청각 정책들이, 상업방송들이 스스로(유럽산) 방송을 만드는 것보다 더 싸게 구매할 수 있었던 미국산 수입방송의 범람을 허용했다는 것은 분명해졌다. 미국 방송제작사들은 프로그램을 저렴한 가격에 팔 수 있었는데, 이는 영화산업에서와 마찬가지로 그들의 거대한 내수시장을 통해 제작비를 회수하고 일정한 수익을 냈기 때문이다. 유럽 내의 몇몇 자본주의 사업자들에게 그리고 독일, 영국 등 몇몇 국가들에게 이것은 거의 문제가 되지 않았다. 그러나 유럽 내에서 비교적 소규모인 방송제작사와 프랑스 같은 국가들, 그리고 공영방송사들에게 이와 같은 이른바 '문화적 덤핑'의 가능성은 그간 그들이 지속적으로 맞서서 투쟁해온 한 가지 위험을 보여준다. 예를 들어 「국경 없는 TV」 지침하에서는, 유럽 방송사들이 수입할 수 있는 미국산 방송의 총량을 제한하는 일종의 쿼터제 조항이 프랑스의 제안으로 마련되어 있었다. 이 쿼터제는 50퍼센트 제한을 명문화하고 있었는데, "실행 가능한 범위 내에서" 등과 같은 예외조항에 의해 그 효력이 약화되었다. 이 1997년 개정안은 이러한 지속적인 투쟁에서 그저 하나의 변곡점이었을 뿐이다.

국가가 통제하는 자본 내부의 경쟁이 국가 '자신의' 자본단위들 사이에서만이 아니라 위계적인 국가 간 체제 내에 있는 국가 자신의 자본단위와 국제적 경쟁자들 사이에도 존재한다는 사실은 미디어와 문화정책을 결정하는 가장 중요한 사회적 균열 중의 하나다. 자본과 전통적인 노동계급 간의 관계가 정책을 위한 일반적이고 기초적인 배경이라면, 국가 내 인텔리겐치아와 국제적 부르주아 계급 (및 극장주와 같은 국가적 '매판' 자본의 동맹자들) 간의 균열은 미디어 정책을 결정하는 보다 직접적인 계급관계이다. 인텔리겐치아들은 국가기구를 점유하는 집단이며, 프티부르주아라 불리는 소규모 생산자처럼 자본과 중첩되면서도 문화노동자들처럼 임금노동과도 중첩되는 매우 차별화된 집단이다. 이들 인텔리겐치아 사이에서 문화자본이 상이하게 구성된다는 것은 그들이 대규모 시장을 지향하든지, 혹은 보다 예술적 취향이 강한 수용자들을 지향하든지 간에 핵심적인 차이이다. 하지만 대중지향적이든 예술지향적이든, 미국 할리우드에 의해 지배당하는 국가의 영화 제작자 및 생산자들이라면 할리우드가 그들을 상업적으로 완벽하게 잠식하는 것으로부터 '그들의' 국가가 자신들을 보호하도록, 심지어는 세금 면제, 쿼터제, 보조금을 통해, 그리고 영화산업에 대한 제도적 촉진과 지도 등을 통해서라도 자신들을 지원하도록 압력을 가한 오랜 전통에 책임이 있어왔다(Moran, 1996). 자국 영화 산업의 중요성을 피력하며 로비하는 경제적이고 문화적인 요구들과, 미국의 산업적 이익과 충돌하는 정책 행위가 미국의 분노와 압력을 쉽게 유발할 수 있다는 사실 사이에서 국가는 우물쭈물한다. 영국 내에서 이러한 압력과 긴장과 타협의 가장 최근의 결과물이 국영 복권 사업의 지원에 의해 출범한 영화위원회Film Council이다. 이는 상업성과 독립성을 아우르는 정책의 제공을 기본 목표로 하며, 교육적인 측면에서의 지원뿐만 아니라 영화 제작 지원, 상영, 마케팅에 대한 직접적인 보조를 포함한다. 하지만 영화위원회와 영국 정부는 핵심적인 배급망을 미국 자본이 지배하는 것을 개선할 수 없었는데, 그러한 배급망에 대한 미국의 지원이 마치 석유파이프처럼 쏟아져 들어왔기 때문이다.

유럽 내에는 시청각 문화를 촉진하기 위한 두 개의 프로그램이 있었는데, 하나는 프랑스가 주축이 되어 유럽위원회를 통해 추진한 MEDIA(미디어) 프로그램이었다. 그중 MEDIA I은 1990년부터 1995년까지 시행되었고, MEDIA II는 1996년부터 2000년까지, MEDIA Plus(미디어 플러스)는 2001년부터 2005년까지 시행되었다. 이들 프로그램의 주안점은 전문가 양성, 프로젝트 개발, 영화 및 TV물의 배급과 홍보, 그리고 영화제 지원 등에 있었다. 하지만 빠듯한 예산으로 인해 활동에 제한이 있을 수밖에 없었고, 이 프로그램을 후원하는 유럽위원회 제10총국은 유럽위원회의 관료주의적 위계 내에서 그리 강한 목소리를 낼 수 없었다(Humphreys, 1996: 281). 또 다른 프로그램인 유리미지스Eurimages는 1988년에 유럽위원회를 통해 프랑스가 조직한 것인데, 역사적으로 문화를 중시하는 프랑스의 특별한 전통이 다시 한 번 드러난다. 이 또한 적은 예산으로 운영되었고, 산업지향적인 정책과 문화적 정책이 갈등하면서 결국 후자가 전자에 종속되는 면을 보였다. 유리미지스라는 새로운 정치적 구조물 내에서 국가의 개입은 '신'조합주의적 성격을 띠었다(Jessop, 1997: 268). 그것은 과거 포드주의와 케인스주의 시대에서처럼 국가가 상호 이질적인 사회 행위자들 사이에서 의견 합치를 시도했다는 점에서 조합주의적이었지만, 정치적 중심점이 일정하지 않고 국제적 경쟁력을 강조하며 시장이 일하게 하고 활동 영역에서의 개입이 역사적 독특성들을 무시해버리는 신자유주의적 기초 위에서 이루어졌다는 측면에서 '새로운' 것이었다. 유리미지스는 기금을 제공한 회원국 중 둘 혹은 그 이상의 국가가 공동제작에 그 기금을 출자함으로써 국경을 초월한 공동작업을 장려하면서 유럽 영화제작사들에게 보조금을 직접 제공한다. 이제 유리미지스는 두 가지 계획을 구상하고 있는데, 하나는 제작 중인 영화의 유통 가능성을 높이는 것이며(경제적 계획) 다른 하나는 문화적 가능성을 높이는 것이다. 이 프로젝트의 "예술적이고 문화적인 가치"는 막대하다.[7] 반면 '문화적 가치'가 실제로 무엇을 의미할지에 대한 설명이 없다는 것은 문화적인 정책을 둘러 싼 이해가 부족하고 그것이 경제적이고 산업적인 정책에 종속되어 있다는 증거이다. 이것은 예를 들어 유네스코의 경우 문화적 목표에 대한 숙고를 통해 자유주의적이며 인문주의적인 규준들을 정립해왔음을 고려할 때 실망스러운 결과이다. 이러한 규준을 적절히 적용한다면, 적어도 차별에 대한 투쟁의 필요성, 문화 생산물을 (특히 여성들이) 보다 광범위하게 향유할 권리의 고취, 시민권을 강화하는 데 있어서 문화의 역할, 문화적 다원주의 등의 가치가 설파될 것이다. 이러한 것들 중 유리미지스의 계획에서 가시화된 것은 아무것도 없으며, 더 급진적인 문화적 가치에 대한 비전은 남겨진 채 문화적 '대화'라는 자유주의적 개념을 공적인 미디어와 정치적 담론에서 거의 다루어지지 않을 사회적 갈등 및 불안을 해소하는 문화의 역할에 맞춰 다듬고 있을 따름이다. 이것은 물론, 비록 간접적으로 그리고 '단순한' 엔터테인먼트로 위장하더라도 주류 대중문화가 언제나 수행해온 어떤 것이다. 성찰하는 능력을 키우는 데 목적이 있는 근본적인 문화정책은 종종 함축적인 사회적 비판을 이끌어내고자 하고 사회를 진보시키는 방향으로 의견을 개진하고자 한다.

국가의 한계

그러므로 앞에서 논의한 정치적 영역과 경제적 영역의 분리는 현상인 동시에 현실이다. 현상으로서의 이러한 분리는 국가의 자율성에 대해 과장된 주장을 하게 하고 국가가 실제로 제어하고 운신할 수 있는 영역을 제한한다. 이것은 짚고 넘어갈 필요가 있는데, 왜냐하면 경제적 영역에 대한 국가의 개입이 종종 사회주의와 동일한 것으로 여겨지는 한편으로 케인스주의적인 개혁론자들은 국가가 자본주의의 모순을 바로잡을 수 있다고 믿으며 국가의 힘을 과도하게 강조하기 때문이다. 마르크스에게 국가는 문제의 일부였지 장기적인 차원에서 궁극적인 해결책이 될 수 없었다. 사회의 생산적인 삶의 '바깥'과 '위'로부터, 즉 국가의 강압적 개입으로 불평등이라는 문제를 교정할 수 있다는 믿음은 마르크스주의적 기획에서 상당히 이질적인 것이다. 마르크스에게 사회주의는 통제가 사회의 생산적인 삶 '내부로부터', 그리고 '아래로부터' 이루어지는 해방적 기획이다. 국가권력의 확장은 그러한 권리를 보장하기 위한 아래로부터의 압력을 반영하는 것이거나 그것이 없으면 사라지게 될 조건을 제공하는 것으로서, 이것은 순수한 시장관계를 넘어서는 약간의 진보를 나타내며 비판적으로 고수되어야 할 무엇이다. 내가 비판적으로 말하는 것은, 이러한 사회적 통제양식[국가]이 자본의 막강한 힘에 포획될 위험을 지속적으로 지니고 있는 일종의 엘리트 위계구조를 통해 강요되는 현실을 망각하지 말아야 하기 때문이다. 마르크스는 부르주아의 실제 삶이 직접적인 생산자에게서 잉여가치를 적대적으로 획득하는 것 (그리고 더 나아가 소비자를 착취함으로써 잉여가치를 이윤으로서 실현하는 것)을 기반으로 하는 자본 내 경쟁 속에 있음을, 그리고 이러한 과정에서 없어서는 안 될 (국가의 영역인) 법적 규제와 관리를 받지 않음을 깨달아야 한다고 보았다.

국가가 일련의 정책 결정을 통해 조정하고 화합시키는 역할을 하고자 하는 경우, 국가는 어느 정도 사회성의 형식을 취하려고 한다. 이것은 보편적 계급으로서의 공무원과 정부 관료라는 헤겔적인 이미지나, 사회의 다양한 주체의 요구를 실용적인 행정적 옵션으로 전환하는 문화 기술자들 cultural technicians에 대한 토니 베넷의 요청을 반영하는 부르주아 철학의 국가관이라 할 수 있다. 마르크스는 상기한 국가의 사회성이 대개 어떤 문제나 오류가 발생한 이후에야 작동되는 것 post festum을 국가가 안고 있는 한계로 보았다.

사회의 생산적인 삶의 핵심에는 근본적으로 적대와 투쟁이 존재하는데 국가의 역할은 기껏해야 뒤따라오는 것으로서 생산이라는 '제전이 끝난 뒤에', 그리고 이러한 모순을 중재하거나 경감하는 식으로 작동하기 때문이다. 이처럼 국가는 사후적이며 소극적으로 개입하는 행위자로서 진정한 사회성을 담보하기 어렵고 외부의 힘으로 제한적으로 작동하며, 국가의 교정행위는 지속적으로 실패할 개연성이 높다(Mészáros, 1995: 475~476).

그러므로 경쟁 정책의 문제점 중 하나는 정책이 실제적인 변화와 행위, 즉 자본이 확장되는 역동성을 따라잡지 못하기 때문에, 미디어 집중의 수용 가능한 정도를 규정하는 기준은 날이 갈수록 느슨해진다는 것이다. 1990년에 영국의 방송법이 ITV를 경쟁을 추구하는 기업으로 새롭게 출범시킨 이후, 보수당 정부는 1993년에 추가적인 규제 완화를 통해 거대 지역 회사들 간의 합병과 연합을 허용했다. 2002년에 『신노동백서New Labour's White Paper』는 이 통합 과정에서 살아남은 두 기업인 칼튼Carlton과 그라나다Granada를 하나의 회사로 합병하기 위한 토대를 마련했다. 이러한 전개는 국내외 시장 간 모순의 또 다른 양상을 보여준다. 시장이 조정하는 혁신을 촉진하고 특정 회사에 대한 의존을 줄이고 소비자 권리 조직들을 억제하기 위해 국가가 내수 시장에서 경쟁을 최소한 어느 정도 보존하려 한다 해도, 기업들이 해외 시장에서 경쟁하는 데 필요한, 혹은 해외 경쟁자들의 공략을 막아내는 데 필요한 규모의 경제를 추구하면서 **국제화**의 논리는 내수 시장의 다양성을 급격하게 무너뜨린다. 국가가 추구하는 경쟁적 다원성이라는 의제는 자본주의의 독점화 경향에 의해 지속적으로 침식당한다. 예를 들어, 지상파 방송의 디지털 플랫폼인 ITV 디지털은 머독의 BSkyB에 대한 대응책으로 설립되었다. 하지만 ITV 디지털이 슈퍼볼을 방송하기 위해 과도한 금액을 지불했을 때 이는 법원에서 재판에 붙여졌다. ITV 디지털은 여기에서 패소했고, 과거 영국 위성방송British Satellite Broadcasting이 어리둥절할 만큼 짧은 '경쟁'을 거쳐 1990

년 머독의 스카이^{Sky}에 합병되었던 것과 유사한 경로를 밟아나갔다. ITV 디지털의 쇠락은 정부 정책에 또 다른 영향을 끼칠 것인데, 그 정책이란 모든 국민이 2010년까지 디지털 TV로 전환하게 하고 아날로그 방송신호를 종료하며 텔레콤 기업들에게 입찰을 붙여 판매한다는 것이다. 아날로그 방송신호를 종료하기 위해서는 국민의 95%가 디지털 방송으로 전환해야 하는데 이는 적어도 2018~2020년까지는 어려울 것으로 보인다.

시장에서 정치의 소멸

계급 간에 타협과 합의를 도출해내기 위한 기제로서의 국가는 20세기에 들어 괄목할 만한 성장을 했다. 사회적 지출의 확대, 복지국가 수립, 문화 향유권(도서관, 박물관, 예술 기금, 공영방송)의 체계화에 따른 계급 갈등을 조정하기 위한 도구를 국가에 제공한 정치 참정권이 확대되면서, 국가 활동—이것이 성숙한 형태가 "포드주의와 케인스주의 복지국가 사이의 전략적 조화이다"(Jessop, 1997: 261)—의 확대와 경제생활에 대한 국가의 개입이 이루어졌다는 것은 역설적이었다. 국가가 경제적 안정과 체제의 이데올로기적 결속을 시도하는 동안, 그 체제는 1970년대에 들어서 심각한 위기를 맞이하게 되었다. 국가의 광범위한 개입은 "국가 고유의 영역에서 경제적 계급 갈등이 점차 증가하는 것"(Hall et al., 1978: 214)을 의미했고, 이어서 국가가 자본이든 노동이든 어느 한쪽이 만족하기 위한 갈등과 분열을 해소하는 데 실패함에 따라 국가의 특성인 뒤늦은 사회적 조치의 한계가 드러났다.

위기의 여파와 방송에 대한 영향은 1977년 애넌 경$^{Lord\ Annan}$의 「방송의 미래에 관한 위원회 보고서」를 통해 확인된다. 이 보고서는 사회적 합의와 여론의 균일성의 붕괴, 사회 내부의 분열, 계급 사이의 분열, 세대 사이의 분열, 성 사이의 분열, 남과 북의 분열, 지역과 런던의 분열, 실용주의자들과 이상주의자들 사이의 분열을 알렸다(Annan, 1977: 14). 새로운 프로그램 제작자 세대가 방송에 진입하고, 이러한 불화를 표현하기 시작함으로써 방송사와 국가 간에는 긴장이 증폭되었다. 또한 같은 시기에 여론마저 파열되고 분열함으로써 방송사와 대중의 관계에 대한 논의도 증가했다.

정치권은 많은 프로그램들이 편향되거나 저급해지고 있다고 문제를 제기하기 시작했다. 그러나 어떤 이들은 비슷한 강도로 방송인들이 충분히 저항하지 않으며, 정부에 겁먹고 있고, 현 상태를 유지하는 프로그램에 안주하며, 더 나은 사회로 발전하는 대안을 제시하는 데 소극적이라고 주장했다(Annan, 1977: 15).

애넌의 보고서가 나오던 시기에, 위르겐 하버마스는 국가가 사회적·문화적 영역에 깊숙이 개입하게 되면 이전에 당연시했거나 외부 사회의 통제처럼 비쳐졌던 행위들의 성격이 바뀔 것이라고 주장했다(Habermas, 1976: 68~75). 즉, 국가가 사회적, 문화적, 경제적 삶에 광범위하게 개입하게 되면 이들 영역을 **정치화하게** 된다. 다시 말해 포드주의와 케인스주의가 혼합된 국가들이 정경 분리라는 원칙을 일정 부분 와해시킨다는 것이다. 국가의 포스트포드주의적인 전략적 후퇴는 일반적인 규제—우리가 보아온 것처럼 이는 자유시장 자본주의에서도 요구되는 것이다—로부터가 아니라 사회가 제시한 자본의 사회적·문화적 책임으로부터의 후퇴이며, 시장관계를 **복원하려는**, 또는 적어도 시장관계에서 권력과 불평등 같은 정치적 문제들을 말소하려는 시도로 읽을 수 있다.

제1장의 내용을 상기해보자. 노동자는 임금을 대가로 자신의 노동력을 자본에 판매한다. 자본이 출현하고 재생산되는 첫 번째 조건은 노동자가 스스로 생산할 자산을 갖고 있지 않고, 그리하여 생존을 위해 노동시장에 뛰어

들어 그의 노동력을 마음대로 처분할 권력을 지닌 자본에 일정 기간 자신의 마음과 몸을 판매하는 것이다. 우리는 또한 노동자가 생산하는 실질가치가 낮아지면 임금도 저하된다는 것을 보았다. 임금의 차이, 노동력의 총가치는 자본에 의해 통제되는 잉여물이다. 그러나 이런 거래에는 평등, 공정, 자유, 개별성이라는 현상-형태를 부여하고, 적어도 삶을 견딜 수 없게 하는 강압이나 억압의 느낌을 최소화하는 양상들이 존재한다. 구매자와 판매자 사이의 이러한 거래—노동자가 자본가에 노동력을 팔든 소비자가 물건을 사든—는 결국 교환의 영역이다. 이것이 바로 입구에 "용건 외에는 출입을 금함"이라고 쓰인 '생산의 숨겨진 거점'으로 파고들기 위해 마르크스가 『자본』에서 우리를 안내한 것으로 유명한, "모든 것이 표면에서, 모든 사람이 보는 중에 일어나는 소란스러운 영역"이다(Marx, 1983: 172). 마르크스는 "생산의 숨겨진 거점"에서 잉여가치가 보이지 않게 추출되는 것을 발견한 것이다. 이것은 교환의 영역에서 수호되는 사회적 지배를, 계급 권력을, 불평등을, 강압을, 개성의 파괴를 말하는 것이다.

그러나 포드주의가 무르익어가는 동안, 동의를 이루어내는 수단으로서의 국가의 활동이 확장되면서 정치와 경제의 구분은 모호해지기 시작했다. 의심의 여지없이 교환의 영역은 자유, 평등, 개성이라는 이름의 수면 밑에서 끓고 있는 불평등의 문제를 다루기 위해 국가의 교정 행위를 필요로 했다. 미디어와 기업 자본들이 그들 스스로를 재구조화해온 지난 30년 동안 우리가 목도한 것은, 과거 보편적인 규제양식을 확립하고 사회문화적 책무를 수행해왔던 국가를 많은 사회문화적 영역에서 후퇴시키고, 대신 국가가 정치적으로 더 '중립적'인 행정적, 기술적 특성을 지닌 규제로서 사회문화적인 책무를 대체하는 새로운 축적 및 정당화의 체제, 즉 새로운 형태의 발전양식이다. 국가가 그동안 자유시장의 보증인으로서의 역할을 하는 것 외에 개입해서는 안 될 영역에서 길을 잃고 있었다고 선언함으로써 국가의 정치적 위기는 비교적 짧은 시간에 해결되었다. 정치화와, 집단적인 권리들을 책임지던 기구(국가)는 소비의 영역에서 노동시장이 평등하다는 현상-형태를 재생산하는 기제로 작용하는, 원자화된 시장관계로 엮여 있는 새로운 자연화에 의해 대체되고 있다. 이러한 자연화는 또한 **소비자들 사이의 불평등과, 소비자와 기업 문화생산자들 사이의 불평등한 관계**를 희석시키는 것이기도 하다. 이제 보편적 혜택조차 서로 다른 경제능력에 따라 차별적으로 선택하는 것이 되고 있다(심지어 의료서비스도 여기에 해당된다). 또한 우리가 공영방송에서 목도하고 있는 것은, 지불 능력과 기업의 제공 의사에 따라 결정되는 개인의 선택이라는 관점에서 보편적 혜택이 다시 쓰이고 있다는 것과 민간 기업의 이윤율을 위해 노동자들의 더 많은 가처분소득이 쥐어짜내지고 있다는 것이다(예를 들어 BskyB의 최고급 서비스는 연간 400파운드가량인데, 이는 보편적인 수신료의 네 배에 달한다). 정책입안자, 애널리스트, 경제학자들이 보기에 이제 '시민'은, 스스로를 개선하고자 하는 국가의 권고에 의해 지나치게 많은 부담을 떠안게 하는 정치적 용어이고 '해방된 소비자'로 대체되고 만다. 이러한 변화의 내러티브는 정치와 문화로부터 경제적 영역, 시장, 소비자의 욕망으로의 전환이라는 측면에서 깊이 스며들었고, 심지어 문화적 목표들을 옹호하는 지식인들마저 그것을 용인하지 않을 수 없게 했다. 매퀘일 Denis McQuail 은 공영방송의 변화를 다음과 같이 설명한다.

> 비상업주의는 수용자의 요구라는 기초 위에서 정당화될 수 있는 선을 넘어 교육적, 문화적 콘텐츠의 보호를 위한 적극적 차별로 표현될 수 있다. 이런 비상업주의의 특징은, 일반적인 시청자 시장의 기준에서 측정되는 TV 엔터테인먼트와 관련한 대중적 욕구를 만족시키는 데 대한 광범위한 거부를 포함한다 (McQuail, 1998: 110).

여기서 우리는 매우 분명한 이분법적 대립을 볼 수 있다. 가령 상업주의는 시장주도적이며 대중의 요구를 만족시키는 반면, 비상업주의는 정치적으로 규제하고자 하며 문화적인 목표를 지향한다는 것이다. 양쪽을 관통하는 문제는 정치적인 것과 경제적인 것의 분리라는 현상-형태가 또 한 번 당연하게 여겨진다는 것이다. 현실에서 이 둘은 쉽게 분리될 수 없다. 우리는 국가가 경제로부터 벗어나 자율성을 갖는다는 가정을 보아왔고 이를 비판해왔다. 그러나 우리는 이제 시장이 국가와 정치적 프레임으로부터 벗어나 자율성을 가진다는 신자유주의적 시장에 대한 환상을 비판할 필요가 있다. 사실상 '일반적인 시청자 시장의 기준'과 같이 객관적이고 중립적으로 시청자의 욕구를 측정하는 방법은 없다. 우리는 시장이 작동하고 있는 특정한 제도적·사회적 맥락으로부터 시장을 끄집어내어 추상화할 수 없다. 대중문화는 그러한 맥락 내에서 형성된 구성체이다. 케인스주의 경제학자 윌 허튼 Will Hutton 은 신자유주의적 실험을 비판하면서 "시장은 그들에게 가치와 우선순위를 부여하는 구체적인 정치사회적 제도의 네트워크 안에 자리하고 있다"(Hutton, 1996: 20)라고 주장한다. 예를 들어, 1980년대 후반까지만 해도 공영방송이 지배하던 기존의 TV 생태계 내에서 600~700만 명이 다큐멘터리를 시청했다면 그것은 '대중적인' 프로그램으로 인정되기에 충분했을 것이다. 즉, 그러한 프로그램은 지속가능한 시청자 점유율을 기록하는 것으로 여겨졌다. 그러나 광고 수익을 높이기 위한 경쟁을 격화시키는 경쟁적 생태계로의 갑작스러운 정책변화로, 다큐멘터리 프로그램들이 '대중적'이라고, 즉 새로운 운영상황에서 지속가능한 것이라고 평가되기 위해서는 적어도 900만에서 1,000만 명의 시청자를 확보할 필요가 생겨났다. 이것은 대중의 변화 때문이 아니라 정치경제적 요소들의 변화 때문이었다.

방송의 형태와 방향은 소비자의 욕구에 맡겨두기에는 너무나 중요하다. 어떤 종류의 방송 시스템을 시청자가 원할지에 대한 공론의 장에 시청자들이 초대받는 일은 좀처럼 없다. 실제로 방송의 미래에 대한 실질적 논의는 1977년 애넌 보고서가 마지막이었다. 그 이후로 방송 발전은 시청자의 요구보다는 기업에 의해 주도되었다. 영국에 공영방송이 설립되었을 때, 매체 소유권은 일반적으로 단일 부문들에 집중되어 있었다. 따라서 상업 라디오 방송의 출현이 예상되었을 때 신문 자본은 이를 반기지 않았다. 광고 수익을 둘러싸고 신문과 경쟁할 새로운 매체라는 우려 때문이었다. 영국 신문산업의 유력자인 비버브룩 경Lord Beaverbrook은 새로운 미디어가 라디오 제작자들에 의해 지배되어서는 안 될 것이라고 노심초사했고, 만일 공영 서비스 모델이 그것을 막아내고 광고 수익을 둘러싼 경쟁을 통제해준다면 BBC의 초대 총국장이자 공영 서비스의 설계자인 존 리스John Reith를 지원하려 했다(Briggs, 1961: 160). 그러나 거대 미디어 기업이 성장하고 다각화되며 단일 미디어에서 멀티미디어로 변하면서 방송의 상업화는 더 이상 위협이 아니라 더 많은 광고 수입을 올릴 수 있는 기회가 되었다. 공영 서비스 제도가 산업에 행사해온 통제력이 붕괴될 수만 있다면 말이다(Hesmondhalgh, 2002: 112~112).

한편 광고비용의 지출은 고도화된 자본주의에서 더욱 중요해졌다. 그것이 상품 판매 및 유통의 촉진, 다른 유사 상품들과의 차별화, 브랜드의 창출, 그리고 시장 진입 장벽의 형성이나 적은 광고 예산을 가진 경쟁자를 따돌리는 것을 돕기 때문이었다(Sinclair, 1989: 33). 미디어는 또한 사람들이 포스트 포드주의와 연관시켜온, 빚에 기초한 과대 소비를 자극하는 중요한 역할을 담당해왔다(Heffernan, 2000: 21). 마텔라르Armand Mattelart는 광고비의 증가, 미디어 기업의 융합, 광고회사들의 통합과 융합, 그리고 방송 미디어를 자유화하고자 하는 정부의 압력 사이에는 강한 연관성이 있다고 주장했다(Mattelart, 1991: 49~50). 프랑스의 공영방송 채널 TF1은 1987년에 민영화되면서 광고 할당 시간이 하루 18분에서 시간당 12분으로 늘어났다(Matterlart, 1991: 106).

1989년 네덜란드는 방송에서 광고를 5%로 제한하는 규정을 폐지했는데, 1980년과 1987년 사이에 유럽에서는 이미 텔레비전 광고가 181% 늘어나 있었다(Matterlart, 1991: 107). 2001년 상업 텔레비전을 규율하는 영국의 독립텔레비전위원회Independent Television Commission는 주요 시간대의 광고 편성 제한에 대한 규정을 변경했다. 오후 6시에서 11시까지 시간당 평균 7.5분이던 광고는 시간당 평균 8분으로 늘어났다. 이 30초 증가의 가치는 주요 시간대의 인기 있는 프로그램에 평균보다 더 많은 광고가 몰리게 하고 같은 시간대임에도 인기가 떨어지는 프로그램에는 평균보다 더 적은 광고가 붙게 함으로써 증폭되었다. 이에 따라 채널4에서 방송되는 〈ER〉은 9시 15분, 9시 30분, 9시 42분경에 총 10분 30초(시간당 허용된 최대치) 동안 세 번 - 기존에는 두 번이었다 - 의 중간광고시간을 갖는다. 이 3분 30초의 증가는 방송사에게 수백만 달러의 가치를 지닌다. 지상파 상업 텔레비전의 규제제도에 대한 이러한 작은 변화는, 시청자들이 시청 중에 끊임없이 광고에 방해를 받게 하고 더욱 중요하게는 방송사들이 인기 있는 프로그램 - 주주들의 주머니를 두둑하게 하는 광고 수입의 양 - 에 대해 기대하는 수준도 크게 높여 놓았는데도, 공적 영역의 상업화에는 지극히 작은 순간 중 하나일 뿐이었다.

　방송의 방향에 관한 진지한 공적 논의의 부재는 공공 서비스라는 틀 내에서 텔레비전 서비스의 확대라는 선택지가 더 이상 고려되지 않음을 의미한다. 스포츠와 양질의 영화 같은 보편적 혜택이 유료 서비스로 전환되는 것보다는 공공 서비스의 틀 내에서 보다 값싸고 보편적으로 제공될 수 있다는 조건하에서 대중이 더 많은 선택권, 즉 선택권의 적절한 확대를 원한다고 가정하는 것이 합리적일 것이다. 그러나 공공서비스의 원칙과 관행이 자본과 양립할 수 없게 되었다는 것은 명백하다. 매우 중요한 광고 대상인 젊은 시청자를 겨냥하는 BBC3에 대한 상업 방송인들의 적대감은 공공서비스의 어떠한 확장도 상업 영역에 재정적인 영향을 주고 그에 의한 일정한 저항에 직면할 것임을 시사한다. 이것은 특히 1990년대 후반 이후로 미디어계를 강타한 광고 매출 하락과 관련되어 있다. 이 침체 국면은 닷컴 기업들의 몰락과 마찬가지로 공급(미디어 정책에 의해 팽창된 상업적이고 광고의존적인 미디어)과 수요(광고비 지출)의 불일치에서 기인하는 또 다른 형태의 과잉생산을 암시한다. 정부는 그동안 상업방송을 보호하기 위해 BBC3의 엔터테인먼트물 방송을 엄격히 제한해왔다. 그러나 동시에 상업방송의 확대와 다양해진 채널들은 BBC가 시청료 현실화를 위해 시청률을 두고 경쟁하도록 하는 강한 압박이었다. 하지만 BBC는 재정적 기반의 근거를 정당성에 두고 있으면서도 상업방송을 흉내냄으로써, 문화적 독창성을 추구한다는 정당성을 훼손시켰다. 이러한 악순환의 상황은 BBC에게는 모순적이며, 이는 근본적으로 역대 정부의 모순된 방송정책에서 기인한다. 자유주의자들은 국가가 상업방송 공급자와 공영방송 공급자 사이에서 **균형을 잡는** 것으로 보았다. 반면 마르크스주의의 **모순**이라는 개념으로 보자면 정책이란 서로 다른 이해관계들 사이에 공정하게 가중치를 부여하는 것이라기보다는 구조적으로 해결이 불가능한 갈등을 비연속적으로 관리하며 진행되는 것이다.

국민국가 안의 문제적 접합

국가가 자본 및 노동과 맺는 관계에 대한 지금까지의 논의는 **그림 4.1**에 요약되어 있다. 그러나 나는 이제 국가에 대한 마르크스주의 이론에 존재해 온 약점들을 다시 논의해보고자 한다. 이것은 문화에 대한 질문이면서 동시에 동의를 확보하거나 국가와 시민 사이의 긴장을 완화하는 문화의 역할에 대한 질문이다. 최근까지 일반적으로 국가에 대한 많은 저술의 맹점은 국민과 국가가 서로 불가분의 관계라고 가정하는 것이었다. 그러나 최근 국민국

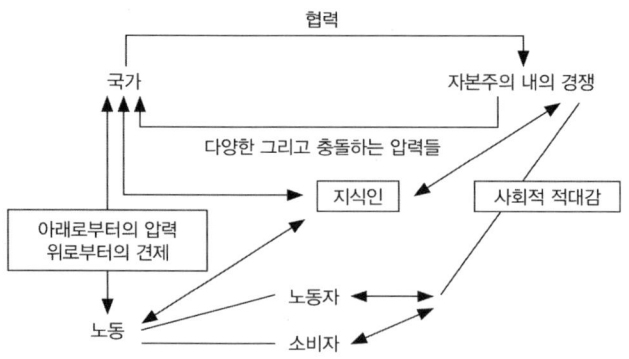

그림 4.1 국가의 계급 관계

가에 대한 저술들은 넓은 의미에서 어떻게 양자가 분리되어왔는지를 강조하고 있다. 이는 엘리트 지배구조를 가진 국가와는 대조적으로, 국민의 구성을 다양화해온 이주민에 의한 '아래'로부터의 변화와 글로벌 시장에서의 문화와 자본의 유입에 의한 '위'로부터의 변화 모두에서 기인한다. 국가와 관련해서 문화의 문제를 조명하는 한 가지 방법은 국민국가를 문화와 정치 사이의 연결고리로서 재구성하는 것이다. 이때 국민은 문화적 자원과 실천의 영역이 되며 국가는 그 통치체제와 시민들 사이에 정서적인 유대를 낳기 위해 국민 전체를 보호한다. 현실적으로 농림부[MAFF]를 위해 위험을 무릅쓰는 시민은 없을 것이다. 하지만 푸른 초원, 졸졸 흐르는 시냇물, 새벽안개, 풀을 뜯는 양떼, 그리고 지저귀는 새들은 시민의 개성을 국가에 대한 충성으로 주조해낼 수 있는 자원으로 동원된다(Eagleton, 2000: 61). 국민이라는 자원은 더 이상 단지 지역적 관습, 지역 대표자들 그리고 지역적 자기관념의 집합체가 아니다. 오히려 국민은 그들 자신을 국가에 편입시킴으로써 인간 의지의 집중화된 구현이라는, 전 지구적으로 유행하고 있는 보편적인 이상에 귀속된다. 테리 이글턴[Terry Eagleton]은 이를 두고 "부족의 자격이 세계 시민권으로 대체된다"(Eagleton, 2000: 58)라고 비유했다. 시인과 영화제작자들은 이런 식으로 사회정치적으로 가장 고도로 발전한 형식, 즉 국가를 둘러싼 특정한 사람들의 독특한 특징들을 재현하는 것처럼 보인다. 국제시장 내에서 국가정체성을 나타내는 이미지들 그리고 국가정체성과의 연합이라는 편협하고 지배적인 레퍼토리는 영화나 TV와 같은 미디어 생산물이든 제조업 상품이든 관광이든 상품의 교환을 활성화하기 위해 동원된다(Wayne, 2002a).

이러한 모든 것은 다시 (국민과의) 연합을 통해 자신의 특권과 지위를 높이기를 원하는 국가에 영향을 준다. 그리고 만약 이러한 문화상품들이 그러한 연합을 적당히 확언하지 않는다면, 국가는 문화생산의 장에 직접 개입하여 이런저런 종류의 선전을 '조장'할 수 있다. 시장의 여과를 거친 이러한 국민적 프로젝트들은 다시 국민들에게 되돌아가거나 어떤 엄선되고 균질화된 재현물의 경우 다른 나라에 수출되는데, 이러한 문화상품은 특정 민족이나 특정 계급 구성원이 늘 지배하는 국가에 의해 강화된 편협성을 띠고 있으며 국민으로서 그리고 국가의 지배하에 실제로 살고 있는 민중의 다양성을 대변하지 못한다. "국민국가 내의 사회적 관심에 대한, 문화에 대한, 그리고 지역에 대한 불균등한 대표성"(Castells, 1997: 270)의 결과로, 주변화되고 종속된 정체성들은 역사적으로 볼 때 국가와의 계약을 재교섭하는 것을 지속적으로 추구해왔다. 때때로 더 큰 국민국가에게 묶여왔던 작은 민족들이 추구하는 지역의 분권화나, 인종주의와 종족 차별에 저항하는 캠페인들은 이러한 재교섭의 두 가지 징후이다. 이러한 예에서 미디어를 통한 재현은 인식, 이념, 정체성의 투쟁에서 결정적인 요소가 되었다.

만약 권력의 단계적 이양과 이주가 아래로부터 국민과 국가 간의 연결을 단절시키고 있다면, 국민을 전 지구적 경제체제 속으로 통합하는 일을 관리하는 국가의 역할은 국민과 국가 간의 관계를 위로부터 단절시키고 있다.

정치와 경제 영역의 분리를 촉진하는 세계 자본주의 시스템 내의 긴장 중 하나는, 경제 영역은 그 범위와 균형에서 갈수록 초국가적이고 전 지구적인 것이 되어가는 데 반해 정치 영역은 여전히 국민국가 단위로 작동하는 것이다. 이것은 역설적인 결과를 초래해왔다. 국가가 초국적 기업에게 국가 경제의 통제권을 양도하면서 국민경제와 초국적 경제 간의 통합을 위한 제도적 틀을 제공하는 데 관여하게 된 것이다(Jessop, 1997: 262). 이런 식으로 중국은, 할리우드 메이저 영화사들에게 자국 영화시장을 아주 신중하게 개방한다는 특별한 협약을 맺음으로써 자신의 경제적, 정치적 이해관계와 균형을 맞추면서 WTO의 일원으로 가입하게 되었다. 예를 들어 할리우드는 중국 정부와 영화 수익의 상당 부분을 공유해야 했지만, 중국 내에서 연간 배급되는 할리우드 영화 편수는 증가해왔으며, 이는 2003년까지 최소 50편에 이를 것이다. 중국은 이미 소매 분야에서 외국의 직접 투자를 허용했고 미국 회사들은 중국 비디오 회사 및 배급 회사의 49%까지, 그리고 영화관을 짓고 소유하는 회사들의 49%까지 소유할 수 있게 되었다.[8] 이처럼 중국이 할리우드의 세계적 영화 헤게모니와 일반적인 서구 대중문화에 편입되면서 장기적으로 중국 정부에 정치적 영향이 있을 것으로 추측할 수 있다. 이렇게 봉건주의와 스탈린식 '포드주의'와 무분별한 비규제적 자본주의가 포함된, 생산양식과 발전양식의 모순적인 결합은 잠재적으로 폭발할 만한 위험을 지닌 사회적 혼합물이 되고 있다. 이러한 변화는 저우샤오원周曉文의 영화 〈이모二嬤〉(1994, 중국)에서 흥미롭게 잘 묘사되기도 했다. 중국은 국가가 사회적으로 생산된 부의 특권적인 전유를 요구하는 축적의 확장을 보장할 필요와, 그러한 특권적 전유가 의존하는 그 자신의 정당성을 지속가능하게 할 필요 사이의 충돌에 관한 좋은 예시가 될 수 있을 것이다(Habermas, 1976: 96).

하지만 국민문화 및 국가와 국제적 시장 사이의 긴장을 개도국의 문제로만 보는 것은 명백하게 잘못된 것이다. 유럽의 경우에도 지역의 영화 사업자와 할리우드 간의 갈등은 잘 알려진 바와 같이 결국에는 1993년 GATT 협상 후반에 미국과 유럽의 협상대표 사이에서 논쟁거리로 등장했다. 당시 프랑스 정부가 강력하게 제기하고 유럽 전역의 영화 제작자들이 지지한 문화 보호주의의 문제는 자유무역이라는 의제 자체를 파기시킬 뻔했다(Grantham, 2000). 문화산업은 국가적인 영역과 국제적인 영역 사이의 첨예한 논쟁이 이루어지는 협상 부문 중 하나로 남아 있다. 유럽의 영화 및 텔레비전 산업은 예외로 하는 시장 자유화의 풀리지 않는 문제는, 반자본주의 운동의 스펙터클한 탄생을 보여준 1999년 시애틀 WTO 협상에서 미국 영화산업 그리고 미국 무역 협상 대표들을 줄곧 괴롭혔다.[9] 이러한 국가적 문화/정치와 국제 미디어 시장 사이의 긴장은 레오 키르히$^{Leo\ Kirch}$에 의해 통제되던 독일 미디어 제국이 붕괴했을 때 재조명되었다. 키르히 그룹은 텔레비전, 영화, 출판 사업에 관여하고 있었는데, 그룹이 붕괴하면서 소주주들이 독일의 핵심적인 미디어 자산들에 대한 통제권을 잡으려는 각축을 벌였다. 문제는 이러한 소주주들 중에 이탈리아 총리인 실비오 베를루스코니와 호주의 언론재벌 루퍼트 머독이 포함되어 있었다는 점이다. 독일 당국은 한 국가의 수상인 베를루스코니는 눈감아주고 있었던 반면, 머독의 경우 문화적으로나 정치적으로 독일의 국민적 상황과 양립할 수 없다고 여겼다. 미국식 자유시장 자본주의의 챔피언인 머독ㅡ그의 미디어 기업은 이미 영국을 석권하고 있었다ㅡ은 제2차 세계대전 이후 사회민주주의적 시장경제 혹은 '라인란트' 시장경제(인간의 얼굴을 한 자본주의)를 발전시켜온 독일의 정치적, 경제적 엘리트와 미디어 엘리트들에게 우려를 불러일으켰다.[10] 게르하르트 슈뢰더$^{Gerhard\ Schröder}$ 독일 총리는 머독이 키르히를 통제할 수 있을 만큼 주식을 보유하지 못하도록 하기 위해 독일 은행과 비밀 회담을 가진 것으로 보도되었다.[11] 한편 문화언론부 장관인 줄리안 니다-뤼멜린$^{Julian\ Nida-Rümelin}$은 키르히 위기가 "지구화 속에서 미디어 분야를 얼마나 개방할 수 있는지, 그리고 오로지 이익만을 추구하는 소수의 거대 재벌이 지배력을 증가시켜가는 것이 어떤 위험을 초래할지"에 대한 문제를 제기했다고 말했다.[12] 국가가 자본주의와 맺는 관계에서 나타나는 많은 모순 중 하나는 국가가 '자국의' 자본가들이 성장하고 폭리를 취할 때는 미디어 집중과 이윤 지향에 대해 덜 심각하게 받아들인다는 사실이다.

국가주의를 넘어서

우리는 제한적인 사회적·민족적 구성원에 의한 국가 지배가 필연적으로 바로 그러한 제한적 구성원의 국가에 대한 투사로 이어진다는 것을 보아왔다. 그리고 이것은 스티븐 크로프츠^{Stephen Crofts}가 "동질화하는 국가주의라는 허상"(Crofts, 1998: 386)이라고 명명한 것의 한 가지 예다. 일군의 저술가들은 국민적인 혹은 유럽적인 상황에서 국가의 개입에 의해 촉진된 문화적 보호의 모든 형식들이 결국 '국민문화'의 독특함과 동질성과 관련된 기만일 개연성이 크다고 주장한다(Collins, 1999: 165). 만약 "자기충족적인 그리고 신중하게 구별된 경험으로서"(Higson, 2000: 64) '국민(적)'이라는 전통적인 관념이 더 이상 방어될 수 없다면, 국가는 모든 권력을 명백하게 더 세계주의적인 글로벌 시장에 양도해야 하는가? 우리가 보아왔듯이 마르크스주의자들에게 국가는 문제적 개념이다. 그러나 이것은 국가에 대한 모든 생산적 논의를 배제하거나 회피해야 한다는 사실을 의미하지는 않는다. 실제로 교사와 학생은 국가의 가장 중요한 활동 중의 하나인 교육과 필수적으로 관련되어 있다. 국가는 문화생산물에 더 폭넓게 접근하고 재현의 레퍼토리를 다양화하는 물적 조건을 활성화할 수 있으며, 또한 급변하는 시장이 담보하기 어려운 이러한 환경을 상당히 안정적으로 제공할 수도 있다. 예를 들어 〈우리는 파키스탄인^{East is East}〉(다미엔 오도널^{Damien O'donnell}, 1999, 영국)의 상업적 성공에도 불구하고, 거린더 차다^{Gurinder Chadha}는 영화위원회가 초기 투자를 하기

전까지 그의 영화 〈슈팅 라이크 베컴Bend It Like Beckham〉(2002, 영국)의 제작을 위한 민간 투자를 유치할 수 없었다.[13] 아시아 여성인 차다가 영국에서의 첫 장편 극영화 〈해변의 바지Bhaji on the Beach〉(1993, 영국)를 제작할 기회를 얻기까지 거의 10년을 기다려야 했다는 것은 그리 놀랍지는 않지만 분명 수치스러운 일이다. 이것은 어떤 면에서 국가의 관심사여야 하며, 국가는 동의를 일구어내는 자신의 역할을 통해서 국가 주도의 장려와 지원에 대한 압력 및 호소에 반응해야 한다.

국가주의라는 신화에 매몰되지 않으면서 더욱 급진적인 문화정책을 발전시키기 위해 우리는 지방, 민족, 권역(예를 들어 유럽), 그리고 국제라는 지리학적으로 상이한 층위에서 나오고 순환하는 문화적 자원에 대해 진지하게 고민해볼 필요가 있다. 이처럼 다른 층위 사이에서 일어나는 문화적 교환의 핵심 창구는 국제적 층위—할리우드 미디어 복합 산업에 의해 지배되는—와 국가적 층위 사이에 위치한다. 우리는 단순히 국제적인 층위에 종속되기보다는 지방적, 국가적, 권역적 층위 사이의 창구들, 그리고 이들 모두와 국제적 층위 사이에 더 많은 창구들을 열 수 있는 문화정책을 필요로 한다. 그리고 이러한 개방성이 장려됨과 더불어 지방적, 국가적, 권역적 층위에 문화적 표현의 다양성을 위한 다양한 자원들이 존재해야 함을 이해할 필요가 있다. 또한 각각의 지정학적 층위는 궁극적으로 사람들의 삶과 연결되어야 하고, 문화적으로 독특해야 하며, 그들이 생각하고 행동하는 방식과 밀접하게 연관되어야 한다. 그러한 방식은 일반적으로 많은 경우 그저 즐거움이나 그와 유사한 가능성을 추구하는 할리우드나 미국이 도저히 추출하거나 탐색할 수 없는 것일 터이다.

◆ ◆ ◆

  이 장에서는 정치적인 영역과 경제적인 영역의 관계에 대한 변증법적인 해석을 좀 더 발전시키고자 했다. 이는 곧 다양한 사회적 실천 사이에서 대립하고 변화하는 관계에 대한 모색이라고도 말할 수 있을 것이다. 미디어 정책 분석에서 경제로부터 정치를, 반대로 정치로부터 경제를 도출해내는 데 안주한다면 이들의 복잡한 상호관계를 이해하기는 어려울 것이다. 하나의 과정 혹은 사회적 현상은 어떤 진행 중인 과정 속에 있는 실재 혹은 국면의 어떤 수준에서 일정한 특성을 띠지만, 자본의 순환에 들어가기만 하면 이러한 특징이 뒤집히고 또 다른 수준이나 계기로 역전된다는 의미에서 나의 설명은 변증법적이기도 하다. 그러므로 정치적 영역과 경제적 영역은, 실재적 관계에서 도출되며 상호 간에 자율적이라는 현상-형태를 가진다. 이 자율성은 매우 중요한 효과를 가지고 있다. 이러한 자율성이 없다면 국가가 자본의 특정한 이해관계와 상충하는 정책적 주도권을 잡을 수 있는 여지를 전혀 생각할 수 없을 것이다. 동시에 정치적 영역과 경제적 영역의 바로 이러한 분리는 국가가 사회의 생산적인 삶을 어디까지 통제할 수 있느냐에 관한 한계들을 보여준다. 적어도 이 점에 관한 한, 신자유주의자나 마르크스주의자들 모두 공감할 것이다. 그러나 비록 경제적 영역이 국가의 정치적 영역에 종속되는 데 대한 근원적인 저항이 있다 해도, 서로 경쟁하는 이익집단을 국가가 외부의 어떤 곳에서 조정한다는 사회민주주의적 자유주의의 환상만큼이나 경제적 자율성이라는 신자유주의의 환상 또한 위험하다.

  자본은 국가를 필요로 한다. 그것은 필연적으로 이 독특하고 독립적인 사회적 기관을 통해 자신의 이익을 추구해왔다. 우리는 미디어 정책의 차원에서 국가의 역할이 자본에게 사회문화적 책임을 부과하는 것에서 국가 간 경쟁 그리고 다국적 기업에 의한 사회문화적 삶의 상품화를 촉진하는 것으로 광범위하게 개입-철회가 아닌-하는 방향으로 변화해왔음을 보았다. 이러한 변화 속에서 국가는 과거 케인스주의 및 포드주의 시대와 비교해볼 때 정치적으로 보다 중립적이고 기술적이며 행정주의적인 방식으로 스스로 행동한다는 현상-형태를 지니게 되었다. 하지만 당연히 자본의 확장에서 정치적 중립이란 있을 수 없다. 그럼에도 불구하고 비록 국가가 시장의 불평등과 혼란을 교정하는 실질적 책임을 명백하게 회피하게 된 것이 과거의 조합주의로부터 국가를 해방시켰다 하더라도, 이는 동시에 자유주의적 민주주의 국가로서 그 자신의 정당성을 박탈하기 위한 기초를 오래 닦는 데 기여해왔다. 자유주의적 민주주의의 정치적 위기는 논리적으로, 이러한 의제가 선거 과정에서 완전히 실종되어 있다는 증거들이 늘어나고 있다는 데서 나온다. 국가가 이러한 종류의 정당성을 지속적으로 약화시킬 수 있을지의 여부와 더불어, 그것이 미디어 정책에 그리고 현재의 제도적 규제자라는 역할 수행에 어떤 영향을 미칠지는 여전히 논의가 필요한 부분이다.

제5장

토대와 상부구조
정치적 무의식의 재구성

어떤 설명이든 상호작용하는 영역들 간의 모든 질적 차이들을 보존해야 하며, 변화가 이동하는 여러 단계들을 모두 추적해야 한다. …… 토대로부터 생겨나는 과정은 상부구조들 속에서 완성된다.
_ 볼로시노프 V. N. Voloshinov, 『마르크스주의와 언어철학 Marxism and the Philosophy of Language』

구체적인 분석은 이것을 의미한다. 총체로서의 사회와의 관계.
_ 루카치 G. Lukács, 『역사와 계급의식 History and Class Consciousness』

오늘날 많은 마르크스주의자들은 토대-상부구조라는 비유를 방어하려 하지 않았고, 그래서인지 이 비유는 매우 조악한 결정 모델로 여겨졌다. 사회를 두 차원으로 분리한 건축적인 비유는 황폐해졌고, 모든 곳에 있고 특히 토대에도 존재하는 문화가 상부구조의 특별한 어느 한 구역에 완전히 포함되지 못하는 복잡한 현대 사회에서는 실질적으로 폐기되었다. (보통 **그림** 5.1처럼 묘사되는) 이 모델을 폐기처분하고 싶겠지만, 사실 그것은 결정^{determination}의 핵심적인 문제를 해결하기보다 단지 지연시킬 뿐이다. 즉, 사회적인 전체(총체성)의 각기 다른 부분들이 어떻게 서로 관련되고, 그것들이 특정한 사회의 생산을 수행하는 일반적인 사회 형식이나 양식에 의해 어떻게 구조화되는지에 관련된 문제를 해결하지 못한다. 하지만 만약 이 모델이 방어되어야 한다면, 약간의 페인트칠을 할 것이 아니라 바닥에서부터 다시 철저하게 재구성해야 할 것이다.

가장 단순하게 말하자면, 이 비유의 제안은 보통 '경제'라고 잘못 축약되

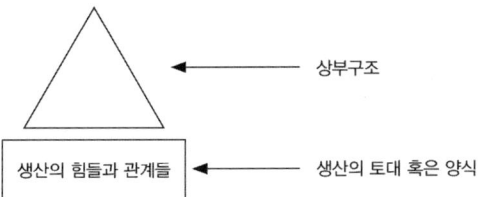

그림 5.1. 단선적인 토대-상부구조 모델

는 '토대base'가 정치, 문화, 시민의 사회생활의 차원들인 '상부구조'를 결정한다는 것이다. 우리가 토대와 상부구조 간의 관계에 대한 정교한 설명을 발전시키려면 '토대'를 '경제'와 동일화하는 생각을 없애고 그 대신 그것을 보다 역동적이고 과정지향적이며 무엇보다도 모순적인 근본 개념인 '생산양식'이라는 복합적인 개념적 총체로 다루는 과정이 필요하다. 우리는 이미 미디어 기술, 미디어 기업, 국가와 관련해 생산양식이라는 복합적인 모델을 다룬 바 있다. 이 과정에서 나는 '발전양식'이라는 범주를 생산양식의 범주 안에 위치시키고, 생산양식이라는 단순한 추상화로부터 벗어나 역사적 변화에 더 많은 주의를 기울이게 함으로써 그것을 충분하게 복합적으로 만들고자 했다. 이 장의 과제는 생산양식과 발전양식을 미디어가 생산하는 문화 생산물에 적용하는 것이다. 이 장은 혁신된 토대-상부구조 모델을 텔레비전과 〈빅브러더Big Brother〉와 같은 국제적인 리얼리티 TV 현상에 적용하는 것으로 결론 맺을 것이다.

레이먼드 윌리엄스Raymond Williams는 토대-상부구조 모델을 이용하는 많은 사례들에서 어떻게 토대가 "사실상 사물처럼 간주되거나 아니면 투박하고 획일적이고 고정적인 방식으로 취급되었는지"를 설명했다(Williams, 1980: 33). 그는 토대에 대한 우리의 이해가 "고정된 경제적 추상화나 기술적 추상화"에서 벗어나야 하며, 근본적인 모순과 변형들을 포함하고 있어 항상 동적인 과정의 상태에 있는 "실제적인 사회경제적 관계들"의 이해로 대체되어야 한다고 주장했다(Williams, 1980: 34). 기술이나 여타 생산력의 이용을 둘러싸고 서로 충돌하는 **사회적 관계들**을 젖혀두는 것은 토대를 고정되고 기력 없는 경제적 혹은 기술적 '사물'처럼 취급하게 만들었고 마치 인간의 활동과 실천들의 외부에 존재하는 것처럼 간주했다.

제4장에서 나는 국가에 대한 마르크스주의 이론이, 한편으로는 국가를 자본의 단순한 꼭두각시로 환원하고('조악한' 마르크스주의) 다른 한편으로는 국가를 자본으로부터 자율적인 것이자 다양한 사회적 힘들의 이해관계들을 공정하게 조정할 수 있는 것으로 파악하는 두 입장 사이에서 유동하고 있음을 역설했다. 물론 후자의 입장은 자유주의자들이 선호하는 것이다. 우리는 총체로서의 사회나 사회의 다른 특정한 측면들과 더불어 동일한 딜레마와 방법적 선택들에 직면한다. 총체로서의 사회는 자유주의가 우리에게 믿도록 하는 것처럼 어떠한 체계적이고 구조적이고 반복적인 권력 위계도 없이 다양한 사회적 힘들로 구성된 것으로 이해되어야 하는가? 예를 들어 토니 베넷은 어떤 일반적인 결정론의 형식에 종속되지 않고, 다층적인 역사적 조건과 힘들의 상호작용으로부터 발생하는 기저에 놓인 인과적 메커니즘의 결과로부터 솟아나며, "사회적 삶의 형식들"(Bennet, 1997: 53)을 연구하는 문화적 분석을 촉구한다.

결국 '결정의 일반적 형식'을 어떻게 인식하고 '기저의 인과적 메커니즘' — 메커니즘이라는 용어가 '사물'적인 자동화된 구조로 우리를 되돌려 놓음에도 불구하고 — 을 어떻게 실제적으로 다루는지에 많은 것이 달려 있다. 하지만 사회경제적 결정에 대한 자유주의적 거부의 역설적 결과 중 하나는 저도 모르게 또 다른 형식의 결정론을 도입한다는 것이다. 우리가 보게 되겠지만 이것은 종종 '문화'라고 불리는 것인데, 토대-상부구조의 비유가 탈출하고자 했던 바로 그 관념론으로 빠져버리는 것이다. 다른 한편으로, 베넷은 기저의 인과적 결정이 존재하지 않는다고 말하면서도, 문화가 철저하게 체제화[governmentalized]

―상업화가 아님을 기억하라―(Bennet, 1997: 54)되어 있어 지식인들이 국가에 적극 관여할 필요성이 있음을 주장할 때는 '기저의 인과적 결정'과 비슷한 것을 불러낸다.

도미닉 스트리나티$^{Dominic\ Strinati}$와 같은 사람들에게 마르크스주의는 해결 불가능한 딜레마에 빠져 있는 것으로 간주된다. 즉, 마르크스주의가 '경제적인 것'―역시 사회적 관계들로부터 추상화된―과 문화 간의 상호관계를 진정으로 탐색하고자 한다면, 문화를 이해하는 데 있어서 경제적인 것이 우선되어야 한다는 마르크스주의적 주장의 독특함을 잃어버리게 된다(Strinati, 1995: 143). 하지만 마르크스주의가 '토대'의 우선성을 강조한다면, 이내 '환원주의'라는 비난을 받게 된다. 하지만 이런 비난―이는 현대 문화이론의 가장 주된 원죄이기도 하다―은 "x가 y에 영향을 미친다"라고 말하는 것―어떤 것을 설명할 때 많은 것을 포기할 필요가 없는―과 "y는 x로 환원되어왔으며 이것은 만약 우리가 x와 y를 충분히 이해한다면 수용이 불가능한 것이다"라고 말하는 것 사이의 차이를 거의 검토하지 않고 있다(McLennan, 1996: 53~61). 결국 2000년 미국 대통령 선거에서 조지 W. 부시의 선거 운동에 에너지 기업들의 재정적 후원이 어떻게 영향을 미쳤는지를 궁금해 했던 사람은 '골수' 환원주의 마르크스주의자들이 아닌 바로 주류 언론인들이었다. 스트리나티와 다른 이들이 마르크스주의에 쳐놓은 함정―"다원성을 수용하라, 그러면 당신은 마르크스주의를 잃을 것이요, 경제적인 것을 명확하게 강조하라, 그러면 당신은 성숙함을 잃게 될 것이다"―은 갑자기 나타난 것은 아니다. 사실 생산양식의 우위성을 담보하면서도 상호침투성을 발견하는 방식으로 문화적 삶과 생산양식 간의 관계를 사유하는 방법을 만들어낼 수도 있다. 생산양식을 배제하면 상징적으로 과도하게 비중이 주어진 다른 요인들을 끌어들이거나 부풀릴 수 있으며, 억압되었던 사회적 원인들을 회피할 수 있다. 수많은 마르크스주의자가 주장하듯이 생산양식은 일종의 정치적 무의식이다.

유물론과 관념론

마르크스주의의 방법론은 때때로 역사 유물론이라고 불린다. 특히 유물론materialism이라는 단어는 다소 오해의 여지가 있으며, 따라서 유물론이 무엇을 의미하는지와 그것이 생산양식 및 상부구조라는 범주와 어떻게 관련되는지를 그리고 유물론 철학에서 관념과 의식은 무슨 역할을 하는지-그것이 관념론의 철학적 전통에 반대하여 정식화되었기에-등을 생각해볼 필요가 있다.

왜 마르크스주의에서 생산양식의 범주가 근본적인 것인가? 기본적인 주장은 이렇다. 생산은 인간의 삶에서 근본적인 것이고, 노동활동은 필요(음식, 난방, 거주, 예술, 놀이, 인간의 재생산 등)를 충족시키기 위한 수단들을 생산하는 데 필수적이다. 이 같은 전제는 두 가지 측면에서 유물론적이다. 첫째, 단순히 물리적인 의미에서 유물론적이다. 이는 인간 신체의 물리적 요구와 자연과의 관계, 필요를 충족시킬 수 있는 수단 및 방법들을 강조한다. 하지만 이같이 유물론을 정의내리는 것은 부르주아 사회과학에도 광범위하게 퍼져 있는 조악하고 기계적인 유물론일 뿐이다. 유물론은 단순한 신체성(물리성)과 함께 두 번째 의미를 가지고 있는데, 이는 쉽게 잊혔거나 그리 깊게 평가되지 않았다. 마르크스는 자본이 단순한 물질적 실체나 많은 돈, 원자재, 기계, 기술이나 장비(고정자본)가 아니라는 점을 강조한다. "이러한 물질적인 요소들은 자본을 자본으로 만들지 않는다"(Marx, 1973: 98).

자본을 자본으로 만드는 것은 바로 **사회적 관계**인데, 자본은 이 사회적 관계 내부에 내장된다. 따라서 유물론은 마르크스주의의 관점에서 두 가지 의미를 지닌다. 유물론은 단순한 물리성에 사회적 관계를 **더한** 것이다. 생산이 이루어질 때 노동은 **사회적**이다. 계급사회에서 노동은 개인 간의 적대적인 협력을 필요로 한다. 하지만 이 협력은 무계획적이거나 우발적인 것은 아니다. 또 매일의 자발적인 변화에 열려 있지도 않다. 이 협력은 특정한 사회와 시대 속에서 일정한 패턴과 **양식**을 가진다. 이 양식 ─ 우리에게는 자본주의 생산양식 ─ 은 명확한 특성과 가능성을 가지고 전체적인 역사적 시기를 결정한다. 우리는 유물론의 이 같은 이중적 정의를 유념할 필요가 있는데, 왜냐하면 바로 이 점이 이 장과 다음 장들의 주장에서 명백하게 중심적인 위치를 차지하기 때문이다.

마르크스와 그의 오랜 친구이자 동료인 프리드리히 엥겔스[Friedrich Engels]가 1840년대 중반 『독일 이데올로기[The German Ideology]』에서 그들의 유물론적 방법을 체계적으로 정교화했던 철학적 맥락을 살펴보는 일은 중요하다. 『독일 이데올로기』에서 말하는 이데올로기는 관념이나 의식이, 앞에서 논의했던 물질적인 조건들(물리적, 사회적)로부터 독립된 채 발전한다는 사고의 전통이다. 마르크스와 엥겔스가 이데올로기적 관념이나 가치라고 언급했던 이 같은 방식의 사고는 존재의 진정한 사회적 조건들을 억누른다. 토대-상부구조 모델은 의미와 실천의 진정한 조건들에 우리의 인식을 되돌림으로써 이 같은 억압과 투쟁하고자 한다. 이것은 우리에게 미디어 텍스트의 사회적 조건에 대해 질문하게 만든다.

『독일 이데올로기』에서 마르크스와 엥겔스가 겨냥했던 사회적 조건의 억압은 독일의 위대한 사상가 헤겔[G. W. F. Hegel]이 정초한 철학적 전통에 의해 실행되었다. 마르크스와 엥겔스는 독일에서 공부할 때 대학을 지배하고 있었던 헤겔주의 전통에 커다란 영향을 받았지만, 『독일 이데올로기』를 통해 헤겔주의 철학의 관념론적 측면과 결정적으로 결별했다. 마르크스가 헤겔로부터 받은 영향이 후속 저작들에서 얼마나 유지되고 있는가의 문제는 마르크스주의 내부에서 항상 논쟁의 지점이다. 확실히 『독일 이데올로기』는 철학이 물질적인 조건들로부터 자동적으로 발전할 수 있음을 주장한다고 생각될 만큼 철학의 능력에 대해 매우 불신하고 있다. 그들은 '철학'과 실제 세계에 대한 연구의 관계란 자위행위와 '성생활을 동반한 연애'의 관계에 비할 수 있다고까지 말한다(Marx and Engels, 1989: 103). 그럼에도 불구하고 마르크스가 철학을 포기하지 않았던 여러 증거들이 존재한다. 그는『자본론』뿐만 아니라 많은 저서에서 철학적 방법을 활용한다. 매개, 변증법, 모순과 같은 철학적 범주들은 역사유물론에서 매우 핵심적인 위치를 차지한다. 마르크스는 철학을 거부한 것이 아니라 관념론을 거부한 것이다. 그래서 그는 사고의 조건인 실제 세계를 이해하기 위해 철학의 범주들을 유물론적인 범주들과 통합시키려고 했다. 헤겔의 관념론이 자신의 시작점으로 관념과 사고의 범주들을 채택하고 역사적이고 사회적인 변화를 관념의 발전으로부터 도출되는 것으로 이해했던 것과 달리, 유물론은 삶의 물질적이고 사회적인 생산에서 시작했다.

> 도덕, 종교, 형이상학, 다른 모든 이데올로기와 이것들에 상응하는 의식의 형태들은 결코 독립적인 외관을 가질 수 없다. 그것들은 역사나 발전을 가질 수 없다. 하지만 물질적인 생산과 물질적인 상호작용으로부터 발전하는 인간은 자신의 실제적인 존재와 함께 사고와 사고의 산물들을 변화시킨다(Marx and Engels, 1989: 47).

정치경제학과 철학을 매개하기

이제 이러한 강령은 가치와 관념, 이상, 정체성과 이데올로기, 즉 한 마디로 종합하자면 의식의 생산물이자 이것들을 생산하는 미디어 연구에 분명한 함의를 가진다. 그러나 오늘날 미디어 연구 교육과정에서 관념론이 만연하는 것은 두 가지 이유 때문이다. 첫째, 관념론은 그저 쉽게 교정이 가능한 스콜라철학적 오류가 아니다. 내가 주장해온 것과 같이 토대-상부구조 모델이 시도하고자 하는 것을 이해하는 한 가지 방법은 그것을 (사회적) 부분을 (사회적) 전체로 연결하기 위한 방법론으로 보는 것이다. (사회적 전체로부터 의식을 분리하는) 관념론은 사회적으로 생성되며 자본주의의 물질적 실천들은 우리가 전체적으로보다는 부분적으로 생각하도록 조장하는 경향이 있다. 예를 들어 생산의 사적 특성 및 경쟁적 특성은, 분명히 멀리 떨어져 있고 심지어 지구적인 힘들과 좀 더 지역적이고 사적이기까지 한 실천들 간의 숨겨진 연결고리를 파악하는 것이 어려워지고 있는 세상에 대한 단편적 경험을 생성한다(Murdock, 1997: 90). 또한 생각의 자율성은 아도르노가 생각한 것과 같이 일부 인텔리겐치아의 계급 판타지, 즉 현실적 주변성에 대한 준현실적 보상의 일종이지만(Best & Kellner, 1991: 231), 부르주아는 소유하고 있고 인텔리겐치아에게는 부족한 실질적 경제자본을 상쇄하는 문화자본을 인텔리겐치아에게 제공하는 것으로 생각할 수 있다. 둘째, 문화와 의식의 연구를 위한 유물론적 전제의 수립은 문제의 답이 아니라 제기라는 것이 인정되어야 한다. 이를테면 미디어가 관련되어 있는 의식의 세계 또는 상징적 재화는 물질적 세계와 얼마나 엄밀하게 연관되는가? 좀 더 변증법적으로 문제를 제기한다면, 우리는 어떻게 물질적 세계의 문화적 구성을 우선시하면서 그것과 문화의 물질적 구성을 파악하고 있는가?

문화연구가 정식화해온 재물질화에 대한 한 가지 시도는, 문화연구에 토대를 제공하기 위해 문화연구가 정치경제학의 전통(근본적으로 경제적이고 제도적인 분석)에 의지할 필요가 있음을 논의하는 것이다. 예를 들어 간햄[Nicholas Garnham]은 문화연구가 텍스트라는 상징적 세계를 특히 주목하기 위해 물질적 요소들을 어떻게 광범위하게 배제해왔는지에 주목한다(Garnham, 1997). 문화연구에서 토대-상부구조 모델을 배제하는 이면에는 이른바 환원주의에 대한 방법론적 이의와, 생산양식의 핵심 범주인 계급과는 대비되는 성별, 인종, 성적 취향에 대한 정치적 관심이 존재한다. 실제로 정치경제학과 문화연구 모두 이러한 사회적 정체성이 계급과 서로 맞물리는 방법들을 이제까지 연구해왔다는 것은 짚어야 하겠다. 켈너$^{Douglas\ Kellner}$는 특히 정치경제학과 문화연구 접근법의 결합이, 계급이라는 관점을 성적 차별, 인종 차별, 성적 지배를 비판하기 위해 연마된 분석적 도구와 화해시키는 진전된 길일 수 있다고 주장한다(Kellner, 1997). 그러나 새로운 통합을 위해 이들 간의 개념적 양립 불가능성과 모순에 천착하는 것이 아니라 두 방법론을 단순히 접합하는 것에는 위험이 존재한다.

머독은 문화연구에서 궁극적 지평으로서의 문화의 우월성이 심지어 레이먼드 윌리엄스와 같은 마르크스주의적 문화비평가의 업적에 어떻게 영향을 미쳤는지 보여준다. 윌리엄스는 유물론적 방법론을 추구하면서도 "현대 문화에서 경제적인 것과 상징적 역학 간에 변화하는 상호작용에 대한 일관된 조사를 시작"하는 데 실패했다(Murdock, 1997: 86).

여기서 쟁점이 되는 것은 매개, 즉 텍스트와 보다 넓은 사회적·문화적 맥락 사이에 있는 사회적 차원의 누락이다. 머독은 마르크스주의적 문학이론과 문화분석 연구는 텍스트를 다음과 같이 이해할 수 있다고 언급했다.

> 텍스트는 사회적·경제적 환경의 변화를 통해 생성된, 사고나 감정의 새로운 방법의 예시이다. 그러나 이러한 일련의 논쟁에는 연결고리가 누락되어 있다. 바로 '먼 변화'와 지금 여기의 행위를 매개하는 제도에 대한 일관된 해석이 없다는 것이다. 관계는 행위와 환경 사이가 아닌 텍스트와 맥락 사이에서 수립된다(Murdock, 1997: 89).

머독이 의미하는 행위는 의미를 만들어내는 직접적인 일이며 환경은 그러한 의미 생성을 가능하게 하는 제도적이고 경제적인 기반이다. 그러나 오늘날 정치경제학의 문제점 중 하나는 그것이 사회과학의 특화된 부분으로 발전되어왔고, 그래서 종종 변증법, 모순, 현상-형태, 매개와 같은 철학적 개념과 연관되는 것을 매우 꺼린다는 것이다. 예를 들어, 정치경제학은 모순이라는 개념에 적절한 비중을 두는 데 실패하면서 자주 기능주의적인 면모를 보여준다. 또한 자신의 연구영역이 그 자체로 어떻게 더 큰 사회적 총체성의 매개 또는 산물인지를 이해하는 데도 자주 실패한다. 이러한 총체성은 정치경제학에서는 결정적이라고 여기는 미디어—중요한 요소이기는 하지만—의 **직접적인** 제도나 경제(머독이 말하는 환경)보다 사회적·문화적 흐름을 더욱 설득력 있게 설명한다.

매개의 범주는 우리가 미디어 자본의 분명한 복수성과 다양성(제3장), 국가의 자본으로부터의 분명한 독립성(제4장)과 관련하여 논의했던 현상-형태 범주와 대조를 이룬다. 비판적 도구로서의 매개는 사회적 현상들에서 뚜렷해 보이는 고립성과 독립성을 중지시키기 때문에 매우 전복적이다.

> 이러한 순간적 재통합은 오직 상징적으로, 단순한 방법론적 허구로 남아 있을 것이다. 사회적 삶이 근본적인 현실 안에 있으며, 볼 수 없고 촘촘하게 연결된 망 안에 있다는 것을 이해하지 못한다면 말이다. …… 이 망 안에서는 사회적 변동이나 경제적 모순을 언어적 결과물과 연결할 방법을 만들어낼 필요가 없는데, 이 수준에서 이러한 것들은 서로 구분되지 않기 때문이다. 구분의 영역은 …… 단지 현상의 현실뿐이다(Jameson, 1989: 40).

헤겔 철학에서 매개의 개념은 우리의 감각과 직접적인 것에 대한 인식을 강화하고는 한다. 우리가 특정한 것, 예를 들어 텍스트 또는 제도를 연구할 때 우리에게 가장 강한 인상을 주는 것은 직접성이다. 이러한 직접성 안에서 우리는 텍스트나 제도를 별개의 것으로 관찰하고 연구하며 시간적, 공간적으로 다른 텍스트 및 제도로부터 분리하고 구분 짓는다. 사물에 관한 지식을 생성한다는 의미에서 직접적 현상의 단계에 머무는 것은 사물에 대해 상당히 결핍된 이해를 낳는다. 한편 매개는 연결성과 연관된다. 매개는 사물의 현상 뒤에 숨어 있는 덜 직접적이고 가시적인 관계를 재구성한다. 처음의 (직접적인) 경우에 우리의 감각에 매우 강력한 인상을 남기는 현상은 매개되고 나면 "의식의 흐름 안에 있고 **총체성** 안에 있는 어떤 계기"로 나타나게 된다(Aronowitz, 1981: 13). 마치 탁본처럼 매개는 완전한 그림을 구성하는 (사회적) 패턴과 연결고리들이 나타나게 한다. 베스트Steven Best와 켈너는 다음과 같이 주장했다.

> 실질적 쟁점은, 만약 그것이 사회적 차원들을 서로와 경제적 과정들로부터 분리하는 관념론을 피하기 위한 것이라면, 적절한 매개의 이용, 즉 비환원주의적 방법으로 문화적 텍스트와 사회적 실천의 모든 복잡성을 분명하게 나타낼 수 있는 충분히 정교한 체제의 이용과 관련이 있다(Best and Kellner, 1991: 187).

우리는 추후 이 매개의 개념으로 다시 돌아올 것인데, 그 이유는 매개의 개념이 이러한 연결고리들을 **어떻게** 구성하는지를 기술해야 하기 때문이다. 그때를 위해서 우선은 내가 생각하는, 분석적으로 구별할 수 있고 미디어 분석에서 매개가 필요한 사회적 차원의 일곱 층위를 간단하게 확인하는 것이 유용할 것이다. 그 층위들은 다음과 같다.

텍스트. 이는 그 자체로 현존하는 문화적 자료의 산물로서 생각되어야 한다. 나중에 다시 논하도록 하겠다.
생산과정. 텍스트는 주어진 기간 동안 특정한 사람들에 의한 특별한 생산 활동의 산물이다.
생산맥락. 이는 생산과정이 일어나는 회사(들) 또는 기관(들), 이것들의 역사, 생산과정에 선행하는 전략이나 철학을 가리킨다.

산업적 맥락. 이는 회사 또는 기관이 활동하는 산업(영화, 텔레비전, 광고 등)을 가리킨다. 제3장에서 본 것과 같이 독점, 자회사, 하도급 자본주의의 시대에는 산업 간 연결이 명백하게 증가한다. 〈빅브러더〉에 대한 이후의 분석은 어떻게 텔레비전이 고립된 산업 또는 자립형 산업을 더 이상 고려할 수 없는지를 보여줄 것이다.

국가. 제4장에서 본 것과 같이 국가는 정책을 통해 그리고 국가가 수립하는 규제 체제를 통해 미디어에 커다란 영향력을 행사한다. 이 장에서 미디어를 규제하는 맥락을 형성하는 국가의 역할에 대해 논의할 자리는 없지만 나는 〈빅브러더〉와 부르주아 국가의 위기 사이에서 다소 알레고리적인 연결을 제시하고자 한다.

발전양식(들). 이는 내가 카스텔에게서 차용하여 이전 장에서 사용한 범주이다. 그러나 카스텔과는 다르게 나는 이 범주가 생산양식과 상부구조 간에 유용한 매개 고리로서 작용하도록 하고자 한다. 발전양식은 특정한 기술 형태와 사회적·문화적 관계와 관련이 있다. 예를 들어, 카스텔은 자본주의와 그것이 야기하는 사회적, 문화적, 정치적 결과들에 대한 커뮤니케이션 및 정보기술의 점증하는 중요성을 포착하기 위해 정보주의라는 용어를 이용했다(Castells, 1996: 17).

생산양식(들). 당연히 이는 한 시대의 근본적인 사회적·기술적 대립과 우선순위를 배열하는 최고 범주이다. 이 범주가 포함하고 있는 발전양식(들)과 마찬가지로 우리는 서로 공존하는 복수의 생산양식에 관해서도 이야기할 수 있다. 그뿐 아니라 루이 알튀세르$^{Louis\ Althusser}$와 에티엔 발리바르$^{Etienne\ Balibar}$의 연구가 도출한 영향력 있는 마르크스주의 전통 중 하나는 사실상 지배적인 생산양식은 어떤 구체적인 사회 형태에서도 항상 다른 종속적 생산양식과 공존한다고 강조했다(Anderson, 1980: 67~68). 이러한 주장은, 마르크스주의를 그 어떤 현실 사회의 복잡성에도 충분히 들어맞도록 만들어주는 수단이자 하나의 생산양식과 다른 생산양식 간의 변화를 설명해주는 수단으로 간주되었다(Jameson, 1989: 91~95). 나는 다양한 생산양식들 — 예를 들어, 고대 그리스와 로마의 소작농 생산양식과 노예 생산양식 — 이 서로 공존했던 것이 사실이라고는 하나 자본주의의 팽창하는 속성이 모든 경쟁적 생산양식들을 점차적으로 해체하고 흡수한다고 주장할 것이다. 대안적 생산양식의 문화적 자원은 현재는 자본주의적 생산양식과 연관되어 있기 때문에 수정된 형태로 존재하는지 모르지만 우리는 문화적 자원과 생산양식의 구별을 절대적으로 분명히 해야 한다. 특히 서구 자본주의 안에는 사실상 단 하나의 생산양식만이 존재하며 전 지구적 관점에서 이러한 조류는 명확하다. 즉, 소위 제3세계라 불리는 봉건적이고 소작농에 기반을 둔 생산양식의 잔재는 사라지고 있다.

앞에서 본 것처럼, 일곱 층위들은 일련의 점점 더 광범위해지는 맥락화에 따라 정의된다. 처음 다섯 층위는 일반적으로 상부구조에 위치하고 있음을 식별할 수 있는 반면, 마지막 두 층위는 생산양식과 그것의 내부적 변형(발전양식)에 속한다. 그림 5.2는 토대-상부구조 모델을 재구성하고 분석하기 위해 이러한 일곱 층위를 이용한다. 생산양식과 발전양식은 각각 토대1과 토대2를 구성한다. 다른 층위들은 상부구조의 다양한 차원을 나타낸다. 그럼에도 불구하고 우리가 이하에서 보게 될 것처럼 이는 단지 도식에 지나지 않으며, 예를 들어 국가와 미디어처럼 어떤 면에서는 토대이면서 상부구조이기도 한 **경계 범주**와 같은 복잡성을 묘사할 수 없다. 그렇지만 이 토대-상부구조 모델의 가치는 그것이 개괄하고 있는 기만적인 문제의 폭로에, 즉 우리가 계급관계 및 분리의 결정요소들을 통해 어떻게 생각하는지를 드러내는 데 있다. 이러한 문제를 인식하지 못하면 생산과정과 생산맥락과 같은

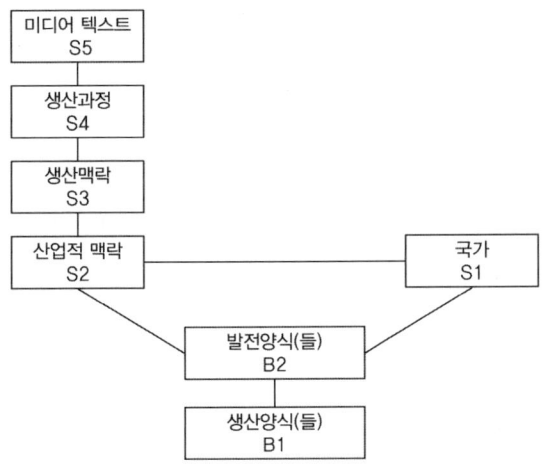

그림 5.2 상세화된 토대-상부구조 분석

다양한 차원의 분석은 계급 갈등이나 상업화와 같은 주요한 마르크스주의 범주들을 쉽게 누락할 수 있다.

생산양식으로의 귀환

마르크스주의적 문화이론 내에서 토대-상부구조 모델이 기능하도록 하기 위한 많은 시도가 지녔던 문제와 오류는, 토대를 누락하고 정도에 관계없이 토대로부터 동떨어진 상부구조의 자율성과 독립성을 정식화하는 데 있었다. 나는 우리가 그 대신 토대로부터 시작하여 작업해나가야 한다고 본다. 그동안 알아본 것과 같이 생산양식 범주는 사회적 관계와 생산력이라는 양대 축으로 구성되어 있다. 자본주의하에서 사회적 관계는 노동과 자본 간의 근본적 적대와 모순을 통해 특징지어진다. 물론 이러한 적대가 여타의 다른 적대나, 사회 내에서 여전히 소수자 집단인 계급을 망라하지는 않는다. 하지만 문제는 다른 모든 계급(인텔리겐치아, 프티부르주아)과 집단과 적대(지리적, 젠더적, 인종적 등)는 이러한 근본적 적대로부터 고립된 채로는, 그리고 모종의 (연역적으로 추정된 것이 아닌 구체적인 분석을 통해 인식된) 근본적 적대와 관계를 맺지 않고서는 존재할 수가 없다는 것이다. 우리는 또한 사회적 관계가 생산력의 발전과는 모순된다는 것을 발견했다(특히 제2장 참조). 이를 통해 생산양식이라는 범주가 모순과 고도의 역학관계 모두를 지닌 찢어진 현실을 가리킨다는 것을 알 수 있다.

생산양식의 모순은 그것이 단일하지도 동질적이지도 않다는 사실에서 시작된다. 그것은 우리가 관찰할 것처럼 내부적으로는 고르지 못하게 발전하지만 또한 다른 생산양식과의 시공간적 관계 속에서 발전한다. 역사적으로 자본주의적 생산양식은 **다른** 생산양식, 특히 봉건적인 소유권 유형과 공존하며 국내적이면서도 전 지구적인 규모를 가진다(그리고 여전히 상황은 지속되고 있다). 그럼에도 불구하고 자본주의의 팽창의 동력은, 자본주의가 실패해가는 시간의 과정을 초월하여 다른 생산양식으로부터 이용할 수 있는 것은 흡수하거나 재구성하고, 이용이 불가능한 실천, 가치, 권한들은 제거하는 데서 나온다. 따라서 이러한 기존 생산양식의 많은 **흔적**들은 자본주의적 생산양식 내에서 문화적 자원으로 유지된다.

문화적 차원에서 기존의 생산양식-봉건적이거나 준봉건적인-과 관련된 이미지와 가치는 종종 실제적으로 존재하는 자본주의 생산양식에 접목되어 있거나 통합되어 있다. 18세기 이후 완전하게 자본주의 사회로 발전한 영국(Thompson, 1978: 253)은 그럼에도 불구하고 옛 봉건/준봉건사회의 상징들을 유지하고 있으며, 그보다 훨씬 약하기는 하지만 과거 봉건사회의 가치를 유지하고 때로는 유기적 공동체 개념에 의해 보호받고 있다(Wayne, 2002b). 우선 일련의 의미와 이미지는 생성되기 위해 생산양식을 필요로 하며, 그것들은 〈해리포터와 마법사의 돌$^{\text{Harry Porter and the Philosopher's Stone}}$〉(크리스 콜럼버스

Chris Columbus, 2001, 미국)과 같이 중산층이 지배하는 자본주의 사회라는 구조와 가치가 깊이 새겨진 준봉건적 판타지 시나리오처럼 전혀 다른 생산양식에 통합될 수 있다. 이에 따라 이 마법사들의 세계는 은행, 환전, 계급 분리, 경쟁, 위계구조, 노동 분업, 그리고 심지어 마법에 관한 전문적인 학과까지 전부 갖춘, 우리 자신의 비참하도록 무미건조한 세상과 매우 비슷한 것으로 나타난다. 무엇보다도 악은 개개인 안에서 구체화되며 조직적, 구조적 뿌리가 없다. 자본주의와 공존―현재 그 빈도는 줄고 있다―하고 **있을 수도** 있는 실제적으로 현존하는 생산양식과 이전 생산양식의 **문화적 잔여물**을 구별하는 것은 정치적으로 절대적으로 중요하다. 많은 정치적 전략들이 기본적으로 이 둘을 혼동한 데서 비롯되어 수립되었으며 결과적으로 영국의 경우 정치비평가들은 경제적 또는 정치적 쇠퇴의 원인을 자본주의적 모순 그 자체보다는 '봉건적' 선례(군주, 상원, 런던 금융가의 지배)에서 찾았다. 이러한 구별을 유념하며 우리는 다음과 같은 프레드릭 제임슨Fredric Jameson의 주장을 지지할 수 있다.

> 사실 모든 사회구성체 또는 역사적으로 존재했던 사회는, 현재 새로운 것 내부에서 현존하는 시스템과 잠재적으로 모순되지만 그렇다고 스스로의 자율적 공간을 생성하지도 못하는 예전의 추세와 더불어, 구조적으로 예속적인 위치로 밀려난 옛 생산양식의 흔적과 잔여물을 포함하는 **여러** 생산양식들의 중첩 및 구조적 공존을 내재하고 있다(Jameson, 1989: 95).

여기서 제임슨은 또한 문화가 미래의 생산양식을 예비할 수 있다는 중요한 점을 지적했으며 실제로 과거와 미래의 비전은 종종 수렴하거나 대안적 삶의 방식을 위한 비전으로서 서로에게서 발견될 수도 있다. 자본주의 내에서 다른 생산양식의 맹아를 보여주는 문화적 윤곽은 불필요한 제한의 초월,

사회적 분리의 화해, 열망의 성공적인 표현, 지배의 속박에서의 해방, 창조성으로의 재연결 등의 유토피아적인 이미지와 묘사에서 그 모습을 약하게 드러낼 수 있다. 삶의 다른 양식에 대한 이러한 예시는 그 표현에서 '축어적逐語的'일 뿐만 아니라 우리가 제2장에서 본 것과 같이 마치 현재의 생산양식에 붙잡혀 남아 있는 것처럼 새로운 기술에 의해 접합된다. 하지만 이러한 '예비적 추세'는 앞에서 인용한 제임슨의 언급에서 암시하고 있을 뿐 완전히 인식되지는 않은 특성, 즉 완전히 발달한 생산양식과 동일한 것은 아니다. 이러한 환상과 예시가 없이는 사회주의적 생산양식은 창출될 수 없으며, 다른 한편으로는 사회주의적 생산양식 자체가, 이러한 주체적 힘들과 산발적인 대응 실천들을 통해 진정으로 실현된 하나의 **생산양식**―자신이 낳은 문제에 대한 해결책을 우리에게 되파는 소비 자본주의로 나아가는 길을 열고 그것에 착취당하게 하는 것이 아닌―이 되기 위한 하나의 조건인 것이다(Wayne, 2002c).

발전양식들의 공존에 대한 생각이 제시하듯이 생산양식 또한 내부적으로 모순적인데, 그 이유는 (특히 자본주의의 경우) 안정되고 직선적인 방식으로 발전하지 않기 때문이다. 자본과 노동 간의 적대는 자본의 지배적 구조의 불균등한 역사적 발전과 풀 수 없을 정도로 꼬이게 된다. 이는 한편으로는 부르주아 경제와 다른 한편으로는 부르주아 문화 및 정치 사이에 발생하는 모순에서 나타난다. 즉, 토대와 상부구조는 꼭 맞아떨어질 필요는 없지만, 각기 다른 토대 내부에서의 발전은 상부구조의 다른 측면과 모순에 빠질 수 있다.

예를 들어, ≪파이낸셜 타임스≫의 TV 평론가인 크리스토퍼 던클리Christopher Dunkley가 영국 텔레비전 프로그램 편성의 비참한 상태를 개탄한 비평에서 우리는 토대(≪파이낸셜 타임스≫가 떠받들고 옹호하는 자본주의에서의 경제의 우선성)와 상부구조(상위 중산층의 문화적 가치)가 불구대천의 적으로 서로를 직면하는 좋은 예시를 발견할 수 있다.

〈빅브러더〉는 새천년 영국 방송의 가장 중대한 특징들을 예증한다. 참가자들은 한때는 세계적인 바이올린 연주자나 노벨상을 받은 과학자들이 누렸던 명사의 지위를 누리는 것으로 보인다. 상대주의를 끔찍하게 고수하는 오늘날의 TV 프로듀서들은 전 세대였다면 알베르트 슈바이처Albert Schweitzer나 누렸을 명사의 호칭과 그에 따른 사회적 지위를 한때 폭력배였던 매드 프랭키 프레이저Mad Frankie Fraser나 신망을 잃은 닐 해밀턴Neil Hamilton 전 하원의원과 그의 부인에게 쉽게 돌려버린다. 실제로 도덕적이든 예술적이든 특정 가치를 빠르게 석권하고 있는 이 대단한 생각은 (삶의 다른 부분에서와 마찬가지로) TV에서 포커스 그룹과 유명인의 독재로 가는 길을 내어주고 있다. 그 생각이란 유명하면 무조건 좋다는 것이다.[1]

여기서 우리는 두 개의 서로 다른 가치모델 간의 대립을 볼 수 있다. 한 가치모델에서는 명사라는 가치가 전적으로 미디어 **퍼포먼스**로부터 도출되었으며, 전통적 부르주아를 주체로 하는 다른 오래된 모델에서는 사람들과 사건들을 더 많은 청중에게 단지 전달만 하는 미디어로부터가 아니라 그들이 미디어 외부에서 만드는 사회적·문화적 삶에 대한 기여로부터 가치가 도출되었다. 우리는 이러한 상이한 가치모델을 두 개의 대립되는 발전양식, 즉 정보주의와 산업주의에 각각 연관시킬 수 있다. 만약 포스트모던적인 미디어 퍼포먼스와 스펙터클의 강조에 어떤 '토대'가 존재한다면, 이는 문화산업으로의 그리고 커뮤니케이션 산업과 정보산업으로의 자본 유입을 내다보고 빚에 기반을 둔 광범위한 '과소비'를 조장한 포스트포드주의 발전양식에서 발견할 수 있을 것이다.

이러한 포스트포드주의적 발전양식은 "리비도적 애착과 윤리적 공허와 정신적 내향성의 분산되고 탈중심화된 연결망을 둘러싼 소비, 미디어 경험, 성적 관계, 경향과 유행이라는 이런저런 소비행위의 덧없는 기능"(Eagleton,

1986a: 145)으로 구성되는 특정한 주체(사회화된 개인)에 대한 모델을 발전시켰다. 테리 이글턴은 토대-상부구조 모델로 인해 길을 잃지 않고 부르주아 경제와 부르주아 문화 사이의 긴장을 연구하는 데 이를 이용(Eagleton, 1997)한 소수의 마르크스주의 비평가 중 한 사람이다. 그는 이러한 주체의 모델과, 직장에서 효율적이기 위한, 일자리를 구하기 위한, 계산서를 제때 지불하기 위한, 배심원으로 발탁되거나 범죄 또는 사고의 증인이 되었을 때 좋은 법적 주체가 되기 위한 이성적 의사결정에 대한 감각과 (예를 들어 부모 또는 정치적 시민으로서의) 권리 및 책임에 대한 감각과 (오늘의 당신이 어제의 당신과 근본적으로 다르지 않다는 의미에서의) 지속성에 대한 감각을 필요로 하는 과거 부르주아 주체의 모델 사이에는 어떤 모순이 존재한다고 언급했다.

전통적이고 이성적인 부르주아 주체와 비합리적이고 분열된 부르주아 소비자 간의 이러한 모순은 정치적 대의라는 영역의 쇠락―서구의 투표율은 빠른 속도로 떨어지고 있다―과 기업의 대변자들, 즉 팽창적인 미디어의 증가하는 참여 사이의 변증법에 적용하여 찾아볼 수 있다. 점점 더 협소한 차이 속에서 가동되고 (소비세계에서의 자기실현의) 실패, 소외, 엘리트에 의해 더욱 분명하게 나타나고 있는 부르주아 민주주의의 위기는 더 진짜 같은 참여와 재현 없는 재현―바로 엘리트적인 매개―을 매물로 내놓는 것처럼 **보이는** 미디어에 의해 모두 상쇄되기도 하고 탈색되기도 한다. 이런 전제를 지닌 포퓰리즘적 미디어는 자신의 생산을 통제하고 조작하는 기구가 보이지 않게 한다(우리가 〈빅브러더〉와 관련하여 보게 될 것처럼 이러한 억압이 전적으로 성공하지는 않지만 말이다). 마찬가지로 《파이낸셜 타임스》의 평론가 던클리는 대중을 찬양하는 것이 아니라 매체의 문화적 타락에 대해 텔레비전 시청자를 비난함으로써 그 생산기구가 보이지 않게 한다. 시청자는 편리한 대체물인데 그 이유는 그들이 던클리의 가치에 문제를 제기하기(왜 던클리는 그가 소중히 여기는 모든 문화적 가치의 파멸을 부추기는 신문에 기고하고 있는가?)보다 그것(노동계급의 사람들은 정말 취향이 없다니까!)을 확증해주기 때문이다. 이는 프레드릭 제임슨의 비판적 논의에서 문화적 산물과 관련하여 봉쇄 전략이라 부르는 것, 즉 모순(생산양식)을 관리하고 봉쇄하며 궁극적으로 억압하는 전략의 한 예이다.

상부구조

생산양식이 근본적으로 경제적 가치의 생산과 관련된 활동을 의미하는 범주라면, 상부구조는 근본적으로 비경제적인 활동과 관련 있지만 그럼에도 불구하고 다양한 정도로 생산양식의 재생산에 결정적인 산물이나 결과물을 지니는 활동을 말한다. 상부구조는 생산양식에 의해 면밀하게 배열된 사회경제적 관계의 변수들 안에서 작동하는 것으로 생각된다. 따라서 상부구조적 활동은 조정하거나 재생산하는 환경으로 생산양식의 지속을 뒷받침하는 것으로 종종 설명되지만, 우리가 관찰한 것처럼 이는 생산양식과 상부구조의 다양한 부분들이 서로 대립할 수 없음을 의미하지는 않는다. 이러한 상부구조의 활동은 일반적으로 두 가지 유형으로 나뉜다. 첫째, 조정과 재생산은 **강제적인** 수단(경찰, 사법부, 군)에 의해 달성되고 달성될 수 있다. 둘째, 재생산은 또한 (심지어 독재정부에서도) 보다 **합의에 바탕을 두는** 문화양식, 즉 가치, 생각, 지식, 습관, 정체성 등을 통해 달성될 수 있다. 이때 주요 상부구조의 작인은 정치, 교육, 미디어, 가족, 종교이다. 하지만 경제적 가치의 생산과 상부구조적 행위를 구별하면서 즉각적으로 분명해지는 것은 일부 작인은 **경계** 범주라는 것이다. 미디어는 자본 투자, 축적, 고용에 있어 점점 더 중요한 비즈니스의 장소**이자** 생각, 가치 등의 생산자이다. 그리고 바로 이 점이 미디어의 경제적 작동과 문화적 작동 간의 균열점이며, 미디어에 대한 정치경제학적 접근과 문화연구적 접근 간의 긴장의 근원이다. 따라서 미디어의 경제적 작동과 문화적 작동 간의 관계를 이해하려는 시도가 필요하다는 점도 분명해진다.

우리가 상부구조와 미디어의 경제적·문화적 차원에 대해 생각하기 시작한 이상 토대적 범주, 즉 생산양식의 두 층위를 구별할 필요가 있다는 것은 명확해진다. 예를 들어, 우리는 생산양식(B1)을 특정한 내용, 산업, 서비스 등과 관련이 없는(특정한 종류의 생산이나 산업, 서비스 등을 지칭하지 않는) **일반적** 범주로 생각할 수 있다. 이렇게 매우 추상적인 차원에서 자본주의적 생산양식에 관해 이야기하는 것은 모두 혹은 어쨌든 주어진 사회 내에서 대부분의 생산이 이루어져야 하는 **사회적 형태**와 관련이 있다. 이러한 추상적 차원에서 생산양식과 상부구조의 구별은 안정적으로 유지된다. 그러나 이제 우리는 실제 산업(S2), 실제 회사(S3), 실제 생산(S4) 등과 관련된 더욱 **구체적인** 의미의 생산양식에 대해서도 이야기할 수 있다. 분명 일반적인 사회적 형태에 수용될 수 있는 중요하고 구체적인 생산 배치나 생산 행위가 존재할 것이다. 일반적인 사회적 형태로서의 생산양식이 어떻게 한계를 설정하고 미디어 제작자와 생산물에 압력을 행사(Williams, 1980: 32)하는지는 일반적인 추상적 생산양식 범주로부터 파악할 수는 없지만, 일반적인 사회 형태와 특정 미디어 그리고 제도적·경제적 관계 또는 '토대'와 문화적 형식 간의 매개 분석은 필요로 한다.

그럼에도 불구하고 마르크스주의는 특정 미디어의 제도적·사회경제적 형태가 **일반적** 생산양식(우리의 경우 자본주의)의 사회경제적 관계를 특정한 방식으로 드러낼 것이라고 생각한다. 그리고 더 나아가 지배적인 사회경제적 관계들이 미디어가 생산하는 문화적 가치들의 정치•에 적재되어, 전체적으로 미디어가 생산관계의 재생산―그러한 재생산을 보장하는 가장 확실한 방식에 대한 논쟁을 항상 수반함에도 불구하고―을 촉진할 것이라고 생각한다.

『독일 이데올로기』에서 마르크스와 엥겔스는 "지배계급의 관념은 모든 시대의 지배적 관념이다. 즉, 사회의 **물질적** 권력을 지배하는 계급이 동시에 **지적**인 권력을 갖는다"라고 기술했다(Marx and Engels, 1989: 64). 오늘날의 상황은 틀림없이 이 단조로운 진술이 시사하는 것보다 더 복잡하고 변화무쌍할 것이다. 예를 들어, 지배적 관념은 항상 지배계급의 직접적인 관념일까? 마르크스와 엥겔스의 이러한 진술은 '지적 생산'의 수단이 되는 인텔리겐치아의 특별하고 모순된 계급 지위를 희석시키는 것처럼 보일 수 있다. 어떤 이는 이 진술을 "지배적 관념은 지배계급의 관념 또는 **이익**-관념과 이익의 구분은 중요하다-과 대체로 양립하며 적어도 공공연히 대립하지는 않는다"로 바꾸고 싶어 할 수도 있을 것이다.

  이는 도덕적·지적 리더십을 위한 투쟁인 헤게모니에 대한 질문을 열어준다.* 윌리엄스는 지배적 문화와 겨루며 부상하는 잔여적 실천이라는 개념을 통해 토대-상부구조 모델에 중요한 시간적 차원을 도입했다. 그는 대립적이고 대안적인 문화의 가치라는 측면에서 정치적 특성이 평가되는 범주들에 이러한 시간적 차원을 교차시켰다(Williams, 1980: 39). 부상하는 반자본주의 운동과 같은 저항적 문화들은 지배적인 사회적 관계의 **가치**들과 대립하지만, 그러한 사회적 관계 또는 적어도 그중 일부 중요한 측면을 적극적으로 변화시키고자 하기 때문에 지배적인 사회적 세력의 이익과도 대립하게 된다. 이와 대조적으로 대안적 실천은 지배적 가치와 대립하는 가치 시스템을 다양하게 제공하지만, 그 열망이 그들 자신의 자율적 공간을 얻는 것으로 그치는 경향이 있어 지배 계급의 사회경제적 이익에 대한 위협이 되지는 않는다(청소년 문화는 대안적 실천들이 좋은 예시가 되곤 한다). 분명 지배적인 것, 잔

---

* 문화정치라고 불러도 좋을 것이다.

여적인 것, 부상하는 것, 대안적인 것, 대립적인 것 간의 관계는 변증법적으로 고려해야 한다. 이들은 실제 세계에서 상호 배타적인 힘은 아니지만 다소 역동적으로 상호작용하고 중첩되는 부분이 있다. 종전의 진술을 고쳐서 말해보자. 물질적 권력을 지배하는 것이 지적 권력을 갖는 것과 강한 상관관계를 갖는다는 명제가 미디어 연구의 시발점으로 적절한가? 만약 적절하지 **않은** 명제이거나 시발점이라면 사람들은 주류 뉴스미디어가 정기적으로 자본주의에 의문을 제기하는 것을 보았어야 한다. 주류 뉴스미디어가 일상적으로 이윤 동기를 공격하고, 부조리한 자본주의의 우선순위를 지적하며, 자본주의의 사치를 조명하고, 가난한 자와 약자(예를 들어 난민)보다는 막대한 자원을 통제하는 **부유한** 소수를 공격하며, 자본주의적 생산관계 이면의 세계에서 찾아낸 다양한 비극과 불만과 눈물을 연관 짓는 것을 봤어야 한다. 실제로 그 누구도 이러한 것을 주류 미디어—자유주의적인 경향을 가진 미디어조차—가 하는 일이라고 진지하게 주장할 수 없을 것이며, 그래서 지배적 관념과 지배적 계급을 연관 지은 마르크스와 엥겔스의 명제가 나에게는 정말로 시발점으로서 적절한 명제인 것으로 보인다.

유물론과 관념론 간의 구분에 대한 과거의 논의를 생산양식과 상부구조와 연관시키지 않는 것이 절대적으로 중요하다. 그럴 경우 우리는 생산의 세계와 생각 및 의식의 세계를 분리시키고, 각각을 생산양식과 상부구조에 할당하게 된다. 이는 생산양식을 맹목적인 것으로 바꿔 놓게 된다(실제적으로 이것이 토대가 인간의 의식과 무관하게 기술적인 또는 경제적이고 물질적인 '사물'로 여겨지는 이유 중 하나이다). 하지만 잠시만 생각해보아도 의식, 지식, 관념, 가치가 미디어 제작을 포함한 실제 생산 활동에서 절대적으로 필요한 것임이 명확해진다. 헤겔과 마르크스에 대한 상식적 수준의 투박한 비평에서 레오나드 잭슨^{Leonard Jackson}은 "도구는 개념이 없이는 쓸모가 없지만 이러한 점을 너무 고려하면 당신도 마찬가지로 헤겔로 돌아가서 관념이 역사의 추진력이 되도록 만들 것이다"라고 주장했다(Jackson, 1994: 86). 하지만 꼭 그렇지는 않다. 관념, 의식 등은 노동과정에 있어 결정적이지만, '생산력'이 될 수 있는 노동과정에 접합되는 관념들만이, 그리고 언제든지 지배적인 사회적 생산관계와 양립할 수 있는 관념들만이 그 노동과정에서 체계적이고 지배적인 방식을 발전시킬 수 있는 기회를 얻을 것이다. 이는 제2장에서 논의했던 디지털 파일 교환의 증가와 같은 모순을 배제하지 않는다. 하지만 매우 분명한 것은 이러한 모순들은, 제도화되어 생산양식의 법적 부분이 될 경우 길들여져야만 할 자본 축적에 대한 위협이라는 것이다. 이러한 정식화에서 유물론적 원칙은 사회적·경제적 힘과 관념을 분리하지 않고 유지하는 것이다. 되풀이해서 숙지할 가치가 있는 어구는 이런 것이다. **어떤 관념이 사회적·경제적 권력을 결정할지를 결정하는 것은 사회적·경제적 권력이다.**

그러나 내가 주장해온 것과 같이, 물질적 권력이 생산양식과 같다거나 관념이 상부구조와 같다고 생각해서는 안 된다. 이는 토대를 빈약(맹목적인 것으로 전락)하게 할 뿐만 아니라 상부구조 역시 순수 의식이라는 영역으로 '비물질화'시킴으로써 빈약하게 만든다(Eagleton, 1989: 168). (마르크스의 일부 어록이 보여주는 것과 같이) 상부구조를 단순히 이념, 가치, 의식의 영역으로 간주할 경우 그것(상부구조)의 동향과 특성을 '토대'의 분석을 통해 파악할 수 있는 2차적인 것으로 생각하기 쉽다. 미디어 제도와 조직뿐만 아니라 문화, 언어, 의식도 물질적 실체를 가지고 있다. 러시아의 마르크스주의 언어학자인 볼로시노프^{V. N. Volŏshinov}는 기호는 현실 세계의 '물질적 분절'이며 '일종의 물질적 구체화'를 필요로 한다고 거침없이 주장했다(Volŏshinov, 1996: 11). 『독일 이데올로기』에서 마르크스와 엥겔스는 언어로 표현된 것으로서의 의식의 물질성과 이의 대인관계적, **사회적** 특성을 서로 연결시킨다.

처음부터 '영혼'은 동요하는 공기와 소리층, 즉 언어의 형태로 모습을 나타내는 물질을 '짊어지는' 저주로 고통받고 있다. 언어는 의식만큼 오래된 것이며, 다른 사람들에게도 존재하는 실질적인 의식으로서 오직 이러한 이유에서 나 자신에게도 개별적으로 실제로 존재한다. 의식과 마찬가지로 언어는 다른 사람과 상호교류할 필요, 필연성에 의해서만 발생한다(Marx and Engels, 1989: 50~51).

여기에서 우리는 위에서 다뤘던 유물론의 두 가지 정의 간의 **연결**을 매우 분명하게 발견한다. 순수한 육체성과 사회적 관계는 연결되어 있는데, 그 이유는 사회적 관계를 통해서만 물리적 물질세계를 다루는 능력이 신장될 수 있기 때문이다.

즉, 상부구조는 문화와 의식과 마찬가지로 물질적이다. 그럼에도 불구하고 이런 표현은 모든 물질성을 동등하게 결정하는 것으로 간주하는 위험성을 내포하고 있다. 일찍이 레이먼드 윌리엄스는 "'생산'과 '산업'을 '방어', '법과 질서', '복지', '오락', '여론'이라는 비교적 물질적인 산물로부터 따로 떼어놓는 것은 완전히 요점을 벗어난 것이다"라며 멋지게 불평한 적이 있다(Williams, 1988: 93). 상부구조를 단순한 생산양식 또는 토대의 반영으로 환원시켰던 '속류 마르크스주의'의 흐름에 반대하는 그의 주장은 생산과 물질성의 개념을 모든 사회적 활동으로 확장시킬 필요가 있다는 것이었다. 만약 이렇게 되었다면 이러한 활동들은 연구를 그 자신의 권리로 요구하는 비중과 효력을 얻게 되었을 것이다. 성과 왕궁과 교회에서 감옥과 일터 그리고 학교까지, 전쟁 무기부터 언론통제까지 모든 지배 계급은 다양한 방식으로, 하지만 항상 물질적으로 사회적·정치적 체제를 생산한다(Williams 1988: 93). 이는 심층적인 유물론이 되기에는 아직 피상적이다. 테리 이글턴이 지적한 것과 같이 성, 교회, 학교 등의 순수한 물질성은 쟁점이 되지 않는다(Eagleton, 1989: 168). 생산양식에 대한 심층적인 유물론이 없이는 사실상 이렇듯 명백하게 불연속적인 조직들을 함께 연결하는 것은 지배계급의 '의도' 외에는 없다(Eagleton, 1989: 170; Williams, 1980: 36). 그러나 우리는 여기서 더 나아가 지배계급이 왜 그러한 의도를 가지고 있으며, 어떤 일(예를 들어 경제적 위기)들이 그들의 의도와 상관없이 발생하는지에 대해 의문을 가져야 한다. 모든 사회적 활동들에 유물론을 확장시키는 것은 토대-상부구조 모델을 부정하지 않고, 다만 마르크스주의에서 위계적인 일련의 결정요인들이 자본주의 세계를 관장한다고 설명한다. 앞서 제4장에서 우리가 본 것은 국가가 사회적·경제적 관계에서 강력한 결정요소라는 것이었다. 앞의 정식화를 반복하자면 국가가 결정을 내리는 방식을 (궁극적으로) 결정하는 것은 자본의 사회적·경제적 관계였다.

루이 알튀세르: 중층결정 또는 매개?

모든 사회체제에 대한 분석은 두 가지 함정을 피하면서 나아가야 한다. 우선 생산양식의 개념은 한편으로는 위계적인 결정요인을 단언한 나머지 세계의 복잡성을 단 하나의 본질로 환원해버리는 **단일인과적** 해석으로 빠지는 것을 피할 수 있어야 한다. 그리고 다른 한편으로는 다양한 요소들이 강력한 영향력을 지닌 것으로 인정하지만, 체계적으로 구조화된 사회적 힘의 위계에 대한 어떠한 감각도 다소간 동등한 다원성을 위해 소멸시켜버리는 순수한 **다인과적** 자유주의 모델을 피할 수 있어야 한다. 프랑스 공산당의 이론가인 루이 알튀세르Louis Althusser는 이러한 딜레마를 해결하고자 했다. 1960년대 후반부터 1970년대 중반까지 알튀세르 마르크스주의는 문화, 영화, 미디어 연구에서 아주 인기가 높았다(Clarke, 1980). 이러한 유명세가 빠르게 쇠퇴한 것은 토대-상부구조 모델에 의해 제기된 딜레마를 해결하는 데 실패했다는 증거이다. 그러나 그 실패는 상부구조를 생산양식의 단순한 표현으로 환원하지 않고 양자를 연결하기 위해 매개와 같은 개념화가 필요한 이유를 명확히 하는 데 도움이 될 수 있기 때문에 간단하게 추적해볼 가치가 있다. 한계를 설정하고 압력을 행사하는 것으로서의 '결정'에 대한 윌리엄스의 생각은 유용하지만, 결정되는 과정 **내에서** 무엇이 진행되는지를 알려주지 않는다. 이 사실에서 매개의 개념으로 돌아갈 필요성이 발생한다.

알튀세르가 '과학적' 마르크스주의로부터 모든 헤겔적 영향을 분리하고자 하는 자신의 광대한 프로젝트의 일부인 그의 유명한 글 『모순과 중층결정$^{\text{Contradiction and Overdetermination}}$』에서 마르크스주의로부터 박멸하고자 했던 것은 분명 이러한 헤겔철학적 개념이었다. 알튀세르의 방법을 재구성하기 전에 우선 그의 종착지에서 시작해보자. 『모순과 중층결정』의 후반부에 그는 토대-상부구조 모델에 대해 다음과 같이 매우 명확하게 언급했다.

> 마르크스는 적어도 우리에게 '사슬의 양 끝'을 제공했고, 이러한 양 끝, 바로 (경제적) **생산양식에 의한 최종 결정**과 상부구조의 상대적 자율성 및 그것의 특수한 효과 사이에서 무슨 일이 일어나는지 발견하라고 했다(Althusser, 1996: 111).

이제 우리는 생산양식 범주를 다인과성(상부구조 및 그것의 '특수한 효과')과 화해하기 위해 시도할 것이다. 이러한 정식화가 없다면 화해는 거의 즉각적으로 무산된다. 생산양식은 결정력이기도 하고 아니기도 하다. 생산양식의 결정을 '최종 심급'으로 분류하는 것은 매우 비변증법적이며, 상호의존성이 아닌 생산양식과 상부구조 사이에 있는 경직되고 일시적인 외재성을 강조하는 것이다. 그렇다 하더라도 '최종 심급' 공식은 그가 벗어나고자 하는 환원주의적 (스탈린주의) 마르크스주의로 그를 되돌려 놓는다. 그리하여 그는 어쩔 수 없이 "처음부터 끝까지 '최종 심급'이라는 고독한 시간은 절대 오지 않는다"라는 결론을 내릴 수밖에 없었다(Althusser, 1996: 113). 이렇게 알튀세르 마르크스주의는 탈마르크스주의와 담론 이론을 위한 기반을 구축했다. 그것은 경제 영역을 편협하게 인식된 특별하고 비결정적인 역할로 추방하는 표준적인 자유주의와 거의 다를 바 없다. 이것이 바로 알튀세르의 종착지였다. 알튀세르는 어쩌다 그런 곳에 이르게 되었는가?

개념적으로 그의 시작점은 충분히 가능성이 있었다. 그는 헤겔과 마르크스의 관계가 알려져 있는 것보다 더 복잡하다고 주장했다. 그는 "마르크스가 스무 번이나 말했듯이 헤겔은 물질적 삶, 즉 모든 인민의 구체적인 역사를 의식의 변증법을 통해 설명한다"는 것에 주목했다(Althusser, 1996: 107). 이러한 기존의 설명에서 마르크스적 관계의 특징은 종종 단순한 **전도**로 묘사되며, 사회의 생산적 삶─그리고 우리가 보아왔듯이 이는 종종 '경제'로 추상화된다─은 역사의 '본질'이 되고 다른 모든 사회적 힘은 단순히 생산적 삶의 단순 **표현**이 된다. 알튀세르는 이렇게 빈약해진 환원주의적 버전의 마르크스주의를 매개범주로부터 유래된 것으로 간주했으며, 이에 대해 자신의 중층결정 개념으로 맞섰다. 알튀세르는 다양한 부분들이 전체와 관계를 맺는 방법에 대한 헤겔의 모델에서는 다양한 결정자들(중층결정)이 아닌 "일반적 모순의 누적된 **내화**"를 발견할 수 있다고 주장한다(Althusser, 1996: 101). 내화야말로 결정적인 개념이다. 만약 사회적 전체의 모든 부분들이 단순히 일반적 모순('속류 마르크스주의'에서의 경제적 토대)을 내화하고 있다면 우리가 필요로 하는 것은 그저 우리의 비판적이고 실천적인 에너지를 일반적 모순에 바치고 다른 모든 것을 부차적인 것으로 분류하는 일임이 분명하다. 하지만 **어느 정도** 내화 개념이 없다면 상부구조는 생산양식으로부터 완전하게 분리되고, 우리에게는 알튀세르의 중층결정 개념이 남게 되는데, 이 개념에서는 모든 다른 비경제적인 요인들이 본질적으로 다른 원천들로부터 나와 수렴되고 사회경제적 관계들은 이러한 다른 결정요인들에 대해 철저히 외재적인 것으로 남아 명백히 아무 관련도 없게 된다. 우리는 조악한 환원주의와 자유주의적 다원주의 사이에서 빠져나오기 힘든 곤경에 처하는 것처럼 보인다.

사실 알튀세르는 매개에 관한 문제에서 절반만 옳았다. 만약 내화가 특수한 것을 일반적인 것에 연결해주는 매개 과정의 한 측면이라면, 그것의 다른 한 측면은 재구성이라는 필수적 과정—필수적인 이유는 전체 사회구성체의 물질적 특성 때문이다—을 포함하고 있다. 생산양식은 어떤 제약도 없이 획일적이고 동질적인 방식으로 사회구성체의 다른 모든 층위들을 관통하는 것은 아니다. 매개는 사회계급, 생산력, 상업화, 사용가치 등과 같은 서로 다른 범주들을 통해 차별화되어야 하는 생산양식의 논리가 사회구성체에 도입되도록 하면서도, 분화된 사회적 전체의 실천, 행위자, 제도, 기술에 따라 수정되도록 내화**와** 재구성의 2중 과정을 포함한다. 작은 사례를 들자면, 영화의 경우 소비자가 늘어날수록 복제본의 비용이 줄어드는 것과는 매우 대조적으로, TV 라이브 웹 스트리밍은 **더 많은** 사람들이 그것을 이용하기 위해 로그인할수록 비용이 증가한다. 여기서 인터넷과 웹방송의 기술은 그것이 내화하고 결과적으로 연관된 사회적 작인으로부터 특정 반응을 불러일으키는 생산양식의 일반적 논리를 재구성한다.

모든 생산양식 범주가 요구하는 것은 모든 사회적 현상이 생산의 사회경제적 적대와 **어떤** 관계를 맺는 것이다. 모든 현상들이 그것과 **동일한** 관계를 맺는 것은 아니다. 실제로 모든 진정한 유물론적 철학은 실천의 구체적인 물질성이, 예를 들면 축적이라는 대원칙을 미묘하게 수정하면서 생산하는 것을 바랄 것이다. 사회적 실천의 구체적 물질성과 사용가치를 없애버릴 수 있다는 **환상**을 품고 있는 것은 자본뿐이다. 마르크스주의자들은 내화 못지않게 재구성을 강조함으로써 다시 한 번 그들이 발견한 것에 놀라움을 금치 못할 것이다.

제임슨의 가이거 계수기$^{Geiger\ Counter}$ 해독: 텍스트에서 생산양식으로

다음 소절에서 나는 유명한 텔레비전 텍스트인 〈빅브러더〉와 관련하여 토대-상부구조 모델이 어떻게 효율적으로 사용될 수 있는지를 대략 설명할 것이다. 그러나 여기서는 어떻게 단일 텍스트 분석에서 생산양식의 일반적 범주로 이동할 수 있는지를 간단하게 설명할 것이다. 의문의 여지없이, 마르크스주의 문학이론이 특히 1960년대 후반과 1970년대의 형식주의 및 구조주의 언어이론과 조우한 것은 텍스트 생산과 생산양식과의 관계를 정교하게 이해하게 하는 데 기여했다(Macherey, 1978; Eagleton, 1986b; Jameson, 1974b, 1989). 이러한 조우는 형식적 특성과 형식적 전략 그리고 새로운 관점을 통해 마르크스주의 문학비평에 새로운 정밀성을 가져왔으며, 동시에 문학 언어의 특수성에 대한 형식주의와 구조주의라는 몰역사적이고 관념론적인 경향을 초월하게끔 했다. 그러나 이러한 초월성은 부분적일 뿐이었다. 그러한 마르크스주의 문학이론의 으뜸가는 예는 정치경제학이 관심을 집중하고 있는 매개의 부재에 대한 머독$^{Graham\ Murdock}$의 비판이다. 부분적으로 문학이론에서 결함은 문학생산이, 분명히 출판사를 필요로 하고 마케팅 전략을 수반함에도 불구하고, 자본의 사회적 관계 및 기술하의 집단적 생산이 다소간 직접적으로 개입하는 문화산업에서는 적당히 대체되어버리는 개인 작가와 텍스트 간의 직접적인 장인적 관계를 여전히 수반한다는 사실에서 나온다. 〈빅브러더〉 사례연구는 특히 새로운 기술과 미디어-산업 복합체의 기업적 연합과 관련되면서 텍스트에 작동하는 직접적인 제도적·경제적 매개들을 살펴볼 것이다. 프레드릭 제임슨은 종종 이런저런 매개들을 놓친 것에 대해 비판을 받는데 이러한 점은 기억하고 있을 필요가 있다. 이제부터 그의 저서 『정치적 무의식$^{The\ Political\ Unconscious}$』에 처음으로 상술된 텍스트 생산의 역사화라는 모델을 약술할 것이기 때문이다. 내가 제임슨을 선택한 이유는 그가 포괄적인 모델―텍스트주의의 한계를 지닌―을 제공하고 또한 그것이 〈빅브러더〉가 위치해 있을 수 있는 문화적 조류, 즉 포스트모더니즘에 대한 진단으로 유명하기 때문이다.

제임슨은 각각이 더 넓은 준거틀을 향해 뻗어나가는 세 개의 텍스트 분석 차원을 발견하고 이를 해석적 지평이라고 이름 붙였다. 우선 첫 번째 분석 차원은 텍스트를 "상징적 행위"(Jameson, 1989: 76)로 받아들이는데 그것은 텍스트가 선재하는 문화적·이념적 재료들의 산물임을 강조한다(Eagleton, 1986b: 64~101 참조). 더 넓은 사회를 그저 '투영'하는 텍스트라는 보다 수동적인 관념에서 벗어나고자 한다면 텍스트를 일종의 '생산물'로 간주하는 것은 절대적으로 중요하다. 만약 텍스트가 생산물이라면 이제 과제는 텍스트를 존재하는 재료의 재구성으로서, 즉 아무리 그 텍스트의 재료와 운용이 포괄적이거나 정형화된 것이라 하더라도 '독특성'의 요소를 일부 지니고 있는 재료들의 조합으로서 조사하는 것이다. 또한 이러한 텍스트가 생산하는 것 중 한 가지는 실제 사회적 모순에 대한 그 자신의 상상적인 해결책이다. 제임슨은 다음과 같이 기술했다.

> 예술과 그것의 사회적 맥락 간의 관계는, 사회적 맥락―형식들 자체의 역사와 자국어 환경을 포함하는―을 예술작품이 상상적인 해결책, 또는 '대답'으로서 나타나는 **상황**, 즉 문제, 딜레마, 모순, '의문'으로서 이해할 수 있다는 명제를 통해 타성적인 투영의 개념으로부터 자유로워질 수 있다(Jameson, 1992: 164).

제임슨의 『보이는 것의 서명$^{Signatures\ of\ the\ Visible}$』에서 발췌한 이 내용은 『정치적 무의식』에서 상세하게 펼쳐왔던 모델과 완전히 일치한다. 이 해결책이 상상적인 이유는 텍스트가 진단하는 사회적 문제들이 사실상 사회적 실천을 통해서만 해결될 수 있기 때문이다. 이러한 실천적 해결책이 (지배적 사회관계로 인해) 봉쇄되었을 경우 문화는 신화적인 화해를 실행한다. 문화적 텍스트는 문제가 되는 사회적 내용을 다루고 내포하기 위해 내러티브상의 대립, 형상화, '등장인물'의 특정 시점 또는 행위의 부각과 같은 **형식상의** 전략을 이용한다. 이는 봉쇄 전략이 문제적인 사회적 내용을 일제히 표면화시켰다가 결국에는 사용된 형식상의 전략을 통해 그것을 억압하기 위한 복잡한 과정임을 의미한다(Jameson, 1989: 213~214). 제임슨의 해석적 모델은 마치 텍스트 위를 훑는 가이거 계수기* 같다. 이때 가이거 계수기의 독특한 소리는 텍스트를 통해 방출되는 것뿐만 아니라 흡수되어 있는 것, 즉 억압된 것이 무엇인지를 알게 해준다(Jameson, 1989: 215). 제임슨은 텍스트에 늘 붙어 다니고 텍스트의 형식과 내용에 흔적을 남기는 정치적 무의식(본질적으로 억압된 생산양식)을 해독하고자 노력하고 있다. 우리가 보게 될 것과 같이 〈빅브러더〉라는 현상―'텍스트'는 사실 너무 한정적인 단어이다―은 자본주의에서 없어서는 안 될 가치, 권력, 윤리의 불공평한 교환으로 인해 계속 문제가 되고 있다.

두 번째 분석 차원에서 추상적인 텍스트가 실제 사회적 모순을 상상적으로 해결하는 것은 더 큰 사회적 '대화', 특히 계급 간의 '적대적인 대화'의 일부로 간주된다. 첫 번째 차원이 텍스트의 형식적 완벽함, 즉 텍스트가 해결책을 내고 봉쇄 전략을 실행할 수 있도록 하는 방식으로 재료들을 배열하는 데 성공하는 것을 강조한다면, 두 번째 분석 차원은 그러한 명백한 폐쇄성을 풀어헤쳐 놓고 볼로시노프에 따르면 기호들이 '다억양적 multiaccentual'인 것이 되고 '계급투쟁의 장'에서 다양한 방향으로 끌어당겨지는 보다 열린 결론을

---

* 휴대용 방사능 측정기.

지닌 과정 내에 텍스트가 위치하게 한다(Vološinov, 1996: 23). 특정한 기호 안에서 이러한 계급투쟁을 식별한다는 것은 진행되는 계급투쟁 주변에 있는 기호들의 최소단위들을 특정하는 것을 의미한다. 제임슨은 이러한 단위를 이념소^{ideologeme}라고 불렀다. 예를 들면, '자연' 또는 '신기술'과 같은 이념소는 개념, 철학적 체계나 교의로서 발전할 수 있거나 혹은 그것이 지닌 근본적인 테마를 구현하는 캐릭터나 기타 표상을 가진 서사와 이야기로 발전될 수 있는 수륙양용의 구성물이다(Jameson, 1989: 87). 〈빅브러더〉와 관련하여 고려해야 할 이념소는 바로 '감시'이다. 이것이 바로 우리가 〈빅브러더〉를 계급 간의 이념적 대결 과정 중의 '이동' 또는 책략으로 위치시킬 수 있는 최소 단위의 기호이다.

　마지막 해석적 지평은 더 큰 스틸 컷으로 바로 생산양식 그 자체이다. 여기서 특정 텍스트와 관련하여 조직되는 계급 간의 대화는 완벽한 문화적 혁명을 달성하기 위한 투쟁 중의 한 순간으로 재구성되며, 이는 한 시대에 적합한 문화적 헤게모니(리더십)를 둘러싼 투쟁이라고 할 수 있다. 그러나 이 마지막 해석적 지평에는 문제점들이 있다. 제임슨은 각각의 생산양식에는 '문화적인 지배소', 즉 그것이 자본주의 내에서 생존하는 데 거의 의문의 제기 없이 알맞도록 주체를 '프로그래밍'—제임슨의 다소 기능주의적 용어를 이용하자면—하는 데 가장 적절한 문화적 패러다임이 존재한다고 주장했다. 여기서 고도자본주의의 문화적 지배소가 곧 포스트모더니즘이라는 제임슨의 유명한 진단이 나온다(Jameson, 1991: 4). 이때 문제는 포스트모던한 문화생산이 '지배적'으로 보일 수 있는 범위를 속단하고 포스트모던이라는 용어를 지나치게 많이 사용하는 경향을 조장하며, 결국 그것이 모든 것을 다루고 포함하게 되어버린다는 것이다. 분명히 〈빅브러더〉의 경우 누군가는 그것을 포스트모던한 '문화혁명'에 그럴 듯하게 포함시킬 수도 있을 것이다. 〈빅브러더〉에 대해 많은 논평이 있었고, 그 프로그램을 현대 텔레비전이 가고 있는 특정 방향의 징후이자 더 광범위한 문화·경제적 조류의 자료로 간주할 수도 있다. 그러나 텔레비전은 균일하지 않은 매체이며, 상업화의 영향은 불균등하고 전부 포스트모던한 것으로 분류할 수는 없는 다양한 방향을 택하고 있다. 따라서 지배적 문화를 가장 잘 투영하는 단 하나의 문화적 자원이 존재하며 그것이 바로 포스트모더니즘이라고 주장하는 데 대해서는 신중해야 할 것이다. 사실 사회적 모순을 관리하고 봉쇄하기 위해 동원될 수 있는 다양한 문화적 형식들이 존재한다.

또 다른 문제점은 생산양식 범주에 대한 제임슨의 정식화이다. 나는 앞서 **실질적으로** 존재하는 생산양식과 공존하는 생산양식과, 과거에는 존재했지만 현재는 소멸된 생산양식의 문화적 잔여물을 지니고 있는 생산양식 또는 아직 현실화되지는 않았지만 미래(사회주의)에 현실화될 것으로 예상되는 생산양식을 구별해야 한다고 주장했다. 그러나 제임슨의 경우 이러한 분석 차원에서 '모순이 취하는 형식'은 생산양식 사이에 존재한다(Jameson, 1989: 94). 제임슨은 바로 이 다양하고 실질적으로 존재하는 생산양식 간의 갈등과 모순에서 사회적 변화와 정치적 바람의 역학관계를 발견한다. 이러한 정식화는 잘못된 것인데, 그 이유는 고도자본주의의 중심부에는 사실 다양한 생산양식 간의 공존이 존재하지 않는다는 것이 확실하기 때문이다. 소위 '서구'라 불리는 곳에는 단 하나의 생산양식만이 존재하며 이것이 바로 자본주의이다. 다양한 양식의 공존에 대해 이야기하고자 할 경우, 고도자본주의의 소비주의적이고 미디어화된 주체에 맞서 낡고 아마도 현재는 (윌리엄스의 범주를 인용하자면) **잔여적일** 고귀한 부르주아적 주체를 수호하는 것에 대한 던클리의 논의에서 내가 주장했던 것과 같이 〈빅브러더〉를 **발전**양식의 단층에 포함시키는 것이 더 현명할 것이다. 모순은 생산양식 사이에서 나온다는 제임슨의 주장의 결말은 포스트모더니즘을 특징짓는, '이제까지 상업화되어 있지 않던 부분에까지 자본이 놀랄 만큼 팽창'을 하는 작금의 상황을 논리적으로 보이지 않게 한다(Jameson, 1991: 36). 이는 제임슨이 저항 또는 희망을 위해 비자본주의적인 또는 자본주의화가 덜 진행된 세계를 고려하도록 하는 숙제를 남겼다. 고도자본주의적 생산양식 안에서 사는 우리는 그보다는 자본주의적 생산양식 **안에 있는** 자본과 노동, 교환가치와 사용가치, 불필요한 소비와 필수적인 보편적 해방 사이의 모순에 대한 감각을 회복할 필요가 있다.

토대-상부구조, 〈빅브러더〉를 만나다

내가 매개의 일곱 가지 차원으로 분석했던 토대-상부구조 모델이 〈빅브러더〉에 적용될 수 있을 것이다(그림 5.2 참조). 먼저 텔레비전의 상업적 맥락 및 회사의 생산적 맥락과 연관된 S2와 S3 층위부터 보기로 하자. 〈빅브러더〉는, 유럽에서 가장 큰 독립제작사 중 하나로 1990년 후반 15개가 넘는 국가에 24개 이상의 프로덕션 하우스를 자산으로 보유했던 네덜란드의 엔데몰 엔터테인먼트$^{Endemol\ Entertainment}$에 의해 고안된 텔레비전 프로그램 포맷이다. 이 쇼에는 외부세계와 연락이 모두 끊기고 24시간 모니터링 되는 집 안에 가둬진 참가자들이 출연한다. 이 쇼의 영국판에서 참가자들은 매주 '동거인'들에 의해 퇴출자로 지명된다. 가장 많이 지명된 참가자는 공개 투표에 의해 운명이 결정된다. 상금은 마지막까지 집에 남은 사람에게 돌아간다. 네덜란드의 〈빅브러더〉는 1999년 처음 방송되었으며, 그 후 계속해서 독일, 스페인, 미국의 지역 제작사에게 포맷이 팔리거나 제작 위탁을 하게 되었다. 〈빅브러더〉의 영국판(2000년 첫 방송)은, 피터 바잘게트$^{Peter\ Bazalgette}$가 경영하고 엔데몰의 영국 자회사인 GMG 엔데몰이 공동소유하고 있는 바잘^{Bazal} 사가 제작했다. 'GMG' 역시 GMG 엔데몰을 공동소유하고 있는 가디언

미디어 그룹Guardian Media Group의 약자이다. 〈빅브러더〉는 문화적으로 그리고 텔레비전의 역사에서 독창적인 생산물이 아니라 〈서바이버Survivor〉—이 프로그램의 제작자들은 실제로 〈빅브러더〉가 그들의 아이디어를 사실상 복제한 것과 다름없다고 주장하며 엔데몰을 고소했다—와 법 집행 공무원 및 공공서비스기관의 일상을 추적하는 다른 리얼리티 TV 쇼로부터 파생된 것이다(Dovey, 2000: 80~81). 유럽은 물론 특히 미국에서 이러한 쇼의 성공은 일반인들이 출연하는 '대본 없는' 쇼로 알려진 아이디어에 대한 방송사의 엄청난 수요를 야기했다. 리얼리티 TV가 텔레비전의 정치경제에 얼마나 잘 들어맞느냐에 주목하는 것은 중요하다. 주어진 비용으로 제작 가능한 쇼의 시리즈 수, 그리고 충당 가능한 방송시간의 측면에서 리얼리티 TV는 시트콤이나 드라마와 같은 방송편성표상의 다른 주요 오락물들보다 매우 저렴하다.[2] 게다가 리얼리티 TV는 재방송이 아닌 출연자들이 유명세를 타면서 창출하는 지속적인 원본 생산이 가능하다.

영국 텔레비전 산업 내에서 자본주의 생산양식의 일반적 논리는 획일적으로 전개되지 않지만 그 대신 다양한 방송기관(BBC, ITV, 채널4, Five, BSkyB)에 의해 차별적으로 재구성된다. 따라서 특정 텍스트의 존속을 위한 물질적 조건은 방송국의 정체성, 공공서비스에 대한 책무, 주요 시청자층이나 목표 시청자층, 프로그램이 채우려 하는 편성표상의 특정 문제나 공백에 의해 좌우된다. 결과적으로 영국 지상파 방송 중 〈빅브러더〉를 편성할 수 있었던 방송사는 단 하나, 바로 채널4였다. 채널4의 경우 연령대별 시청자 분포도가 적절했고(나이가 많은 시청자에 편중되는 경향이 있던 ITV보다 젊은 시청자층), 일주일에도 몇 번씩이나 방영하며 경이적인 성공을 거둔 ITV의 〈누가 백만장자가 되고 싶어 하는가?Who Wants to be a Millionaire?〉와 맞대응할 프로그램을 찾고 있었다(Wayne, 2000). 유럽에서 〈빅브러더〉의 성공은 어쩌면 이 프로그램 방송권을 Five가 구매하기에는 너무 고가이자 고급인 프로그램으로 만들어버렸던 것 같다. 반면 프로그램의 경쟁적인 요소들과 착취적이라는 비난과 이미 다른 유럽 국가들에서 벌어지던 논쟁들은 결국 그것이 BBC의 프로그램—그 대신에 BBC는 더욱 공익적이고 협동적이며 이상주의적인 〈캐스터웨이Castaway〉를 개발했다—이 될 수 없게 했다.

〈빅브러더〉의 중요한 특징 중 하나는 그것이 진화하는 멀티미디어, 교차 플랫폼, 쌍방향 '경험'을 발전시키기 위한 전시장이 되어버렸다는 점이다. 〈빅브러더〉 웹사이트의 24시간 생방송은 채널4에서 방송되는 편집 하이라이트—채널4의 디지털 채널인 E4 역시 몇 시간 동안은 생방송을 내보낸다—라는 제한을 뛰어넘어 감시라는 테마를 결정적으로 강화하는 요인이 되었다. 따라서 〈빅브러더〉는 텔레비전과 인터넷, 즉 옛 기술의 콘텐츠와 새로운 배포 기술 간의 실제적 융합을 처음으로 보여주었다. 인터넷과 웹사이트와 텔레비전 프로그램의 통합은 전 세계적 마케팅 기회들을 만들었기 때문에 관련 회사들에게 충분히 매력적이었다. 〈빅브러더〉 웹사이트는 일반적인 책, 잡지, 모자, 티셔츠만 광고하는 것이 아니라 마권업자와 〈빅브러더〉 상표를 사용한 도박 게임도 링크해놓았다. 네덜란드의 시즌1 사이트는 5,300만 회의 온라인 광고노출횟수를 달성했다.³ 영국의 〈빅브러더1〉 웹사이트는 드러나지 않게 악역을 수행하던 내스티 닉Nasty Nick의 정체가 동거인들에게 드러나는 날 밤에만 740만 회의 광고노출횟수를 기록했다.⁴ 영국의 〈빅브러더3〉(2002)은 일일 평균 조회수가 400만 회에 이르렀다.⁵ 〈빅브러더3〉이 24시간 무료 웹스트리밍에서 한 달에 10파운드를 지불하는 구독제 서비스로 이동한 것 또한 중요한 점이다. 여기서 중요한 것은 인터넷 무료 배포 서비스라는 문화적 기대와 단절해야 할 필요성이었다. "우리는 인터넷 커뮤니티로부터의 반발이 조금은 있을 것이라는 것을 항상 알고 있습니다"라고 엔데몰의 쌍방향 서비스 책임자인 크리스 쇼트Chris Short는 밝혔다. "문제는 사람들이 인터넷이 무료라는 것에 익숙해져 있다는 것입니다. 내년에는 사람들이 요금을 지불하는 데 그리고 이것이 아무것도 아니라는 것에 익숙해져 있을 것입니다."6 이러한 〈빅브러더〉의 지속성은 일간지에 기사가 실리게 했고 공공장소의 영화관 스크린 크기만 한 화면에서 나오는 생방송은 〈빅브러더〉라는 텍스트를 필연적으로 공공영역의 구석구석까지 퍼뜨렸다. 프로그램의 또 다른 '쌍방향'적 차원은 채널4, 엔데몰, 브리티시 텔레콤에 더 많은 돈을 가져다준 전화투표이다(시즌2의 경우 약 400만 파운드를 추가로 벌어들였다). 프로그램의 스핀오프 시리즈인 〈빅브러더의 리틀 브러더 Big Brother's Little Brother〉는 끊임없는 미니 투표와 전화 연결을 장려하는 토론형 포맷을 사용하고 있다. 시즌3 − 휴대전화 회사 O_2가 후원한 − 에서 시청자들은 휴대전화 문자 메시지를 통해 투표할 수 있었다. 그뿐 아니라 이 시청자들은 추가적으로 5파운드를 내면 자신의 휴대전화로 문자 알림 형태의 업데이트된 뉴스를 받을 수 있었다. 쌍방향 텔레비전은 다양한 회사들이 근본적으로 시청자의 지갑과 상호작용하는 것을 의미한다. 〈빅브러더〉 시청자를 감시하고 조작하는 수준은 주의 깊게 높아졌다. 크리스 쇼트는 다음과 같이 인정했다. "우리는 시청자들을 한 플랫폼에서 다른 플랫폼으로 어떻게 이동시킬 수 있을지에 대해 더욱더 영리해지려고 노력하고 있습니다."7 이런 모든 상호작용의 축적 논리는 〈빅브러더〉 시청자들을 감시하고 조작하는 수준을 높이는 피드백 메커니즘과 면밀하게 엮여 있다. 예를 들어, 〈빅브러더의 리틀 브러더〉에서 전화투표는 돈만 벌어들이는 것이 아니라 시청자의 태도에 대한 데이터를 출연자와 〈빅브러더〉 제작진 모두에게 제공한다. 프로그램 제작자들은 각 시리즈가 펼쳐질 때마다 시청자들의 태도와 관심사에 유연하게 반응할 수 있다. 프로그램의 멀티미디어와 쌍방향 구성요소들은 AOL과 타임워너와 같은 인터넷 회사나 컨텐츠 제공사들이 합병하는 것을 경험한 동시대 기업전략에 정확하게 들어맞는다. 따라서 〈빅브러더〉가 나오기 이전의 평가액이 7억 파운드였던 엔데몰이 이후 스페인의 거대 통신사인 텔레포

니카^Telefonica에 350억 파운드에 매각된 것은 전혀 놀라운 일이 아니다.[8] 이러한 기업적 토대는 결과적으로 국민적 경험, 그리고 결정적으로 국민적 **공동체**를 멀티 플랫폼이라는 기술적 구조로 뒷받침한다. 스펙터클 사회는 "이미지의 수집"이 아닌 "이미지에 의해 매개되는 사람들 간의 사회적 관계이다"라고 기 드보르^Guy Debord는 기술하고 있다(Debord, 1983: 4).

따라서 미디어의 정치경제학적 분석·연구는 리얼리티 TV 장르가 상업적 압력 및 전략과 왜 조화를 이루는지를 알려줄 수 있으며, 심지어 쇼의 쌍방향 구성요소와 멀티미디어 리얼리티 같은 일정한 특징들의 발전까지 설명할 수 있다. 이러한 장르의 발전은 문화적 산물에 작동하는 일부 결정적인 매개들을 흐릿하게 하고 있다. 빌 니콜스^Bill Nichols는 리얼리티 TV에 대한 텍스트/이데올로기 분석에서 리얼리티 TV가 "자신 이외의 모든 것을 순환하는 교환가치라는 그 자신의 지원시스템 안으로 포함시키는 기득권을 보유하고 있다"라는 것에 주목했다(Nichols, 1996: 396). 우리는 이러한 장르의 불가사의한 특질을 뒷받침해주는 실질적 경제기반, 즉 재정적 이익으로 서로 맞물린 연결망이 존재한다는 것을 관찰했다. 동시에 우리가 주의해야 하는 것은 결정의 한 척도이다. 미디어 정치경제학은 이 산업의 경제적 우선순위와 똑같이 조응하는 다른 포맷이 아니라 왜 이런 특정 포맷이 현재 발전하고 있는지를 이해하는 데는 무딘 도구이다. 다시 말하면 미디어 정치경제학은 리얼리티 TV의 문화적 기원에 대해 설명할 수 없을뿐더러 그러한 특정 프로그램을 문화적 환경의 산물로서 조사할 수도 없다(Dovey, 2000: 85). 그러므로 우리는 (매개의 일곱 층위들을 이용할 경우) 미디어 제도들이 매개하는 더 광범위한 사회적, 정치적, 문화적 환경, 즉 S1(비록 나는 여기에서는 정치기관으로서의 국가에 대해 거의 언급하지 않을 것이지만), B2(발전양식), B1(생산양식)에 해당하는 '아래쪽'과 생산과정과 텍스트 자체의 전략(S4와 S5)에 해당하는 '위쪽'으로 모두 이동해야 한다. 앞서 나는 제임슨의 방법론을 요약하면서 계급투쟁의 거점과 경계로서 분석되어야 하는 기호인 이념소를 선별할 필요가 있다고 주장했다. 〈빅브러더〉라는 제목 자체가 관련 이념소가 감시라는 것을 암시한다. 이것이 우리가 B1과 B2를 S5(미디어 텍스트)에 연결하는 핵심 범주가 될 것이다. 비디오, 인터넷, 휴대전화, 컴퓨터 소프트웨어 프로그램, GPS 등과 같은 재현, 커뮤니케이션, 정보기술의 발전은 데이터를 생성시키고 저장하며 분석하고 그것에 접근하는 능력을 엄청나게 확장시켰다. 감시와 최첨단 발전양식 간에는 풀 수 없는 연결고리가 있는데 카스텔은 이를 정보주의라고 명명했다(B2). 의사소통의 기술적 권력은 이제 다시 계급투쟁의 장소와 경계로 변한다(B1). 신기술은 넘쳐나는 정보, 데이터, 커뮤니케이션 채널에 대한 전례 없는 접근을 가능하게 하지만 기업과 국가기관이 당신에게 전례 없이 접근하는 것도 가능하게 한다. 이렇게 감시의 의미는, 예를 들어 공공장소의 CCTV 방식의 비디오 모니터링을 둘러싼 논쟁을 생각해보면, 그것이 본질적으로 선하고 사람들을 보호하는가 아니면 악하고 그것에 의해 관찰되고 분류되는 사람들에게 불리하게 통제되는지와는 상관없이 계급 분리와 투쟁이라는 갈등과 모순에 의해 여러 방향으로 끌어당겨지는 기호의 다의양성을 얻게 된다.

 〈빅브러더〉를 충분히 분석하려면 그것이 어떻게 이 두 가지(아래쪽과 위쪽) 방향으로 문화적 솔기$^{seam/seme}$를 캐내는지 보여주어야 할 것이다. 출연자들과 관련하여 〈빅브러더〉는 특정한 극적 긴장을 발생시키기 위해 원거리 제도(집 세트 디자인, 기계적인 카메라 촬영, 〈빅브러더〉 참가자들에게 주어지는 예측하기 어려운 테스트와 깜짝 쇼)와 관련된 일종의 부정적 기표를 발생시킨다. 그러나 시청자와 관련하여 이 프로그램은 시청자들이 〈빅브러더〉의 장치에 대한 불신을 불러일으킬 수 있는 모든 우려를 억제하고 관리하기 위한 전략을 발전시키는 데 매우 열심이다. 예를 들어, 포섭 전략(출연자들에 대한 사람들의 길거리 인터뷰 방송, 퇴출되는 날 밤 집 주변에 모이는 '팬들')과 과시 전략(다비나 매콜^{Davina McCall}•의 공연, 심지어 해설자인 마커스 벤틀리^{Marcus Bentley}의 북쪽 지방 사투리도 여기에 해당되는데 전화 시장조사는 북부지역 사투리가 이러한 소비자 서비스의 원격성과 익명성에 대한 우려를 억제하는 데 도움을 주는 신뢰와 정직의 느낌을 전달한다는 것을 발견했다)이 있다. 공공선의 재현 또는 일부 사적 (또는 국가의) 이익을 위한 관찰 사이에 있는 감시라는 이념소 안의 이러한 긴장은 리얼리티 TV의 미학적 기원에까지 거슬러 올라간다. 과거 다큐멘터리 또는 사회적 현실주의 영화에서 일상성의 표현의 확장이 전문적인 재현 코드에 대한 전복이자 비판이었다면, 이제 일상성은 프로페셔널한 진정성의 상징, 스타와 명사를 포함한 프로페셔널에 가까움을 나타내는 기호로서 민중언어와 대중에게 받아들여졌다. 이는 계급을 인정함과 동시에 단박에 퇴출시키는 핵심적인 봉쇄 전략이다. 일상성이란 바로 엘리트와의 차이 때문에 가치를 지니지만 미디어 엘리트와 그들의 재현코드가 일상성의 스타일을 마음대로 취할 수 있게 되면서 거기에는 그 어떤 중요한 계급의 차이도 존재하지 않게 되었다. 이러한 문화적 긴장을 내재한 리얼리티 TV 제작은 일상성이 방송의 철옹성에 침입하는 것을 경제적으로 가능하게 하고 미학적으로도 정당하도록 해준 캠코더 혁명에서 기원한다(Wayne, 1997). 비디오 기술은 명백히 〈빅브러더〉의 24시간 감시를 가능하게 한 핵심이지만 더불어 그러한 프로그램 형식, 즉 리얼리티 TV 미학의 핵심이기도 하다. 가장 순수한 상태의 리얼리티 TV는 (그리고 〈빅브러더〉는 바로 여기에 해당한다) 카메라의 끊임없는 현존에 의해 행동과 재현의 차이가 없어지고 녹화와 시청자의 소비 (그리고 피드백) 사이의 차이가 빠른 조합기술(디지털 편집)과 배포 기술(인터넷, 위성, 방송)을 통해 줄어드는 실시간이라는 신화

• 〈빅브러더〉의 진행자.

를 전제로 한다.

〈빅브러더〉는 1970년 초에 지배적인 시청각 담론이던 환영주의와 의사^pseudo 투명성에 관한 논의에 놀라운 반전을 낳았다. 〈빅브러더〉에서 사건의 진정성과 자생성은 역설적으로 다름 아닌 재현장치의 가시성에 의해 확인되었다. 프로그램이 조정실 내부 장면으로 바뀌거나 다비나가 다른 한편에서는 그를 볼 수 없는 유리를 통해 동거자들을 조용히 관찰할 때 우리가 보게 되는, 집에서 펼쳐지는 사건들을 녹화하는 모니터 설치대는 도망 다니는 리얼리티를 붙잡고 있다는 기표이다. 이는 제작책임자인 루스 리글리^Ruth Wrigley 의 명백하고 의식적인 의도이다. 그는 이렇게 말했다. "나는 시청자들이 …… 조정실을 보기를 바랐습니다. 그리고 모든 것은 벌어진 상황 이면에 있다는 생각을 가지기를 바랐습니다. 우리는 실제로 그것을 촬영했고 시청자들이 이를 이해했다는 것이 이 프로그램의 미덕이었습니다"(Ritchie, 2000: 10~11). 그러나 감시라는 이념소의 모순, 그리고 그것의 기초가 되는 계급 분리의 모순 역시 동일한 봉쇄전략을 통해 재등장했다. 이 쇼는 정교한 장치의 과시와 실제로는 통제하지 않는다는 것을 설득하려는 시도 사이에 갇혀 있다. 시즌1과 함께 나온 도서 『빅브러더』에서 저자는 집에서 일어나는 사건들을 통제할 수 없는 제작자의 감정을 전달하려고 애썼다. 그러나 마치 토대가 상부구조와 관련되어 있는 것처럼, 제작자는 이미 통제의 부재가 계속될 변수를 확정해 놓았다. 일상성과의 확실한 연결을 상징하는 것으로서 장치를 제시하는 것과 장치를 통제하고 조작하는 능력을 보여주는 기호의 발현 간의 모순은 이미 감시의 이념소를 중심으로 논의한 바 있는 더욱 일반적인 모순의 **내화-재구성**이다. 그것은 과거 출연자들이 〈빅브러더〉의 편집으로 자신들이 어떻게 표현되었는지에 대해 불평할 때 드러나고, 또 출연자들의 행동을 기록하고 검색할 때 사용되는 컴퓨터 소프트웨어에 대한 『빅브러더』 책의 다음 인용문에서 모습을 드러내는 것과 같은 모순이다(S4).

예를 들어, 만약 제작자가 참가자 두 명을 하나의 필름 패키지로 묶고자 하는 경우 그 또는 그녀가 자신들의 이름을 컴퓨터에 입력하면 그들이 함께 촬영된 모든 순간이 제공된다. '만지다'라는 키워드를 추가하면 그들이 서로 신체적 접촉을 하는 모든 시퀀스가 추려질 것이다(Ritchie, 2000:12).

일상성의 진정성과 조작 사이에 있는 형식적 모순은 또한 쇼의 내용과 관련해서도 발생한다. 〈빅브러더〉는 그것의 포스트모던한 특질에도 불구하고 더욱 철저하게 포스트모던한 가공물 내에서도 이용되지 않을 강력한 유토피아적 열망을 동원한다(유토피아적 이상주의가 포스트모더니즘이 삼가는 경향이 있는 바로 그러한 개념, 다시 말해 진보에 대한 열망과 지금 존재하는 것을 넘어서는 초월성에 대한 얼마간의 열망을 수반하는 것을 생각해보라). 일상성이라는 유토피아적 약속에는 구조적으로 자본주의 생산양식과 그것의 문화적인 구경거리들이 내놓을 수 없는, 개인 및 제도와 맺는 관계에서의 투명성에 대한 욕구가 있다(Dyer, 1985). 그러므로 24시간 관찰이 감정적 폭로, 고백, 행동을 통해 이러한 투명성을 드러내고 따라서 출연자에 대한 시청자의 평가와 투표에 확실한 근거를 제공할 것이라는 기대는 이 쇼의 바로 그 구조와 전제에 의해 무효화되었다. 자신들의 모든 움직임이 모니터링된다는 것과 맞물리는 출연자들 사이의 경쟁적 관계는 그들이 자신들의 행위를 도구적으로 서로와 시청자 양쪽 모두에 대해서 계산해야 한다는 것을 의미한다. 이러한 상황에서 모든 행동과 제스처와 고백은 홍보산업에서 지각 조정 perception management●이라 부르는 어떤 암시가 나타나면서 무색해진다. 이렇게 쇼의 투표적 요소는 오늘날 부르주아 민주주의가 처해 있는 정당성의 위기

● 허위 정보를 진짜로 믿게 하는 정보 조작.

를 보여주는 일종의 알레고리로서 드러나게 된다.

〈빅브러더〉의 세계는 또한 직업 세계와 많은 부분에서 상당히 유사하다. 거기에는 동료나 상사에 대한 행위의 도구적 계산과 함께 협력과 경쟁, 규율과 이미 강요된 상황, 쓸데없는 업무와 권태 사이의 긴장이 존재한다. 〈빅브러더〉는 우리가 〈해리포터와 마법사의 돌〉에서 인지한 것과 같은 세계를 여실히 드러내고 있다. 즉, 〈빅브러더〉의 눈으로 모든 것들을 꿰뚫어보게 설정함으로써 시청자에게 제공되는 지배력과 통제력에 대한 환상적 보상에 의해, 잠재적으로 위험한 적대들을 다시금 억제해야 할 것으로 드러낸다. 더 나아가 출연자의 선별에 계급, 인종, 성별, 성적 다양성이 존재하기는 하지만 이는 미디어 퍼포먼스의 요소로 전환될 뿐이다(노동계급의 참가자가 승리하는 이유는 무언가를 꾸밀 만큼 똑똑해 보이지 않기 때문이다. 남성 동성애자가 승리하는 이유는 그가 감정적 진실성을 체현하고 있기 때문이다). 시청자에게 이러한 사회적 다양성은 모순된 방식으로 작용한다. 한편으로 그것은 다층적인 동일시의 지점들을 제공하지만, 다른 한편으로 텍스트는 이러한 동일시가 개인적 미디어 퍼포먼스로 전환되는 사회적 또는 정치적 기초를 닦는다. 실제로 〈빅브러더〉 출연자들이, 예를 들어 백인 남성과 같은 더 등질적인 집단에서 선발되었다면 이 쇼는 분명 어떤 사회적 구성원들에게 더욱더 정치적이었을 것이다. 출연자들의 사회적 다양성은 그들이 선발된 사회의 현실에 대한 그 어떤 고려도 없이 편집 과정에서 탈정치화되었는데, 일부는 비난 행위에 대한 두려움 때문—심지어 〈빅브러더〉의 웹 피드 web feed는 방송이 비난의 소지가 있는 자료를 생산할 경우 관리자들이 그것을 멈출 충분한 시간을 제공하기 위해 10초가 늦다—이었지만 대부분은 프로그램의 특징—외부세계의 그 어떤 연락이나 자극에서 출연자 그룹을 단절시키는 것을 전제로 하는—과 선발된 참가자들의 자기애 때문이었다. 사회적 소우주로 가장한 이런 기묘하고 추상적인 사회 단위는 이 기술적인 스펙터클에 의해 생활 속에서 비교적 안전한 '국민적 담화'의 소재로 부각된다(이른바 냉수기 텔레비전*).

이 프로그램의 수용에 대한 민족지학적 연구는, 아마도 그저 개인에 대한 의견일 뿐이라고 피상적으로 치부하는 것 이면에서 판단하고 평가하게 하는 **사회적·정치적** 기초의 희미한 흔적을 찾아낼 수 있겠지만 프로그램 자체가 이를 조장한다고 말하는 것은 어렵다. 마찬가지로 민족지학적 연구는 사람들의 그러한 담화 속에서 〈빅브러더〉의 제작 장치가 어떻게 사건을 조작하고 통제하며 그것의 역할을 윤리적으로 정당화하는가에 대한 인지를 간헐적으로 찾아낼 수도 있을 것이다. 그러나 다시 한 번 언급하지만 프로그램 자체가 이를 조장한다고 말하기는 어렵다.

그보다 〈빅브러더〉는 사회적으로 구성되는 사람과 사건에 대해 이성적이고 정보에 근거한 결정을 내리게 하는 기반이 뒤죽박죽된 이해관계들-기업과 개인 모두의-로 인해 침식되는 공공영역 안의 어떤 퇴행적 조류의 징후이다. 〈빅브러더〉 시즌1이 방영될 당시 대중은 ≪뉴스 오브 더 월드 News of the World≫를 통해 공개된 소아성애자들에 대한 두려움에 휩싸여 있었다. 적어도 한 신문의 논평가는 〈빅브러더〉와 "미디어 마녀사냥의 계절과 '평범한' 사람들을, 거짓된 친밀감을, 판에 박은 듯한 감정 분출을 기회주의적으로 이용하는 것" 사이에 연관성이 있다고 보았다.[9] 지각 조정으로 모든 것이 무너질 때 포스트모던적 주체는 제임슨이 주장한 대로 이성적인 상태를 유지하지 못하고 흥분이나 두려움, 또는 애정이나 증오와 같은 강력한 감정에 휩싸이기 쉬운 파편화되고 격렬한 일련의 경험(Jameson, 1991: 6)으로 용해되어버린다. 이렇게 〈빅브러더〉의 내러티브는 대부분의 참가자들이 언젠가는, 특히 퇴출의 순간에 미디어에 의해 연출되는 혐오감과 공공연한 비난의

---

* 사람들의 대화 주제가 되는 것들을 제공하는 텔레비전이나 라디오 등의 프로그램이나 이야기.

중심이 되어버리는 일련의 전이에 의해 특징지어진다. 〈빅브러더 3〉의 제이드 구디[Jade Goody●]의 경우는 비방이라는 일반적 경향이 가장 극단적으로 드러난 예였다. 제임슨의 방법론 안에서 〈빅브러더〉는 무해한 엔터테인먼트가 아니라 주체를 고도자본주의의 생산양식 안으로 재프로그래밍하는 문화적 혁명(제임슨의 세 번째이자 가장 넓은 해석적 지평)의 잠정적인 순간이다. 이 해석의 차원에서 말하는 철저한 문화적 혁명에 대한 제임슨의 생각은 두 번째 해석적 차원인 이념소–담론적인 긴장이 감시에 새겨진–에서 포착되는 문화적 투쟁과 모순에 대한 강조를 철회하는 경향이 있다. **문화적** 지배소의 개념은 문화적 지배와 저항의 모순 및 그것들의 다양한 원천을 숨기려는 경향이 있고, 자본의 '막대한 팽창'에 직면한 옛 생산양식의 빠른 쇠퇴가 결과적으로는 자본주의적 생산양식을 덜 모순적이고 대안적인 문화 원천에게서 도전받기 어렵게 한다는 문제적인 함의와 담합하는 경향이 있다.

◆ ◆ ◆

〈빅브러더〉에서 우리는 한 가지 가능한 텔레비전의 미래 방향, 즉 상업화된 정보와 커뮤니케이션 기술의 철저한 침투가 공공영역과 공공서비스를 빠르게 축소시키는 것을 발견한다. 이러한 공공영역들은 어쩌면 국내시장과 자본을 조정하는 (포드주의) 국민국가에 의해 특정 지어지는, 오래되고 여

● 2002년 〈빅브러더〉에 출연해 스타가 되었지만 부적절한 언행으로 대중의 비판을 많이 받았다. 대표적으로 그녀는 2007년 인도의 유명 여배우 실파 셰티[Shilpa Shetty]를 상대로 인도 문화를 폄하하는 발언을 퍼부어 비난을 사기도 했다. 또 그녀의 인기와 상반되게 그녀의 무지와 교양 없음에 대한 대중들의 비판도 거셌다. 절도 혐의로 구속되고 이후 마약 과다 복용으로 숨진 아버지, 소년 폭행죄로 복역했던 〈셀러브리티 빅브러더[Celebrity Big Brother]〉의 동료 출연자와의 연애 등 좋지 않은 사건과 일화로 유명하다.

전히 존재하며 하지만 궁지에 몰린 발전양식의 잔여적 흔적으로 가장 잘 이해될 수 있을 것이다. 새로운 정보와 커뮤니케이션 기술은 그러한 구체제를 침식시키는 자본의 전 지구화에 중요한 요소였다. 새로운 미디어 경제는 전반적으로 전 지구화된 경제와 분명히 유사하다. 이것이 바로 리얼리티 TV의 진실이다. 〈빅브러더〉에서 우리는 긴밀하게 연결된 감시의 문제를 둘러싸고 이러한 정치경제의 문화적 모순이 나타나는 것을 본다. 일상성에의 접근과 그와 관련한 미디어 퍼포먼스를 통한 '정보 조작' 사이의, 재현의 진정성과 기술 관리자에 의한 조작 사이의, 사건에 참여하는 것과 단순히 통제와 착취의 대상이 되는 것 사이의 긴장상태는 모두 자본과 노동 사이에 있는 계급투쟁의 재구성으로서 이 프로그램을 둘러싸고 부유하고 있다. 나는 이 모든 것에 유물론적 분석을 제공하면서 다소 획일적이고 고정된 토대-상부구조 모델의 의미를 해명하고자 노력했으며, 이러한 문제는 미디어 분석에서 지속적으로 중요성을 지닌다고 하겠다.

제6장

기호, 이데올로기 그리고 헤게모니

> 사물을 구체화하는 정의는 단지 그 사물을 이용할 뿐이라는 이 법칙은 주체성의 우월함에 대한 신념이 확고한 경우에만 적용된다.
> _ 아도르노 Theodore W. Adorno, 『부정변증법 Negative Dialectics』

제6장은 재현의 내적 구조에 대한 질문, 즉 기호에 대한 질문에 초점을 맞출 것이다. 기호들은 어떻게 의미화되는가? 의미가 어떤 기입에 의해서 생성되는 방식은 무엇인가? 제5장에서 우리는 재현을 어떻게 사회적 맥락 안에 놓을 것인지와 관련된 개념적 문제들에 집중했다. 이 장에서 우리의 관심은 재현의 과정 또는 의미화 실천 그 자체이다. 이것이 기호와 사회의 관계라는 핵심 문제에 더 이상 관심을 두지 않겠다는 뜻은 아니며, 단지 같은 과정에 있는 또 다른 끝, 즉 텍스트 그 자체에서 시작하여 접근하겠다는 것이다. 기호와 사회의 관계를 어떻게 사고할 것인지의 문제는 기호에 대한 마르크스주의적 이론들과, 소쉬르 언어학 및 후기 소쉬르 언어학에서 나온 기호이론들 사이에서 여전히 중요한 차이점으로 남아 있다. 의미화 실천을 말하는 서로 경합하는 여러 이론들과 마르크스주의 사이에는 어떤 공통점들이 일부 존재한다. 하지만 이제 살펴보게 될 것처럼 중요하고 근본적인 차이점들도 존재한다. 스위스의 기호학자 페르디낭 드 소쉬르$^{\text{Ferdinand de Saussure}}$

(1857~1913)에 의해 발전된, 기호의 세계를 탐구하는 개념적 기초들은 이후에 일정한 변형을 겪기는 했지만 미디어 재현에 관한 연구를 지배하게 되었다. 우리가 기호 세계와 기호 주변 세계 사이의 관계를 이해하고자 한다면 이러한 경향에 의문을 가져볼 필요가 있다. 기호 세계와 기호 주변 세계 사이의 관계를 이해한다는 것은 기호와 이데올로기 사이의 관계에 대해 고찰할 필요성을 제기한다. 이후에 자세하게 논의하겠지만, 여기서 이데올로기란 자본주의 내에서 이미 힘 있는 자리를 차지한 이들에게 가장 유리한 사회적 질서를 재생산하는 데 기여하는 가치들과 믿음들로 정의된다. 나이젤라 로슨^{Nigella Lawson}의 텔레비전 요리교실 시리즈(중상위계층의 취향에 맞는)에서부터 서구가 개발도상국 중 어느 나라를 폭격할 것인지 말 것인지의 문제에 이르기까지 광범위한 이슈와 현상에 걸쳐 이러한 유형의 믿음 체계를 고수하고자 하는 투쟁은 헤게모니를 유지하기 위한 투쟁에서 중요한 부분을 차지한다. 이 장에서 내가 사용하는 예시들은 주로 영국의 전국적인 일간지에 실렸던 문자 언어, 즉 신문기사들이 될 것이지만 기호, 이데올로기, 그리고 헤게모니와 관련한 그 원칙들은 다른 미디어에도 적용된다.

기호의/기호로서의 세계

19세기 후반에 접어들면서 부르주아 경제하의 공장들에서 발전된 업무의 파편화와 전문화는 또한 철학과 사회과학의 세계에도 침투하게 되었다. 생산라인은 전문화된 업무들로 세분화되고 파편화된 사회의 총체성을 상징하는 이미지가 되었다. 이 원리는 자본주의의 사회적·문화적 구조 전체에 일반화되었다. 그 결과 파편화와 형식적 통일성 사이에 기이한 변증법이 존재하게 되었다. 여기서 파편화란 세계가 경제, 법, 정치, 과학, 문화 등과 같은 분리된 영역들로 쪼개졌다는 것이고, 형식적 통일성이란 각각의 영역이 다른 영역들과 맺는 관계를 점차 파악하기 힘들어짐에 따라 모든 부분이 어떤 특정 영역 내에 촘촘하게 자리 잡게 되어 매우 정교한 **닫힌** 체제를 발전시키게 된 것을 의미한다. 자본주의 체제의 발전과 더불어 나타나는 이렇게 파편화된 세계는 진보와 퇴행이 함께 발생하는 매우 애매모호한 세계라고 할 수 있다. 공장에서 (오늘날에는 서비스 부문에서) 생산성은 엄청나게 증대되었지만 이는 개인들의 육체적, 정신적 생활을 파괴시킨 대가이다. 이론의 세계에서 전문화는 특정하게 연마된 개념적 도구를 통해서 지적 탐구의 생산성과 형식적 엄격함을 발달시키지만, 동시에 인문학과 사회과학 분야에서는 인접 학문과의 연관성은 물론 사회적 세계와의 연관성을 잃게 하기도 한다(Lukács, 1971: 229~230). 예를 들어 문학은 역사학, 정치학, 경제학과는 일상적으로 분리된다. 이러한 과정은 부르주아 사회과학뿐만 아니라 19세기 후반과 20세기 초반의 마르크스주의에도 영향을 미쳤다. 칼 코르슈Karl Korsch는 이 시기의 마르크스주의를 비판하면서 다음과 같이 주장했다.

> 사회혁명에 대한 일반 이론은 부르주아 경제 질서와 부르주아 국가, 부르주아 교육체계, 부르주아 종교, 부르주아 예술, 부르주아 과학, 부르주아 문화에 대한 비판으로 변질되었다. 본질적으로 이러한 비판들은 더 이상 혁명적 실천으로 발전되지 않는다. 그것들은 모든 종류의 **개혁적** 시도로 발전할 수 있다. 그리고 그 개혁은 근본적으로 부르주아 사회와 국가의 한계 내에 머무르게 마련이며 모든 종류의 실천에서 실제로 그러한 결과를 낳았다(Korsch, 1972: 57).

이것이 마르크스주의에서 사실이라면 소쉬르와 그의 추종자들에 의해서 발전된, 언어의 내적 법칙을 해부하는 언어학이 부르주아 언어학에 불과하다는 점은 얼마나 사실이겠는가? 하지만 우리는 잠시 소쉬르 이론 체계의 생산적인 측면에 대해서 인식할 필요가 있다. 소쉬르에게 언어의 법칙들은 객관적인 무의식적 문법 혹은 **랑그**^{langue}를 구성한다. 여기서 랑그는 개별 발화들, 즉 **파롤**^{parole}들이 사용해야만 하는 법칙을 의미한다. 파롤이라는 기호는 두 부분으로 구성된다. 첫 번째는 **기표**^{signifier}로서 눈이나 귀와 같은 감각들에 입력되는 실질적 표현, 즉 소리나 말 등을 의미한다. 기호는 또한 **기의**^{signified}를 필요로 한다. 기의는 기표에 달라붙어 있는 개념을 의미한다. 기표와 기의가 일단 묶이면 기호가 생성된다. 소쉬르 언어학의 주장은 우리 주변 세계는 기표들로 나뉘어 있다는 것이다. 이 기표들은 cat, mat, hat, sat과 같은 단어들에서처럼 서로 간의 **차이들**에 의해서 읽힐 수 있으며 여기서 기표와 기의(cat: 네 발의 털 있는 애완동물, mat: 마루 장식물이거나 발을 닦기 위한 용품, hat: 머리에 쓰는 의류, sat: 엉덩이를 대고 정지한 상태)의 관계 혹은 결속은 순전히 **관습적**이다. 이 관습적이라는 주장의 중요성은 이후에 소쉬르 이론에서 파생된 문화이론의 발전을 다루면서 논의할 것이다. 이러한 문화이론에서 기호의 의미는 자연적 사실이라기보다는 사회적인 관습으로 파악된다. 하지만 우리는 잠시 기표와 기의의 결속이 관습적일 뿐만 아니라 기표는 다른 기표들과의 차이를 필요로 하며 기의 역시 다른 기의들과의 차이 때문에 의미를 생성한다는 점을 주목할 필요가 있다. 예를 들어, 모자는 개념적으로 코트, 장갑, 점퍼 등과 다르다. 이러한 품목들은 하나의 **계열체**^{paradigm}, 즉 비슷한 기호들의 집합, 이 경우에는 의류에 속하는 것으로 볼 수 있다(고양이는 애완동물이라는 또 다른 계열체에 속한다고 할 수 있다). 단어들은 상이한 계열체들로부터 선택되며, **통합체**^{syntagm}—랑그의 법칙에 따라 시각적이거나 단선적인 관계로 배열되는—안으로 통합된다.

위기의 블레어, 노조와의 갈등을 치유하기 위해 말하다
Blair In Crisis Talks To Heal Rift With Unions

《타임스The Times》1 신문의 이 헤드라인은 '블레어Blair'가 속하는 계열체에서 다른 기호, 예를 들면 '총리'라는 기호를 선택할 수도 있었다. 하지만 그런 식의 격식화格式化는 헤드라인이 전하고자 하는 긴박함을 제대로 전달하기 힘들다. 마찬가지로 '말하다talks'라는 기호가 동일한 계열체의 다른 기호, 예를 들어 '토론하다discussions'라는 단어로 대체된다면, 퉁명스럽게 느껴지는 '말하다'에서보다는 양쪽 당사자 간의 '교환'이라는 더 큰 의미를 불러일으키면서 문장의 울림이 다시 한 번 변화되고 부드러워진다. 이렇듯 기호의 선택, 즉 포섭과 배제의 과정은 기호의 배열이 만들어내는 전체적인 의미 결정에서 중요하다. 예를 들어, 위의 헤드라인에서 형용사적 계열체인 '위기crisis'를 제외시켜보자.

노조와의 갈등을 치유하기 위해 말하는 블레어
Blair In Talks To Heal Rift With Unions

이 문장은 헤드라인의 강도를 대폭 약화시킨다. 하지만 의미 생산에서 중요한 것은 기호들의 선택뿐만 아니라 기호들의 특수한 조합, 즉 통합체적인 배열이다. 다음을 살펴보자.

위기의 블레어, 갈등을 치유하기 위해 노조와 대화를 나누다
Blair In Crisis Talks With Unions To Heal Rift

이 헤드라인에서는 동일하게 선택된 기호들이 다른 조합으로 재배열된다. 그리고 이것은 제법 다른 느낌을 만들어낸다. 블레어Blair(주어)와 노조unions(목적어)는 여기서 더 이상 원래 헤드라인에서처럼 문장의 반대쪽에 위치하는 것이 아니라 단어 배열에서 더 가깝게 위치하면서 그들이 갈등 해결

을 위해 함께 노력하고 있다는 의미를 부여한다. 여기서 상황은 이미 호전되고 있는 것처럼 보이며, 양자 사이의 입장 차이는 그렇게 중대하거나 현격한 것으로 보이지 않는다.

구조주의(소쉬르의 기호 체계 분석에서 나온 방법론)의 교육적 가치는 언어란 하나의 구성물, 즉 체계라는 점을 우리에게 깨닫게 해준다는 점에 있다. 소쉬르 언어학 이후에 의미가 기호와 실재 세계 사이의 순수한 일대일 대응 관계에서 나올 수 있다는 시각은 더 이상 유지되기 힘들어졌다. 지금까지 우리가 보아온 것처럼, 언어는 수동적으로 세계를 반영하는 것이 아니라 적극적으로 우리의 이해에 영향을 미친다. 언어는 기호 선별과 조합에서 선택과 결정을 필요로 하며 상이한 선택과 결정은 상이한 결과를 만들어낸다. 비록 언어 사용자들이 자신의 언어 선택이 만들어내는 상이한 의미 형태를 의식하거나 예상할 수 없을지도 모른다 해도 말이다. 하지만 지시대상^{referent}이라 불리는 실제 세계는 소쉬르 언어학에서 관심의 대상이 되지 않는다. 헝가리의 마르크스주의자 죄르지 루카치$^{György\ Lukács}$는 『역사와 계급의식$^{History\ and\ Class\ Consciousness}$』에서 과학이 독점자본주의하에서 어떻게 "그것의 개념적 장치인 물질적 기반으로부터"(Lukács, 1971: 109) 멀어져 갔는지 그리고 어떻게 더 이상 적절한 구조주의적 서술을 찾을 수가 없게 되었는지에 대해 주목했다. 구조주의는 기호 자체의 '물질성'을 강조하느라 우리가 제5장에서 본 것처럼 진정한 유물론 철학을 구성하는 사회적 관계에는 주목하지 않는다. 소쉬르의 언어학은 언어를 사회적 물질세계로부터 분리시키면서 그러한 물질세계의 요구, 우발성, 모순 등에 영향을 받지 않는 것으로 만들며, 그 대신에 자기충족적인 형식 법칙들의 체계(랑그/파롤, 기표/기의, 기호/지시대상, 계열체/통합체)로 간주했다. 이제 자신의 물질적 뿌리로부터 단절된 언어는 그 자신의 특화되고 독자적인 영역으로 여겨지게 된다. 이후에 문화이론이 소쉬르 언어학에 가한 수정에도 불구하고 기호와 지시대상(실재를 수동적 대상으로 환원시키는 용어)의 관계와 관련한 이런 근본적인 문제는 충분히 다루어지지 않았다.

소쉬르는 1913년에 사망했지만, 1920년대에 구소련의 이론가 볼로시노프가 『마르크스주의와 언어철학Marxism and the Philosophy of Language』이라는 저서를 쓰게 될 즈음에는 소쉬르 언어학이 이미 이 분야에서 지배적인 위치를 차지하고 있었다. 부르주아 철학(주체와 대상, 자연과 문화)의 균열과 분리를 추적했던 루카치처럼 볼로시노프는 부르주아 언어학이 두 진영으로 분열되어 있음을 알았다. 한쪽에는 볼로시노프가 개별적 주관주의(Vološhinov, 1996: 48)라고 특징지은 언어철학이 있었으며, 여기서 언어의 의미의 원천은 개인의 정신으로 간주되었다. 이러한 언어철학은 언어 사용자의 창조성과 행위능력을 강조할 수 있었던 반면, 그러한 언어활용을 오랫동안 축적되어온 언어 규칙과 관습의 광범위한 체계 내에 위치시키지는 못했다. 그에 반해 구조주의는 볼로시노프가 추상적 객관주의라 불렀던 또 다른 언어철학 경향의 두드러진 예였다. 그것은 정확한 규칙이 지배하는 체계(랑그)가 어떠한 상호작용도 없이 절대적으로 발화(파롤)를 결정하는 초개별적 언어구조를 강조했다(Vološhinov, 1996: 53). 개별적 주관주의가 언어의 공유적 성격, 즉 언어는 어쩔 수 없이 상호적인 구조임을 설명할 수 없다면, 소쉬르 언어학은 언어를 구조로 이해하지만 여기에서 개인의 창조성뿐만 아니라 사회적 갈등을 제거해버리고 만다. 소쉬르 언어학은 "특히 언어학적인 특성을 지닌 법칙들로 충만하고" 그 외에는 아무것도 없는, 사회적 구조와는 분리되어 존재하는 언어구조인 것이다(Vološhinov, 1996: 54). 소쉬르는 언어에 대한 공시적 연구라는 대의를 옹호했다. 소쉬르 이전에는 언어에 대한 통시적 연구, 즉 언어의 역사적 발전에 대한 연구가 지배적이었다. 그러나 언어의 내적 구조를 이해하기 위해서, 즉 언어의 특질을 이해하기 위해서 소쉬르는 언어의 역사적 진화 바깥에서 언어를 연구할 것을 주창했다. 이는 언어를 사회적 관계들과 정치로부터 분리시킨 데 따른 논리적 귀결이었다. 볼로시노프는 추상적 객관주의의 연원을 17, 18세기 합리주의에서 찾는다. 이러한 언어 이론 전통의 관심은 "닫힌 체계 안에 있는 기호들 간의 관계이다. …… 이들의 관심은 기호 체계 자체의 내적 논리이다"(Vološinov, 1996: 58). 이러한 전통이 소쉬르 언어학의 출현으로 20세기, 즉 합리주의가 산업, 과학, 기술과 같은 지배적 힘들과 통합되던 시기에 각광을 받았다는 것은 결코 우연이 아니다. 이러한 언어 이론이 개별 행위자를 철저하게 무시하는 경향이 있다는 점도 놀랍지 않다. 왜냐하면 바로 이 시기야말로 독점자본주의가 과거 자유방임 단계의 자본주의가 중시하던 개별 기업가들을 포드주의적 발전양식으로 휩쓸어버린 때였기 때문이다. 의미의 생산에 대한 현대 문화이론의 분석은, 소쉬르 언어학에서 나타나던 방식과는 많이 다르지만 여전히 닫힌 기호 체계 안에 사로잡혀 있다. 그리고 소쉬르 언어학에서 현대 문화 분석에 이르는 변화와 차이는 포스트포드주의적 발전양식 가운데 있는 보다 광범위한 자본주의적 맥락과 연결될 수 있다.

 소쉬르 언어학의 이론들이 1920년대 이래 언어학을 지배하면서 20세기 후반에 이 기호이론의 바탕이 되는 원리와 개념들은 대중문화, 문학, 인류학, 정신분석학 등의 분야로 확장되었다. 여러 가지 다른 발화의 심층 구조인 '랑그'를 탐색하는 구조주의와 기호의 과학인 기호학은 문화와 의미에 대한 연구를 변형시켰다. 인류학자 클로드 레비스토로스[Claude Levi-Strauss]는 구조주의의 원리들을 통해서 부족 공동체의 신화들을 분석하고자 했으며, 블라디미르 프롭[Vladimir Propp]은 러시아 민담 연구에 유사한 방법을 적용했다. 구조주의와 기호학 모두 영화 연구에서 영화를 독해하는 새로운 방법론들에 중요한 원천이 되었다(Caughie, 1990; Wollen, 1970). 롤랑 바르트가 그의 저서 『신화론[Mythologies]』에서 대중문화를 분석하는 데에 느슨한 형태의 구조주의와 기호학을 적용한 것이 아마도 이러한 새로운 비판적 방법 중에서 가장 광범위하게 영향을 미쳤던 사례일 것이다. 바르트의 『신화론』에 나타난 좌파적 기호학은 구조주의와 마르크스주의의 형식적 친화성을 강조하고 있다. 여기서 구조주의는 문화적 재현을 코드화하고 조직하는 기본 원칙들의 '심층 구조(랑그)'에 대한 지도 그리기와 관련되며, 마르크스주의는 우리가 토대와 상부구조의 관계에서 보았듯이 어떤 '심층 구조' 모델과 함께 작동한다. 그러나 이러한 형식적 친화성에도 불구하고 역사와 비언어적 물질주의에 대한 구조주의의 저항은 그것을 궁극적으로 마르크스주의와 양립할 수 없는 위치에 놓이게 한다. 그럼에도 불구하고 소쉬르 언어학 자체와 마찬가지로 이러한 구조주의의 발전은 교육적인 가치를 상당 부분 지닌다. 왜냐하면 (구조주의가 문화 분석에 대한 '과학적' 접근을 대표한다는 주장은 옳지 않지만) 그것이 의미화 실천에 새롭고 정밀한 어휘와 접근법을 제공해주며, 연구할 가치를 지닌 주제에 대한 (엘리트주의적) 판단을 신선한 방식으로 멈추게 하는 측면이 있기 때문이다(비록 문예연구에서 기호학 분석이 종종 단순하게 똑같은 옛 정전正典에 집중하는 경향이 있는 것도 사실이지만 말이다). 마찬가지로 중요한 점은, 구조주의 분석의 기본 원리는 교육적인 체계 안에서 가르치고 학습될 수 있었기 때문에 구조주의의 이러한 발전이 비판적 실천의 엘리트주의적 성격을 약화시키는 하나의 운동이기도 했다는 것이다. 비평은 이제 더 이상 텍스트에 대한 어떤 본원적인 감수성을 보여줄 수 있는 몇몇 특권층(실제로는 성장 과정에서 학습을 통해 문화자본을 획득하도록 결정된 계급)의 전유물이 아니며 누구나 매우 빠르게 획득할 수 있고 기초적인 수준에서도 유용하게 활용할 수 있는 방법이 되었다. 구조주의라는 새로운 비판적 도구의 이렇게 평준화하는 측면은 비판 능력을 연마하는 **초기 단계**에서 매우 가치 있는 요소를 교육적 맥락 안에 남기게 된다.

    그 이후에 구조주의와 기호학은 후기구조주의 언어철학에 의해 변형되었다. 후기구조주의는 구조주의와 기호학의 과학주의적 외양과 단절하고 소쉬르 언어학에 내재해 있던 논리를 극단까지 밀고 나갔다. 기의와 기표 사이의 연관성이 소쉬르가 주장했듯이 본래적인 것이 아니라 관습적인 것이라면 이들의 관계는 더 이상 안전하고 고정된 것으로 볼 수 없다는 것이다. 언어와 모든 의미화 실천들이 차이에 의해서 의미를 생성하는 것이라면 어떤 특정 기호, 즉 의미를 생성해내는 어떤 특정한 기호의 조합도 의미의 고정성, 단일성, 견고성을 지속적으로 위협하는 다른 기의와 기표들의 상호작용에 의해 영향을 받게 되는 것으로 볼 수 있었다. 1960년대 후반 후기구조주의의 부상은 확실히 68혁명이 정점에 달한 이후에 계속된 정치적 패배들에 의해서 매개된 것이었다. 이글턴이 말했듯이 "국가권력 구조를 깨뜨릴 수 없었던 후기구조주의는 그 대신에 언어구조를 전복하는 것이 가능함을 발견했다"(Eagleton, 1993: 142). 하지만 후기구조주의 방법론의 부상은 보다 깊은 존재론적 뿌리를 지니고 있었다. 그리고 자본주의가 독점 능력을 위한 새로운 발전양식을 개발하기 시작한 때가 이 무렵이었다는 것은 결코 우연이 아니다. 포드주의적 조합주의와 시장 구조의 경직성을 극복하고, 유연한 축적이라는 새로운 양식이 발전하고, 이윤책임단위를 통한 그리고 기업 내 관계의 자회사 및 하도급 방식을 통한 탈중심화가 진전된 이 시기에, 체계로서의 언어라는 감각을 여전히 강력하게 유지하면서도 기존의 언어체계를 탈중심화하면서 변화와 변형의 가능성을 강조하는 언어와 의미-생성의 새로운 패러다임이 함께 등장한 것이다.

철학자 자크 데리다Jacques Derrida의 작업은 소쉬르 언어학이 그린 것보다 훨씬 더 불안정하며 유동적이고 미끄러운 언어에 대한 비전을 정식화했다. 또한 여기에는 일종의 정치적 비판에 해당하는 것도 있었다. 데리다가 겨눈 목표는, 의미를 지속적으로 고정하려 하고 기표의 놀이를 억압하며 그러한 기표의 놀이를 기호와 지시대상 사이의 '참된' 관계와 연결시키고자 하는 서구의 형이상학이었다. 의미의 **고정**fixing(데리다는 이를 로고스중심주의라 불렀다)은 많은 문화이론에서 이데올로기의 한 가지 정의나 다름없는 어떤 것이 되었고, 차이와 의미의 잠재적으로 무한정한 확산 혹은 지연이라는 개념은 촉진해야 할 하나의 윤리적 이상이 되었다. 앞에서 든 예로 다시 돌아가보자.

위기의 블레어, 노조와의 갈등을 치유하기 위해 말하다
Blair In Crisis Talks To Heal Rift With Unions

이 짧은 글에 대한 데리다적인 읽기는 이 텍스트를 여느 텍스트와 마찬가지로 문학적인 텍스트로 다룸으로써 시작한다. 데리다의 해독은 사실/정보 담론과 소설과 같은 여러 장르 사이에 존재하는 구분을 없애버린다. 해체는 "텍스트의 명시적 의미와 상반되는, 텍스트 안에 있는 수사적 의미의 억압된 잉여를 밝혀주는" 역할을 한다(Habermas, 1987: 191). 심지어 이러한 복잡하지 않은 단순한 문장에도 블레어와 노조 사이의 갈등적 관계를 약화시키고자 작동하는 기표와 기의의 과잉이 존재한다. 여기에는 신체와 자연에 대한 심상의 유희가 존재한다. '위기^{crisis}'의 한 가지 기의는 질병의 진행 과정 중에 존재하는 결정적 전환점을 가리킨다. 하지만 이 전환점 이후에 병세는 **나아질** 수도 있고 악화될 수도 있다. 즉, 하나의 위기는 상이한 귀결을 지닐 수 있다. 신체적 치료에 그 어원을 두고 있는 '치유^{heal}'라는 기표는 이러한 심상을 확인해준다. 하지만 이것이 암시하는 바는, 블레어/노동당과 노조가 문장 구조의 스펙트럼에서 정반대의 양 끝에 위치하고 있어도 분리할 수는 없는 하나의 신체라는 것이다. 자연적 심상은 '갈등^{rift}'이라는 기호와 더불어 유지되지만, 그 기호가 동반하고 있는 지질학적 의미인 '균열'과 함께 신체를 벗어나 블레어와 노조가 함께 서 있는 바로 그 지반으로 이동한다. 이는 분열만큼이나 어떤 공통의 지반이 있음을 다시 한 번 의미하는 것이기도 하다. 또 한편으로 블레어와 노조 사이의 위기는 신체 외부에 그리고 그들 밖에 있는 것이 된다. 이는 아마도 블레어와 노조가 공유하고 있는 지반이 붕괴하기를 바라는 ≪타임스≫와 그 독자들의 우파적인 바람을 보여주는 것일 터이다. 따라서 이러한 짧은 문장에서도 블레어와 노조 사이의 관계를 제시하는 데 어떤 '비결정성'이 존재한다. 그들 사이의 갈등은 여기서 사용된 미끄러운 '심상의 유희'와는 잘 어울리지 않는 것이다.

데리다의 해체가 약간 현학적인 놀이로 보이는 반면, 보다 명백하게 현실 정치에 관련된 논의는 푸코$^{M.\ Foucault}$와 담론 연구들을 통해서 발전되었다. 담론^{discourse}이란 사회질서를 유지하는 제도들을 통해서 유통되는 개념들의 특정한 총화를 엮어내는 것으로 이해되는 언어이다. 푸코는 담론의 '랑그'를 발굴하는 것을 '고고학'이라고 칭했으며 그것의 역사적 발전을 '계보학'이라 불렀다. 푸코에게 담론은 권력이 사회질서를 통해서 유통하는 수단이며 주체들이 지식(권력)을 틀 짓고 분류하고 규정하고 생성하는 수단이다. 광기, 범죄, 성이라는 담론의 역사적 발전(계보학)이 푸코의 작업에서 핵심 연구였다. 에드워드 사이드$^{Edward\ Said}$의 **오리엔탈리즘**^{orientalism} 담론, 즉 서구(특히 프랑스와 영국의 식민주의)의 비서구 지역에 대한 재현과 서술방식들이 동양에 대한 지식 및 동양보다 우월한 권위를 만들어내는 과정과 통합되어 있다는 분석은 유명하다. 오리엔탈리즘이란 "지배의 서구적 스타일"이며 "탈계몽주의 시기에 유럽 문화가 정치적으로, 사회학적으로, 군사적으로, 이데올로기적으로, 과학적으로, 그리고 상상적으로 동양을 관리하고 심지어 생산할 수 있게" 했던 체계적 수단이다(Said, 1978: 3).

우리는 특히 담론 분석을 통해서 소쉬르 언어학, 구조주의, 기호학의 고립성과 결별할 수 있을 것으로 보인다. 담론 분석은 언어가 물질적 힘을 동원하는 방식을 강조할 수 있다. 하지만 하버마스가 말하듯이, 푸코는 담론과 물질적 실천들 사이의 관계가 어떻게 개념화되어야 하는지에 대해 명확하게 설명하지 못하고 있다(Habermas, 1987: 243). 이 점은 보다 광범위한 사회적 총체성 내에서 제도적 실천들을 매개하는 데 담론 이론들이 더욱 주저하게 했을 뿐이다. 예를 들어, 뉴스와 정보 미디어에서 '균형'이라는 담론적 행태는 사회적 갈등을 보도할 때의 미디어 실천과 과정들 속에 각인되어 있다. 하지만 '균형'은 부르주아 정치를 실천하는 매개체이다. 민주국가는 그 민주주의의 수준에 관계없이, 선거권이 없는 계급의 투쟁에 의해서 더욱 민주화**되어**(균형 잡혀)왔다. 하지만 담론 이론은 제도, 정치, 노동, 자본 사이의 이러한 매개를 무시한다. 왜냐하면 이러한 매개들은 담론 이론이 마르크스주의적 '환원주의'의 대표적 사례라고 보는 사회적 총체성에 대한 이해로 필연적으로 되돌아가기 때문이다. 담론 이론에 의하면 역사, 제도, 권력은 언어의 영역으로 간주된다. 하지만 그 대가로 소쉬르 언어학에서처럼 기호의 자율성을 실제로 대면하는 데는 실패하게 된다. 자크 라캉Jacques Lacan은 언어학적 전회라고 알려지게 되는 새로운 경향의 유명한 예시에서 프로이드적 무의식은 언어와 마찬가지로 구조화되는 것으로서 가장 잘 이해될 수 있다고 주장했다. 의미가 언제나 지연되는 데리다의 체계에서처럼 무의식적 욕망은 언제나 기표의 연쇄구조의 기저에서 움직이고 있으며, 언제나 어느 한 시점에서 그것이 아닌 것에 의해서 규정되기 때문에 (마치 앞의 신문 헤드라인에서 '위기'의 기표와 기의가 다른 기호 사슬에 의해서 규정되고 영향을 받는 것처럼) 결코 자기충족적이거나 자기현시적이지 않다. 문화 이론가들이 실재를 언어처럼 구조화된 것으로 인식하는 것은 시간 문제였다. 기호와 기호 사이의 관계는 닫힌 체계 안에서 정치, 사회, 문화, 역사, 문화, 그리고 심지어 경제를 흡수하는 방향으로 도도하게 확장되었다. 이러한 주장의 함의에 대한 담론 이론 지지자들의 반박은 다음과 같은 것이다. "그렇다. 물론 언어 **밖에** 존재하는 실재의 세상이 있다. 하지만 우리는 언어를 통하지 않고서는 이를 알 수 있는 길이 없다." 그러나 소쉬르/후기 소쉬르 언어학의 개념 구조에서 실제로 언어와 기호 일반에 **대한** 실재의 영향은, 실재를 명명하고 분류하고 정렬하고 규정하고 파악하고 의미화하는 언어의 힘에 대한 다소간 일방향적인 탐구 앞에서 보이지 않게 된다. 소쉬르적/탈소쉬르적 의미 생산 이론들의 이러한 개념적 기반은 거의 도전받지 않으며 오히려 일상적으로 재활용되고 있다.

예를 들어 스튜어트 홀$^{Stuart\ Hall}$이 편집한, 개방대학$^{Open\ University}$의 교재 『재현, 문화적 재현, 그리고 의미화 실천$^{Representation,\ Cultural\ Representation\ and\ Signifying\ Practices}$』을 살펴보기로 하자. 여기서 우리는 오늘날 기호에 대한 문화 분석 및 미디어 분석에서 지배적인 입장의 고전적인 주장을 찾아볼 수 있다. "의미는 사물들 **안에**, 세계 속에 있지 않다. 의미는 구성되고 생산되는 것이다. 그것은 의미화된 실천, 즉 의미를 **생산하고 사물들이 의미를 띠도록 하는** 실천"의 결과이다(Hall, 1997: 24). 여기에는 '세계'를 이해하는 또 다른 방식이 있지만, 먼저 우리는 **사물**^{things}이라는 의미에서 세계를 생각하는 것으로부터 벗어나야 한다. 즉, 세계를 언어의 힘이 의미를 부여하기를 기다리는 타성적이고 수동적이며 고립된 대상(혹은 지시대상)으로 보는 데서 벗어나야 한다. 담론 이론은 세계, 즉 실재를 **우리 자신의 사회적 행위의 축적되고 집단적이며 상호의존적인 결과**로 이해할 수 없다. 홀의 문장에서 언어는 하나의 **실천**, 즉 창의적이고 능동적인 의미 생산의 과정으로 여겨지는 반면 세계는 수동적 사물들의 조합으로 나타난다. 그러나 언어만이 **체계인 것**은 아니다. 사실 세계는 낱낱의 (자연적인 혹은 사회적인) 사물들로 구성되어 있지 않다. 오히려 언어처럼 물질적인 실천들과 관계들로 구성되어 있다. 하지만 세계는 그러한 물질적인 관계들과 실천들에 대해 더 깊은 물질성을 지니는데, 이는 그것들이 바로 생산양식을, 즉 자연과의 그리고 우리 각자와의 물리적 상호교환과 재생산의 양식을 구성하고 있기 때문이다. 언어는 이러한 상호교환의 일부이지만, 이러한 상호교환 자체가 그 안에서 언어를 특권화하기 때문에 이해되지 못하는 것이다.

언어의 우월성을 말하는 소쉬르 언어학의 주장 중 눈에 관한 것이 유명하다. 한 연구에 의하면 이누이트(에스키모)의 언어에는 눈을 뜻하는 단어가 22개, 얼음을 뜻하는 단어가 12개 있다고 한다. 이는 이런 현상에 대해 다른 어떤 집단들이 지닌 어휘 수보다 많은 것이다. 이는 '눈'이라는 **하나의** 기호의 도움으로 우리가 '보는' 순백의 물질이 언어의 힘에 의해 이름을 부여받음으로써 미묘하고도 분명한 차이를 지니게 되고 분류나 서열화가 가능한 현상으로 전환된다는 좋은 사례인 것처럼 보인다(Hall, 1997: 23). 사실 이누이트의 사례는 서로 다른 언어체계는 세계에 대한 개념화를 다르게 '생산한다'는 언어적 상대주의를 보여주지만, 최근에는 이 이누이트 사례의 근거가 다소간 믿을 수 없는 것으로 밝혀지고 있다(Pinker, 1994: 44~82). 영어로 잘 번역된 홀의 이누이트 단어표를 보면 문제를 명확하게 볼 수 있다(Hall, 1997: 23). 서로 다른 이누이트 단어들이 눈에 대한 각기 다른 형용사적 묘사(물기 있는 눈, 젖은 눈, 밝은 눈, 부드러운 눈, 흩날리는 눈 등)를 지니는 것으로 번**역될 수 있다**는 사실이 이누이트인들이 눈을 완전히 다른 방식으로 '보고' 그렇게 경험하도록 하는 언어 세계를 지니고 있음을 의미하는 것은 아니다. 우리가 알 수 있는 것은 오히려 이누이트가 맨체스터나 모스크바에 살고 있는 사람들보다 일상생활에서 눈을 차별화해야 할 **물질적 필요를** 더 많이 지니고 있다는 것이다. 이는 많은 현대 문화이론의 언어적 결정주의를 약화시킨다. 언어결정주의에 의하면 언어는 의미를 **생산한다**. 사실 이 예시는, 설령 그 입증 근거가 명확하다 하더라도 소쉬르 이론과 후기 소쉬르 이론들이 억누르고자 하는 것을 정확하게 드러내준다. 에스키모인의 생산양식은 자연과의 상호교환을 필수적으로 요구하며, 그러한 각각의 상호교환은 눈과 얼음의 상이한 질과 그에 적합하고 필수적인 사용방식에 대한 보다 정교한 차별화를 요구한다. 이 예시에서 밝혀지는 것은 자유롭게 부유하는 언어의 분류능력이 아니라, 주어진 자연 조건과 주어진 생산 수준에서 언어를 규정하고 언어에 의해서 매개되는 주어진 사회적 관계들이라는 결정요인이다. 이누이트에게 눈의 의미(들)을 결정하는 것은 고립된 '지시대상'으로서 인식되는 눈이 아니다. 하지만 마찬가지로 눈의 의미(들)을 결정하는 것이 이누이트의 언어 체계, 즉 일련의 자율적인 관습인 것도 아니다. 그 대신에 눈의 의미들을 결정하는 것은 언어가 통과해야만 하는, 즉 의미와 언어를 특정한 방식들로 차별화하는 사회적 관계의 체계로서 그리고 실천으로서 이해되는 사회적 존재이다.

우리는 언어가 관습적이라는, 즉 사회적 구성물이라는 주장과 그것이 자신의 의미를 자유롭게 결정한다는 의미에서 자의적이라는 주장을 단순하면서도 효과적으로 구분할 필요가 있다. 마르크스도 돈에 관한 비슷한 구분을 했다. 즉, 돈은 단순히 관습적인 상징이기도 하며 외부로부터 그 상징을 결정하는 현실 세계의 물질적 관계에 속한 기호이기도 하다는 것이다(Marx, 1983: 94). 모든 상징이 지니고 있는 관습적 성격은 의미화 실천들이 창의적이고 유연한 실천임을 보여주는 것이다. 왜냐하면 의미화 실천은 광범위한 문화적 양식들에 의해 영향을 받는 대안적 표현 형식들 중에서 선택되기 때문이다. 그러나 이러한 창의적 실천은 사회적 필연성과 서로 엮여 있다. 의미들은, 구조적으로 모순적이고 중첩된 (왜냐하면 계급 위치는 언제나 젠더적이고 인종적이기 때문에) 사회적 존재 양식들을 위한 실천적 기능을 지녀야만 한다. 의미들은 전체 사회와 그 안의 계급 및 집단이 그들 자신을 유지하고 재생산하는 수단들과 상호 연관되어 있다.

역사적 유물론의 도전

물론 지금까지 얘기한 어떠한 것도 소쉬르/후기 소쉬르 이론이 문화 분석

분야에서 의미 있는 작업들을 생산해내지 못했음을 의미하지는 않는다. 그러나 그러한 작업이 상징 생산과 의미의 조건에 대한 역사적, 물질적 이해로부터 멀어지게 하는 역류는 언제나 존재한다. 이는 보다 최근에는 진정한 담론의 부재로 가속화되었다(Palmer, 1990). 하지만 실재와 언어의 분리, 혹은 실재의 확장과 흡수를 전제하지 않는 다른 이론적 원천들도 존재한다. 즉, 레토릭(설득하고 이해하고 분류하는 언어의 비유적인 전략들)과 실재의 상호 교차를 우리 밖에 있는 것이 아니라 사회적 존재인 우리의 활동의 산물로서 이해하는 것이다. 볼로시노프는 그 상황을 다음과 같이 정식화했다. "의식은 사회적 상호작용 과정에서 하나의 조직화된 집단에 의해서 창출되는 기호의 물질성 안에서 그 형태와 존재를 갖추어 나간다"(Vološhinov, 1996: 13). 기호들과 사회적 상호작용은 사회적 존재성—경제적인 것으로 환원되지 **않는**—이 우위를 지니지만 변증법적 관계, 즉 상호 영향을 미치는 관계를 지닌다.

이러한 개념화에서 우리는 언어의 구성적 특성이라는 관념은 이제 만료가 되었음을 확실히 알 수 있다. 푸코와 데리다 이전에 이미 언어란 "언제나 은유적"이며 끊임없이 일련의 비교들로 구성된다고 주장했던 이는 이탈리아의 마르크스주의자 안토니오 그람시^{Antonio Gramsci}였다(Gramsci, 1967: 111).

확실히 동^{East}과 서^{West}라는 개념은 자의적이고 관습적인, 즉 역사적인 구성물이다. 왜냐하면 실제 역사 밖에서 지구 위의 모든 지점은 동쪽이면서 동시에 서쪽이기 때문이다. 우리는 이 점을 이러한 용어가 일반적인 인간의 관점에서 구체화된 것이 아니라 문화화된 유럽 상류 계급의 관점에 의해서 구체화되었다는 사실을 상기할 때 더 잘 인식할 수 있다. 이 문화화된 유럽 상류 계급은 그들의 세계 헤게모니를 통해서 이러한 용어들이 전 세계에 수용되도록 했다(Gramsci, 1967: 108).

다른 이론가들처럼 그람시도 언어를 관습적이면서 자의적인 것으로 묘사하고 있으며, 이러한 용어들을 상호교환이 가능한 것으로 사용하고 있다. 이미 앞에서 주장했듯이 언어의 관습성이란 사회적 기준과 맥락을, 그리고 그 언어의 사용과 의미의 역사적 상대성을 의미한다. 반면, 자의성이라는 개념은 **모든** 다른 기호 관습도 기호 사용자들에게 동일한 맥락에서라면 동일한 정도의 유효성을 가지고서 활용될 수 있음을 함축함으로써 사회적으로 결정되는 것이 아님을 암시한다. 즉, 자의성 개념은 우리가 역사가로서든 현 상황의 관찰자로서든 우리 앞에 있는 기호들이 왜 거기에 존재하고 반면 다른 기호들은 거기에 있지 않은지 또는 주변부에만 존재하고 있는지에 대한 역사적 이유를 억압한다. 하지만 '동'과 '서'라는 기호가 상상의 구성물로서 권력의 기획이라는 그람시의 주요 논점은 우리가 충분히 동의할 수 있는 것이다. 그러나 만약 그람시의 주장을 이렇게 그냥 내버려둔다면 그것은 푸코의 주장과 구분이 되지 않을 것이다. 비록 그람시가 계속해서 언어는 그저 자의적이라는 것과는 상반되는 주장을 펼쳤지만 말이다.

> ['동'과 '서'는 관습적이면서] 실제 사실들에 상응한다. 이 개념들은 사람들이 땅과 바다를 여행하게 하고, 알려진 목적지에 도달하게 하며, 미래를 예측하게 하고, 실재를 객관화하게 하며, 외부 세계의 객관성을 이해하게 한다. 즉, 합리적인 것과 실재가 동일시되는 것이다(Gramsci, 1967: 109).

따라서 언어란 세계에 대한 우리의 탐사-문자적인 의미에서 그러나 또한 비유적인 의미에서도-에서 반드시 필요한 것이다. 언어는 우리가 세계 안에서 작동하게 하고, 세계를 구성하게 하고, 우리의 인식 수단으로부터 독립된 세계의 객관성과 협상하게끔 한다. 여기서 객관성이란, 세계가 우리가 그것을 인식하는 방식으로 환원될 수 없음을 의미한다. 만약에 이러한 환원이 가능하다면 지배계급은 그들을 위협하는 위기나 반란을 언제나 언어적으로 해결할 수 있었을 것이다. 그람시가 헤겔을 소환하면서 "합리적인 것과 실재적인 것은 동일시"된다고 주장할 때 그가 주장하고 있는 것은 언어가 효과를 지니기 위해서는 실재와의 어떤 상응성을 가져야만 한다는 것이다. 왜냐하면 사회적 활동의 질, 생산성, 산물을 발전시키고 변혁하기 위해서는 (즉, 생산관계와 생산력을 발전시키기 위해서는) 우리의 언어적 실천과 사회적 실천 사이에 필연적으로 어떤 상응성이 있어야 하기 때문이다. 담론의 합리성이라는 씨앗은 우리 상호 간의 필연적인 상호협력 속에 그리고 상호의존의 증진 속에 심겨져 있다. 하지만 현실은 단지 상호협력적인 사회적 관계뿐만 아니라 갈등적이고 적대적인 사회적 관계들의 결과물이기도 하며, 이런 식의 현실 의식은 논란과 분쟁의 영역이 된다. 사회적 관계들이 생산력을 발전시키고 이로부터 사회 전반적인 개선을 이루어내는 한 그러한 현실은 합리적이고 현실 의식도 그 현실에 상응한다. 반대로 상호협력을 방해하고 우리의 상호의존성을 부정하며 사회 전반적인 개선을 파괴와 사적 이득의 일반화로 변형시키는 지배와 착취의 관계 위에 사회적 관계들이 세워져 있는 한, 이러한 현실과 그에 대한 현실 의식은 비합리적인 것으로 나타나게 된다. 합리성이라는 씨앗을 심어야 하는 생산의 필요성이 인간의 자유와 필요의 윤리-이는 계급투쟁의 외부에서가 아니라 종속계급과 종속집단들의 투쟁에서 나온다-와 결합될 때, 현실에서 그리고 우리의 의미화 실천에서 합리성을 위한 조건과 그것의 압력은, 그리고 비합리성(이데올로기)에 대한 비판은 점점 커져간다.

합리성과 비합리성 사이의 변증법적 관계를, 앞에서 분석한 ≪타임스≫의 헤드라인과 같은 날짜의 ≪데일리 메일 Daily Mail≫ 1면 헤드라인에서 살펴보자.

노조 투사들이 돌아온다 Union militants are back

그들의 다음 목표는 당신의 휴가 and the next target is your holiday

항공 대란의 여름! SUMMER OF AIR CHAOS

    항공 화물 노동자와 공항 노동자들이 파업을 준비하고 있었고 이것이 정말로 여름 휴가철을 심각한 혼란으로 몰아넣었다면, 이것은 이 신문으로서는 그냥 공상이 아니며 쉽게 반박될 수도 없는 것이고 이 헤드라인에는 합리적인 것과 실재적인 것 사이에 어떤 상응성이 존재한다고 할 수 있다. 하지만 그렇지 않다면 합리적인 것과 실재적인 것은 그 고리가 느슨해지기 시작한다. 노동자들의 특정한 주장이나 불만들은 어떤 체계적 운동, 사실상 어떤 목표를 지닌 전쟁의 일부―'투사들militants'은 군대와 밀접하게 연관된 단어로 여기서는 공격적 폭력성의 느낌을 주는 방식으로 활용된다―로서 틀 지어진다. 여기서 위협을 받는 사람들은 직접적인 신문 독자 개개인('당신의 휴가')이 된다. 또한 '돌아온다'는 선량한 시민들에 대한 거의 개인적인 복수가 수행되는 듯한 암시를 던지면서 동시에 '항공 대란의 여름'과도 묶이는 이중의 기능을 한다. 이는 '항공 대란의 여름'이라는 어구가 계절을 활용한 다른 유명한 어구, 즉 '불법적인' 파업행위와 전 국가적인 침체의 대명사가 된 1979년 '불만의 겨울Winter of Discontent'―그해 ≪데일리 메일≫ 신문의 영웅인 마거릿 대처 Margaret Thatcher 총리는 그 직후의 하원의원 선거에서 승리했다―과 '돌아온다'와의 상호텍스트성을 강화하기 때문이다. 융합conflation이 전형적인 이데올로기적 수사법 중 하나라면, 이 헤드라인에서 우리는 공항 노동자들의 특정한 요구가 '투사들'로부터의 위협이라는 일반화된 의미와 병합되고 그다음에는 1979년까지 거슬러 올라가는 사건들과 병합되는 융합이 일어나고 있음을 알 수 있다.

    이러한 융합이 만들어내는 모든 질서와 이성의 파괴('대란') 그리고 노동자들의 전적으로 정당한 요구들 사이의 어울리지 않는 결합은 기사의 맨 마지막 부분에 이르러서야 드러난다. 그때서야 독자들은 그토록 위협적인 파업이, 나라에서 가장 물가가 비싼 지역에 거주하고 있는 노동자들이 임금을 겨우 1.5퍼센트 인상하겠다는 고용주들의 제안에 항의하여 벌인 것이라는 사실을 발견하게 된다. 따라서 이 신문 기사가 노동자들의 이러한 요구에 대한 대화가 필요함을 암시하는 것은 '균형'에 대한 아주 미미한 제스처에 지나지 않는 것으로 볼 수 있다. 이 기사에서 고용주가 제시한 임금 인상률에 대한 정보가 노동자들의 대응을 최대한 부정적으로 그린 이후에야 제시된다는 사실은 이 신문이 합리적 교섭의 계기를 제공하는 것을 극히 꺼리고 있음을 보여준다. 여기서 우리는 하버마스가 수행적 모순$^{performative\ contradiction}$(Habermas, 1987)이라고 불렀던 것을 발견할 수 있다. 수행적 모순이란, 의미를 교환하기 위한 공유된 자원인 언어의 소통적 합리성이 개념적 모순(여기에서는 '균형'과 이 신문의 극도로 반노조적인 태도 사이에 존재하는 모순)에 의해서 좌절될 때 나타나는 것이다. 더욱이 여기서 억압되는 또 다른 사실은 이 신문의 독자들이 매년 적정한 임금 인상을 위해 투쟁하는 다른 노동자들과 이해관계를 같이하는 노동자일 수 있다는 점이다. 융합이 이데올로기의 한 가지 수사법이라 한다면, 연결―여기서는 독자들과 잠재적인 파업 노동자들 사이의―의 억압 또한 또 다른 이데올로기적 수사법이라고 할 수 있다.

≪데일리 메일≫의 1면은 확실히 롤랑 바르트가 말한 신화―이데올로기의 또 다른 실질적인 동의어이거나 적어도 이데올로기의 수많은 변형이나 정의 중에 하나인―의 한 예시이다. 바르트는 신화가 하나의 기표와 기의의 합인 하나의 기호를 취하며 이를 또 다른 기호체계로 전환시킨다고 주장했다. 따라서 공항 노동자에 의한 파업 가능성은, 그것을 부르주아 계급이 지닌 두려움 및 판타지의 나락에서 긁어 들인 함축적 의미의 사슬들과 뒤섞어버리는 2차적 기호 질서 체계(신화)에 의해서 그 의미가 왜곡된다.

역사에서 자연으로의 변화 과정에서 신화는 경제적으로 작동한다. 신화는 인간 행위의 복잡성을 제거하고 그것에 단순한 본질을 부여한다. 신화는 모든 변증법, 당장 눈에 보이는 것들을 넘어서는 어떤 것도 제거해버린다. 신화는 세계를 아무런 모순 없이 조직한다. 왜냐하면 신화는 깊이가 없으며 완전히 열려진 세계로, 명백한 것 속에서 뒹굴고 있기 때문이다. 그것은 더없는 명료성을 수립한다. 여기서 사물은 그 자체로 무엇인가를 의미하는 것처럼 보이게 된다(Barthes, 1986: 143).

물론 또 다른 담론에서는 이런저런 파업을 지칭하기 위해 모인 기호들의 총화가 전혀 다른 의미들을 지닐 수 있다. 심지어 개별 기호나 기표들이 서로 다른 방향을 향하고 있을 수 있다. 예를 들어, '투사'라는 기호도 대중적 혼란을 일으키기를 좋아하는 적의에 가득 찬 노동자들이 아니라 지적이고 정치적이며 잘 조직화되고 자본에 대항해 자신들의 이해관계를 방어할 준비가 된 사람들을 의미할 수도 있다. 볼로시노프는 다른 방향을 지향할 수 있는 이러한 기호의 속성을 '다억양성multi-accentuality'이라고 불렀다(Vološinov, 1996: 23). 기호의 이러한 특질에 대한 이해를 가장 잘 발전시킨 이론가가 볼로시노프의 동료 학자였던 미하일 바흐친Mikhail Bakhtin이다. 기호의 다억양성을 말하는 바흐친적 개념이 대화주의dialogism이다. '대화적dialogic'이라는 개념은 언어는 본질적으로 소통적이라는 하버마스의 생각과 어떤 면에서 비슷하다. 왜냐하면 볼로시노프가 주장했듯이, 아마도 언어는 "개별 의식과 개별 의식"을 연결하는 기호의 개별 간 연쇄일 것이기 때문이다(Vološinov, 1996: 11). 하지만 바흐친은 개별 의식과 이를 구성하는 기호나 단어들은 통합된 전체가 아니라, 마이클 가디너Michael Gardiner가 주장했듯이 "다른 의식들과 팽팽한 긴장에 시달리는 관계 속에서, 그리고 자아와 타자 사이의 지속적인 대체성 속에서" 존재함을 강조했다(Bakhtin, 1992: 28). 바흐친에게는 어떤 발화나 담론이나 단어도 자기동일적$^{self\ identical}$이지 않다. 그것은 언제나 다른 담론이나 발화 속의 다른 단어들(혹은 동일한 단어의 다른 활용과 의미들)과의 관계에 의해서 형성되고 규정된다. 바로 이러한 의미에서 기호들은 대화적이다. 물론 여기에는 아주 갈등적인 발화들 사이의 '대화'도 포함된다. 우리는 구조주의와 포스트구조주의 이론들에서 어떻게 단어가 그 자체로 언제나 불완전하며, 부분적으로 그것이 아닌 것에 의존하고 있는 그 의미를 규정하기 위해 언제나 의미상 멀지 않은 다른 단어들에 의존한다는 것을 보아왔다. 바흐친은 언어 '체계'보다는 구체적 상황에 있는 구체적 사람들의 발화에 단어들 사이의 관계를 위치시키면서 여기에 보다 '인간적'이고 물질적인 측면을 더한다.

어떤 대상을 지칭하는 단어는 생소한 단어, 가치 판단, 억양들로 구성된 환경으로 들어가게 되는데, 이 환경은 대화에 의해 끊임없이 흔들리며 긴장으로 가득하다. 또한 단어는 구석구석 복잡한 상호관계들과 엮여 있으며 어떤 단어들과는 통합되고 반대로 어떤 단어들과는 서로 밀어내기도 하며 제3의 단어들과 교차되기도 한다(Bakhtin, 1992: 176).

바흐친에게 기호는 어떠한 역사적 맥락 안에서도 "발화의 주어진 대상 주변에 존재하는 사회적·이데올로기적 의식들에 의해 짜이면서 수없이 많은 살아 있는 대화적 맥락들과 부딪친다"(Bakhtin, 1992: 276). 일례로 하나의 기호인 미국의 흑인 골퍼 타이거 우즈$^{Tiger\ Woods}$를 살펴보자. 2002년 7월 우즈는 세계 최고의 선수로서 스코티시 오픈 골프 챔피언십에 참가하기 위해 스코틀랜드 뮤어필드^{Muirfield}에 도착했다. 엄청난 부자이며 골퍼로서 놀라운 재능을 지니고 있는 흑인 우즈에게 기자들은 여성 회원을 금지하고 있는 뮤어필드 골프 클럽의 규칙을 어떻게 생각하느냐고 질문했다. 우즈의 대답은 모든 사람이 참가할 수 있다면 "좋겠지만" 자신의 생각에 골프 클럽들은 자신들의 규칙을 만들 권리가 있으며 여기에 "어떻게 할 수 있는 것은 아무것도 없다. 세상사란 그런 것이다"라는 것이었다. 여기서 우리는 하나의 기호로서의 타이거 우즈가 갑자기 '수많은 살아 있는 대화적 맥락들'과 부딪치며 '대화에 의해 끊임없이 흔들리는' 어떤 환경 속으로 들어가게 됨을 알 수 있다. 이 환경에서 우즈가 가진 부의 의미, 흑인이라는 인종의 의미, 스포츠의 의미, 젠더의 의미들은 갑자기 바르트가 이야기한 신화적 단순성과 자연화로부터 벗어나서 표면 위로 부글거리며 떠오른다.

이 인터뷰 이후 우즈가 몰지각하다는 비판이 특히 미국의 언론에서 대대적으로 제기되었다. ≪뉴욕 포스트 New York Post≫는 우즈를 비겁한 위선자라고 불렀다(만약에 우즈가 여성 해방을 위해 뮤어필드 골프장에 미 공군의 폭격이 이루어져야 할 것—이는 실제로 미국의 아프가니스탄 폭격의 한 가지 명분으로 제시되었던 것이다—이라고 풍자적으로 말했다면 아마도 그는 미국 언론으로부터 또 다른 종류의 비난을 받았을 것이다). 우즈가 지닌 부는 갑자기 부러움의 기호가 아닌 고립의 기호—그의 요새 같은 집이 자주 언급되었다—가 되어버렸다. 그가 흑인이라는 것은 갑자기 흑인 공동체의 롤모델이라는 기호가 아닌 과거 미국 흑인 시민권 운동의 전통에서 스스로 떨어져 나간 사람의 기호가 되어버렸다. 우즈의 유명세는 더 이상 대중으로부터 받는 광범위한 주목을 상징하는 기호가 아닌 그저 싱겁고 안전하며 잘 관리된 비정치적 상품—타이거 우즈는 나이키와 상업적인 스폰서 계약을 맺고 있었다—의 기호가 되어버렸다. 여기서 우즈는 자신의 정치적 신념을 우선시했던 무하마드 알리 Muhammad Ali와 비교되며 혹평을 받는다.

타이거 우즈의 스타 이미지와 관련하여 나타나는 의미화의 이러한 동요를 우리는 어떻게 판단하고 평가해야 할까? 바흐친은 여기서는 그리 유용하지 않다. 그는 대화주의 개념에 대응하는 독백주의 monologism라고 부르는 또 다른 개념을 제시한다. 이 개념은 바르트의 신화나 데리다가 비판하는 로고스중심주의와 매우 유사하며, 모순이나 차이나 대화를 억압함으로써 의미를 고정하고 가두고 단순화하는 것을 비판받아야 할 것이자 특정 권력의 근거지로 인식한다. 타이거 우즈 사례의 경우, 제도화된 여성차별주의에 대해 아무것도 하지 않는 우즈의 무관심한 태도에 미디어가 보인 반응은 우즈의 스타 이미지의 대화적 속성을 드러내주면서 또한 그 대응 개념인 안전한 '독백주의'를 불러일으킨다. 실제로 이것이야말로 미디어들이 연예인에서부터 전쟁에 이르기까지 다양한 기호들에 대해 일상적으로 행하고 있는 바로 그 일이라고 할 수 있다. 하지만 만약에 그렇다면 우리는 어떻게 미디어에 대한 비판적인 시각을 얻을 수 있을까? 타이거 우즈(혹은 전쟁)에 대한 미디어의 반응에 존재하는 가정들은 대화주의와 독백주의 개념보다 더 민감한 분석 도구를 통해서 밝힐 수 있다. 한 저널리스트[2]는 타이거 우즈 사건에 대한 글에서 "무하마드 알리 이후로 스포츠 세계에는 지구적 차원의 불의에 대해 용감하게 고발하고 소리 높여 비판하는 어떤 챔피언도 존재하지 않았다"라고 쓰고 있다. 여기서 어떤 전치^{displacement}가 이루어지고 있다. 불의에 대해 고발하는 것은 분명히 미디어가 할 일인데도 그 일이 미디어가 인격화하는 대리인들을 통해서 이루어져야 한다고 느끼게 하는 것 자체가 사실 문제적인 현상이며, 이는 또한 사실 불의를 용감하게 고발할 수 있는 챔피언들이 나올 확률이 극히 희박한 스포츠 산업과 미디어가 매우 밀접한 관계에 있음을 확인시켜줄 뿐이다. 흑인 인사라면 시민권 투쟁과 다른 차별 형태들을 연결 지을 줄 알아야 하지 않겠느냐는 호소 뒤에는, 그러한 호소가 왜 백인 스포츠 스타에게는 똑같이 적용되지 않느냐는 의문을 망각하게 하는, 인종이란 계급과 분리되어 존재하는 것이라는 가정이 도사리고 있다(Ferguson, 1998). 물론 여기서 작동하고 있는 것을 대화주의(우즈의 스타 이미지를 논쟁의 장소로 전환하는 것)와 독백주의(미디어가 스포츠 산업이라는 체계와의 공모자로서 수행하는 역할은 인식하지 않은 채 문제를 한 개인의 것으로 축소시키는 것)의 상호작용이라고 볼 수도 있다. 하지만 이러한 해석조차도 여전히 기호와 사회적 관계들 사이의 관계에 대한 정확하고 근본적인 분석을 결여하고 있다. 이러한 분석을 위해서 우리는 오히려 이데올로기와 헤게모니 개념으로 돌아가야 할 필요가 있다.

이데올로기와 헤게모니

이데올로기는 그 자체로 다억양적인 기호이며 역사적 과정에서 다양한 맥락에서 사용되어왔다. 이를 제대로 다루려면 이 책 전체로도 모자랄 것이다. 이데올로기란 용어는 일반적으로 가치, 믿음, 상상, 가정을 지칭하는 것으로 이해된다. 하지만 이데올로기의 지위에 대해서는 논란이 많다. 앞에서 이야기했듯이, 이데올로기를 의미를 고정시키거나 가두는 어떤 것, 그리고 사회문화적 관습을 자연(신화, 로고스중심주의, 독백주의)으로 변형시키는 것과 연관 지어 부정적으로 인식하는 관점이 있다. 하지만 보다 중립적이고 그 의미를 더 확장하면서 일반적인 의미 생산이나 의식 자체와 같은 것으로 바라보는 또 다른 관점이 있다(볼로시노프와 바흐친은 둘 다 때때로 이데올로기의 개념을 이러한 의미로 사용한다). 하지만 이러한 이데올로기 개념은 기호/의미 실천들과 공통된 범위를 갖는 확장된 의미를 지니지만 세계에 대한 인식과 이해에 관한 한 어떤 점에서는 본질적으로 전혀 도움이 되지 못하는 것으로 파악된다(일례로 Althusser, 1971 참조). 이 경우에 사람이 이데올로기를 어떻게 벗어날 수 있는지를 이해하기란 어렵다.

이데올로기에는 다양한 정의가 있으며(Eagleton, 1991: 1~2) 이 중에 어느 하나만을 택할 필요는 없다. 하지만 내가 보기에 이데올로기 개념의 마르크스주의적인 사용에 중심적이라 생각되는 한 가지 정의에 대해서 집중적으로 살펴보기로 하겠다. 이 버전의 정의는 우리가 '의미의 고정과 자연화'에 대한 비판에서 보았듯이 이데올로기 개념의 비판적이고 부정적인 의미를 가지고 있지만, 그것을 지배의 사회적 관계들과 묶는 데에 보다 제대로 초점을 맞추고 있다. 톰슨$^{John\ B.\ Thompson}$에게 이데올로기란 의미 실천이 "체계적으로 비대칭적인 권력관계를 수립하고 유지할 때마다" 작동하는 것이며 "일반적으로 권력에 봉사 중인 의미이다"(Thompson, 1990: 7). 테리 로벨$^{Terry\ Lovell}$도 이데올로기에 대해 비슷하게 정의를 내린다. 한 가지 다른 점은 어떤 사상이 비대칭적인 권력관계를 유지하도록 요구받을 때 그 사상의 **타당성**에 대한 영향을 강조한다는 점이다. "이데올로기는 …… 허위의 믿음에 대한 생산과 유포로서 정의할 수 있다. 이 믿음의 부적당함은 사회적으로 유발된다"(Lovell, 1983: 51).

따라서 이데올로기는 오해나 착각과는 다르다. 왜냐하면 오해나 착각에는 지식 생산에 필요한 정보나 도구적인(방법론적이거나 기술적인) 특성이 없기 때문이다. 이데올로기는 비록 그 전략의 일부로서 의심의 여지가 없는 가정을 사용하기는 하지만 가정 자체와도 다르다. 태양이 내일 뜰 것이라고 가정하는 것은 이데올로기적이지 않다. 그러나 "태양이 하늘에 떠 있는 한 가난한 자들은 언제나 존재할 수밖에 없다"라고 말한다면 이것은 이데올로기적이다. 왜냐하면 이는 사회적, 역사적 관계를 그릇되게 자연화하기 위해서 자연에 대한 심상을 이용하기 때문이다. 이데올로기는 기호들이 착취적 사회관계를 유지하기 위해 사용될 때 그 기호들에 일어나는 것이다. 그리고 이러한 사회적 동기 때문에 이데올로기적 기호들은 세계에 대한 앎을 생산한다는 점에서는 빈약하다고 할 수 있다. 대중 미디어에서 이데올로기는 우리의 두려움, 감정, 욕망을 근본적인 수준에서 뒤흔들고 심상과 간명한 서사들을 동원함으로써 작동한다. 이데올로기는 정의상 비합리적이다. 하지만 착취적인 사회적 관계의 재생산에 기여하는 방식으로 새로운 데이터와 현상들에 반응하고 해석하게 하는 어떤 일련의 조직적 원리나 가치들 — 소쉬르의 랑그 개념을 떠올려보라—을 제공하는 한, 이데올로기는 여전히 어떤 체계적인 특질을 필요로 한다. 공항 파업의 가능성에 대한 ≪데일리 메일≫의 '발화'와 같은 예는 노동자들이 자신의 집단적인 권리와 힘을 주장하는 것을 볼 때마다 그 신문이 보이는 반응들과 아주 잘 조화를 이룬다. 사람들이 난민의 곤경을 동정적으로 탐사한 기사를 ≪데일리 메일≫에서 보기를 기대하지 않는 것처럼, 우리는 짓밟히는 노동자들의 이익을 옹호하는 기사를 근시일 내에 그 신문에서 보지는 못할 것이다.

하지만 흥미롭게도 ≪데일리 메일≫은 스티븐 로렌스[Stephen Lawrence], 즉 백인 인종주의자 패거리에 의해서 남부 런던에서 살해당한 십대 흑인 소년의 이야기를 다루었다. 이어진 경찰 조사는 너무 엉터리여서 또 다른 민간 조사가 이루어졌다. ≪데일리 메일≫은 이에 관한 인상적인 1면 기사에서 피의자의 이름을 밝혔고 만약에 자신들이 틀렸다면 소송을 걸라고 적시했다. 1930년대 모슬리[Oswald Mosley]의 검은 셔츠단 파시스트를 환영했던 이 신문이 흑인의 권리를 옹호하리라고 기대한 사람은 없다. 만약 로렌스 사태를 다룬 이 신문의 탐사 기사에서 합리적인 것과 실재적인 것 사이의 연관성이 앞에서 다룬 항공 파업 보도에서보다는 더 강하게 존재한다 해도, 이는 오로지 매우 제한적인 이데올로기적 **한계** 안에서 작동하며 로렌스 사건과 이에 대한 공적 논의의 의미를 신문의 핵심 가치와 경찰과 같은 제도들에 대한 믿음에 덜 위협적인 어떤 매개변수들 속에서 규정하고 변형하려는 것이라고 볼 수 있다. 문제적인 대화적 기호로서의 로렌스 사건에 대한 한 해석은 이 사건이 경찰의 무능함을 보여주는 소름끼치는 예이며 영국의 사법체계가 이 유망한 젊은이와 그 '존중받아야 할' 부모를 저버렸다는 것이다. 이것이 이 신문이 선호한 해석이며, 이 사건을 묘사하면서 이 신문의 주요 목표는 고발된 백인 젊은이들에게 맞춰져 있었다. 하지만 이 엉터리 경찰조사에 대해 로드 맥퍼슨[Lord Macpherson]이 주도한 민간 조사는 이 사건을 법정으로 가져가지 못한 원인으로 경찰의 무능함보다는 제도화된 인종주의를 지적했다.

여기서 로렌스 사건은 하나의 다억양적 기호로서 공공 기관인 경찰 조직이 오히려 조사 대상이 되는 어떤 방향으로 굴절된다. 이러한 시각은 대체로 보다 자유주의적인 단체나 미디어의 입장이었다. 그리고 로렌스 사건과 관련된 대화적 투쟁에서 제3의 입장이 있다. 이는 ≪데일리 메일≫의 해석과는 더더욱 거리가 먼 것이다. 이 시각은 엉터리 경찰 조사가 이루어지는 동안 일어났던 일들을, 단순히 백인 인종주의 '갱'의 손에 죽어간 흑인이 아닌 경찰 유니폼을 입었을 뿐인 백인 인종주의자들의 손에 죽어간 흑인이라는 보다 광범위한 맥락에 위치시킨다. 일례로 영화 〈불의^{Injustice}〉(켄 페로$^{Ken\ Fero}$와 타리크 메무드$^{Tariq\ Mehmood}$, 2001, 영국)는 1950년대 이후 경찰에 의한 구금 도중에 사망한 수천 명 이상의 흑인이 있었으며 관련 경찰관들에 대한 어떠한 유효한 고발 조치도 없었음을 고발한다. ≪데일리 메일≫의 담론에서 이데올로기와 의미화 실천 사이의 관계는 단순히 그것이 말하는 것에 의해서만이 아니라 그것이 말하지 않는 것에 의해서도 드러난다. 그리고 그 담론이 인식하거나 탐색할 수 있는 것의 틈새와 한계를 살펴봄으로써도 드러날 수 있다. 이글턴이 말했듯이 "이데올로기는 말해져서는 안 될 어떤 것이 있기 때문에 존재한다"(Eagleton, 1986b: 90).

지금까지 나는 발화나 기호나 담론은 고정적이거나 경직되고 동질적인 것이 아니라 논쟁과 대화적 투쟁이 벌어지는 매우 유동적인 장소임을 강조했다. 하지만 이러한 유동성은 특정한 요소나 패턴들 안에서 발생한다. 따라서 지배계급의 이익과 가치―꼭 일치하는 것은 아님을 기억하라―에 상응하는 **지배** 이데올로기를 밝혀내는 것은 여전히 가능하다. 지배 이데올로기들의 존재를 말하는 것이 그러한 이데올로기들이 서로 빈틈없이 촘촘하게 얽혀 있다거나 혹은 진정한 차이들이 뚜렷하게 드러나지 않는다는 것을 말하는 것은 아니다. 진정한 마르크스주의는 언제나 실재의 영역에서만큼이나 기호의 영역에서 존재하는 모순들에도 민감하다. 예를 들어, 그람시는 다음과 같이 주장했다.

> [가톨릭 교회에서조차도 그 피상적인 통합 이면에] 실제로는 분명히 상이하고 종종 모순적인 종교들이 존재한다. 농부들의 가톨릭교, 프티부르주아와 도시 노동자들의 가톨릭교, 여성의 가톨릭교, 지식인들의 가톨릭교가 존재한다. 이들은 매우 다양하고 서로 분리되어 있다(Gramsi, 1967: 91).

이러한 내적 차이와 모순에도 불구하고 (혹은 아마도 그것 때문에) 여전히 교회는 재생산을 일상적으로 가능케 하는 충분한 수준의 제도적 조화를 이루고 있다. 일반적으로 사회도 이와 마찬가지다. 모순적인 것은 지배 이데올로기들뿐만 아니라 피지배 계급의 가치, 믿음, 관점들도 마찬가지이다. 종종 사회는 그 재생산을 위해, 그 지배적 사회관계를 유지할 수 있는 규범과 신념체계들로 구성원들을 통합하는 가치의 합의가 존재해야만 한다고 전제되고는 한다. 하지만 고도자본주의 사회들은 가치 합의보다는 불일치에 의해서 더 특징지어지고 있음이 점점 더 크게 인식되고 있다(Gardiner, 1992: 149). 예를 들어, 계급 체계의 밑바닥에 있는 사람일수록 지배 이데올로기 집단의 규범과 가치들에 덜 통합되는 것으로 보인다(Abercrombie et al., 1980: 147~148). 그리고 실제로 이것이 바로 사회 질서의 재생산에 복무하는 "가치와 믿음의 다양성, 개인과 집단 사이의 확산되는 분화, 그리고 반대하는 태도가 정치적 행위로 전환될 수도 있는 수준에 달한 합의의 결여"(Thompson, 1990: 8)일지도 모른다.

이는 그람시의 대중계급 개념과 유사하게 보인다. 이 계급은 종종 양립 불가능한 원천에서 나오는 믿음체계, 관점, 가치들의 이질적인 조합으로 이루어진 "모순적 의식"—그것을 부르주아 철학이 획득한 종류의 체계적이고 일관된 세계관으로 발전시키는 것이 혁명적 이론의 과제인—을 지닌다(Gramsi, 1967: 58~66). 그람시는 대중의식 내에서 상식$^{common\ sense}$ 혹은 민속문화^{folklore}와 양식$^{good\ sense}$을 구분했다. 여기서 상식이나 민속문화는 과거 및 현재의 지배 이데올로기와 엮이는 경향이 강하며, 양식은 지배 질서의 가치와 주장들을 아주 강하게 회의하고 의문시하고 멸시하는 대중 의식의 요소들을 나타낸다. ≪데일리 미러$^{Daily\ Mirror}$≫와 같은 신문이 바로 이러한 상식과 양식, 이데올로기와 합리적 비판이 모순적으로 결합된 좋은 예시이다. 9·11 테러 이후에 이 신문은 중도 좌파 신문으로서 자신의 위치를 재정립하면서, 과거 우파 성향이 강해졌을 때 내보냈던 존 필거$^{John\ Pilger}$와 폴 푸트$^{Paul\ Foot}$와 같은 전투적인 저널리스트들을 다시 불러들였다. 이 신문은 보통의 신문들이 피하려고 하는 대중적이고 민중적인 양식$^{good\ sense}$을 가지고 더 공식적이고 공손한 어투로 1면에서 토니 블레어 총리를 공격했다. '테러와의 전쟁'에서 조지 부시 미 대통령에게 종속적이었던 블레어 총리의 자세는, 이스라엘-팔레스타인과의 전쟁에도 불구하고—과 파키스탄/인도—두 핵보유국이 캐슈미르 영토를 두고 전쟁을 할 가능성이 있음에도 불구하고—에 대한 무기 판매를 포함한 무기 매매를 그가 지원하고 있다는 점과 함께 어김없이 비판을 받았다. 하지만 이 신문은 이러한 비판들과 함께 지속적으로 많은 지면을 연예인 위주의 엔터테인먼트 기사들에 일상적으로 할애하고 있었다. 이러한 연예 지면에는 퇴행적이고 이데올로기적인 상식들이 잔뜩 뒤섞여 있다. 예를 들어, ≪데일리 미러≫는 〈빅브러더〉 시즌3(2002)를 비난하는 캠페인을 벌였는데 그 중요한 이유는 〈빅브러더〉 참가자들이 '얼간이들'이라는 것이었다. 이는 〈빅브러더〉를 비롯한 착취적인 리얼리티 텔레비전 쇼의 생산에 책임이 있는 제작기구에 대한 비판이라고는 볼 수 없는 것이다.

지배계급의 도덕적이고 지적인 선도, 즉 그람시가 헤게모니라고 불렀던 것은 확실히 동질적이지 않으며 모순적이다. 무솔리니 시대에 감옥에서 인

생의 말년을 보냈던 그람시는 왜 제1차 세계대전 이후 산업노동자 계급의 전투성이 사회의 혁명적 변화로 전환되지 못했는지를 밝히는 데 관심이 있었다. 정치적, 경제적 위기와 특히 토리노 산업노동자들의 전투성에도 불구하고 노동자 계급은 그들이 자본주의에 대한 정치적 대안을 지니고 있음을 그들 자신의 계급 안팎의 사람들에게 충분히 납득시킬 수 없었다. 그람시는 단기적인 정치적, 경제적 위기로부터 자본주의 사회 질서를 보호하는 것은, 그러한 경제적, 정치적 위기들만으로 사람들이 자동적으로 자본주의 사물의 질서와 단절하지 않도록 하기 위해 지배계급의 **문화적** 지배를 진전시켰던 사회 기관들의 네트워크였음을 주장했다. 그러나 그람시는 헤게모니를 가치와 사상이 위로부터 부과되는 단순히 일방적인 과정으로 보지는 않았다. 심층 대화주의 사상가인 그람시는 헤게모니를 지닌 위치를 보호하고 유지하는 것을, 변화하는 상황에 적응하고 그들 외부에서 생성된 사상이나 가치라도 필요한 경우 병합하며 그것들을 자본주의 체계의 구조적 요구 및 그 자신의 이익과 양립 가능한 방향으로 변화시키는 지속적인 과정들과 연관시켰다.

    그람시가 이데올로기와 헤게모니 개념을 상호 교환가능한 것으로 보았는지는 확실치 않다. 내게는 이 둘을 구분하는 것이 더 적절해 보인다. 이미 말했듯이 기호와 이데올로기 개념은 합성되어서는 안 되며, 이데올로기 비판은 바로 그것들 사이의 수렴과 발산을 통한 사고 안에서 이루어진다. 헤게모니와 이데올로기 개념이 분석적으로 구분되는(비록 잠재적으로 종종 밀접하게 엮이기는 하지만) 이유는 헤게모니 투쟁은 지배계급에게 피지배계급의 요구에 대해 실제적인 양보를 하도록 주문하기도 하기 때문이다. 예를 들어 투표권의 확대, 복지국가 구축 등과 같은 양보들이 이루어지는 한 지배계급의 도덕적이고 지적인 선도성은 자본주의 생산관계 내에서 이러한 요구들이 수용 가능하다는 것을 보여줌으로써 강화된다. 하지만 이러한 양보들을 이데올로기 그 자체로 환원하는 것은 조금 다른 의미를 가진다. 그것은 진보적 변화를 위한 피지배계급의 투쟁이 그들 자신의 이데올로기적 지배를 창출하고 있음을 의미한다. (미국에서) 여성, 흑인, 노동운동에 의한 보통 선거권을 위한 투쟁은, 심지어 그러한 선거권의 도입이 지배계급 헤게모니 유지에 도움을 준다고 할지라도 그 자체로 이데올로기적인 것은 아니다. 반면 정치 민주주의의 한계—이는 오늘날 점점 더 명백해지고 있다—가 이성 자체(선출되지 않는 권력의 폭정을 생산과정에서 당연하게 유지시키는 자세)의 한계임이 인식될 때는 이데올로기가 된다고 할 수 있다.

헤게모니는 사회질서 및 그것이 나아갈 특정 방향에 대한 동의를 얻어내는 것과 연관된다. 이 동의를 얻어내는 것이 하나의 **문화적** 전쟁—'문화적'을 강조하지 않을 수가 없다—이라고 한다면, 이 전쟁은 광범위한 사회 조직들—정당, 미디어, 재단, 소비자단체, 학교, 대학, 종교 집단들을 포함하는—에 걸쳐서 벌어진다. 하지만 여기서 지배관계에 유리한 사상과 가치들의 비중이 구조적으로 커지는 것이 사회질서 재생산의 유일한 이유는 아니라는 점을 인식하는 것이 중요하다. 여기서 동의는 다양한 스펙트럼과 관련될 수 있으며, 단일하고 모순 없는 합의와 혼동되어서는 안 된다. 사회 질서를 열광적으로 믿는 것이 아니라 실용적으로 수용하는 것이 비할 데 없이 사회변화를 억제하는지도 모른다. 거기에는 대안적 체계에 대한 아이디어가 없을 수도 있고 주요한 사회적 변화를 가능케 할 시도의 위험에 대한 재빠른 평가가 있을 수도 있다. 반면에 개별 정책에서는 4년이나 5년마다 선출되는 정치인들이 변화를 위한 사회운동의 대중적 의지와 사회 질서에 대한 커다란 위협을 자주 그리고 완강히 무시할 수 있으며, 이러한 사회운동이나 대중의 요구는 수사적인 전략이 아닌 구시대적인 강압적 폭력의 방식에 의해서 무너질 수도 있다. 또한 무엇보다도 부양할 가족이 있는, 일주일에 40~50시간을 일하는 사람들은 마르크스가 '경제의 둔중한 강압'이라 불렀던, 즉 반대하는 정치활동에 참여할 때 요구되는 시간과 에너지를 쥐어짜 가버리는 것에 의해서 억압될 수 있다. 이러한 고려들은 지배계급의 '도덕적, 지적 선도성'을 과대평가하는 경향을 수정하는 데 유용하다. 이러한 주장은, 사회 질서의 재생산을 설명하고자 하는 급진 이론가들에 의해서 이데올로기에 대한 질문이 지나치게 많이 쏟아져 나왔다고 지적하는 애버크롬비[Nicholas Abercrombie] 등에 의해 잘 나타나고 있으며(Abercrombie et al., 1980: 153~154), 또한 이는 로지악[Conrad Lodziak]에 의해 선택되고 발전된 문제이기도 하다(Lodziak, 1995). 하지만 이런 관점, 즉 "우리는 이데올로기를 전혀 필요로 하지 않는 경제라는 제한적인 경우를 고려해야만 하며, 후기 자본주의가 바로 그에 해당한다"(Abercrombie et al., 1980: 173)는 것을 인정하기는 어렵다. 왜냐하면 이러한 시각은 왜 수많은 이슈와 갈등의 장소들에 걸쳐서 체계적인 패턴 및 제한들이 발견되는지, 그리고 왜 지배적 사회관계를 지원하는 데 편리한 특성이 있는 강력하게 옹호되고 확장되고 있는 입장들을 발견할 수 있는지 설명하지 못하기 때문이다. 로지악은 이데올로기들이 일반적으로 사람들에게 **동기를 부여**하지는 않음을 주장한다(Lodziak, 1995: 40). 다시 말해서 사람들은 대처주의[Thatcherism], 사회주의, 기독교와 같은 추상적이고 명백하게 기술된 교의보다는 일상, 즉 매일의 현실에 의해서 동기가 부여된다는 것이다. 많은 사람들이 (적어도 부분적으로는) 이러한 철학들을 자기 행동의 전범으로 **삼는** 반면에 이데올로기는 현학적인 말보다는 대중적인 표현에 들러붙으면서 그리고 정서적인 '원초적 본능'의 수준에서 동기를 부여하면서 이러한 명시적인 틀 밖에 존재하는 사고와 행위들에 자신의 방식으로 스며든다. 한편으로 그것의 철학이나 교의의 뿌리―인종주의, 성차별주의와 같은―는 암묵적이고 공표되지 않은 채로 남는다.

가족의 문제를 예로 들어 보자. 가족의 재현은 다른 것들처럼 대화적 동요가 나타나는 장소이다. 가족의 성, 구성, 규모, 성인들의 법적 지위(기혼인가 혹은 미혼인가), 가족과 국가 간의 관계들, 가족 구성원들 간의 내적인 권력관계(아이들 체벌은 적절한가?)와 관련된 이런저런 문제는 잠재적으로 그리고 실제적으로 대화적 동요의 장소들이다. 그러나 유통되는 의미들에는 강력한 위계적 패턴들도 존재하며, 이러한 의미 패턴들은 가족구조를 불평등한 사회구조의 축소판으로서 조사하는 일과는 거리가 멀다고 할 수 있다. 예를 들어 할리우드 영화에서 가족에 대한 아주 대중적인 재현 방식은 그것을 **외부**의 힘(인디언, 외계인, 사이코 유모 등등)에 의해서 위협당하고 공격당하는 것으로서 바라보는 것이다. 이는 종종 어린이의 죽음과 관련해서 뉴스 미디어가 재생산하는 것이기도 하다. 신문과 텔레비전 뉴스는 한 어린아이가 가족 외부의 이방인에 의해서 살해되었을 때 대대적으로 보도하고는 한다. 어린아이가 사라지면 미디어가 며칠 심지어는 몇 주 동안 매일같이 다룰 수 있는 하나의 미스터리가 설정된다. 그러고는 목격자를 찾는다는 호소와 함께 경찰 조사 과정이 미디어가 다루는 주요 주제가 되면서 살인범의 정체와 관련되어 또 다른 미스터리가 생산된다. 살인범으로서의 이방인이란 미디어에 내러티브적으로도 이데올로기적으로도 매력적이다. 그러나 아동 살해의 실제 통계를 보면 이러한 미디어 재현의 이데올로기적 함의를 알 수 있게 된다. 아동 살해자들은 실제로는 외부로부터 가족의 생활을 파괴하는 어둡고 악마적인 미지의 이방인이나 괴물인 경우가 거의 없다(영국에서 이런 경우는 매년 다섯 건 정도이다). 현실에서 일반적인 살해범은 아빠나 엄마이다.

매년 70~80명의 어린이들이 자신들의 엄마나 아빠에 의해서 살해되며 모든 살인의 10%는 부모에 의해서 이루어진다. 이러한 죽음은 대부분 예측하기가 불가능하다. 우리는 오직 수많은 가정 내부에 존재하는 분노들을 뒤늦게 알 수 있을 뿐이다. 그러나 이러한 죽음에 대한 우리의 반응은 예측하기가 그렇게 어렵지 않다. 그것은 무관심과 침묵이다.[3]

미디어는 이러한 부모에 의한 살해 이야기들을 조용히 보도하고 바로 다음 화제로 넘어간다. 살해범이 알려져 있기 때문에 미디어가 이야기를 구성할 만한 미스터리나 내러티브가 존재하지 않는 것이다. 부모들이 어린아이와 함께 자살하는 경우, 미디어를 지배하고 있는 인격화하고 개인화하는 언어들 안에서 뉴스 내러티브의 가능성은 차단된다. 이러한 이야기들은 폭력과 위협을 가족 내부에 위치시키고 이러한 행위를 일으킬 수 있는 사회구조와 가치에 대한 질문을 유발하기 때문에 이데올로기에 위협적이다. 가족은 경제적 경쟁과 위기, 권위적 관계와 일상화된 폭력(체벌)을 내면화하면서 갖가지 방식으로 내파할 수 있으며 확실히 살인은 가족제도에 존재하는 다양한 위기의 한 변종인 것이다. 따라서 미디어가 낯선 사람이나 외로운 괴물과 연관되는 기묘한 살인범을 대대적으로 보도하는 쪽을 더 선호하면서 사회와 가족 모두 지속적인 어떤 조사를 피해가게 되는 것이다. 사실 위의 인용문은 한 전국지에 실린 것인데 어린이 살해범에 대한 미디어 보도에 붙박인 가치와 전제들에 의문을 제기하는 몇 안 되는 기사들 중 하나이다. 하지만 이러한 비판적인 기사들도 종종 '뉴스'라기보다는 개인적 의견으로 나타나고는 하며 이 이슈에 대한 **지배적인** 재현 방식에 비하면 양적으로나 질적으로 주변적이라고 할 수 있다. 이러한 지배적인 방식의 영향은 낯선 사람에게 살해된 어린 소녀 세라 페인$^{Sarah\ Payne}$ 사건과, 비슷한 시기에 아버지에 의해서 자신들의 어머니와 함께 살해된 제이드 오스틴$^{Jade\ Austin}$ 및 케런 오스틴$^{Keiren\ Austin}$ 사건을 비교함으로써 잘 드러날 수 있다. 세라 페인의 부모들은 국민적인 '유명인사'가 되어 왕실과 정치인들의 조의를 받았고 러시아처럼 멀리 떨어진 곳에서도 수많은 위로 편지들을 받았으며 미디어 명사들과 만나고 소아성애자의 등록 문제에 대해 가정부 장관과 토론했다. 또한 세라를 위해서 기념비가 세워지기도 했다. 반면에 제이드와 케런의 친척들의 경우는 사뭇 달랐다.

[살해된 어린이들의 할머니인 캐럴 퀸^{Carol Quinn}은] 세 명의 가족을 잃고서 어떤 조화도 없이 한 통의 편지만 받았을 뿐이다. 이 할머니가 그녀의 살해된 딸이 돌보던 노인들이 모금한 돈으로 지역 광장에 기념수를 심을 수 있는지 문의했을 때 그녀의 요구는 거절되었다.4

이런 식으로 이데올로기는 엘리트와 보통 사람들의 행동에 실제로 영향을 미친다. 그것은 사회 질서와의 양립 가능성에 따라 특정한 초점 주위에서 감정적 에너지와 격동을 조직화하기 위해 실제로 작동하며 다른 초점에 대해서는 그렇게 하지 않는다.

◆ ◆ ◆

이 장은 언어 구조와 그 의미 생산 능력에 대한 소쉬르 언어학의 이론이 사회적 결정과 관계들로부터 단절된 언어에 전적으로 내재되어 있다는 점이 소쉬르 언어학의 주요 약점임을 주장했다. 후기구조주의 언어학은 근본적으로 이 점에 대해 문제를 제기하지 않았지만 그 대신에 사회세계를 언어와 담론 속으로 흡수함으로써 암묵적으로 '내재주의적' 논리를 발전시켰다. 나는 실재에 대한 언어의 일방향적인 결정성은 사회적 존재를 관통하는 언어와 함께 재정립되어야 함을 주장했다. 나는 그람시, 볼로시노프, 바흐친에 기대어 기호가 어떻게 (후기 소쉬르 이론이 보여주었듯이) 구성되고 시험되는 것으로서 이론화될 수 있는지, 또한 기호의 세계는 사회생활의 생산에서 상호의존성이 인간에게 강요하는 (아주 제한적인) 협력의 필연성 때문에 실재 세계와 제한적일지라도 **어떤** 상응성을 가져야만 함을 보여주고자 했다. 이러한 합리적 상응성은 후기 소쉬르 이론이 포용할 수 없는 것이다. 나는 또한 사회적으로 동기를 부여하는 것이라는 이데올로기의 한 가지 정의를 살펴보면서 그것이 불평등한 사회관계들의 재생산에 기여하는 체계적으로 제한적인 혹은 부분적이고 비합리적인 생각이자 가치체계임을 보여주었다. 따라서 이데올로기에 대한 투쟁은 합리적인 상응성을 보다 완전하고 적절하게 발전시키는 것이며, 다양한 재현들에 존재하는 복잡한 이데올로기적 함정들과 마르크스가 헤겔과 자신의 관계를 묘사하면서 말했던 "합리적 핵심$^{rational\ kernel}$"을 가려내는 것이다. 기호의 이데올로기적 정당화가 지닌 부분성과 일방향성은 사회적 지배의 관계들과 내재적으로 연관되어 있기 때문에, 이데올로기에 대한 투쟁은 또한 이러한 관계들에 대한 대항-헤게모니적$^{counter-hegemonic}$ 투쟁이기도 하다.

제7장

상품물신주의와 사물화

환영의 세계

> 상품은 언뜻 보면 자명하고 평범한 것으로 보인다. 그러나 분석해보면 그것이 사실 형이상학적인 교활함과 신학적인 변덕으로 가득 찬 매우 기묘한 것임을 알게 된다.
> _마르크스, 『자본Capital』

　제6장에서 미디어가 상부구조의 일부로서 어떻게 세계에 대한 이데올로기적인 재현을 생산해내는지를 살펴보았다면, 이번 장에서는 그와 반대로 사회적이고 경제적인 관계가 어떻게 의식과 재현 방식에 결정적인 압력을 행사하고 그 안에서 모순을 만들어내는지를 살펴볼 것이다. 나는 제6장을 시작하면서, 예컨대 산업 분야에서 노동 분업과 임무 분화를 낳은 사회경제학적인 관계가 철학과 사회과학 속에도 온전히 침투했으며, 따라서 소쉬르 언어학의 개념적인 구조에도 침투해 있다고 설명했다. 이번 장에서는 소위 '아래로부터의' 역학관계를 보여주는 징후적인 척도로서의 미디어를 분석할 것이다. 특히 영화에 중점을 둘 예정인데, 영화는 그 서사적 토대, 시각적인 측면에 대한 강조(이는 물신주의를 위한 강력한 매개체이다), 이야기 배경의 규모, 기술적이고 경제적인 뒷받침 등으로 인해 물신주의와 사물화의 대요를 특히 분명하게 전달해줄 것이라고 보기 때문이다. 서로 밀접히 연관되어 있는 물신주의fetishism와 사물화reification라는 두 용어는 아마도 독자들에게는

철학적 개념인 '소외^{alienation}'라는 용어로 더 친숙할 것이다.

소외라는 용어는 일반적으로 널리 알려진 표현이 되었는데, 이는 개별 주체가 한편으로는 자신의 고유한 느낌이나 욕망을 잃어버린 상태에 있는, 다른 한편으로는 외부 세계가 끈질기게 적대적이고 불가해한 듯 보일 때 느껴지는 어떤 감각을 의미한다. 간단히 말해서 개인에게 자아와 사회가 모두 낯설어지는 것이다. 그러나 이 개념이 잘 알려지게 되면서 그것이 일어나는 원인에 대한 설명은 사라져버렸다. 소외는 인간의 일반적인 조건을 설명하는 코드명이 되어버렸다. 마르크스의 상품물신주의 이론은 역사적으로 특정하게 결정되는, 자본주의의 사회적이고 경제적인 관계들의 특성에서 소외라는 개념의 기초를 다졌다. 이후 이러한 분석이 확장되어 죄르지 루카치의 연구와 사물화 개념을 거쳐 문화적이고 철학적인 실천들로 이어졌다. 내가 주장하려는 것은 상품 물신화 이론 덕분에 우리가 자본주의하에서의 삶의 경험에 대한 심리학적 탐색에 반드시 필요한, 주체에 대한 마르크스주의 이론을 현저하게 발전시킬 수 있었다는 점이다. 마이클 타우시그$^{Michael\ Taussig}$는 물신주의란 "아무것도 아니었을 사물들이 삶, 자율성, 권력, 심지어 지배의 속성을 갖는 것을 의미하고, 이를 사물에 부여한 인간 행위자들에게서는 그러한 속성들이 고갈되는 것을 전제로 한다"(Taussig, 1980: 31)라고 주장한다. 따라서 인간 행위자 혹은 주체로부터 이러한 필수적인 속성들을 고갈시키는 현상을 탐색하기 위해 내가 발전시키는 것은 주체 없는 주체라는 개념이다. 이는 처음에 사람에게서 진정한 자율성과 권력과 자유의지를 없애버린 바로 그 체계의 논리를 주체가 내면화함으로써 행위능력과 자율성을 획득하는 방식을 가리킨다. 그러나 주체 없는 주체는 사물화 과정의 한 차원일 뿐이다. 이는 자본이 바라 마지않는 이상적인 주체이지만, 생물학적이고 사회적인 세계의 **물질성**이 야기하는 저항 때문에 결코 온전히 달성할 수는 없다. 우리는 환영과 소유와 유령이라는 비유가 일반적으로 자본의 '탈물질화하는' 논리의 기호로 작용함을 보게 될 것이다. 헤겔에 대한 마르크스의 비판이 사실상 세계정신(추상적인 집단 이성)을 냉혹하기 그지없는 물질적 기구인 세계 시장으로 바꾸어 말하고 있음을 감안하면 이것은 이상하게 들릴지도 모른다. 그러나 이제부터 설명하겠지만, 상품물신주의의 유령과 같은 특성에서 핵심이 되는 것이 바로 자본의 탈물질화하는 유물론이다.

상품물신주의와 주체

흔히 마르크스주의에는 주체에 대한 이론이 없다고들 한다. 아니면 없는 것은 아니라 해도 부르주아 주체/모나드 이론을 그저 모아놓은 것 말고 최소한 무엇인가 좀 다른 이론은 부족하다고도 한다(Soper, 1986: 20~21). 알튀세르는 오히려 이 모호함을 이용하여 '주체'라는 용어를 사용한 것으로 유명하다. 주체가 된다는 것은 한편으로는 존재가 사물의 중심에 있으면서 어느 정도 자율성이 있는 행위능력을, 즉 제법 강력한 내적 일관성과 자유의지를 갖고 있음을 의미한다. 이것이 바로 부르주아 철학, 부르주아 정치학, 부르주아 경제학에서 이상적으로 그리는 주체이다. 그러나 그러한 주체는 눈 깜짝할 사이에 정반대로 돌변하여 대상이 될 수도 있다. 말하자면 다른 사람이나 다른 무엇인가의 의지와 힘, 즉 대주체에 종속**되게** 된다는 것이다 (Althusser, 1971: 178~180). 여기서 '눈 깜짝할 사이'란 마르크스주의자들이 말하는 두 가지 구별과 상응한다. 하나는 표면적인 형태, 즉 사회의 현상학적 형태나 현상-형태를 말하고, 여기서 주체[subject]는 그 단어의 긍정적인 첫 번째 의미로 작동한다. 다른 하나는 실재관계인데, 여기서 주체는 '종속적'이라는 그 단어의 두 번째 정의에 따라 작동하거나 작동된다. 주체에 대한 이론이 없다는 것은, 개인과 집단이 현상-형태와 실재관계 사이에서 교섭하는 심리, 경험세계, 문화, 의식을 설명할 수 없다는 뜻이다. 주체 이론의 이러한 공백은 마르크스주의가 정신분석학 이론과 결합하면서 어느 정도 메워졌다. 이러한 예로는 프랑크푸르트학파의 프로이트-마르크스주의, 알튀세르에게서 간간히 나타나는 마르크스주의와 라캉주의의 결합(Coward & Ellis, 1977), 혹은 보다 최근에는 좌파 마르크스주의자인 슬라보예 지젝 Slavoj Žižek 등을 들 수 있다(Žižek, 1989).

그러나 상품물신주의 이론이야말로 마르크스주의 고유의 주체 이론, 좀 더 정확히 말하자면 고도자본주의하에서 상품으로서의 주체와 주체로서의 상품이라는 이론에 토대를 제공한다. 신자유주의(신우파)에서 케인스주의(좌파/자유주의)에 이르는 지배적인 경제 모델들도 주체 이론을 기반으로 하고 있다. 여기서 주체는 자원을 극대화하기 위해 스스로 '합리적인' 선택을 한다(Amariglio & Callari, 1996: 187). 케인스주의 경제 모델에서는 개인 주체가 시장에서 언제나 합리적인 선택을 할 만큼 충분한 정보를 갖고 있지 못하거나 그러한 선택이 자신의 재정적 자원에 제한을 받는다는 점을 지적하며 이러한 주체 이론에 약간의 변형을 가하기도 한다. 그러나 이러한 변형도 주체라는 모델 자체는 그대로 남겨두어, 주체 **내에서** 모순이 일어날 가능성, 주체—그들이 하는 선택—와 전체 사회 사이에서 모순이 일어날 가능성은 배제하고 있다. **그림 7.1**은 상품 생산의 조건하에서 주체가 보이는 모순적인 역학관계를 파악하기 위해 탐구해야 할 네 개의 좌표를 그린 것이다. 이미 이 책의 다른 장들, 특히 제5장에서 집중적으로 살펴보았듯이 생산양식의 억압은 자본주의 문화의 핵심적인 특성이자 자본주의를 이론적으로 이해하는 데 필요한 것이기도 하다. 억압과 함께 전도, 내재, 분열의 네 좌표는 자본주의하에서 무능해진 우리의 주체성을 그릴 수 있게 해줄 것이다.

상품물신주의 이론은 마르크스가 『자본』에서 가장 체계적으로 발전시킨 사회적이고 경제적인 개념으로, 바로 자율적인 자유의지 감각을 가진 주체

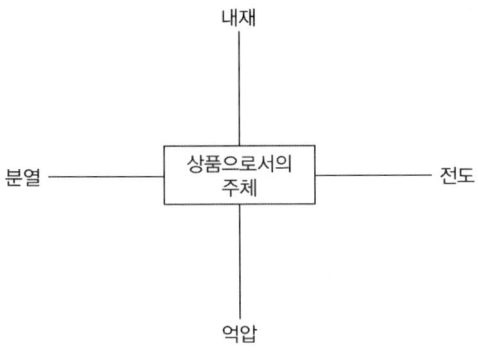

그림 7.1 주체 없는 주체

가 다른 누구 혹은 다른 무엇인가의 힘에 종속되는 과정을 의미하는, 철학에서의 소외 개념에 해당한다. 물신주의라는 용어가 지닌 힘의 원천은, 그때까지만 해도 유럽중심주의와 막 부상하던 식민주의 담론 내에서 사용되었던 이 용어의 역사를 마르크스가 전복시켰다는 데서 나온다. 물신주의는 중세 봉건제에서 자본주의가 태동하던 무렵 유럽인들이 점차 그들과 교역을 늘려가던 자본주의 이전 상태의 공동체들에게 경멸적으로 사용하던 용어였다(Pietz, 1996: 131). 유럽인들은, 물질 대상이 마법의 힘을 준다고 보고 숭배하는 것이 종교의 원시적인 형태라고 여겼다. 합리적인 유럽인들의 눈에 비친 원시인들은 사물의 **가치**를 제대로 **평가**하지 못하는 사람들이었다. 교역의 측면에서 보자면 원시인이란 상대적으로 가치 없는 '싸구려 장신구'에 지나치게 높은 가치를 두고 귀한 천연자원과 광물자원의 가치를 몰라보는 사람들이었다(Mulvey, 1996: 125).

유럽인들과 자본주의 이전 상태의 공동체들 사이에서 벌어진 교환의 계기는 이미 대중문화에서 수없이 반복된 사례들이 있어 우리에게는 친숙하다. 백인 무역상들이 부의 탈취에 안달하는 동안, 추장들은 선진 사회에서 가져온 일상적인 상품들에 굴복하는 것이다. 비판적인 텍스트인 영화 〈바운티호의 반란^Mutiny on the Bounty〉(루이스 마일스톤^Lewis Milestone, 1962, 영국)에서는 부족 공동체에게 제값을 치르지 않고 약탈해온 상품이 자본주의 경제 내에서 물신주의적으로 가치가 부풀려지는 모습을 보여준다. 전문직 중산층 출신의 블라이^Bligh 선장(트레버 하워드^Trevor Howard분)은 귀향선에서 선원이 아니라 그들과 함께 타히티에서 입수해온 빵나무를 살리는 데 귀한 물을 사용한다. 그 과정에서 프롤레타리아 선원들은 근본적으로 상대화되는 그들 자신의 역사적인 계기를 경험하는데, 그들이 조우했던 원시 부족의 공산주의－물신주의에 따른 피곤함이 없고 임노동 분업도 없는－를 회상하면서 마침내는 반란/폭동을 통해 맹아적인 사회주의적 생산양식을 보여주는 데까지 나아간다. 이 영화는 자본가, 원시공산주의, 사회주의 생산양식(혹은 그것의 예표)에, 부선장이자 쾌락을 마다않는 멋쟁이인 플레처 크리스천^Fletcher Christian (말런 브랜도^Marlon Brando분)이라는 인물을 네 번째 요소로 더한다. 상류 계급으로 반反부르주아적 가치체계를 잠재적으로 지닌 플레처 크리스천은 선원들과의 계급 동맹에 응하고, 그 어떤 필요나 가치보다도 자기 임무의 상업적인 성공을 우위에 두는 청교도적 외골수인 블라이에 대항하게 된다.

그래서 유럽인들이 자본주의 이전의 사회를 폄하하기 위해 사용하는 물신주의는 양날의 검이 될 수 있는 개념이다. 마르크스는 바로 이 점을 이용하여 주도면밀하게 자신의 무기로 삼았다. 즉, 돈을 경배하고 상품으로 전환된 물질 대상을 숭배하는 자본주의야말로 물신주의의 새로운 형태라고 묘사하는 것이 자본주의가 합리성과 인간 진보의 결정체라고 믿었던 사람들에게는 도발적인 모욕이라는 점을 알았던 것이다. 1920년대 초반, 헝가리의 마르크스주의자인 죄르지 루카치는 마르크스의 상품물신주의 이론을 끌어들여 주체가 의미와 행위능력을 상실하고 '사물'로 변해가는 이 과정이 어떻게 자본주의 사회의 문화와 철학 일반으로까지 확장될 수 있는지에 대해 설명했다. 그는 이것을 사물화라고 불렀다. 따라서 상품 생산의 사회경제학적인 원동력은 '사회의 **총체적인** 외적·내적 삶'에 영향을 미친다(Lukács, 1971: 84). 루카치는 막스 베버$^{Max\ Weber}$의 합리화 개념에 기대어, 상품물신주의와 사물화가 연결되어 이성과 과학과 지식이 사물로 바뀌는 방식을 보여준다. 이성은 형식적인 구조나 현상적으로만 따지면 합리적인 것 같지만, 그것이 적용되는 인간 세상의 내용적인 다양성에 대해서는 점차 무관심해진다. 사실상 형식적인 합리성은 그 자체로 내용의 다양성에 무관심**할수록** 더 합리적이고 보편적임을 나타낸다. 반대로 구체적이고 국지적인 조건, 즉 물질과 필요 ─ 〈바운티호의 반란〉에서 선원들이 물을 달라고 요구한 것과 같은 ─ 에 대해서 주장하는 어떤 존재나 사람은 비합리적인 것과 연결되고 '비과학적'이고 비진보적이라고 비판받는다(Lukács, 1971: 126). 이것이 바로 블라이 선장이 오늘날 산업 및 국제기구들의 선장인 세계은행이나 IMF 등을 예표하는 인물인 까닭이다.

이런 식으로 예를 들어 예방접종이 특정한 때, 특정한 장소에서 효과를 본다면, 이는 무릇 예방접종은 언제나 모든 장소에서 효과를 본다는 (형식적으로 합리적인) '이성으로 자리잡는다'. 그리고 만일 예방접종이 하나의 질병을 예방하는 효과가 있다면 다른 질병에서도 마찬가지로 효과를 본다는 것이, 만일 척수성 소아마비에 예방접종이 필수적이라면 홍역이나 아마도 얼마 지나지 않아 수두에도 필수적이 되리라는 것이, 만일 한 아이에게 효과가 있다면 모든 아이에게 동일하게 효과가 있으리라는 것이, 만일 한 번의 접종으로 효과를 본다면 여러 번 접종할 때도 마찬가지이거나 실제로는 더 효과가 있으리라는 것이 이성으로 자리 잡는다. 그리고 이번에는 홍역/유행성이하선염/풍진 백신^{MMR}에 대한 논쟁•으로 옮겨가게 되며, 정통 과학과 주류

• 홍역, 유행성이하선염, 풍진 백신은 각각 1963년, 1966년, 1968년에 개발되었다. 이후 1979년

정치인들은 이렇게 확장하는 이성의 제국에 저항을 나타내는 증거라면 그것이 어린이의 몸에서부터 나타나는 저항이든 걱정하는 부모들의 저항이든 상관없이 모두 '비합리적'이라며 기각할 것이다. 루카치에게 이러한 형식적인 합리성과 '구체적인 내용'에 대한 무관심 사이에는 뗄 수 없는 관련이 있다(Lukács, 1971: 137). 그리고 우리가 이제 보게 될 것처럼, 자본주의의 경제적 교환은 인간의 필요와 사용이라는 구체적인 내용에 대해 동일하게 무관심하다. 그러니까 예방접종 정책이 제약 산업의 사업전략에서 핵심적인 강령이라는 사실이 그러한 형식적 합리성과 무관하지 않다는 것이다.

루카치에게 자본주의 체계의 확장은 "인간의 의식 속으로 점차 더 깊이, 더 치명적으로, 더 결정적으로 스며드는 사물화의 구조"(Lukács, 1971: 93)와 함께하는 것이었다. 이는 루카치가 말한 것치고는 약간 경제학적인 입장처럼 들리지만, 그의 위대한 저작 『역사와 계급의식』의 핵심적인 일격은 의식 있는 인간의 행위능력과 정치화된 활동이 어떻게 사물화된 생각과 실천을 분쇄할 수 있는지를 강조하는 것(그리고 구절에 따라서는 지나치게 강조하는 것)이었다. 상품물신주의와 사물화는 자본주의의 **구조** 바로 거기서부터 생겨났지만, 자본주의 내의 고정된 상태나 상황인 것은 아니며, 마찬가지로 모든 사회적, 경제적, 정치적, 문화적인 실천에 점진적이면서도 필연적으로 침투해 들어가는 단선적이고 대칭적인 과정인 것도 아니다. 그 대신에 그 둘은 특정한 제도적 장소와 문화적 실천들 안에 있는 사회적 행위자들에 의해 확장되고 확인되고 경쟁한다. 의약품의 경우와 마찬가지로 기업 자본의 경제적인 실천들이 문화생산에 강력하게 침투하고 있음을 우리는 이미 제3

에 이 세 백신을 혼합한 MMR 백신이 개발되었는데, 이 백신으로 인해 자연면역력이 오히려 사라졌다는 것이 논쟁의 주된 내용이다. 인공 면역은 영구 면역을 주지 않아, 백신을 받고도 질병에 걸리는 확률이 오히려 높아졌다는 것이다.

장에서 살펴보았다. 구체적인 생산품과 브랜드명을 끼워 파는 것은 적어도 1920년대 이후로 할리우드 영화의 관례적인 행위였고, 더 일반적으로는 할리우드의 매력적이고 높은 생산 가치가 낙관주의와 큰 규모와 매력과 근사함이 어른거리는 아우라로, 그저 소비재의 풍요일 뿐인 것을 감추면서 미국 국내와 국외 시장 모두에서 할리우드를 '아메리카 주식회사'의 홍보부서로 변형시키는 데 성공해왔다(Wasko, 1994; Eckert, 1996: 98; Doane, 1996: 121). 그러나 앞에서도 주장했듯이 텍스트를 그저 생산 과정에 따라 즉각적으로 매개되는 것으로만 환원할 수는 없다. 만일 그렇게 가정해버린다면 문화적인 텍스트가 어떻게 형식과 주제 모두에서 사물화되면서도 때로는 (특히 내러티브를 기반으로 하는 미디어에서) 똑같은 사물화 과정에 대한 주석이 될 수 있는지를 설명할 수 없다. 사물화에 대한 점검을 다시 사물화시키는 문화적 텍스트는 단순히 직접적인 생산맥락보다는 계급투쟁이라는 더 넓은 문화적 동학 위에서 분명히 설명되어야 한다.

물신주의의 사회적 모델

물신주의와 사물화의 모델을 두 부분으로 나누어 설명하겠다. 첫 번째는 사회적 차원을 강조하고 두 번째는 경제적 차원을 강조할 것이다. 이렇게 하는 것은 더 쉽게 설명하기 위함이기도 하지만, 앞에서 생산양식을 다룰 때도 그랬듯이 상품물신주의 이론―일반적으로『자본』전체―을 대개 경제와 관련해서만 보는 경향을 바로잡는 방안으로 이 이론의 **사회적인** 성격을 강조하기 위해서이다. 나는 물신주의의 사회적 차원과 경제적 차원 사이에서 그것들이 낳은 억압과 전도와 분열과 내재의 문화적인 형상에 대해서 탐색해보고자 한다.

마르크스주의 이론에 따르면 물신주의/사물화/소외의 기본적인 형식적 구조는 **그림 7.2**에 표현된 것과 같다. 형식적인 수준에서는 정신분석학 이론에서 말하는 물신주의와 비슷해서, "물질적 대상에 가치를 투사하고, 그러한 투사가 일어났다는 사실을 억압하며, 그 대상이 가치의 자율적인 원천인 것처럼 해석하는 인간의 능력"(Mulvey, 1996: 127)을 의미한다. 이 모델의 첫 부분인 (a) 과정에서는 주체 자신의 권력이 방향을 바꾸어 대상으로 향한다. 마르크스주의 모델에서는, 대상이 주체의 권력을 모으는 이 과정을 맡고 있는 사회적 관계들이 상품 생산의 **실재관계**를 구성한다. 그렇게 대상이 축적하거나 몰수—여기서 마르크스주의적 물신주의 모델과 정신분석학적 물신주의 모델은 형식적으로 유사하면서도 서로 차이를 보이는데, 정신분석학 모델에서는 첫 부분의 몰수가 투사로 대체된다—한 주체의 권력은 주체에서 나오는 권력이 **아니라** 원래부터 대상 자체에서 나오는 권력으로 주체와 대면한다. 두 번째 부분인 (b)에서 주체 자신의 권력은 대상이 사물화된 '어떤 것'의 권력이 되어 돌아온다(내가 내재라고 부르는 것이다). 앞에서도 강조했듯이, 현상-형태 appearance-form라는 용어는 단순히 마음의 환영이나 속임수를 지칭하는 것이 아니다. 여기서 '형태form'란 돈과 같은 실제 대상이나 시장과 같은 실제 제도들을 지칭한다. 물리적인 의미로도 사회적인 의미로도 모두 '실재'인 '현상 appearance'이라는 용어는, 이 형태들이 여러 가지 방식으로 자신들이 처한 실제 관계를 억제하는 특성과 성격을 가리킨다. 그렇다면 하나의 범주로서 물신주의란 현실의 실천적인 행동들과 그러한 실천들에 함축되어 있는 특정한 형태의 의식을 모두 지칭한다. 이 모델의 마지막 부분인 (c)는 주체가 그러한 실천들과 동일시하거나 현상-형태와 일치하는 재현을 생산하는 정도를 나타낸다. 여기서 구체적인 문화적 행동들을 취하는 사회적 행위주체는 우리의 실천에 함축되어 있는 것을 정교화하고 확장하고 확언한다. 주체가 자신이 갖고 있지 않은 힘을 대상에게 부여하는 것이 아니라(그렇다면 물신

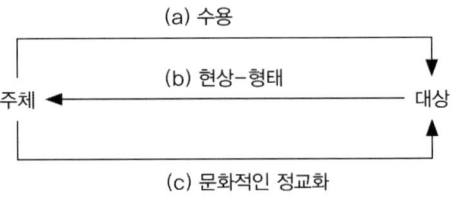

그림 7.2 상품물신주의의 모델

주의는 단순한 환영 혹은 정신분석학적인 투사가 될 것이다), 실제로 마주치는 힘의 토대가 사실은 자신의 집단적인 자아 소외(다시 한 번 억압)임을 제대로 인식하지 못하는 것이다. 바로 이러한 현상-형태와 그에 해당하는 문화적 정교화의 수준에서 우리는 주체가 내재와 분열과 전도와 억압의 현실 및 판타지에 종속되는 것을 발견하게 된다.

분명 미디어는 어떤 수준에서 현상-형태에 해당하는 특정한 방식의 의식과 동일화와 판타지를 내면화하고 부추기는 상징적인 재화를 구성하는 데 중요한 역할을 할 것이다. 상품물신주의 이론이 유용한 까닭은 미디어 재현이 왜 이데올로기적으로 강력한 효과를 지닐 수 있는지에 대해 설명해주기 때문이다. 미디어의 재현은 단단한 힘을 지니고 있는데, 이는 미디어가 단순히 착각을 강요해서 그런 것이 아니다. 만일 미디어가 그런 식으로 착각을 강요한다면 그러한 착각들과 싸우고 그것들을 쫓아내기가 훨씬 더 쉬울 것이다. 미디어의 힘은 사실상 미디어가 현상-형태로 물신화되면서 사회적 관계들과 조응하는 방식에서 나온다(Mepham, 1979: 141; Rees, 1998: 88). 이는 상품물신주의가 이데올로기 이론이라기보다는 이데올로기적 생산물(지배적인 사회관계를 체계적으로 합리화하는 관념과 가치)이 왜 효과적인가를 말해주는 이론임을 의미한다고 할 수 있을 것이다. 그 이유에 대해서는 마르크스주의 관련 연구들 내에서도 다소간의 모호함이 있는데, 아마도 물질적 실천(여기서는 현상-형태)과 관념/재현 사이를 엄격히 구별하는 전통의 잔여물 때문일 것이다. 그러나 지젝이 주장했듯이, 주체의 생활세계의 형태와 현상을 만들어내는 실천들은 사실상 이데올로기적인 환상을 일련의 경험 속에 비밀스럽게 감춘다. 이데올로기는 사람들의 생각에 머무는 것처럼 사람들의 행동에도 머문다(Žižek, 1989: 31). 미디어, 종교, 정치, 교육, 철학, 이론 등(상부구조의 문화적인 정교함)과 같은 전문 영역에서 생산된 이데올로기들처럼, 상품물신주의의 이데올로기적 환상은 실재하는 물질적 실천 속에 아로새겨져 있다. 그러나 상품물신주의는 매우 구체적인 이데올로기 이론이고 상부구조의 이데올로기적 생산과는 구별될 수 있다. 상품물신주의 이론에서 이데올로기는 '아래'로부터, 즉 생산양식 그 자체로부터 생성되는 것으로 자리잡힌다. 제5장에서 본 것처럼, 생산양식이라는 범주는 자본주의 하에서 구체적인 생산이 벌어지는 **사회적 형식**을 설명한다. 마찬가지로, 상품물신주의는 서로 다른 제도 영역과 서로 다른 **내용**의 이데올로기적인 생산이 왜 내재와 분열과 전도와 억압이라는 실질적인 **구조적** 특성을 공유하는지를 설명해준다.

이제 이 과정의 첫 단계로 돌아가서, 실제 관계를 구성하고 주체와 대상의 형식적 범주를 실제적인 사회적 내용으로, 즉 노동과 자본으로 각각 채우는 것을 살펴보자. 생산을 위한 자산이 없는 노동자는 자신의 노동력을 생산수단을 소유한 계급에 팔아야 한다. 가치를 생산하는 것은 노동이며(그 보상으로 임금이 오르거나 내린다), 거기서 나오는 잉여는 시장에서 상품이 순환하는 동안 자본가에 의해 돈-자본으로 전환되고, 잉여의 일부는 자본을 더 축적하기 위한 생산과정에 재투자된다. 그러므로 노동은 자본을 생산하고 그렇게 함으로써 자기 자신을 대상으로 만들며, 제쳐두거나 버려질 수 있는 단지 하나의 생산요소가 될 뿐이다. 이는 전도가 일어나는 과정의 사례이기도 하면서 동시에 분열의 사례이기도 하다. 노동이 스스로를 대상으로 생산하는 한 노동은 주체이면서 동시에 대상이며, 이런 식으로 주체는 노동과 자본 사이에 균열이 있는 것과 마찬가지로 자신의 대상화를 생산하면서 내적으로 분열된다. 이뿐만 아니라 노동의 물신화된 소산인 자본이 오히려 주체가 되는데(다시 전도가 일어난다), 이는 부를 생산하는 인간의 노동과는 무관하게 가격이 오르락내리락하는 것과 상당히 비슷한 방식으로, 자본의 형태와 현상이 자본의 힘이 그 자체로부터 자동적으로 나온다는 것을 의미하는 한 그렇다. 그러나 자본은 진정한 주체가 될 수 없고 다만 주체의 소외가 제도화되고 외적으로 표현된 것일 뿐이다. 따라서 자본 구조 내에서 통제하는 위치를 차지하며(자본의 인격화) 진정한 주체(노동)가 대상(자본)에 복종하게 하는 개인들은 그들 스스로가 공허한 주체이자 자본 시스템에서 대상인 셈이다. 자본은 근본적으로 **통제할 수 없는** 것이기에, 비록 극소수가 그 체계 내에서 터무니없는 이익을 취하고 권력을 잡는다고 해도 그 체계의 규칙이 인간의 통제를 따르는 것은 아니다. 자본은 "**주체 없는 통제**라는 기묘한 양식이며 그 속에서 통제하는 자는 사실상 자본 시스템의 물신화된 요구들에 의해 통제되는데 …… 이는 생산과 통제가 근본적으로 분리되어 있기 때문이다"(Mészáros, 1995: 66).

영화 〈파이〉와 주체 없는 주체들

『자본』에서 마르크스는 직접적인 생산자와 통제가 분리된다는 점에서 상품물신주의라는 세속적인 세계와 "종교 세계의 안개로 뒤덮인 영역" 사이에 유사한 점이 있음을 발견했다. "그 세계에서 인간 두뇌의 산물들은 생명을 부여받은 독립적인 존재처럼 보이고, 또한 서로 그리고 인류와 모두 관계를 맺는 것으로 보인다"(Marx 1983: 77). 자신의 실천으로부터 나오는 것으로 더 이상 인식되지 않는 생산물과 결과물들에 직면하게 된 의식은 소외된 생산물과의 관계를 규정하고자 둘 중 하나로 반응한다. 첫 번째 반응은 산업 세계를 제어하는 것으로, 행동과 분석의 형식적인 합리적 모델을 개발하는 것이다(예를 들면 정치경제학). 두 번째 반응은 이와는 정반대의 것으로, 신념과 마술에 근거한 반합리적인 모델을 개발하는 것이다. 이러한 두 가지 극단적인 반응은 모든 극단적인 것이 그러하듯이 서로 명백하게 반대되면서도 긴밀하게 연결되어 있다. 자본과 종교의 병치는 대런 아로노프스키[Darren Aronofsky]의 영화 〈파이[Pi]〉(1997, 미국)의 주제이기도 한데, 이 영화의 내러티브는 등장인물들의 물신숭배적인 욕망에 천착하고 있다. 영화의 이야기는 주식시장을 예측하는 공식을 만들려고 애쓰는 수학 천재 막스 코헨[Max Cohen]을 중심으로 진행된다. 부르주아 정치경제학의 형식적 합리성을 비판했던 칼 마르크스와는 달리 막스 코헨의 수학은 형식적 합리성의 전형이며, 사회적 내용에는 완전히 무관심한 채 단순히 형식적이고 양적인 수단으로 사회적 관계를 파악하려는 시도이다. 막스는 그가 발견하는 것이라면 무엇이든지 손에 넣으려 하는 무자비한 주식시장 분석가들의 추적을 받는 동시에, 흥미롭게도 숫자 이론을 가지고 토라[Torah]—사람들이 신의 말씀이라고 믿는—의 숨은 의미를 해독함으로써 형식적 합리성과 신비주의를 결합하고자 하는 유대교 카발라[Kabbala] 신비주의자 집단의 보호를 받는다. 이 영화가 분명히 드러내는 것은 축적이라는 우상과 신의 말씀 사이에 존재하는 유사성이다. 이 두 영역은 내용상으로 볼 때 서로 매우 다르고 어떤 의미에서는 서로 충돌하는 이데올로기를 생산하지만, 이들의 이데올로기적 형식은 놀랄 만큼 비슷하다. 주식시장 분석가와 유대교 카발라 신비주의자 집단 모두에게 욕망의 대상은 자신들의 행위의 소외된 산물로서 신비로운 것이고, 그것의 움직임과 의미는 합리적이든 비합리적이든 혹은 그 둘을 섞은 것이든 예측되어야 할 필요가 있다. 자본가와 영성가 모두 이제까지 자신들과는 집단적으로 분리되어 있던 통제권을 다시 획득하고자 한다. 따라서 형식적 합리주의와 신비주의는 처음에 자신들을 통제권으로부터 멀어지게 했던 체계의 논리 그 자체를 내면화함으로써 일정한 권력과 행위능력을 주체에게 다시 돌려주려 한다. 우리가 여기서 볼 수 있는 것은 주체 없는 주체의 창조, 즉 다시 한 번 주체가 되려는 가망 없는 시도 속에서 사회적 관계들을 대상화하는 논리는 받아들이는 주체의 창조이다. 영화의 이야기는 막스가 의식하는 대로 제시되는데, 막스가 일종의 심리적인 붕괴 상태로 미끄러져 들어감에 따라 점차 파편화되고 부조화를 이룬다. 그러나 이러한 '광기'는 세속적인 세계와 종교적인 세계의 '객관적 광기'●를 비추는 개인적인 거울일 뿐이다.

내재

내재^{immanence}는 실천에서나 의식에서 사회적 관계들의 네트워크들이 소멸하며 오직 사회적이고 경제적인 위기의 형태 안에서 (억압된 것으로서) 돌아오는 과정을 의미한다. 이는 사회적 총체성을 구성하는 사회 네트워크(실재적 관계들)가 위기의 형태―환경 위기와 같은―로 돌아오기 때문에 생기는 일이며, 그러한 위기가 닥쳐야 우리는 현상-형태를 현상-형태라고 인정할 수 있게 된다. 장 보드리야르^{Jean Baudrillard}와 같은 포스트모더니스트에게는 모든 것이 현상-형태, 즉 그의 표현대로 하면 시뮬라크르^{simulacre}이다. 이는 "모든 지시대상에 대한 사형선고"(Baudrillard, 1994: 6)가 되는 기호이고, 어떤 식으로도 실재를 지시하지 않으며 결과적으로 실재 그 자체가 중대국면이 되지 못하는 기호이다. 소외의 미학에서 시뮬라크르의 문제에 대해서는 나중에

● 키르케고르가 '주관적 광기'와 대비시켜서 사용하는 개념.

영화 〈다크시티Dark City〉(알렉스 프로야스Alex Proyas, 1993, 미국)를 분석할 때 다시 언급하겠지만, 사적 유물론은 말할 나위도 없이 이 문제를 단지 제한된 권력으로 여기거나 적어도 모순된 현실의 한 부분-총합이 아니라-이라고 주장할 수 있다. 그러나 (탈물질화의 한 형태인) 탈맥락화의 문제로 돌아가보자. 루카치는 멋진 표현으로 사물화가 어떻게 중첩되는 "실재의 점진적 이행"을 좀먹는지를 설명한다(Lukács, 1971: 127). 상품물신주의는 활동이나 상품의 사회적 관계들을 억압하고 소진시키고 탈물질화하며, 소외된 혹은 다른 모든 것들은 바래져버린 상호의존성을 동반한 물리적 물질성만을 우리에게 남긴다. 어떤 실천이나 활동이 지니는 사회적 맥락의 의미를 이런 식으로 그저 희미하게 감지하는 것은 사회적 총체성에 다소간 실체가 없는 그림자와 같은 특성을 부여한다. 제6장에서 이미 살펴본 것처럼, 마르크스주의는 자본주의의 무자비한 탈맥락화/탈물질화에 대해 매개mediation라는 개념으로 맞대응한다.

따라서 매개의 범주는 경험적 세계의 단순한 직접성을 극복하기 위한 지렛대이고, 바깥으로부터 대상에 몰래 끼워 넣은 (주관적인) 그 무엇이 아니듯이 가치판단도 혹은 '존재'의 반대로서의 '당위'도 아니다. **매개는 오히려 진정한 객관적 구조의 현현이다.** …… 대상의 경험적인 현존이 그 자체로 매개된다는 것이 사실이 아니라면, 그리고 대상이 진정한 결정요소들의 복합체로부터 떼어내지고 인위적인 고립의 위치에 놓여서 매개에 대한 자각이 결여되어 있는 한 매개되지 않는 것처럼 보일 뿐이라는 것이 사실이 아니라면 매개란 불가능할 것이다(Lukács, 1971: 162~163).

마이클 타우시그는 "자기봉인된 사물들"(Taussig, 1980: 32)과 "자기봉인된 물성物性의 배타적인 방"(Taussig, 1980: 136)으로서의 자율화를 말하면서 이

탈물질화 과정을 어느 정도 포착한다. 내재는 주체/대상의 가치를 결정하던 중첩되는 실재의 점진적인 이행이 부식되면서 필연적으로 수반된다. 맥락적인 상호의존성에서 벗어난 주체/대상은 **마치** 그 권력과 행위능력이 대부분 자신의 몸과 형태 **안에서 나오는 것처럼** 활동할 수 있고 **그런 것처럼** 지각될 수 있다(그리고 '일'이 잘못되면 그 비난은 체계의 토대가 아니라 개인에게 돌아간다). 권력과 행위능력과 오류는 상품물신주의하에서 "실제로는 구조화된 결과인 것, 즉 요소들 사이의 관계망의 결과인 것이 요소들 중 하나의 직접적인 특성으로서, 즉 마치 그러한 특성 역시 다른 요소들과의 관계 바깥에 속하는 것처럼 보인다"(Žižek, 1989: 24)는 것이다.

사회성이 약해지는 것은 전통적으로 '자기봉인된 사물들'의 내재 속에서 강하게 부여되어온 남성 정체성과 남성성에 핵심적인 부분이었던 반면, 전통적으로 여성은 종종 남성성에 위협을 가하는 것으로 틀 지어지는 종속과 상호의존의 기표로 묘사되어왔다. 그러나 마치 관습적인 남성성이 순수한 내재의 황량함과 불가능성—불가능한 이유는 가치란 그것이 인간의 가치이든 경제적인 가치이든 간에 다른 무엇인가와 비교되지 않고는 측정될 수도 없고 의미화될 수도 없기 때문이다—을 감지하듯이 여성성에는 남성성에 대한 위협도 있지만 호소도 있다. 구속救贖과 위협으로서의 여성이라는 개념은 〈파이트클럽Fight Club〉(데이비드 핀처David Fincher, 1999, 미국)과 〈아메리칸뷰티American Beauty〉(샘 멘데스Sam Mendes, 1999, 미국) 등 소비사회를 비판하는 흠결 많은 영화들에서 명백히 드러난다. 이 영화들에서 표현된 남성성의 내재적 버전은 소비문화를 통해서 사회성이 희박한 자신들의 모습을 보는 것이 아니라 도리어 물질 대상에 대한 소비주의적인 의존성을 여성성이나 약함과 결부시킨다. 〈파이트클럽〉과 〈아메리칸뷰티〉의 남자 주인공들은 소비재로 가득 찬 가정을 덫으로 여긴다. 〈파이트클럽〉에서 잭Jack(에드워드 노턴Edward Norton분)은 자기의 화려한 콘도미니엄을 불태우고 스스로 맨주먹싸움에 뛰어들어 자신을 강하게 단련하는 반면, 〈아메리칸뷰티〉의 레스터 버넘$^{\text{Lester Burnham}}$(케빈 스페이시$^{\text{Kevin Spacey}}$분)은 차고를 보다 남성적인 영역으로 변화시켜 그곳에서 역기를 들어올린다. 〈파이트클럽〉에서 남성성의 내재의 이미지는 (파이트클럽들에서) 집단적으로 발현된다. 집단적인 내재는 모순되는 말처럼 들리지만, '자기봉인된 사물들'이 반드시 개인적일 필요는 없다. 〈파이트클럽〉에서 남성의 집단성 — 소비주의의 속박만큼이나 자율성에 타격을 주는 남성들 사이의 종속관계의 재생산은 논외로 하더라도 — 은 그 자체를 그야말로 초월적인 사회성으로 보며, 이것이 파이트클럽이 나중에 테러리스트의 네트워크로 변모하는 이유가 된다. 〈파이트클럽〉의 반상업적인 폭력은 이제 9·11 이후 할리우드 내에서는 생각할 수도 없는 것이 되었지만, 이 영화에 나타난 반달리즘^{vandalism}●과 테러리스트의 폭력 이미지는 테러리즘이 9·11 폭력의 스펙터클과 마찬가지로 정치적 내재의 행위라는 점을 여실히 보여준다. 이러한 공격은 세상을 그 안에서부터 집단적이고 민주적으로 변혁시킬 것으로 보지 않는 자세에서 나오는 것이며 세상 바깥에 있는 어떤 초월적인 위치, 즉 어쩔 수 없이 엘리트주의적이거나 권위주의적인 위치에서 가해지는 것이다. 궁극적으로 내재는 종교적인 세계 개념이라고 할 수 있다.

분열

주체와 대상 사이의 분열은 철학을 지배하는 개념이 되었지만, 마르크스주의에서 분열은 바로 역사적 상황 속에서 정초될 수 있는 것이다. 루카치

● 문화나 예술을 경시하여 파괴하거나 훼손하는 행위.

가 매개에 관해 설명하면서 비중 있게 지적한 것은, 그 개념이 단순한 가치 판단이나 사실상 비매개되는 실재의 '존재'를 압도하는 '당위'가 아니라는 점이다. 그는 자신이 비판하는 부르주아 철학과 자신의 철학의 자리를 구별하기 위해 이러한 점을 지적한다. 그는 부르주아 문화에는 매우 전형적일 당위와 존재 사이에, 가치와 사실 사이에 분열이 있음을 발견한다. 이것은 부르주아 경제 세계가 근본적으로 몰도덕적이고 경제적 계산과 축적 외에는 그 어떤 다른 가치도 지속할 수 없기 때문이다. 따라서 가치 판단('당위')과 도덕은 그 외의 다른 곳, 즉 정치, 예술, 종교, 가족과 같은 영역에 위치하는 경향이 있으며, 경제 시스템이 논의의 바깥에 있는 것을 그러려니 하거나 정당화하기까지 하고 그것을 바꿀 수 없는 사실로 취급하는 경향도 있다. 할 수 있는 일이라고는 점차 그 모습을 드러내는 '존재'와 '당위' 사이의 심연이 주체에 미치는 심적인 영향을 이상하게 여기는 것뿐이다. 예를 들어 어린이 텔레비전 프로그램에는 사람들에게 친절하고, 자원을 나누고, 사람들을 돌보고, 이기적이거나 탐욕스러워서는 안 되며, 협동하고 너그러우며 이해심이 많아야 한다는 등의 필요성에 관한 '당위'들이 담긴다. 그러나 이런 태도는 그러한 가치들이 생산세계로부터 사라졌고, 그 결과로 가족이나 학교에서도 그것들이 사라져버렸다고 하는 사실과 뚜렷한 대조를 이룬다. 어린이들이 어른의 세계를 위해 이러한 모순의 매립지가 되어, 이상적인 '당위'에 순응하라는 기대를 받으면서도 계속해서 그에 미치지 못하고 결국 사회가 일종의 검투장이 되어가고 있음을 표상하게 된다는 것은, 어린이를 천사와 악마라는 이분법적인 방식으로 갈라놓는 미디어 재현 방식에서 잘 드러난다.

길예르모 델 토로Gillermo del Toro 감독의 〈악마의 등뼈The Devil's Backborne〉(2001, 스페인)는 스페인 내전 중의 고아원을 배경으로 프랑코의 파시스트/왕당파/가톨릭/부르주아 연합전선에 대항한 공화주의자/사회주의자의 싸움을 다룬다. 이 고아원에서는 산티Santi라는 이름의 소년 유령이 출몰하는데, 그는 어린 시절 고아원에서 함께 지내다가 지금은 관리인이 된 하신토Jacinto에게 비밀리에 죽임을 당했다. 하신토는 공화주의자들이 대의를 위해 쓰고자 고아원 금고에 감추어두었던 금을 훔치려 한다. 이 영화는 '존재'와 '당위' 사이의 간극을 깊이 드러내는 이미지로 시작한다. 원칙적으로 지구상의 이데올로기(파시즘, 자유주의, 사회주의) 중에 어린이에게 가치를 두지 않는 것은 거의 없다. 그러나 영화는 공중 폭격 장면으로 시작하고, 관객은 전투기 하부에서 문이 열리면서 폭탄이 쏟아져 나가 구름을 뚫고 땅으로 떨어지는 것을 보게 된다. 이 이미지는 영화를 보는 관객을 향해 쏟아지는 꾸짖음이며, 그저 소년이 달아났다고만 생각하고 자기만족에 빠져 있던 고아원 책임자들에게 나타난 소년의 유령과 비슷한 것이다. 스페인 내전은 어린이를 포함한 민간인들이 공중 폭격에 노출되었던 최초의 전쟁이었으며, 이러한 공포는 피카소에게 「게르니카Guernica」를 그리게 했다. 이는 냉전 이후 오늘날의 난파 상황을 되새기게 하기에 유익한데, 파시스트에 의해서 죽음의 테크놀로지가 만개했다는 점에서 공중 폭격의 희미한 기원을 찾을 수 있기 때문이다.

그러나 사회주의자들 역시 사람이란 당연히 어떠해야 하고 무엇을 해야 하는지에 대한 자신들의 합리주의적인 교의가, 자꾸 나타나는 비합리적인 사실 때문에 혼란스러워질 때는 '존재'/'당위'의 이율배반에 빠질 수 있다. 고아원의 카사레스Casares 박사는 유령이나 초자연적인 힘의 존재를 믿지 않는다. 영화의 제목인 '악마의 등뼈'는 사산된 아이들의 척추를 의미한다. 미신을 믿는 지역사람들은 아이들의 죽음을 악마의 저주로 해석한다. 물론 카사레스는 이것이 오히려 가난 때문이라고 제대로 지적하지만, 이는 비합리적인 것에 대한 욕구와 이를 추동하는 열망들에 엮이지 않는 것에 대한 은근한 자기만족과 오만함 때문이기도 하다. 고아원을 경영하는 노부인 카르멘은 하신토를 향한 성적 욕망에 굴복하고 마는 자신을 경멸하는 반면, 하신토는 금고 열쇠를 얻게 되리라는 희망으로 카르멘과 잠자리를 갖는다. 나무의족을 하고 있는 카르멘과 적의에 찬 고아 하신토는 우리 모두가 그렇듯이 사회 질서가 우리의 정신에 새겨 넣은 억압과 금욕의 상처를 깊이 있게 드러낸다. 사르트르가 장 주네$^{Jean\ Genet}$와 관련해서 썼던 것처럼 "우리는 주체가 죄 많은 주체, 즉 언제라도 괴기스럽고 비루한 벌레가 될 수 있다는 점을 드러내야 한다"(Taussig, 1996: 217).

상품물신주의의 역설은 어떤 수준에서는 그것이 마치 진짜 그러한 것처럼 자율적으로 활동하는 물질적인 실천이지만, 더 심층적인 유물론, 즉 루카치가 말했던 복잡한 결정요소들은 부인하는 실천이기도 하다는 점이다. 따라서 물질적인 실천과 행동에는 고전적인 물신주의적 분열구조인 '**마치 ~인 듯이**'가 있다. 아주 일상적인 대화에서 '마치 ~인 듯이'라는 문구는 어떤 주장에 대한 냉정한 회의를 의미한다. 이는 현상/주장과 현실 사이의 간극, 즉 주체가 현상/주장과 현실의 바깥에 있어서 생기는 간극을 구별할 수 있는 주체 모델을 암시한다. 그러나 사실 자본주의하에서 그러한 간극은 주체 내부로 깊숙이 파고든다. 실제로 일상생활에서 우리는 언제나 '마치 ~인 듯이'의 방식으로 행동한다. 이 책 제2장의 인용문 중에, 닷컴 붕괴에 대해 언급하던 논평가가 그것을 마치 스무 명의 관계자들이 각각 자신이 시장의 30퍼센트를 점유할 것이라고 생각하는 것과 마찬가지라고 얘기했던 부분을 떠올려보자. 물신주의의 '마치 ~인 듯이'의 구조는, 참여하거나 몰두하는 어떤 작업이 함의하는 바와는 모순되는 증거나 지식을 억압하거나 최소한 그것들이 억압과 함께 존재하는 것과 관련된다. 〈라스트 리조트$^{Last\ Resort}$〉(파웰 폴리코프스키$^{Pawel\ Pawlikowski}$, 2000, 영국)에서 디나 코르준$^{Dina\ Korzun}$이 연기한 타냐^{Tanya}라는 러시아 이민자는 영국인 남자친구가 공항에 나타나지 않자 정치적인 망명을 요청하게 된다. 망명신청이 진행되는 동안 당국자들은 타냐를 한때는 잘나가던 황량한 바닷가 휴양지에 버려두고, 타냐는 초라한 행색의 웹 포르노 업자에게 생방송 출연 제의를 받는다. 웹 소비자들 앞에서 처음으로 연기하던 도중에 그녀는 울음을 터뜨리고 촬영은 중단되고 만다. 그러나 뒤에 그 포르노 업자는 그녀를 찾아와 다시 일을 시작해달라고 애걸한다. 그녀가 '울음을 터뜨리는 여학생을 연기한' 것을 좋아한 포르노 시청자들 덕분에 그 방송이 히트를 친 것이다. 소비자들은 그 연기가 몹시 고통스러우며 경제적으로 강요된 조건하에서 행해진다는 것을 알고도 이러한 지식을 부정한 채 타냐가 연기 도중 무너져 내리던 모습을 그저 연기의 일부분이라고 재해석해버린다. 그리고 이것은 소비의 전 영역에서 일반적으로 일어나는 일이 아니던가? 노동자들이 정말로 행복하거나 자신들의 역할에 헌신하지는 않는다는 사실을 우리 모두 알고 있음에도 불구하고, 그들이 마치 정말 그러한 것처럼 행동할 것(예를 들어 "좋은 하루 되세요!"라고 인사하는 것)을 소비자들이 원하는 것은 점차 미국화되는 서비스 부문에서는 전형적인 일이 아니던가? 그리고 소비자는 다른 사회적 정체성들을 가지고 있으며, 그들이 전혀 통제하지 못하는 드라마의 배우처럼 소비자라는 역할만 계속 수행하는 것은 아니지 않는가? 예를 들어 영국의 중산층 부류를 생각해보면, 그들은 마치 종교와 영적인 이유 때문인 듯이 교회 좌석에 앉아 있지만 실상은 자신들의 자녀를 평판 좋은 미션 스쿨에 입학시키고자 그러는 경우가 허다하다. 그리고 물론 이 사람들이 왜 갑자기 믿음을 갈구하는지 정확히 알고 있는 영국 국교와 가톨릭교회들도 비슷한 부정을 한다는 점에서 〈라스트 리조트〉의 포르노 시청자들과 다를 바가 없다. 이러한 소비문화의 수행 원리가 어디에나 퍼져 있음에도 그 수행의 조건을 부인하는 것은 고도 자본주의 사회의 주체를 분열시켜 한편으로는 가장 경신輕信적인 불신자로, 다른 한편으로는 아무도 믿지 않는 비뚤어진 냉소주의자로 만들어버린다. 제5장에서 얘기했던 것처럼, 이렇게 분열된 관객/주체는 〈빅브러더〉의 언술 방식을 정확히 포착한다. 〈빅브러더〉에서는 감정과 관계의 진정성이 계속해서 확언되는 동시에 폭로된다.

전도

자본주의의 특징은 사회성의 기묘한 쇠퇴(탈물질화)를 수반하는 괴팍한 변증법적 전도가 일어난다는 점이다. 마르크스는 사회적 관계들은 "실제로는 마치 사람들 사이의 물질적 관계이거나 사물들 사이의 사회적 관계인 것처럼 보인다"라고 언급했다(Marx, 1983: 78). 여기에서 마르크스는 물신주의화되는 과정을 설명하고 있는데, 그것은 **물리적인** 물질성이 자신이 아로새겨진 **사회적** 관계나 물질성으로부터 분리되는 과정을 의미한다. 사적 유물론은 그처럼 갈기갈기 찢어졌던 물리적 물질성과 사회적 물질성을 다시 만나게 함으로써 상품물신주의와 전투를 벌인다. 대중문화 내에서 이러한 분열이 벌어지는 매우 명백한 사례 중 하나는 광고가 사물을 인격화하는 방식에서 찾아볼 수 있다. 광고는 상품에 생명을 부여하고 인간적 행위능력의 특성, 즉 자본주의가 지속적으로 인간―(단순히 물리적인 의미에서) 물질적인 대상(주로 돈)을 통해 자신 그리고 다른 사람들과 관계를 맺는―에게서 고갈시키고 있는 상호작용이나 가치(마르크스가 말한 "사물들 사이의 사회적 관계")를 부여한다. 발터 벤야민은 19세기 파리의 소비주의의 기원을 고고학적으로 파헤치는 과정에서 폴 시오댕$^{Paul Siaudin}$의 회고록 하나를 발굴했다. 시오댕은 극장에서 몇 년간 일한 후 과자 가게를 열었는데, "뤼드라페 거리의 커다란 진열장에서 …… 설탕 아몬드, 사탕, 꿀 케이크, 달콤한 크래커들을 팔레르와얄 극장에서 상연되는 단막극의 형식으로 대중 앞에 내놓았다"(Benjamin, 1999a: 178). 이러한 소비자 자본주의의 화석은 오늘날 일련의 법적 권리와 법 집행 기구에 의해 보호되는 회사 로고와 같은 현대적 현상을 종착점으로 하는 반면, 노동자와 인권은 끊임없이 격하되고 무시되고 있다. 로고는 심지어 처음 그것을 만들어냈던 회사로부터 독립하여 (시오댕의 과자처럼) 자신만의 극적인 삶이나 경력을 갖게 되기도 한다. 영국의 ITV 디지털 사가 부도가 났을 때 그 회사에서 가장 가치 있는 자산은 회사가 서비스 광고를 위해 사용하고 많은 이들에게 사랑받았던 헝겊 원숭이 인형이었다. 그 회사의 노동자들이 실업해고 통지를 받을 무렵, ITV 디지털과 그 원숭이 인형을 만들어낸 광고회사 사이에는 그 인형의 소유권을 두고 격돌이 벌어졌다. 바로 이것이 사물이 사회적 행위능력을 획득하고 인간들은 단순한 물질적 사물로 변해버리는 삶이다.

상품화된 미디어와 소비자 문화가 어떻게 더 광범위한 정치적 도전을 전도시켜왔는지도 고려해보자. 여성 평등을 요구하는 여성주의 이론의 한 줄기인 여성주의 문화 분석에서는, 여성을 성적으로 대상화하여 결과적으로 여성에게서 행위능력을 제거해버리는 재현 전략들을 자세히 분석했다. 사실 복합적인 사회 변화들은 남성과 여성 사이에 새로운 평등을 가져왔으나, 이는 해방이라기보다는 대상화의 평등이다(MacKinnon, 1998). 텔레비전 드라마 시리즈인 〈섹스 앤 더 시티 Sex and the City〉에서 네 명의 여성 주인공은 섹스를 찾아다니는 사냥꾼이고, 남성들은 여성의 응시와 욕망 앞에서 교체 가능한 대상이 된다(성적으로 적극적인 이 여성들이 오랫동안 관계를 유지하는 것 따위엔 무관심하다는 시나리오는 분명 남성 판타지로 작동할 수도 있다). 이런 식으로 이전까지는 성적인 대상이었던 여성들이 한때 자신들에게 적용되던 대상화 메커니즘을 전유함으로써 주체가 된다. 그러나 그러한 주체성이 불충분한 것은 주체가 사회적 행위능력을 획득하기 위해 형식적인 합리성을 사용하려 할 때와 다르지 않다. 형식적인 합리성과 마찬가지로, 대상화하는 욕망은 인간의 내용에는 무관심하다. 두 경우 모두 주체는 진정한 행위주체가 아니라 체계 논리의 도구나 인격화가 되고 영화 〈파이〉에서처럼 주체 없는 주체가 된다. 주체 없는 주체와 비슷한 동학이 아도르노의 글에 이렇게 묘사되어 있다. "주체의 실질적인 무력함은 그 정신적인 전능함 속에서 되풀이된다. 자아라는 주인공은 자신이 없는 척하는 것이다"(Adorno, 1973: 179).

〈섹스 앤 더 시티〉의 여성들이 언제나 체계의 규칙들을 잘 받아들이고 적응할 수 있는 사회적 위치의 전문직 중산층 여성이라는 점은 우연이 아니다. 주연을 맡은 캐리^{Carrie}가 각 에피소드의 사건들에 대해 전하는 내레이션은 이야기를 간략하게 처리해주고, 이를 통해 장면들은 그리고 네 여성의 애정생활은 빠르게 전환되며, 이는 대상화된 남성들이 순식간에 등장하고 사라지는 궤적을 뒷받침한다. 그리고 여전히 대상화의 평등이 인간관계를 근본적으로 기계적이고 교체가능한 상품 및 형식적 합리성의 세계로 환원하기 때문에, 성적으로 능동적인 해방된 여성이라는 표상은 분열되고, 계속해서 이전의 보다 전통적인 젠더 역할로 되돌아가려는 경향이 있다. 따라서 어떤 평론가가 말했던 것처럼, 〈섹스 앤 더 시티〉에서 "여성들이 정말로 원하는 것은, 남성의 커다란 성기와 어마어마한 오르가즘을 제외하면 그들의 엄마들이 원했던 것과 완전히 똑같다. 바로 백마 탄 왕자님과의 결혼이다."[1] 이는 지속적인 인간적 헌신과 관계가 지속된다는 판타지와 비슷한 어떤 것이 퇴행적인 투사를 통해 가정될 수 있기 때문이다.

억압

희미해지고 탈물질화하는 사회성을 지닌 주체의 함의를 생각해볼 수 있는 또 하나의 방법은 바로 억압의 측면을 통해서이다. 마르크스는 부르주아들이 스스로의 존재 조건을 억압하는 것을 탐색하면서, 『공산당 선언』의 첫 페이지에서 "공산주의의 유령"이 부르주아에게 출몰하고 있다는 유명하고 도발적인 주장을 펼쳤다. 마르크스는 부르주아들이 아직 물질화되지 않은 어떤 것을 얼마나 두려워하고 있는지 강조하려 했다. 그는 그 유령과 함께 이미 지나버린 무엇인가의 흔적—일반적으로 유령이 이러하다—보다는 아직 일어나지 않은 일들을 예측하고자 했다. "선언하고 그것이 임재하기를 요청"(Derrida, 1994: 101)한 것이다. 부르주아는 대안적 미래를 그리는 집단적 행위주체는 물론이고 대안적 역사의 궤적도 억압한다. 모든 억압이 그러하듯이 이 억압도 고통스러운 무엇인가를, 그리고 자신의 존재와 가치의 기반에 의문을 제기하는 무엇인가를 인식하고 싶어하지 않는 데서 생겨난다. 부르주아 세상의 주변에, 그러면서도 중심에 있는 것은 노동계급이었고, 그 '몸'이야말로 마르크스의 '공산주의의 유령'이 영혼(혹은 이론)과 육체(혹은 실천)를 모두 현실의 혁명적 삶 안으로 가져오기 위해 들어가 점유하고자 했던 몸이었다. 부르주아의 공장에서 소진되는 노동계급이라는 몸은 상처를 입은 채 그저 생산요소로 분리되었으며, 정신적으로나 물질적으로 피폐해져 셀 수 없이 많은 사회적 범죄의 흔적을 지니고 있다. 그리고 이것이야말로 공산주의의 유령이 없애고자 했던 바로 그 범죄들이었다.

『공산당 선언』에서 우리는 오늘날의 영화에서 나오는 수많은 유령의 원형들을 찾을 수 있다. 지배적이고 종종 자기만족적인 사회 질서는 그 존재와 가치에 대한 도전을 억압하고, 반대 입장을 주변화하며, 수행되는 폭력에 대한 제한을 풀어버린다. 그리고 과거의 부당함을 고발하는 어떤 혼령의 등장이 인식되는데, 이는 그 기억을 되찾았기 때문이거나 전형적인 피의 복수를 벌이기 위함이다. 적어도 〈캔디맨^{Candyman}〉(버나드 로즈$^{Bernard\ Rose}$, 1992, 미국)이나 〈링^{Ring}〉(나카타 히데오$^{Nakada\ Hideo}$, 1998, 일본)이나 이미 앞에서 살펴봤던 〈악마의 등뼈〉와 같은 영화가 여기에 해당된다. 알레한드로 아메나바르$^{Alejandro\ Amenábar}$의 〈디 아더스$^{The\ Others}$〉(2001, 미국)에서도 이와 똑같지는 않지만 역시 흥미로운 억압의 매개가 있다. 이 영화에는 사실상 세 겹의 억압이 있다. 첫째, 니콜 키드먼$^{Nicole\ Kidman}$이 연기한 그레이스^{Grace}는 자신이 유령이라는 것을 모른 채, 자신이 두 아이를 살해했다는 사실과 그로 인해 그녀가 자살했다는 사실을 억압한다. 둘째, 이 영화는 전쟁 중의 협력이라는 미묘한 문제를 제기하는데, 구체적으로는 나치 점령이 끝난 영국의 저지^{Jersey} 섬을 배경으로 하고 있다. 다른 사람들과 마찬가지로 그레이스 역시 그 역사적 위기, 즉 파시즘에 대항한 싸움으로부터 스스로를 고립시키고, 전쟁에 참전한 남편에 대해 분노하며 칩거한다. 비록 한편으로 그레이스는 아이들이 빛에 민감하다는 스스로를 고립시킬 만한 이유를 가지고 있지만, 여기에서 얻을 수 있는 분명한 교훈은 위기의 시대-오늘날에는 항구적으로 펼쳐지고 있는-에 사적인 영역을 진정으로 보호하려면 공적인 참여가 필요하다는 점이다.

그리고 마지막으로 계급적인 억압이 있다. 20세기를 거치면서 그리고 특히 전쟁 중에 자신이 속한 계급과 노동계급을 변형시켜온 계급 관계의 궤적을 그레이스는 인식하지 못한다. 그녀가 역사적으로나 계급적으로 시대착오적인 '마나님' 같은 태도를 지니고 있다는 것은 세 명의 하인이 일자리를 구하기 위해 그 집의 문을 두드리는 때가 되어서야 두드러지게 드러난다. 처음부터 의심스럽게 보였던 그 하인들은 결국 19세기에 살았던 옛 유령들로 드러난다. 제2차 세계대전 중에 부각된 대중의 존재는 정치적이고 사회적인 삶에 점점 더 강한 영향을 미쳐서, 한정된 기회와 복종을 특징으로 하는 과거 빅토리아 시대나 에드워드 시대의 일들을 그린 '위층의 주인/아래층의 하인'이라는 시나리오들이 만들어지게 했다. 영화가 진행되면서 유령 하인들이 일종의 반란을 일으키고 있다는 점이 명백해지고, 그들은 스스로의 의지대로 움직이며 점차 대놓고 복종을 거부하게 된다. 그러나 이러한 반란은 마르크스가 그렸던 종류의 것과는 전혀 다르고, 예를 들어 헨리 제임스$^{Henry\ James}$의 『나사의 회전$^{The\ Turn\ of\ the\ Screw}$』에 나오는 것과 같은 계급 반목(Jameson, 1999: 39)도 없다. 결국 하인들이 그레이스가 알기를 원하는 것은 지배계급의 표상인 그녀의 시대가 가버렸다는 것이 아니라 훨씬 온건한 메시지이다. 그들은 그녀의 새로운 지위와 변화한 실존 조건을 경고해주는 동시에 고용주와 피고용인 사이의 근본적인 관계는 유지하고자 한다. 그들의 반란은 한계를 드러내는데, 그들이 추구한 것은 그저 자신들이 결핵으로 죽어버린 이후 유령으로 떠돌던 그 집에서 새로운 여주인과 함께 예전의 관계를 계속 유지하는 것이다. 이것이야말로 이 영화의 비밀이고 사실상 무의식적인 메시지이다. 산 자들의 세상에 전쟁이 가져다준 그 모든 변화들에도 불구하고, 환영은 남겨진 것과 함께 지속된다. 이 영화의 내러티브 구조에서는 그레이스가 진짜 유령임이 최종적으로 드러나는 것이 가장 중요하고 카타르시스를 주는 순간이며, 이 지점에서 우리가 사건에 대해 알고 있는 것들과 그레이스가 알고 있는 것들이 마침내 모든 것을 알고 있는 하인들에게 수렴된다. 이 지점 이후로는 더 이상 나아갈 곳이 없고 계급 갈등의 영역으로 들어가는 일은 더욱 없다. 그러나 이 모든 것이 드러나기 바로 직전의 반전의 순간에 대해서는, 즉 관객이 산 자의 시점으로 보게 되면서 그레이스가 그 집의 새로운 부르주아 소유주에게 폴터가이스트 능력을 발하는 것을 처음으로 보게 될 때에 대해서는 말해둘 것이 있다. 우리가 이 장면에서 보는 사실은, 지속성이 모든 노동계급이 정말로 원하는 것이라는 순응적인 메시지가 담긴 은밀한 위로와, 하나의 세대가 다른 세대를 대체함에 따라 그러한 지속성에 대한 다른 평가들을 넌지시 흘리는 지배계급의 일시적이고 유령과 같은 지속성이며, 그것이 아니었다면 지배계급은 이미 사라졌으리라는 것이다. 이것이 마르크스가 『루이 보나파르트의 브뤼메르 18일』^{The Eighteenth Brumaire of Louis Bonaparte}에서 "모든 죽은 세대의 전통은 마치 악몽처럼 산 자의 뇌를 짓누른다"라고 묘사했던 것이다(Marx, 1984: 10).

상품물신주의의 경제학

우리는 이제 상품물신주의의 경제적 차원을 확립해야 하는 위치에 와 있다. 상품물신주의는 마르크스가 『자본』에서 가장 체계적으로 정교화한 것으로 특히 그 책의 그 어려운 첫 장에서 상술하고 있다. 마르크스는 부르주아 사회의 '경제적 세포 형태'인 상품을 과학수사를 하듯이 해체하며 자본주의 분석을 시작한다(Marx, 1983: 19). 너무나 일상적인 것이고 흔해 빠진 상품은 자본주의 내부의 몇몇 근본적인 모순들의 윤곽을 구체화하는 소우주이다. 마르크스의 상품 형태 비판은 또한 그러한 상품 형태를 소중히 여기는 의식에 대한 비판이기도 하다.

마르크스는 상품이 사용가치와 교환가치 사이에서 분리되고 분열한다고 주장한다. 상품의 사용가치는 상품 그 자체에 필수적이라거나 고정되어 있다기보다는 그것을 사용(잠재적으로 다양하고 변화하는 사용)할 때 구현된다. 토머스 키넌^{Thomas Keenan}이 언급한 것처럼, "이런 설명은 아무것으로나 무엇이든 할 수 있다는 사용의 무한성을 의미하는 것이 아니라, 그저 새로운 맥락에 대한 구조적인 열려 있음, 즉 예측불가능함을 의미하는 것이다"(Keenan, 1996: 160). 사용가치는 잠재적으로 열려 있을 뿐 아니라 다양하게 변형되며, 그것이 만족시키는 인간 필요의 특수성에 맞게 구체적이다. 그러나 사용가치의 이러한 이종성은 상품의 한 극단일 뿐이고, 지배적인 다른 극단은 마르크스가 가치와 교환가치라고 부른 것이다. 이러한 범주들은 자본의 '상업 우선' 논리를 나타내고, 사용가치에 침투하고 그것을 구조화하여 그 '구조적 개방성'—예를 들어 우리가 제2장의 냅스터와 P2P 기술의 사례에서 본 것 같은—을 차단한 채 가치와 어떤 특정한 시기에 공존할 수 있는 사용가치만을 남긴다.

가치는 간단히 말하자면 상품에 그 **경제적** 값어치 혹은 사회에서의 중요도를 부여하는 것이다. 마르크스가 잉여가치(노동이 그 자신을 재생산하는 데 필요한 것, 그리고 그것이 받는 임금 이상의 가치)를 창출하고 그에 따라서 사회적 부를 창출하는 것을 노동이라고 봤다는 점을 감안하면, 상품에서 발견되는 가치의 **실체**가 사실은 물질을 변형하여 기술과 기법을 적용하는 능력, 즉 응집된 노동력임을 알게 되는 것은 놀랍지 않다. 노동은 공통분모이며, 모든 상품의 부모이다(물론 또 다른 부모는 자연이다). 그러나 자본하에서 가치로 나타나는 것이 다양하고 구체적인 노동만은 아니다. "사용가치로서의 코트와 리넨이 천과 실의 특별한 생산 활동의 조합이라면 …… [반면에] 가치로서의 코트와 리넨은 일반적인 노동의 동질적 응고물이다"(Marx, 1983: 52). 형식적 합리성이 인간의 내용에는 무관심한 것처럼, 자본은 인간 노동이나 그 결과물의 구체성에 대해서 무관심하다. "가치의 거울로 …… 작용하기 위해서는 재봉사의 노동은 일반적인 인간 노동의 추상적 특성 외에는 아무것도 반영하지 않아야 한다"(Marx, 1983: 64). 이 추상이야말로 왜 노동자가 "노동을 자기 삶의 일부로 받아들이지 못하고 자기 삶이 희생된다고" 생각하는지를 설명해주는 핵심적인 이유이다(Marx, 1967: 62). 상품의 사용가치와 함께, 그것을 생산하는 노동은 "그저 인간 노동력의 소모일 뿐이며 …… 상품의 가치는 인간의 노동을 추상적으로, 즉 인간 노동 일반의 소모를 나타낸다"(Marx, 1983: 51). 따라서 노동은 "추상적이고 평등하고 비교 가능한 노동, 더욱 정밀한 측정이 가능한 노동"이 된다(Lukács, 1971: 87). 만일 사실상 동질적이고 균일하며 추상적—세부적인 구체성이 없는—인 것으로서의 인간 노동이 가치의 실체라면(Murray, 2000), 시간은 그 척도이다. 즉 시간에 의해, 가치의 크기가 가격이나 상품의 교환가치로 표현되며 공급과 수요는 평균 가격 부근에서 오르락내리락하게 되는 것이다. 이것이 노동—특정한 기술을 가진—의 생산을 위해 요구되는 평균적인 사회적 필요 시간이고, 노동과 상품 안에 축적된 '가치'의 양을 측정하고 수량화하고 (경쟁을 통해) 평준화하는, 주어진 생산을 하게 하는 생산 노동이다. 마르크스는 『철학의 빈곤The

Poverty of Philosophy』에서 이렇게 말한다.

> 노동은 인간이 기계에 종속될 때 혹은 극단적인 노동 분업에 의해서 평준화 되어왔다. …… 시계추는 두 노동자의 상대적인 활동을 마치 두 열차의 속도를 측정하듯이 정확히 측정한다. …… 시간이 전부이며 인간은 아무것도 아니다. 인간은 기껏해야 시간의 시체일 뿐이다. 수량만이 모든 것을 결정한다. 매시간, 매일(Marx, 1967: 151).

시체라는 은유는 살아 있는 인간의 몸을 껍데기로, 껍질로, 가치관계에 의해 내장이 적출된 것으로 묘사한다. 여기서 몸의 실체는 사라지고 노동은 시간에 **소유되며**, 시간은 가치의 양적인 법칙 아래에서 이해된다. 비록 몸이 살아 있고, 자본 앞에서 가치를 지니기 위해 노동력으로서의 행위능력을 갖기 위해서라도 살아 있어야 하지만, 몸은 또한 죽어 있으며 시체인 것이다. 가치는 몸—인간의 몸이든, 조직의 몸통이든, 미적인 실천을 행하는 몸이든 상관없이—을 점유하고, 어떤 상품이든 어떤 외부적 형식으로서 사용가치를 지니는 것과 마찬가지로 외부적 형식을 지니고 있지만, 사용가치로서의 사용가치와는 완전히 정반대의 논리로 인해 내부에서부터 식민화된다.

이 정반대의 논리란 모든 것은 다른 어떤 것과 등가가 될 수 있다고 주장하는 냉혹한 양적 비례성의 논리이다. 실천 의식의 측면에서, 양적 비례성은 사회의 불평등이라는 구체적인 측면들을 덮어버린다는 점에서 문제가 된다. 예를 들어, 돈은 보편적인 등가물로 기능한다. 특정한 금액이 대표하는 가치는 작업장에서 노동이 소요된 양이나 소비자가 상품을 구매하는 양과 일치함을 의미하는 것으로 간주된다. 물론 우리는 돈에 대해서 '부당한 임금'이나 '낮은 가치'와 같은 이야기를 할 수 있지만, 이 경우마저도 '공평한 임금'이나 소비자를 위한 '좋은 가치'가 있다는 것을 가정하고 있다. 즉, 다른 말로 하자면 동등한 교환-시장 균형의 상태와 같은-은 자본주의하에서 실현 가능한 이상이 되는 것이다. 그러나 마르크스가 언급했듯이, 만일 교환이 항상 등가로 이루어진다면 잉여가치는 없을 것이고, 따라서 이익도 없을 것이다(Marx, 1983: 158). 이제 경제적 영역 바깥에서 양적 비례성의 사례를 찾아보자. 영국에서 학교 순위표는 겉으로는 부모들이 그 학교의 교육적인 수행능력을 측정할 수 있게 하기 위해 취합된다. 이 순위표는 특정 시험에서 A학교가 B학교보다 더 높거나 낮은 합격률을 기록했음을 의미하도록 수량화되고 등가화된다. 양적 비례성에 따라 A학교와 B학교가 비교가능하다는 가정에서 출발함으로써, 가치의 논리는 기금의 차이라든가 학생과 부모들의 사회적 계층 구성의 차이라든가 사회적 가치의 학습과 같은, 시험 결과로는 측정이 불가능한 사회적 문제들을 지워버린다. 수량화의 논리는 사회적 실천과 실천 의식 깊숙이 파고 들어가, 모든 것이 원칙적으로 등가화될 수 있다는 전제에 따라 사회적 내용들을 용해시켜버린다.

이 과정은 곧바로 정보 그 자체의 구조로 파고든다. 정보란, 주체가 자원을 최대화하는 고전적 경제이론에 따라 계산하게 하는 수단이다. 정보는 정확한 수행평가를 가능하게 한다고 가정된다. 다른 말로 하자면 정보는 문제가 되는 데이터와 상품 사이의 가상 교환을 실행한다는 것이다. 그러나 그 수행지표들(기호들)의 사용가치는 끊임없이 바로 그 사물, 즉 가치에 의해 공동화될 위험에 처하며, 여기서 그 지표들은 측정되어야 할 것으로 가정된다. 따라서 그 시험 결과가 학교의 수행능력을 양적으로 평가하는 데 결정적이 된다는 것과, 학업 성취에 대해 압력을 받은 교사들에 의해 그러한 시험 결과가 조작되어왔다는 폭로가 동시에 존재한다는 것은 전혀 놀라운 일이 아니다. 순수한 사적 영역에서도 동등한 교환-데이터와 수행 사이에-이 이루어지지 않는다는 사실 역시 전혀 놀랍지 않은 것은 마찬가지이다. 엔론Enron, 월드컴WorldCom, 제록스Xerox, 비벤디Vivendi 등 다국적 기업들이 서류상으로는 이윤율이 치솟으면서도 실제로는 주주들의 이익 창출에 실패하는 데 따른 진지한 문제 제기들을 보면 말이다.

현상과 현실 사이, 주장과 실천 사이, 사용가치와 교환가치 사이, 외적인 형태와 내부의 논리 사이의 이 깊은 간극은, 상품 생산의 경쟁 논리가 강화되고 이것이 사회적이고 경제적인 조직에까지 파고들면서 필연적으로 더 넓어지게 된다. 수행 지표를 보다 투명하게, 보다 정확하게, 혹은 보다 현실적으로 만드는 것으로는 이러한 문제를 해결할 수 없다. 왜냐하면 주장과 실천 사이의, 판타지와 현실 사이의 간극은 실천 그 자체, 즉 그것에 내재된 이데올로기적인 판타지로부터 발생하기 때문이다(Žižek, 1989: 30~33). 예를 들어, 닷컴 거품의 투자자들은 잘못 보고된 실적에 미혹된 것이 아니다. 하이테크 회사들에 대한 대규모 투자는, 그 회사들이 지금은 이윤을 거의 혹은 전혀 남기지 못하지만 미래에는 이윤을 남기게 될 것이라는 희망에 찬 지식을 바탕으로 이루어진다. 이러한 주장/판타지―여기서 합리적인 계산과 비합리적인 믿음이 수렴한다―는 시장점유율을 확대하기 위한 경쟁적인 쟁탈전에서 집단적으로 맹신되고 있는 것이다. 그것의 원동력은 다음 신문기사에 잘 묘사되어 있다.

브라이언 애시퍼드 러셀Brian Ashford-Russel은 2000년에 600만 파운드의 보너스를 받았다. 이는 그가 후원했던 하이테크 회사가 휘청대다가 결국 폭락한 지 6개월 후의 일이었다. 애시퍼드 러셀은 수많은 일반 투자자들에게서 모은 15억 파운드를 그 테크놀로지 펀드와 전문 투자회사인 헨더슨 신탁에 투자했다. …… 애시퍼드 러셀은 1999년 12월에 자신의 투자자들에게 테크놀로지 주식의 가격이 고점을 찍을 것임을 경고했다. 그럼에도 투자자들은 투자를 멈추지 않았고 애시퍼드 러셀은 주식을 계속 사들였다. 그는 1년간의 활동으로 엄청난 보너스를 얻었으며, 그의 펀드는 139% 상승했고 그가 고용주에게 벌어다준

금액은 4,300만 파운드였다.²

가격이 지나치게 높아지는 일 따위는 결코 없을 것이라는 이러한 판타지가, 사람들이 정말로 실상을 알고 있느냐와는 상관없는 투자 펀드 행위들에 각인되어 있다. 이것은 그들이 아는 것과 그들이 전문 투자자들에게 한정했던 것 사이의 균열이었을까, 아니면 주체의 보다 일반적인 삶의 조건일까? 나는 후자일 가능성에 더 무게를 두며, 자신이 생산자와 소비자로서 관여하는 일의 특성에 관한 주체의 회의적인 지식이, 그 일에 참여하고 있다는 이유로 거기에 공모함으로써 어떻게 부정되는지를 설명하는 데 상품물신주의가 도움이 될 것이라고 본다.

주체는 데이터, 정보, 그리고 사실상 모든 메시지나 기호들—정확한 것들을 포함하고 있는—과 협상하는 중에 있다는 엄청난 압박을 깨닫게 되었다. 레너드 코헨^{Leonard Cohen}의 「누구나 알고 있지^{Everybody Knows}」³라는 노래의 가사처럼, 모든 것이 연기이고 퍼포먼스이고 시뮬라시옹이며 모든 문화적 스펙터클에는 진정성이 없다는 것을 "누구나 알고 있다". 여론조사들로 판단해 볼 때, 광고주나 언론인이나 정치인들을 비난하는 사람은 많지만 신뢰하는 사람은 거의 없다. 그럼에도 불구하고 사람들은 여전히 광고 캠페인을 받아들이고, 여전히 투표하며(비록 투표율은 감소하고 있지만), 여전히 자신들의 믿음과 오락을 미디어에서 얻는다. 이런 식으로 주체의 냉소주의와 번갈아 가며 나타나는 것은, 주체로서 행동하고 사회적 실천에 참여하기 위한 계획이나 활동을 안내하도록 고안된 기호들이기만 하다면 (설사 잘 조사된 것이라 해도) 무엇이든지 쉽사리 믿어버리는 것이다. 그리고 그러한 필수적인 참여에 의해, 주체는 동등한 교환, 동등한 등가물, 경쟁, 기존 체제의 합리성, 그리고 문화적 스펙터클에서 진정성을 찾을 가능성이라는 이데올로기적 판타지에 공모하게 된다.

상품물신주의, 점유, 환영

『자본』을 판에 박힌 경제학 책으로 보아서는 안 된다. 그 책이 어디서 이윤이 창출되는가라는 문제 못지않게 의식에 관한 문제를 다루기도 하기 때문이다. 그렇다고 의식의 문제가 경제학에서 부차적인 문제인 것은 아니다. 아마리글리오$^{Jack\ Amariglio}$와 칼라리$^{Antonio\ Callari}$가 주장하듯이, 사물화된 주체성은 자본주의 경제의 일상적 운영에 결정적이며, 이는 단지 경제에서 발생하는 효과가 아니라 경제 자체를 구성한다(Amariglio & Callari, 1996: 202~203). 한 마디로 사물화된 주체성은 기계를 잘 돌아가게 해주는 기름이다. 마르크스는 사물이 나타나는 방식과 진짜 사회적 관계 사이를 여러 번 반복해서 구별했는데, 역설적이게도 그 사회적 관계는 기만적인 현상-형태를 만들어내고는 **거기에 의지한다**. 따라서 마르크스는 자본주의하에서 "인간들 사이의 특정한 사회적 관계는 …… 그들의 눈으로 볼 때는 판타지와 같은, 사물들 사이의 관계 형태를 가정한다"(Marx, 1983: 77)라고 주장한다. 그리고 만일 그들이 그러한 판타지의 형태에 대해 최소한 어느 정도의 체계성과 응집성과 연속성을 가정하지 않는다면, 그러한 특정한 사회적 관계들은 경제적이고 정치적인 위기에 지금보다 훨씬 더 취약했을 것이다. 그러나 마르크스는 유령의 심상, 환영의 심상, 자본이 "잉여노동을 늑대인간처럼 갈구"(Marx, 1983: 252)하는 심상을 여러 차례에 걸쳐 사용했으며, "상품의 형태를 한 모든 노동 생산품을 둘러싸고 있는 마술과 마법"을 이야기했다(Marx, 1983: 80~81). 마르크스는 자본주의의 비합리적이고 비인간적인 특성을 역설적으로 드러내기 위해서 비합리적이고 초자연적이고 환상적인 담론을 이끌어낸다. 그는 또한 광고 대행사들이 즐겨 쓰는 인격화와 생물화의 전략을 활용하여 상품에게 말할 수 있는 뇌와 입을 준다. 하지만 여기서도 마찬가지로, 그가 이렇게 하는 것은 그 실재관계를 드러내기 위해서이다. 마르크스의 수사학 전략에서 상품이 살아나 생명을 얻는 것은 그것이 인간보다도 더 많은 힘을 지니고 있는 부조리를 드러내기 위함이다. 따라서 마르크스는 합리적인 현상-형태에 대항하여, 즉 체계의 진행방향에 거슬러서 물신주의의 심상을 활용한다. 그리고 이는 더욱 모호하고 모순되는 방식이기는 하지만 대중문화의 특성이기도 하다(Smith, 2001). 마르크스주의의 상품물신주의 비판과 관련하여 유령이나 환영이 나타나는 경우로 적어도 네 가지 방식을 들어볼 수 있다.

환영적인 사물. 어떤 관습에서는 유령이라는 존재가 사회적이고 경제적인 사물화가 발생하는 **현상-형태**를 표상한다. **사회적** 물질성(관계)이 소멸해버린 자리에는 물리적 물질성만 남아 있다. 고딕 미학의 담론에서 유령이 안개와 밀접한 관련을 맺는 점을 기억하면, 마르크스가 자본주의에서 현상-형태는 "안개와 같아서, 우리에게는 그 안개를 통해 노동의 사회적 특성이 마치 생산품 그 자체의 객관적인 특성인 것처럼 나타난다"(Marx, 1983: 79)라고 말한 것을 이해할 수 있다. 마르크스가 여기서 불러들이는 것은 돈이나 상품과 같은 생명 없는 사물―핵무기에서 재고 처리를 위해 버려지는 편의점 식품까지―들이 이 세상에서 인간의 힘으로부터 **독립하여** 초자연적인 행위능력과 권력을 획득하게 되는 방식이다. 어떤 수준에서 안개/유령은 사회적 관계의 네트워크(노동의 사회적인 성격)가 생산품 자체의 내재적인 일부처럼 탈물질화되고 재물질화되는 객관적인 사회적 과정을 가리킨다. 그러나 또 다른 수준에서 현상-형태의 현실은 비실재적이다. 자본이 발전시킨 노동의 사회적 성격은 그대로 남으며, 따라서 이 객관적 실재 역시 유령과 같이 실체가 없다. 사물의 환영성은 대중문화 내에서 인기를 얻는 추세이다. 예를 들어, 공포영화인 〈13인의 유령Thirteen Ghosts〉(스티브 벡Steve Beck, 2001, 미국)에서는 특별하게 고안된 유리집이 자율적인 실체가 되어 여러 폭력적인 유령들과 함께 집안의 거주자들을 노린다. 물리적 사물에 인류에 대한 적대적

의지를 부여하는 것은 상품물신주의의 완벽한 알레고리적 표현이다. 공포 장르 내에서 집은 종종 환영적인 특정한 외적 실체가 되고, 이는 소비자본주의 내에서 이러한 소유 형태가 지니는 경제적이고 이데올로기적인 위치와 무관하지 않다.

환영의 위장. 현상-형태의 견고함과 독립성(환영적인 사물과 마찬가지로 유령 같은 객관적 실재)이 실제로 손상될 때, 갑자기 환영이 독립적이라기보다는 **공허한** 특성을 획득할 때, 유령이라는 은유는 또 다른 활용법으로 변형된다. 그리하여 제임슨은 환영성을 "현재를 동요하게 만드는" 직접적이고 결정적인 추동력을, 즉 "거대한 대상 세계, 그러니까 사실상 사물 그 자체가 이제 신기루처럼 가물거리게 되는"(Jameson, 1999: 38) 경험을 갖는 것으로 정의한다. 이는 단지 주체의 지배력의 상실일 뿐만 아니라, 오히려 반대로 계급의식의 시작과 유사한 무엇이다. 이렇게 회의에 빠진 주체는 현실의 현상-형태가 '스스로 주장하는 것처럼 자기충족적이지' 않음을 감지하게 되는 것이다(Jameson, 1999: 38). 이 환영성의 차원, 즉 가물거리는 신기루로서의 현실은 오늘날 **디지털화된** 대중문화 내에도 견고하게 자리를 잡고 있으며, 거기에서 주체/관객/주인공은 현상으로 나타난 세상이 숨겨진 실재관계를 가장하거나 조작한 결과임을 알게 된다[〈트루먼쇼The Truman Show〉(피터 위어Peter Weir, 1998, 미국), 〈매트릭스The Matrix〉(앤디 워쇼스키와 래리 워쇼스키, 1999, 미국), 〈플레전트빌Pleasantville〉(게리 로스Gary Ross, 1998, 미국), 〈다크시티Dark City〉(알렉스 프로야스Alex Proyas, 1997, 미국) 등을 보라].

환영의 억압. 또한 유령은 『공산당 선언』의 시작 부분에서와 같은 방식으로 그리고 앞에서 언급한 몇 편의 영화들에서와 같은 방식으로 불려나올 수도 있다. 여기에서 유령은 억압받고 있는 무엇인가(사용가치, 역사, 노동계급,

여성, 어린이)의 흔적이고, 승인받지 못한 채 남아 있는 것의 실마리이며, 부르주아 사회 질서에서 해방되기를 요청하는 무엇인가의 희미한 현존, 그리고/혹은 동시에는 '살아 있거나' 경험할 수 없는 삶과 실천의 다른 요소들의 희미한 현존이다. 환영의 억압은 환영적 사물의 구조 안에서 행해지며 온전한 사회성을 희미하게 하거나 약화시키지만, 〈도시괴담Urban Ghost Story〉(제네비에브 졸리프Genevieve Jollife, 2001, 영국)에서처럼 억압당한 자들의 격렬한 힘과 더불어 지금 여기에서 되돌아오기도 한다.

환영의 점유. 마지막으로 유령이라는 표상은, 구체적인 실천의 다양성이 소실되고, 실재하며 살아 있는 몸이 죽어 있거나 죽어가는 무엇인가로 대치되는 가치-형태의 **실재관계**를 나타내는 기호로 불려나올 수 있다. 비록 마르크스가 환영의 점유를 명백하게 끌어낸 것은 아니지만, 앞에서 인간의 몸이 시간의 시체가 되는 이미지를 보았듯이 '환영의 점유'는 마르크스가 분석한 가치법칙의 표면 아래에서 부글대며 끓어오르는 수사학이다. 환영의 점유는 자본 권력의 경제적 차원의 심장부로 우리를 데려 가는 이미지이고, 우리가 대중문화 내에서 접하는 그것의 심상을 기반으로 어떤 지렛대를 얻게 한다. 『공산당 선언』에서 부르주아에게 출몰하는 것이 프롤레타리아의 유령이라면, 이제 상황은 점유의 심상과 함께 정반대가 되어 자본의 정신/논리가 노동에 출몰하는 것을 보게 된다. 정신으로서의 자본이라는 이 관념은 자본의 탈물질화하는 물질주의, 주체와 노동력에 대한 자본의 행동(점유), 자본이 가치를 사용가치로 잠식하는 것 등을 기억하게 해준다.

유령은 실체가 없는 존재이며 실질적이고 구체적인 몸이 없음에도, 살아 있는 자에게 침투하여 그를 점유하고 나서는 그들의 자율성과 몸의 현존을 자신의 의지의 표현으로 바꾸어버리는 힘을 지녔다. 실제로 인간에게 달라붙는 유령이 세상에서 일정한 행위능력을 가지려면 구체적인 몸이 필요하다. 이와 마찬가지로 마르크스는 상품의 구체성과 이를 생산하는 노동력이 어떻게 가치의 "몸의 형태", 즉 "일반적인 인간 노동의 구체적인 체현"이 되는지에 대해서 쓰고 있다(Marx, 1983: 64). 자본은 '몸의 형태'를 취해서 모든 것을 등가로 만들어버린다. "여러 상품들에 …… 체현된 구체적이고 유용한 갖가지 노동력은, 이제 아주 다양한 형태의 현실화나 현현, 즉 획일적인 인간 노동력으로 등급이 매겨진다"(Marx, 1983: 69). 가치란(물론 노동을 포함해서) 상품에서 상품으로 옮겨다니는 것이라는 생각—가치 자체가 사용가치에 달라붙는 것은 필연적이지만, 동시에 사용가치를 텅 비게 만드는 것, 즉 가치의 이면에 껍데기만 남겨두는 것이기도 하다—은 대중문화에서 점유의 심상으로 현저하게 나타난다. 예를 들어, 누군가는 〈해리포터와 마법사의 돌〉에서 볼드모트^{Voldmort}의 영혼에 사로잡힌 쿼렐^{Querrelle} 교수의 육체를 생각할 것이다. 혹은 더욱 흥미로운 사례로, 〈다크엔젤^{Fallen}〉(그레고리 호블릿$^{Gregory\ Hoblit}$, 1998, 미국)에서 악령이 몸에서 몸으로 순식간에 움직이는 방식이나 〈매트릭스〉에서 매트릭스의 요원이 노예화된 인간들에게 조작된 정신을 주입하여 지배하는 방식을 생각할 수도 있다. 물론 가치의 논리는 단순히 '정신'이 아니라 자본주의 시장의 실체적이고 제도화된 물질성이다. 그러나 그것은 **마치 자기가 정신인 듯이**, 물질 세상을 초월하여 그것을 본질적으로 균일한 것의 현상학적인 형태나 현현으로 환원시켜버린다. 여기서 우리는 두 가지 종류의 유물론을 다루고 있다. 하나는 구체적이고 풍부하며 다양한 사용가치의 유물론이고, 다른 하나는 실재하는 물질성이 일종의 관념론이고 판타지에 불과한 가치의 유물론이다. 마르크스에게 차이나 구체적으로 감각할 수 있는 특수성이 얼마나 중요한 개념인지를 감안하면, 마르크스와 마르크스주의가 다양성, 복수성, 이종성을 충분히 섬세하게 고려하지 못했다고 호되게 비판을 받아온 일은 매우 아이러니하다. 이는 비판의 대상과 비판을 혼동하는 것이다. 모든 사회 활동을 가치 관계를 특성으로 하는 수량화된 경제로 환원한 것은 마르크스가 아니라 자본주의이다. 그러나 이러한 환원은 결코 완전하지 않은데, 이는 생산양식이 통일되고 균일한 방식으로 사회 질서를 통과하지 않는 것과 마찬가지 이유에서이다(제5장 참조). 오히려 자본의 정신/논리는 물질적 실천의 '저항'에 직면하게 되고, 이 저항은 그 자신의 특수성과 구체성과 역사적인 발전 가운데에서 그것들이 자본의 정신/논리에 적응하듯이 자본이 그것들에 적응하게 한다. 그런데도 자본은 마치 그 어떤 저항이나 차이도 없이 모든 것을 균일한 논리로 동화할 수 있다는 듯이 행동하는 것이다.

이 지점에서 우리는 탈물질화된 유물론의 표상으로서 마르크스의 괴기스러운 유령과, 세계정신을 불러낸 헤겔 철학 사이의 연결고리를 만들어낼 수 있다. 『신성가족The Holy Family』에서 마르크스와 엥겔스는 헤겔의 관념론적 철학이 지닌 추상성을 비판했는데, 그것이 자본 자체가 인간 노동을 추상화하는 것과 마찬가지일 수 있다는 측면에서였다. 헤겔에게 국가와 같은 구체적이고 고유하며 물질적인 세계는, 진보하는 추상적 집단이성이나 세계정신의 도구 혹은 표현에 불과하다. 마르크스는 헤겔의 방법을 좀 덜떨어진 헤겔 추종자들이 재생산하는 식으로 다음과 같이 풍자했다.

만일 내가 사과와 배와 딸기와 아몬드로부터 '과일'이라는 일반적인 관념을 형성한다면, 만일 한 걸음 더 나아가 실제 과일에서 나온 추상적인 '과일'이라는 관념이 실제로 배와 사과 등등의 **진정한** 본질이라고 **상상한다면**, 그러한 사변철학의 언어 속에서 나는 배가 된다는 것이 배에게 본질적인 것이 아니고 사과가 된다는 것이 사과에게 본질적인 것이 아니라고 선언하고 있는 것이다. 이것들에 본질적인 것은 그들의 실제 존재 여부나 감각으로 지각할 수 있는가의 문제가 아니라, 내가 그들로부터 추상하여 다시 그들에게 집어넣은 그 본질,

바로 '과일'이라는 내 관념의 본질이다(Marx & Engels, 1956: 78).

헤겔에게 '과일'은 추상화의 정도가 높고 그 아래 여러 가지 다양한 특수성들을 포괄할 수 있는 능력이 있다는 점에서 상위 개념이다. 헤겔의 관념론은 마르크스와 엥겔스가 익살스럽게 "막대한 막대함 속에 있는 기본 질량 the bass mass in all its massy massiness"(Marx & Engels, 1956: 21)이라고 부른 것, 즉 다른 말로 하자면 물질세계의 물질성을 혐오한다. 그러나 그렇다면 자본의 추상화도 마찬가지이다. 만일 우리가 사과와 배와 딸기를 다양한 노동과 그 생산품으로 대치한다면, 경제적 수준에서도 비슷한 과정이 펼쳐진다는 것을 알 수 있다. 다양한 노동/생산품의 특수성은 그들로부터 추상화되고 다시 가치의 형태로 그 속에 끼워 넣어진다. 모든 다양한 노동과 사용가치들이 일반적인 범주에 포섭되는데, 이 경우에는 '과일'이 아니라 가치라는 범주이다. 헤겔 철학에서는 "서로 다른 범속한 과일들은 **초월적인** '과일'의 삶이 다른 방식으로 표현된 것이다. 그들은 '과일' 그 자체의 결정체이다. 사과의 경우 '과일' 그 자신이 사과 같은 존재로 나타나는 것이며, 배의 경우 배를 닮은 존재로 나타나는 것이다"(Marx & Engels, 1956: 80). 마찬가지로 가치의 진실은 여기서는 영화와 닮은 존재로, 저기에서는 뉴스와 같은 존재로, 또 다른 곳에서는 음악적 표현으로 나타나는 것이다. 지젝이 언급했듯이, 부르주아 개인은 이론적으로는 "절대 사변적인 헤겔주의자가 아니지만" 실천적으로는 헤겔주의자나 다름없이 행동한다(Žižek, 1989: 32). 마르크스는『경제학-철학 수고』의 한 암시적인 글귀에서 이렇게 진술한다. "사유재산은 어떻게 해야 가공하지 않은 필요를 인간의 필요로 바꿀 수 있는지를 알지 못한다. 사유재산이라는 관념론은 환상이다"(Marx, 1972: 147). 마르크스는 자본이 인간이 필요로 하는 물질성에 진정으로 참여할 수 없으며, 그것을 증진할 수 없거나 오직 조악한 형태로 발전시킬 수 있을 뿐이라고 주장한다. 그것은 **마**

치 사용가치 및 구체적이고 감각적인 인간 활동의 물질성이 실질적인 물질성을 갖지 않는, 단지 점유당한 '몸의 형태'에 불과한 격이다. 이것이 자본주의의 환상이자 자본주의 특유의 **관념론적이거나 탈물질적인 유물론**의 뿌리이며, 마르크스가 상품 형태의 '형이상학적인 미묘함'을 말한 이유이다. 그리고 이것이 영화 〈다크시티〉에서 비판과 재확언의 모호한 혼합 속에서 드러나고 있는 환상이다.

사물화의 알레고리로서의 〈다크시티〉

〈다크시티〉(알렉스 프로야스, 1997, 미국)에는 사실상 소외와 물신주의와 사물화라는 주제들이 요약되어 있다. 지금부터 살펴보겠지만 이 영화에 문제가 없는 것은 아니다. 영화 이야기의 요지부터 시작해보자. 영화 시작 부분에서 폴 슈레버Paul Schreber 박사(키퍼 서덜랜드Keifer Sutherland분)가 내레이터를 맡는데, 그는 이 이야기 세계 속의 다크시티가 '스트레인저스Strangers'가 실험을 수행하는 정교한 실험실이라는 점을 즉시 알려준다. 스트레인저스는 의지만으로 물리적 현실을 바꿀 수 있는 능력에 통달한 외계종족이며, 그들은 이를 '튜닝tuning'이라고 부른다. 도시에서 '자신들의' 삶을 살고 있는 인간들은 알지 못하지만 스트레인저스는 매일 밤 자정마다 튜닝을 실행한다. 이때 인간 주체들은 자신들의 삶과 세상이 재구성되는 동안 잠에 빠져든다. 이 외계인들을 스트레인저스라고 기술하는 것은 그들의 튜닝 능력만큼이나 의미심장하다. 소외라는 개념은 한때 우리에게 속해 있던 것을 '낯설게' 만드는 것을 의미한다. "노동자는 자신이 만들어낸 생산품을 마치 이방인처럼 마주한다"(Marx, 1972: 10). 그러므로 스트레인저스는 인간 소외의 집단적인 체현으로 볼 수 있고 그들의 튜닝 능력, 즉 물리적 현실을 의지로 바꾸는 능력은 결국 가치와 그 관념론적인 유물론에 대한 알레고리이자 물질적인 삶을 마치 그 물질성이 본질도 없고 '저항'하지도 않는 듯이 끊임없이 점유하고자 하는 자본의 환상이다. 우리는 가치 관계의 결정적인 측면 중 하나가, 상품(노동과 그 생산품)을 생산하는 데 필수적인 사회적 평균 시간을 가지고 사실상 추상적인 노동을 측정하는 수량화임을 보았다. 영화가 시각적으로 시간을 강조하고(슈레버 박사의 구식 회중시계, 스트레인저스의 동굴 같은 벙커에 있는 커다란 시계), 자정이 가까워지면서 시간의 촉박함을 부각시키는 것은 마르크스가 인간을 시간의 시체라고 표현한, 무감각하고 공동화된 점유에 대한 놀라운 은유를 연상시킨다.

슈레버는 우리에게 스트레인저스가 쇠락하고 있는 종족이라고 이야기한다. 그들의 실험 목적은 인간을 독특하게 만드는 것이 무엇인가를 발견하여, 그들의 집단적이고 동질적인 정체성 때문에 그들에게서는 사라져버린 개인의 삶이라는 특질을 획득하려는 것이다. 그러나 우리는 여기서 다시 한 번 주체 없는 주체와 직면한다. 주체 없는 주체가 반드시 권력이 제거되어버린 자를 의미하는 것은 아니다. 그들의 상황은 훨씬 더 비극적이다. 오히려 그들의 행위능력은 처음에 그들을 공허하게 만든 체계의 대상화 논리 자체를 내면화하는 데 의존한다. 따라서 스트레인저스의 실험은 수단과 목적을 갈라놓는 고전적인 사물화를 표상한다. 인간의 '영혼'을 찾으려는 그들의 목적이 정작 그 과정에서 행해지는 수단 때문에 완벽하게 틀어지는 것이다. 왜냐하면 인간이 된다는 것은 단순한 대상, 즉 다른 권력의 명령에 따라 완전히 그리고 무한하게 조작될 수 있는 대상이 된다는 것 이상의 의미가 있기 때문이다. 인간은 스트레인저스가 찾고 있는 현상-형태를 갖고 있지만, 스트레인저스 자신이 인간을 그들의 거울 이미지로 환원시켜버린 것이다. 스트레인저스의 정신적 노동의 산물이 물화된 사물(인간)이 된 것처럼, 생산과정 그 자체도 "활동하는 소외, 활동의 소외, 소외의 활동이어야 한다"(Marx,

1972: 110). 따라서 튜닝 과정은 산업적 사물화라는 우상의 심상 속에서 행해지고, 스트레인저스는 생산라인에서 일하며 인간들이 살아가는 대상 세계의 일부가 되어야 할 물건들을 조립한다. 그들이 그 일을 하는 동안, 슈레버 박사는 현미경의 재물대 위에 기억을 올려놓고 뒤섞은 후 그 기억들을 액상 형태로 만들어 사람들의 머리에 직접 주입할 수 있게 하여 인간의 주체적인 삶을 조작한다. 이것은 형식적 합리성의 완벽한 이미지이자 프랑크푸르트학파가 도구적 이성이라 불렀던 것이며, 인간의 독특성을 추상적 과학이나 철학에 포섭하는 것이다. 스트레인저스는 슈레버를 필요로 했다. 그들에게는 그러한 액체를 섞어낼 수 있는 가히 예술적인 기술이 없기 때문이다. 사실상 그들의 삶에 정서적인 내면이 부족하다는 것이야말로 그들이 인간 주체-물론 대상이 되어버린-를 관찰하면서 찾으려 했던 것이다.

영화는 그러한 주체 중 하나가 튜닝 과정이 한창이던 중에 아무런 기억이나 정체성도 없이 깨어나는 것으로 시작한다. 존 머독[John Murdock](루퍼스 스웰[Rufus Sewell]분)은 때때로 새로운 기억의 주입이 이루어지지 않곤 하는 사람 중의 한 명이었던 것이다. 그는 어느 호텔 방에서 깨어나는데, 거기에는 어떤 여인이 죽어 있고 누군가 혹은 무엇인가가 그녀의 몸에 피로 소용돌이를 그려놓았다. 이러한 실험 실패는 스트레인저스에게는 위기이며, 스트레인저스(혹은 가치관계)의 끊임없는 양적 조작에 대한 물질세계의 저항을 나타내는 기표이다. 이는 사용가치의 반란(억압된 자의 귀환)이며, 자본주의 경제 내에서는 경제위기의 형태로 일어난다. 경제위기 시에 상품은 과잉생산으로 인해 사용되지 않은 채 쌓여 있게 되는데, 예를 들면 닷컴 붕괴 중의 반도체와 같은 것들이다. 이러한 재화들은 무한한 자본 축적을 위해 사용가치가 영원히 조작될 수는 없다는 것을 자본에게 '불쾌하게' 상기시킨다. 다시 말하자면 재화의 사용이 **문제**인 것이다. 〈다크시티〉에서 사용가치는 반란을 일으키는데, 머독이 자신의 기억을 새롭게 세팅하는 것을 거부하기 때문이고, 그가 무의식적으로 자신의 기억을 붙들고 그 기억이 양적인 등가물로 환원되지 않기를 (즉, 새로운 기억으로 교환되지 않기를) 욕망하기 때문이다.

머독은 도망치고, 한편에서는 스트레인저스가 그를 쫓으며 다른 한편에서는 프랭크 범스테드Frank Bumstead 경감(윌리엄 허트William Hurt분)을 비롯한 경찰이 그를 쫓는다. 범스테드는 이전에 일련의 이상한 살인사건 수사를 맡았던 형사를 대신하고 있다. 반면 바로 그 전임자 왈렌스키Walenski는 미쳐버렸는데, 그들이 살고 있는 세계의 진실이 무엇이며 그 안에서 자신들의 진짜 지위를 알게 되었기 때문이다. 범스테드는 왈렌스키의 집을 방문하여 그가 방의 벽에다가 나선 원형 그림을 그리고 있는 모습을 발견한다. 천장이 기울어져 있고, 휘어진 구조로 된 그 방은 독일의 고전적인 표현주의 영화 〈칼리가리 박사의 밀실The Cabinet of Dr. Caligari〉(로베르트 비네Robert Wiene, 1919, 독일)의 왜곡된 시점을 떠오르게 한다. 그리고 이 지점에서 나선형 원이 〈칼리가리 박사의 밀실〉에서도 특징적인 요소였음을 기억하는 관객도 있을 것이다. 물론 독일의 표현주의는 히틀러를 피해 독일을 떠난 이민자들을 통해 미국 영화의 누아르 장르에 자양분을 제공했다. 누아르Noir는 말 그대로 자연광을 사용하지 않고 계속해서 어둠 속에 잠겨 있는 영화와 명백히 상호텍스트적인 관련성이 있다. 우리는 스트레인저스가 (마치 뱀파이어처럼) 햇빛을 싫어하고 물을 싫어한다는 것을 알게 된다. 스트레인저스의 섬뜩한 모습은 영화 〈노스페라투Nosferatu〉(무르나우F. W. Murnau, 1922 독일)의 막스 슈렉Max Schreck을 닮은 반면, 그들의 가죽의상은 〈헬레이저Hellraiser〉 연작의 가학적인 인물들과 같은 더 현대적인 기억을 떠오르게 한다. 우리는 나중에 이 인물들이 외계 종족의 진짜 형태가 아니고 단지 인간의 시체를 점유한 것뿐임을 알게 된다. 그들은 인간을 '용기'로 삼아 자신들에게 (그리고 그들이 점유하고 있는 시체의 껍데기에) 세계를 살아가는 일정한 행위능력을 부여한 것이다.

이렇듯 언데드undead•에 대한 상호텍스트적인 관련성은, 한때 인간(노동력과 그 생산물)이었으나 이제는 환영적인 대상이고 더 이상 세속적인 권력의 주체가 되지 못하는 유령과 같은 개별적인 영물을 직면하게 되는 과정을 그리게끔 하기 위해 마르크스가 고딕 미학을 활용한 것을 떠오르게 한다. 머독이 자기 집에서 일어난 화재로 부모님이 돌아가시고 그 이후 셸비치의 삼촌 댁에서 성장했다는 것, 즉 스트레인저스가 교환하려고 했던 기억의 나머지 흔적들을 짧게나마 회상하는 순간은 의미가 있다. 셸비치Shell Beach라는 명칭은 우연일까? 결국 인간인 주체 없는 주체들은 그 자체로 껍데기에 지나지 않고, 스트레인저스의 도구적 실험의 '구체적인 형태'일 뿐이다. 한편 셸비치는 햇빛과 물이 있는 장소이고 오직 상상 속에서만, 즉 구성된 도시라는 물리적 매개변수 외부에 존재한다. 따라서 머독이 도시 주위에서 1950년대 스타일의 셸비치 광고판—1950년대가 연상시키는, 여가시간이란 순전히 소비하는 것이라는 감각과 피할 수 없는 만족감에 대한 암시를 담고 있는—을 본다 해도, 이는 전적으로 접근이 불가능한 것으로 비쳐진다. 머독은 지하철을 타고 셸비치에 가려 하지만, 셸비치행 특급열차는 아무 역에서도 멈추지 않는다. 이러한 지하철의 도상학과 함께 이 영화는 1940년대의 누아르 영화에서 나와 1970년대로 흘러들어 가는 것처럼 보이는데, 1970년대는 다시 살아난 '사실주의' 미국 영화 속에서 도시에 대한 이러한 의미론적인 관심이 〈프렌치 커넥션French Connection〉(윌리엄 프리드킨William Friedkin, 1971, 미국)과 〈펠햄 123The Taking of Pelham 123〉(조지프 사전트Joseph Sargent, 1974, 미국)에서처럼 도시적인 삶의 전형성과 폭력의 기호로서 작용하기 시작하던 시기(할리우드가 경제적·문화적 위기를 겪었던 시기)였다.

 머독은 슈레버로부터 도시 전체가, 납치된 인간들로부터 뽑아낸 뒤 뒤섞

• 죽은 것도 산 것도 아닌 상태나 존재.

어 점점 더 혼종적인 형태로 조합되는 서로 다른 시기의 기억들로 가공되었다는 사실을 알게 된다. 따라서 스트레인저스는 포스트모던적인 **브리콜라주** bricoleurs•를 수행하는 자들로서, 축적된 원재료들을 역사적 연속성이나 범주와는 아무런 상관없이 끊임없이 재배치하고, 그 대신 여러 다른 문화적 스타일과 역사적 시기들을 같은 공간에 동시에 압축해서 집어넣는다. 이것이 바로 도시이다. 이런 방식으로 이 영화 자체가 그 자신의 포스트모던적인 스타일이 사실은 완전히 이데올로기에 해당한다고 말해준다. 말하자면 도시는 착취하는 엘리트가 시뮬레이션하는 구성물이고, 그 엘리트의 힘은 바로 그 시뮬레이션으로 인해 가려지는 것이다. 이러한 차원에서 〈다크시티〉는 프레드릭 제임슨이 포스트모더니즘은 고도자본주의의 문화적 논리를 대표한다고 주장한 것과 매우 근접해 있는 것으로 보인다.

이런 식으로 독일 표현주의 담론과 그 사촌 격인 미국의 누아르에서 끌어온 사물화의 기호들은 그 자체로 사물화된다. 표현주의와 필름 누아르의 고유한 미학적 요소들은 그 형식에 영향을 미친 역사적인 결정요소들과 명백하게 접점을 갖지는 않는다. 그것은 오히려 〈다크시티〉의 앞부분에서 욕실 바닥에 떨어져 부서진 어항의 유리 조각 사이에서 몸부림치는 금붕어와 같은 미학적 표현에서 더 잘 드러난다. 독일 표현주의와 미국 누아르 영화가 드러내는 이러한 실존적 위기의 힘은 부분적으로, 부조리하고 불가해한 세상과 직면할 때 주체가 느끼는 막막함에서 나온다. 대조적으로 〈다크시티〉는 상호텍스트적인 문화적 관련성의 정치학을, 그리고 그러한 관련성의 지위와 기능과 역사와 수용을 지나치게 의식하며(Collins, 1992: 335), 독일 표현주의나 누아르 영화보다 훨씬 더 매끄러운 방식으로 그것들을 이용한다.

• 어떤 재료든 창조적으로 활용하는 기술.

어떤 측면에서 보자면 이 영화는 여러 가지 영화적 형식과 시대들을 문화정치학적으로 개괄한 것이라고도 할 수 있다. 게다가 실증적으로 콕 집어내기는 어렵지만, 영화 속의 주체들과 마찬가지로 그러한 미학이 원래 그것의 자극제가 되었던 정서적인 힘이나 역사적인 내용/맥락이 비워진 껍데기나 몸처럼 되어버렸다는 느낌도 든다. 영화는 우리에게 기억 역시 어떻게 한 가지 억압 행위가 되는지를 경고한다. 머독은 범스테드에게 낮 동안 무엇인가를 해본 가장 최근의 기억이 언제냐고 묻는다. 마찬가지로 우리는 포스트모던적인 미학적 전략이라는 문화적 기억 속에서 무엇이 억압되고 있는지가 궁금하다. 지나치게 의식된 브리콜라주는 소외의 기표, 문화적 자기만족, 도시적 사실주의 등을 부드럽게 제자리에 집어넣는다. 우리가 그 코드를 알고 있는 표현주의, 누아르의 자리에 말이다. 그리고 우리는 신비로워 보이는 자기관련성에서 기인한 심란한 느낌과 함께 남겨진다. 결국 그것은 **단지** 코드일 뿐이고 기표일 뿐이며, 역사적이고 인지적인 힘을 강탈당한 미학적 시체일 뿐이다. 그러므로 포스트모더니즘에는 기묘하고 새로운 '정서적 바탕색'이 있는데, 이를 일컬어 제임슨은 "정서의 감퇴"라고 했다(Jameson, 1991: 6~11). 게다가 대중영화에서 소외가 이처럼 반복적인 테마로 존재한다는 사실은 이제 소외가 비교적 소양 있는 대중을 만족시키는 미학적 장치 정도의 문제일 뿐임을 암시하는 것이다. 우리가 여기에서 보게 되는 것은 진정한 재현의 **위기**라기보다는 보드리야르가 소외의 시뮬라시옹이라 부를 법한 것이다. 즉 형식과 내용 사이에, 그리고 마치 스트레인저스 그들이 그러하듯이 수단과 목적 사이에 깊은 분열이 있는 것이다. 다시 한 번 우리는, 자본이 파괴적이고 우리가 사는 세계가 착취적임을 알고 있는 냉소적인 이성과, 대중문화에서 나타나는 소외 따위는 단지 관습이고 형식이고 스타일일 뿐 실제 세계에 대한 정치적이거나 윤리적인 지시대상을 갖는 것은 아니라고 믿을 준비가 된 경신적인 자아 사이에서 주체의 분열을 경험한다.

수단과 목적 사이에서 벌어지는 이와 비슷한 모순은 영화에서 머독이 스트레인저스의 튜닝 능력을 획득한다는 줄거리에서도 명백히 드러난다. 이것이 이 영화에서 스트레인저스의 초자연적인 능력이라는 문제를 해결하는 방식이고, 그 능력은 이제 머독에게 부여되어 도시에 햇빛을 다시 가져오고 셸비치에 정말로 도달할 수 있게 한다. 이러한 대단원이 그다지 만족스럽지 않은 이유는 머독이 사실상 신(유일무이한 내재)이 되어버렸기 때문이다. 그 능력의 **형태**는 바뀌어 이제 인간이자 '좋은 사람'인 한 개인에게로 옮겨졌지만, 가치의 정신 혹은 튜닝하는 능력이라는 그 힘의 본질은 대부분 그대로 남아 있는 것이다. 이와 비슷한 모호함은 스트레인저스가 행하던 재튜닝 과정에서 이 영화가 보여주는 화려한 디지털 특수효과를 이해하는 방식에서도 명백히 드러난다. 이것은 한편으로는 제임슨이 대상 세계의 명백한 견고함과 독립성이 신기루처럼 흔들리는 때로 규정했던 일종의 환영의 사례로 볼 수 있다. 땅에서 빌딩들이 솟아오르고, 또 다른 빌딩들은 줄어들며 새로운 모양과 디자인과 조합으로 철거되거나 세워진다. 스트레인저스는 길거리를 돌아다니며 집으로 들어가 주민들의 삶을 재배열한다. 어느 장면에서는, 저녁식사를 하던 추레한 부부가 (적절히 변화한 새로운 환경과 함께) 부유한 부르주아로 변형되기도 한다. 이러한 장면들이 모든 사회적 관계란 자연적이고 불가피한 것이라기보다는 구성되는 것이라는 본질을 드러내주는가? 그러나 바로 그 구성적인 성격이 그러한 장면들을 부자연스럽고 이질적이며 비인간적인 것으로 코드화하고 있으며, 따라서 이것이 함의하는 것은 구성되었다는 것이 잘 보이지 않는, 우리의 더 익숙하고 일상적인 사회적 관계에 대한 자연화이다. 여기에서 우리가 보는 것은 가치의 법칙이 추구하는 일반화된 상품화의 환상, 곧 등가라는 환상이 악몽으로 끝나버리는 것이다. 이러한 디지털 미학의 핵심에는 소브책[Vivian Sobchack]이 주장하듯이 뿌리 깊은 모호성이 있다(Sobchack, 2000: xii). 만일 디지털화가 관습적인 고정성과 모나드적인 고립과 (보다 협소하게 보자면) 막대한 인간 힘의 확장과 같은 테마를 빼버린 등가의 악몽을, 즉 자본에 완전히 통합되어버린 '탈인간적' 주체라는 근본적으로 새로운 양식의 '포스트부르주아'적 정체성에 대한 악몽을 알레고리적으로 비춘다면, 이는 한 가지 가능한 역사적 궤적에 대한 경고이기도 하고 우리가 일상에서 매일 지각하는 보다 '자연적인'(그러나 사실은 자연화된) 세계에 대한 의문의 제기가 되기도 할 것이다.

◆ ◆ ◆

그러므로 상품물신주의는 물리적 사물에 권력을 부여한 후에 그것에 인간 주체와는 분리된 행위능력과 독립성을 주는 사회적 관계들에서 생겨난다. 점유와 함께 가치의 정신/논리는 세계에 실재하는 물질성은 비워내고 단지 몸의 형태, 즉 껍데기만 남기게 된다. 우리는 이것이 경제적 과정인 것만은 아니며 그렇다고 사회적인 과정인 것만도 아니라는 점을 이야기했다. 일반화되었지만 균일하지는 않은 과정인 이 물신주의 혹은 사물화는 주체에, 주체의 의식에, 그리고 자아와 세계와 문화에 대한 감각에 깊숙하게 파고든다. 주체가 자신이 정말 행위주체라는 것을 느끼는 지점은 종종 가치관계들에 의해 가장 공동화되고 주체 없는 주체가 되는 바로 그 지점이다. 이러한 사태가 드러나는 경우 중 하나가 주체의 분열이다. 한편으로 주체는 어떤 일련의 기호들에 직면할 때 언제나 회의하며 일상적인 말로 표현하자면 "**마치 ~인 듯이**"를 외친다. 다른 한편으로 주체는 이런저런 기호들을 진정성 있는 재현으로 쉽사리 믿어버린다. 주체가 되기 위해서 사람은 어딘가에서 일종의 사회적 실천에 참여해야 하고 사회적 관계에서 벗어날 수 없다. 하지만 회의주의를 만들어내는 바로 그 과정에서도 확실한 '바깥'이란 있을 수 없다.

그러나 주체 없는 주체라는 개념을 사용하는 목적이, 자신들의 주체(언어로 인해 공동화된) 이론으로 현상-형태의 수준에서 주체의 운명을 흉내내는 프랑스 사상(레비스트로스, 알튀세르, 푸코, 데리다, 라캉)의 비관적인 경향을 이어나가려는 데 있는 것은 아니다. 내가 주장하는 것은, 상품물신주의 이론은 마르크스주의 주체 이론의 기초를 쌓으며 주체에 대한 역사적이고 유물론적인 설명을 제공한다는 점이다. 나는 내재, 분열, 전도, 억압이라는 네 가지 개념을 통해 이러한 조건하에 있는 주체의 균열과 모순에 대한 어떤 지표들을 제시하려 했다. 이 요소들은 상품이 주체가 되고 주체가 상품이 될 때 서로 다르면서도 통합된 영향을 미친다. 그러나 상품물신주의와 사물화는 얼마나 깊숙이 침투해 있는 것일까? 사회적인 것의 초월(내재), 전적인 사회적 과정을 도외시하는 왜곡(분열, 파편화), 어떤 현상을 그 반대로 만들어버리는 변증법적 악화(전도), 개인적이고 집단적인 자아를 모순되지 않는 통일체로 만들기 위해 필요한 망각(억압), 이 네 가지는 가치 관계에 의해 효과적으로 탈물질화되는 물질세계의 '저항'과 그로 인한 위기―물신화된 현상-형태 이면의 실재관계를 파악할 수 있게 해주는―에 직면하게 된다. 그러나 실재를 이야기하는 대부분의 현대 문화이론은 위험한 환영이거나 잘해야 순진한 경험주의적 입장에 불과하다. 반면 가장 급진적인 이론들은, 앎을 위해 충분히 명백하고 광범위한 바탕을 지닌 사회적 기초를 갖추지 못한다면, 노동해방을 위한 보다 일반화된 토대를 역사의 뒤안길에 버려두는 어떤 상대주의적인 틀 외에는 다른 어떤 진정한 내용도 다질 수가 없다. 이제 우리가 만나야 할 문제가 바로 이것이다.

제8장
지식, 규범 그리고 사회적 이해관계
다큐멘터리의 딜레마

> 만일 인간이 감각들의 세계와 그곳에서 얻게 된 경험으로부터 자신의 지식과 감각 등을 끌어내는 것이라면, 그러한 경험적 세계는 그 안에서 인간이 진정으로 인간적인 것을 경험하고 또 그것에 익숙해지게끔 조정될 것임에 틀림없다. …… 만일 올바르게 이해된 이해관계가 모든 도덕의 원칙이라면, 인간의 사적인 이해관계는 인류의 이해관계와 조화를 이룰 것임에 틀림없다. …… 인간이 자신의 환경에 의해 형성되는 존재라면, 그 환경은 인간적으로 변할 것임에 틀림없다.
>
> _ 마르크스, 『신성가족 The Holy Family』

> 어떤 것이든 자신의 본성에 속하는 부정성으로 인해, 자신과 대립되는 것에 연관된다. 진정으로 어떤 무엇인가로 존재하기 위해서 그것은 그것이 아닌 것이 되어야만 한다.
>
> _ 마르쿠제 Herbert Marcuse, 『이성과 혁명 Reason and Revolution』

　지식의 설명적인 힘이 사회적 이해관계에 미치는 영향에 대한 질문은 미디어의 뉴스, 정보, 다큐멘터리 전통 내에서 중심적인 쟁점이다. 그러나 이런 의미 실천을 연구하는 이들은 이러한 미디어 논쟁을 구조화하는 객관성과 상대성이라는 명백하고 서로 양립할 수 없는 이율배반에 빠져 있다. 객관성을 강조하는 쪽은 의미 생성에서 언어, 문화, 쟁점화의 역할, 그러니까 간단히 말해서 문화적 생산자나 소비자의 사회적 위치성을 배제한다는 것이 문제이다. 어떤 텍스트의 경우 그보다 못한 텍스트를 조용히 변형시키고 제한할 수도 있는 초월적인 사회적 영향력을 획득해왔다는 주장만큼 우리의 비판적 능력을 무색하게 하는 것은 없다. 아마도 이것이 객관성에 대한 요구가 주류 미디어와 같은 경제적이고 정치적인 지배세력 집단에 가장 가까운 기관들과 연결되는 경향이 있다고 말하는 이유일 것이다. 반대로 객관성이란 존재하지 않다는 주장, 즉 모든 진술과 제안 또는 진리주장은 결국 상대적일 뿐이라고 말하는 것은 커뮤니케이션을 단지 주관적인 것, 즉 방법

론적 개인주의('모두가 각자의 관점을 지닌다'라는)나 상대주의(포스트모던적 방식)로 분해해버린다. 하지만 이 두 가지 입장 모두 간주관적^{intersubjective} 커뮤니케이션을 위한 이론적 기초—만약 모두가 나름대로의 관점을 지닐 뿐이라면 어떻게 우리가 서로 커뮤니케이션할 수 있겠는가—나 언더커런츠^{Undercurrents}와 같은 대안적인 미디어 실천들을 지지하는 논거를 제공할 수 없다. 나는 생태영상제작 활동가들인 언더커런츠의 대표자들이 이러한 측면에서, 즉 모든 뉴스는 어떤 의제를 지니고 있다거나 편향되어 있다는 식으로 뉴스의 객관성을 공격하는 것을 보아왔다. 하지만 이런 논리는 다른 주류 뉴스 프로그램보다 언더커런츠가 진실성을 가지고 말하고 있다는 것에 왜 우리가 동의해야 하는지를 설명하지 못한다. 이러한 이율배반에 대한 해결은 다음과 같이 말함으로써 시작할 수 있다. 객관성(말하는 바와는 아무런 이해관계도 없는 입장)이란 없으며 단지 '저기 저곳에' 의식과는 독립적인 어떤 객관적인 세계가 있을 따름이며, 그런 객관적인 세계는 미디어 실천이 다수의 이해관계를 대변하는 관점에 서면 설수록 가장 잘 다룰 수 있다는 것이다. 우리가 보게될 것처럼, 사회적 편파성^{partiality}(이해관계)이 사회적 다수—반드시 산술적인 계산에 의한 것이 아닌 사회적 지위와 이해관계에 관한 질적인 평가를 반영하는 개념으로서—를 대변할수록 현실 적합성의 토대는 더 튼튼해진다. 반대로 사회적 편파성이 소수를 착취하는 이해관계를 대변할수록 이데올로기 생산의 토대가 더 튼튼해진다.

지위변화모델로서의 계급 변증법

이제부터는 비판적이고 책임 있는 문화적 실천들과 그런 실천들의 이론을 위한 철학적 토대를 설명하고자 한다. 생산력, 생산의 계급관계, 생산양식, 발전양식, 미디어-산업 복합체, 국가, 토대-상부구조, 이데올로기, 상품 물신주의와 사물화 등 이 책에서 분석해온 이론적 기제들은 노동의 해방, 즉 생산자들의 자유로운 연합을 위한 규범적인 주장을 그 중심에 두고 있다.

마르크스는 이 목표가 사회 전반에 걸쳐 자유가 일반화되는 것과 불가분하게 엮여 있다고 주장했다. 나는, 두 가지 서로 중첩되는 방식으로 자본과 싸우며 노동의 이해관계 속에서 사회적 지식의 기초를 놓고자 하는 마르크스주의의 사례를 제공하고자 한다. 이런 계급 변증법은 다음 두 가지로 모두 이해될 수 있는데, 먼저 **지위변화모델**transposable model을 들 수 있다. 이 모델에서는 계급투쟁이라는 형식이 다른 사회적이고 문화적인 운동, 세력, 활동가, 기관들에게 하나의 전범을 제공한다. 또 다른 하나로는 이러한 사회적·문화적 운동, 세력, 활동가, 기관들에 대해 '**매개된 인과적 결정 요인**mediated causal determinant'을 들 수 있다. 갈등의 원형 혹은 전범으로서 그리고 매개된 결정요인으로서 이 둘을 함께 고려하면서, 우리는 종종 깊이 묻혀 있는 다른 범주들에서 계급을 새롭게 발굴할 수 있다. 여기서 나는 프레드릭 제임슨이 '인지적 지도 그리기cognitive mapping'라고 부른 것에 가까운 무언가를 염두에 두고 있다. 이는 표면적으로는 계급투쟁과 연관되어 보이지 않는 다양한 갈등들을 해독하는 데 도움을 주는 '알레고리적 격자allegorical grids'로서 계급관계들을 이용하기 위한 제임슨의 용어이다(Jameson, 1999: 48~49). 교육과 일의 격차로 불안정한 삶 가운데 있는 노동-자본이라는 짝을 하위문화에 매개된 인과적 결정요인으로 취하면, 여가의 상품화에 대한 투쟁(예를 들면 일시적인 유행에 대한 저항)과 산발적인 기업적 이해관계 및 그것의 침투에 대한 저항, 그리고 상품 **안**에 지대한 정체성을 부여하는 자본에 대한 불가피한 의존 사이에 복잡한 변증법이 있다는 것을 발견하게 된다.

대중문화/하위문화의 긴장된 관계를 탐색하는 다큐멘터리 제작자/민속지학자ethnographer가 계급 변증법을 원형적이고 지위변화가 가능한 모델로서 인식한다면 자신의 주제와 연관되어 제기되는 인식론적 쟁점들에 관해 무엇인가를 배우게 될 것이다. 지위변화모델로서 계급이 그런 사회연구자에게 가져다줄 수 있는 것은, 한편으로는 사회연구자 또는 다큐멘터리 제작자에 대한, 다른 한편으로는 지배적이고 종속적인 지위라는 두 극(예를 들면, 자본 대 노동, 대중문화 대 하위문화, 남성 대 여성, 백인 대 흑인, 서구 대 제3세계, 이스라엘 대 팔레스타인, 도시 대 시골, 기독교 대 이교도주의, 이성 대 미신, 노동 대 여가, 잉글랜드 대 켈트 지역, 사회 대 자연 등) 간의 변증법적 관계(헤겔이 설명하는 것과 같은 주인/노예의 변증법)들에 대한 비판적 사고의 풍부한 전통이다. 우리는 지배적/종속적 극이 상호작용하는 원초적 형식으로서 계급투쟁의 네 가지 핵심 특성을 다음과 같이 확인하고, 조심스럽게 그리고 이 극들의 구체적인 내용에 따른 변형을 조건으로 하여 그 변증법적인 형식을 하나의 지도 그리기 메커니즘으로서 제안할 수 있다.

1. 지배와 종속의 극은 서로 충돌한다. 왜냐하면 종속적인 극은 그러한 종속에 저항하고 지배적인 극은 주어진 환경 내에서 지배를 재생산하려고 애쓰기 때문이다.

2. 지배와 종속의 극들은 충돌하나 또한 서로 의존적이다. 왜냐하면 이들은 주어진 환경 내에서 자신이 반대 극을 재생산하는 환경이 되는 어떤 관계에 필연적으로 묶여 있기 때문이다. 이런 통찰이 문화이론을 풍부하게 한 영역은 자신과 타인 사이의, 그리고 (필연적으로) 그들 사이의 어떤 차이나 타자성을 확인시켜주는 두 측면 사이의 역학적인 관계를 둘러싼 전체적인 질문과 연관된다. 각각의 측면은 자신의 정체성을 위해서 상대에게 의존하고 한쪽의 움직임 혹은 전략은 아주 미약할지라도 상대방과 어떤 상호작용을 일으킬 가능성이 있다. 예를 들어, 대중문화의 어떤 행위자들이 하위문

화의 요소들을 활용한다면, 하위문화는 그 자신의 요소들을 새롭게 구성하면서 대중문화와의 차이를 재구성하는 경향이 있다. 문화이론은 사회적 위치들이 자신의 **차이**를 구성하기 위해서 서로 의존하는 이러한 방식에 기대려는 경향이 아주 강하다. 이것은 차이와 복수성에 대한 환호로 나아가는 길을 열어준다. 하지만 이 환호는 더불어 만약 상호의존성이 차이의 구성에, 즉 경계표지의 구성에 책임이 있다면, 상호의존성은 차이만이 아니라 공유된 공통성과 가정들을 의미한다는 사실을 숨겨왔다. 예를 들어, 양쪽이 영토 분쟁을 벌인다면 그들의 적대에 깔려 있는 것은 영토가 중요하다고 하는 공유된 가정과 동의이다. 달리 말하자면, 무엇인가에 동의하지 않기 위해서 무엇인가에는 동의하는 것이다. 서로 다른 입장에 깔려 있는 더 깊은 합의방식을 찾아내려고 하는 대표적인 이론가가 위르겐 하버마스이다. 우리가 앞으로 볼 것이지만, 하버마스는 사회문화이론을 화자들 사이에서 이루어지는 의사소통의 특질이라는 측면에서 다루고자 한다. 하버마스는 차이와 적대를 가능하게 하는 동의의 기본 방식에 대한 지식에 주목하면서 우리를 간주관성^{intersubjectivity}이라는 질문으로 이끈다. 간주관성이란 다양한 언어적, 음성적, 시각적 의사소통을 통해서 행해지는 주체 대 주체의 관계이다. 세일라 벤하빕^{Seyla Benhabib}처럼 하버마스에게서 영향을 받은 학자에게 간주관성은 행위와 진술의 의미를 이해하는 데 있어서 해석적 미결정성^{interpretive indeterminacy}이라는 중요한 영역을 열어준다(Benhabib, 1986: 136). 마르크스주의가 그런 주체 대 주체 관계라는 문제에 매우 취약하다는 벤하빕의 주장을 부인하는 것은 어려울 수 있는데, 그 결과 정치적 다원성(해석적 미결정성의 영역)에 대한 몰두는 많은 비마르크스주의자들에게 적절히 탐색되고 문제가 제기되었다. 그러나 나는 (전통적으로 마르크스주의의 주된 초점인) 주체 대 대상 관계를 논외로 삼고자 하는 하버마스의 시도가 '대상'의 중요한 측면을 외면하는 경향이 있다고 주장할 것이다. 이 '대상'의 중요한 측면이란 바로 자본주의적인 생산양식이고, 그것은 우리 서로의 간주관적 관계들의 본질을 상당 부분 그저 제자리에 머물도록 규정한다.

3. 지배와 종속의 극은 내부적으로 분할되어 있는데, 이는 필연적으로 이 둘 간의 갈등과 상호의존성이 상대의 깊숙한 곳까지 침투하기 때문이다. 이 분할이 마르크스주의 안에 낳은 중요한 비판적 전략을 일컬어 내재적 비판 immanent critique이라고 부른다. 이 내재적 비판은, 자기 외부의 기준을 부과하여 필요한 행위나 개념 또는 규범을 찾는 것으로부터가 아니라, 사회적 행위주체의 행위, 개념, 규범이 갖는 자기모순을 폭로함으로써 작용한다. 그것은 어떤 행위가 어떤 의도를 방해하거나 그 행위의 행위주체를 약화시키는 결과를 낳은 방식들을 검토한다. 즉, 개념과 규범들이 서로 모순되는 방식, 또는 이러한 개념과 규범들이 자신들이 새겨져 있는 사회관계들과 모순되는 방식들을 탐색하는 것이다. 예를 들어, 미국 정부가 평화를 구실로 전쟁을 정당화하거나 방어를 구실로 핵무기의 선제적 사용을 정당화할 때 관련된 개념과 규범들이 갖게 되는 내재적 모순은 우스울 만큼 명백해진다. 앞으로 우리는 동일성 사고에 대한 테오도어 아도르노의 비판을 통해 이런 개념/규범과 현실성 간의 모순을 살펴볼 것이다.

4. 지배하는 극은 지배/종속이라는 이분법에 대한 보수적인 보존을 주장하고, 종속적인 극은 이 구조화된 모순을 극복할 새로운 해결책을 발전시킬 어떤 입장이나 관점을 주장한다. 종속적인 극은 자본과 노동 사이의 아주 원형적인 갈등과 같은 상황에서도, 지배하는 극이 지지하거나 이룩해놓은 모든 것을 파괴하지는 않는다. 오히려 특히 지배하는 극이 (자연과 대립하는 것으로서의) 사회나 (불합리와 대립하는 것으로서의) 이성과 같은 범주라면 더더욱 그러하다. 종속적인 극이 제시하는 것은 어떤 구조적 차단을 뚫기 위

한 단서, 기존의 양극성 속에서는 질식해버리는 가능성의 발굴, 양 극이 지닌 최선의 요소들 간에 만들어질 수 있는 어떤 **종합**synthesis이 될 새로운 예표이다. 이런 식으로 심지어 탈자본 사회도 문화적 부와 진보적인 정치적 성취물―민주주의를 말한다. 비록 그 현재의 형식은 한계가 있다 하더라도 말이다―뿐만 아니라 자본으로부터 물려받은 생산력을 바탕으로 구축될 듯하다.

계급투쟁의 이러한 네 가지 특성(특히 네 번째 특성)은 사회연구자/다큐멘터리 제작자에 의해서 채택될 입장에 관한 중요한 질문들을 제기한다. 네 번째 특성은 지배적인 미디어 가치인 '균형'이란 것으로 즉각 회복될 수도 있다. 하지만 앞서 말한 종합은 균형과 같은 것일 수 없다. 균형이란 지식이 두 '극' 사이 어딘가에 있다는 것을 뜻한다. 균형은 양 극을 정확히 그들이 있었던 자리에 방치해두고, 그 양극성과 관련되는 모순들과 직접적으로 대면하기를 회피하는 경향이 있다. 균형은 종합이라는 행위와 비교할 때 훨씬 더 수동적이고 불분명한 행위이다. 반면 종합은 유용한 것을 선택하고 퇴보하는 것을 버리기 위해서 적극적인 기초 조사를 필요로 한다. 종합은 파괴적이고 건설적인 과정 모두를 포함하면서, 양립할 수 없는 요소들 사이의 중간 입장을 취하기보다는 일련의 일관된 원칙들에 기초하여 새로운 사회적 구성을 요청한다.

이러한 원칙들은 양 극의 어느 한쪽에서도 충분히 나타나지 않을 것이기 때문에 더 진전된 매개가 필요할 것이다. 가령, 상업과 영성 사이에서 널리 관찰되는 양극성은 (모든 것을 사업의 문제로 환원하는) 교환가치와 (금전적 유대와 무관하거나 그 외부에 놓인 인간의 요구와 관련하여 가치 있는) 사용가치와 같은 또 다른 대립쌍을 통해서 매개될 수 있다. 무엇보다 균형과는 달리 종합은 (그 내용에 따라) 한 극 혹은 다른 극과 긴밀히 제휴할 수도 있고, 더불어 **둘 중 한 극의 내부에서** 양 극 모두를 비판하는 과정도 수행할 수 있다.

객관적인 대상과 객관적인 주체

마르크스주의자들은 인간의 감각, 인간의 방법, 인간의 이해방식 및 재현 방식과는 독립된 세계가 존재한다고 믿는 철학적 리얼리즘의 전통에 속한다(Lovell, 1983). 마르크스주의자들이 '객관적인' 세계 혹은 상황에 대해 글을 쓸 때 참조하는 것이 바로 이것이다. 제6장에서 살펴보았듯이, 현대 문화이론 내에는 우리의 감각과는 독립된 세계를 담론, 기호, 재현 등과 같은 것으로 흡수해버리는 강력한 관념론적 흐름이 있어왔다. 이러한 맥락 내에서 세계에 대한 새로운 지식을 만들 수 있는 수단이란 논리적으로 불가능한 것이 되는데, 왜냐하면 이 경우 지식이란 단지 사회적 이해관계들의 표현에 불과한 것이 되며, 그 지식이 어떤 것을 다른 것과 비교할 때 실재와 보다 잘 맞아떨어진다고 주장할 어떠한 논거도 존재하지 않기 때문이다.

이 책에서 나는 마르크스주의 인식론이 사회적 이해관계 속에 있는 지식에 입각한다는 것을 말해왔다. 하지만 마르크스주의 인식론이 이룩한 것이 이것뿐이라면, 그것은 포스트모던적인 상대주의와 별반 다르지 않을 것이다. 마르크스주의자들에게 지식은 (비록 사회적 이해관계들과 분리될 수 없는 것이지만) 단지 시간적이고 공간적인 사회적 이해관계를 직접적으로 표출하는 것으로만 이해되어서는 안 될 것이다. 세계를 인식하는 것은 사회적 이해관계 안에서 구축되며, 그 사회적 이해관계들에서 독립된 세계와의 시공간적인 관계에 의해 매개된다. 이 '세계', 즉 객관적 세계는 주체 대 주체 관계의 활동이 축적된 결과이고, 이것이 주체 대 대상 관계와 주체 대 주체 관계가 긴밀하게 엮여 있는 이유이다. 어떤 사회적 이해관계도 고립되어 존재하지는 않는다. 모든 사회적 이해관계와 이들이 세계에 관해 만들어내는 인식들은 또 다른 사회적 이해관계들에 의해 매개된다. 앞에서 대략 설명한 원형적인 변증법적 모델에서처럼, 사회적 행위자들은 사회적 총체성 내에서 다른 위치를 가진 다른 사회적 행위자들과 물질적으로 그리고 문화적으로 상호의존한다. 이 세계는 상호의존성의 복잡한 그물망과 그러한 망들을 연결시키는 갈등을 담은 사회적 공간 속에 있는 이해관계들의 모음으로 구성되어 있다. 파편화되고 상응하지 못하는 담론들이 가진, 세계에 대한 상대주의적 전망에 커다란 결함이 있는 이유가 바로 이것이다. 이 대상 세계가 앞선 세대들이 축적해놓은 활동들의 산물이라는 점에서, 그것은 또한 어떤 시대적 감각 속에 있는 우리의 이해방식과는 독립되어 있다. 우리는 우리가 '도착하기' 전에 이미 만들어지고 운영되고 있던 세계와 그 기관들(가족, 교육기관, 시장, 국가 등) 속에서 태어난다. 우리가 상속자로서 선조들의 앞선 활동에 의존하는 것은 우리가 그 안에서 우리 자신을 발견하는 이 세계에 일정한 '객관성'을 부여한다. 그러므로 우리는 **대상**(세계)**의 객관성**에 대해 합당하게 논할 수 있는 것이다.

하지만 이것이 그런 객관적인 세계에 대해 그야말로 **객관적인** 입장 혹은 관점이 있다는 것을 의미하는 것은 아니다. 세계가 그에 대한 우리의 경험이나 그 안에서의 실천적인 활동과는 독립적으로 존재한다고 말하는 것은 우리가 그 세계에 대해 독립적으로 존재한다고 주장하는 것과는, 즉 우리가 우리의 사회적 위치와 정체성을 통해서 구현되는 사회적 이해관계들을 초월해 있다고 말하는 것과는 분명히 다를 것이다. 따라서 **객관적인 주체** 같은 것은 없다고 말하는 것은 합당하다. 물론 우리는 우리의 사회적 위치와 문화에 비판적일 수 있지만, 그 비판은 사회적 이해관계들을 초월해 있음을 의미하는 것이 아니라 간주관적인 동일시의 과정을 통해서 다른 사회적 이해관계들이 우리의 즉각적인 사회적 위치를 매개하고 있음을 말한다. 이런 점에서 마르크스는 연구자였던 그 자신의 사회적 위치이기도 했던 인텔리겐치아의 이해관계와 그들의 학술적/철학적 환경을 노동계급의 이해관계와 사회적 위치를 통해서 비판했다.

그러나 우리는 그러한 주체 대 주체 관계로부터 주체 대 대상 관계를 따로 분리해서 도외시할 수 없는데, 그렇게 되면 몇몇 동일시의 주체들(예를 들면, 조지 부시 대통령, 영국 여왕, 우리의 직장 상사)이 왜 다른 주체들에 비해 우리에게 덜 바람직한지를 설명할 만한 적절한 근거를 찾지 못하게 된다.

그러나 **주체의 객관성**이 가능하다고 보는 신념은 주류 미디어를 지배하고 있다. 주디스 리히텐버그Judith Lichtenberg가 이런 객관성의 한 가지 버전을 옹호하는데, 그에 따르면, "진실과, 공정성과, 균형과, 중립성과, 가치판단의 중지(요컨대 가장 근본적인 저널리스트적 가치들)와 긴밀하게 엮여 있는 객관성은 자유민주주의에서 저널리스트들이 지닌 직업 이데올로기의 초석이다"(Lichtenberg, 2000: 238). 리히텐버그가 지배적인 미디어 내에서 주장되는 어떤 종류의 객관성에 대해 비판적이지 않은 것은 아니지만, 그는 여기서 이데올로기라는 용어를 '관념ideas'이라는 중립인 의미로 사용하고 있다. 예를 들어서 그는 '편파적인' 것처럼 보이는 것을 두려워하여 권위에 문제를 제기하는 것을 두려워해서는 안 된다고 주장한다. "만약 사실들이 객관적이라면, 객관적 탐사자는 사실들에 대해서는 중립적이 되지 못할 것이다"(Lichtenberg, 2000: 252). 이것이 틀린 얘기는 아니지만, 이것이 갖는 한계는 사실이란 어떤 특정한 해석적 틀 안에서 동원되며 반면 그렇게 권위에 도전하는 데 다른 해석적 틀(그리고 그에 따른 사실들)은 사용되지 않는다는 점에 있다.

이렇게 하나의 이상으로서 객관성이 갖고 있는 문제는, 이것이 우리가 당연하다고 받아들이는 가정들, 즉 우리 자신의 즉각적이고 긴급한 문화적 결정요인들이 우리를 불의한 권력 복합체들에게 속박당하게 하고 억압받는 사람들이 당하는 설움과 불의를 보지 못하게 하는 방식으로 우리의 인식을 변형시키는 미묘한 방법들을 다루기에는 충분히 정교하지 못하다는 것이다. 1972년 독일 뮌헨 올림픽 대회의 비극을 다룬 케빈 맥도널드Kevin Macdonald의 〈9월의 어느 날One Day in September〉(2000년, 스웨덴/독일/영국)•을 예로 들어

보자. 당시 팔레스타인 '검은 구월단'의 테러리스트 여덟 명이 이스라엘 선수들을 인질로 잡았다. 이 사건은 인질로 잡힌 선수들과 테러리스트들이 죽어나간 유혈사태로 끝났다. 이스라엘 선수들과 생존한 테러리스트 중 한 명인 자말 알하쉐이$^{Jamal\ Al-Hashey}$ 사이를 오가는 첫 30분 동안 내러티브의 형식적인 구조는 '균형' 잡혀 보인다. 하지만 이 다큐멘터리가 이 갈등의 지배하는 극인 이스라엘 쪽으로 명백하게 기울어 있음을 알아차리는 데는 어려운 기호학적 분석이 요구되지 않는다. 우리가 알게 되는 것은 그들의 삶, 희망, 꿈, 야망, 인품 등이다. 이스라엘 선수들에게는 그들의 내러티브로서 '배경 이야기'가 주어지고 인간적인 조명이 이루어지는 반면, 자말 알하쉐이는 당시 실제 영상자료 및 재구성된 화면과 함께 흘러나오는 음울한 음악과 맞물려 극적인 압박감을 제공한다. 그의 이야기가 테러를 계획하고 준비하는 것을 설명하는 데 집중되면서 그는 단지 테러리스트로서의 그의 행위에 의해, 이스라엘 선수들에게 사용되었던 것과는 다른 단어들로 규정된다. 중요하게 보아야 할 것은, 이스라엘 선수들의 이야기는 할리우드 스타 마이클 더글러스$^{Michael\ Douglas}$에 의해 따뜻하고 가슴 저리게 설명되는 반면, 알하쉐이가 등장하면 더글러스의 내레이션은 마치 그것이 담고 있는 감정이 이 냉혹한 테러리스트와는 관계가 없다고 말하는 것처럼 이내 중단된다는 것이다.

객관성을 옹호하는 리히텐버그는 포스트모던적인 상대주의를 비판하면서, 다른 '문화들'로부터 온 사람들이 대화를 나눌 수 있다고 주장한다. 우리의 "세계관은 비밀스러운 것이 아니다. 즉, 다른 사람들이 들어올 수 있고 우리가 나갈 수도 있다"(Lichtenberg, 2000: 243)라고 그는 말한다. 이것이 바로 대상(세계)의 객관성으로부터 도출되는 한 가지 핵심적인 요점이다. 우리가

• 2000년 아카데미 장편 다큐멘터리상 수상작.

'나갈' 수 있는 것은 우리가 바라보는 방식과는 독립된 동일한 과정과 현상들이 우리를 여러 다른 세계관에 적응하게 하고, 그것들을 명확히 하게 하고, 그것들과 대화하도록 직면하게 하기 때문이라는 것이다. 그러나 리히텐버그가 이것(대상의 객관성)과 주체의 객관성을 구분하지 않고 있기 때문에 후자가 은근슬쩍 끼어든다. 사실 이런 객관성의 언어는 우리가 우리의 사회적 위치 밖에 있는 사람들과 동일시하거나 우리 자신의 사회적 위치를 비판적으로 조사하는 데 해를 끼친다. 대상의 객관성과 주체의 객관성은 주관적인 재현의 측면을 매우 중요하게 만드는 과정에 긴밀히 연결되어 있다. 미디어가 종종 행하는 것은 우리 자신의 이해관계, 투쟁, 사회적 요구와 동일하지는 않은 이해관계들을 지닌 사람들에 대해, 그럼에도 불구하고 우리에게 영향을 미치며 그들의 안녕이 곧 우리의 안녕이 되는 사람들에 대해 우리가 생산적인 간주관적인 인식을 구성할 수 없도록 하는 것이다.

〈9월의 어느 날〉에 대해서 팔레스타인 출신의 미국 컬럼비아 대학교 교수인 에드워드 사이드Edward Said가 한 비판과 관련해서, 케빈 맥도널드는 그가 답할 사안이 아니라고 반응하면서 이 영화가 공정하며 '정치적'이지 않고 '휴머니즘'을 담은 영화라고 선을 그었다.[1] 〈9월의 어느 날〉은 객관성에 대한 순진한 신념이 우리의 비판적 능력을 어떻게 망가뜨리는지를 보여주는 하나의 고전적인 사례이다. 서구인이라면 이스라엘과 팔레스타인 간의 갈등에 대해 생각하거나 재현하고자 할 때 그 상황을 이해하기 위한 기본적인 선행조건으로서 서구세계가 그 갈등을 전통적으로 어떻게 재현해왔는지, 어떻게 그 갈등을 유발하고 유지하는 데 공모하는지, 그리고 권력관계들이 이스라엘과 팔레스타인 간의 관계를 의미화하는 실천들 속으로 어떻게 잠식해 들어갔는지를 아주 주의 깊게 비판적으로 생각해볼 필요가 있다. 앞서 논의했던 변증법적 모델에서 나온 종합이란 개념을 떠올려보자. 이스라엘도 마찬가지이지만 팔레스타인 역시 동질적이거나 통합된 권역이 아니기 때문에 단순히 팔레스타인에 동조한다고 될 문제가 아니다. 그보다는 (양 극에서 종속적인 극에 해당하는) 억압받는 집단에 대한 전반적인 연대 속에서 팔레스타인의 정치, 전략, 집단, 이해관계 등에 대해 정확하게 평가하는 **비판적** 동일시가 필요하다. 서구의 다큐멘터리 작가 역시 자신들이 지닌 사회적, 문화적 위치의 모든 것을 단순히 부정하지는 않을 것이다. '서구' 역시 동질적이고 통합된 권역이 아니기 때문이다. 앞서 논의했던 변증법적인 지위 변화모델과, 어떤 갈등 가운데 있는 양 극이 자기동일적이지 않고 내적으로 분열되는 방식을 기억해보자. 이 문제는 서구-그리고 이스라엘-가 애용하는 국민국가와 같은 특정한 개념들을 취하여, 근대 자본주의의 정치적, 경제적, 문화적 삶에 그렇게도 중심적이면서도 팔레스타인들에게는 부정되는 인간 조직의 이러한 특정한 형태와 규범을 서구세계가 왜 신축적으로만 환영하는지를 묻는 일이 될 수도 있을 것이다. 내가 지금 여기서 정식화하고자 하는 비판적 주체성은 폴 윌먼$^{Paul\ Willemen}$이 제3영화$^{Third\ Cinema}$(1960~1970년대에 반식민주의, 반자본주의, 반상업주의를 기치로 걸고 할리우드식 상업주의 영화를 비판하며 등장한 남미의 영화운동-옮긴이)와 관련하여 우리가 거주하는 문화에 대한 비소속감$^{non-belonging}$, 즉 '사회적 인식능력$^{social\ intelligibility}$의 선행조건으로서의 비동일성^{nonidentity}으로 묘사한 것과 유사점들을 갖는다(Willemen, 1989: 28). 이것은 누군가가 자신의 사회적, 문화적 위치에 완벽하게 '타자'가 되는 문제가 아니라, 일련의 변증법적 동일시와 상호적 비판을 동원하는 문제이다.

   주체의 객관성을 믿는 데 문제가 있다고는 해도 리히텐버그는 분명히 대상의 객관성을 파괴한 문화상대주의자들의 많은 주장을 날카롭게 비판하고 있다. 이 문화상대주의자들은 지식을 즉각적인 사회적 이해관계들로 환원시키는데, 이런 환원은 미디어에 대한 **그들 자신의** 비판을 포함하여 "충돌하는 설명들 사이에서 판단하는 데 필요한 어떤 관점"(Lichtenberg, 2000: 240)이든 파괴한다. 왜냐하면 미디어의 편향에 대해 불만을 제기하는 것은 "실제적이거나 가상적인 대조, 더 정확한 진술 혹은 더 나은 설명에 입각하는 것"을 배제하면 이해될 수 없기 때문이다(Lichtenberg, 2000: 242). 그러나 더 중요한 질문은 어떤 관점에서 '더 정확한 진술'이 만들어지고 평가되느냐이다. 객관적 주체의 한 가지 변형에 대한 리히텐버그의 옹호가 의미하는 것은 그가 적실성의 보장을 위해 형식 논리와 방법론적 절차들로 후퇴해야만 한다는 것을 의미한다. 그는 다음과 같이 말한다. "우리는 더 많은 증거를 찾고, 이야기의 다른 면들을 살피고, 도구들을 점검하고, 실험을 반복하며, 추론 과정을 재검토한다"(Lichtenberg 2000: 242). 물론 경험적 증거와 내적인 논리적 일관성과 같은 평가기준의 발전은, 역사적으로 부르주아들의 실천적 활동이 18세기에 촉진을 도왔고 우리가 오늘날 가볍게 포기하지 못할 이성을 위한 커다란 소득이다. 그러나 일련의 패러디^{spoof} 다큐멘터리가 암묵적으로 우리에게 보여주는 것처럼, 형식적이고 방법론적인 논리라는 관습에는 한계가 있다. 그러한 이성에 대한 호소가, 경합하는 두 가지 주장을 직면했을 때(그리고 그 두 가지 주장이 일정한 형식적 논리, 일관성, 경험적 증거들을 갖추고 있는 상황에서) 그중 하나가 다른 것보다 더 적절하다고 판단하는 이유를 설명해주는 토대를 제공할 수 있을까? 예를 들어, 사실들은 종종 동의를 얻어낼 수 있는 것이며, 갈리는 것은 그에 관한 해석이다. 형식적 이성에 대한 호소는 단지 영국 사람들은 여왕이 사용하는 영어를 사용하기 때문에 지적인 사람들이라고 주장하는 것과 다를 것이 없다. 실제로 세계를 이해한다는 것은 종종, 형식적인 합리성을 갖는 공식적인 자료나 담론들과, 주변화된 사람들의 광범위하고 토착적인 인식들 사이에서 판단하는 것을 요구한다(이때 이러한 토착적인 인식이 세계에 대한 더 나은 이해를 낳는 것은 이러한 주변화된 사람들이 형식 논리에 충실하거나 그것이 부족해서가 아니라 그들의 사회적 위치 때문이다).

동일성과 부정

우리의 즉각적인 사회적·문화적 위치의 측면에서이든 다른 사회적 행위자들 및 문화들과의 경계를 넘나드는 상황에서이든 동일화^{identification}란 우리 자신과 우리가 동일시하는 것 사이의 어떤 제휴, 즉 언어 그리고/혹은 어떤 다른 의미화 체계에 필수불가결한 매개체를 통해 일어나는 제휴와 관련된다. 가령, 우리는 이런저런 쟁점에 관한 우리의 동일시에 따라 '팔레스타인'이라는 지시대상을 '역사적 설움'과 동일선상에 두거나 아니면 '테러리스트'라는 개념과 동일선상에 둔다. 아도르노는 그의 저서 『부정변증법$^{Negative\ Dialectics}$』에서 사고란 개념(혹은 재현)과 실재 사이에 불가피하게 동일성을 상정한다고 말했다. 사고와 실재 사이의 어떤 합치는 불가피한 것일 뿐만 아니라 바람직한 것이다. 왜냐하면 그러한 합치가 없다면 우리가 인식할 수 있는 사회적 질서란 있을 수 없기 때문이다. 하지만 아도르노는 그가 **동일성 사고**$^{identity\ thinking}$를 향한 의무감이라고 명명한 것에 대해 강하게 경고하고 있다. 이러한 의무감은 사고와 실재 사이의 합치, 또는 동일성이 지금 그리고 여기에서 완전히 조화로운 상태를 가정하기 때문이다. 예를 들어, 팔레스타인 사람들이 자신들의 목적, 즉 팔레스타인 국가 형성을 성취하고 우리가 팔레스타인 국가라는 그 지시대상을 '자유'라는 개념과 완전히 동일한 것으로 여긴다면, 우리는 사실상 '자유'와 서구 자본주의의 현실이 동일하다고 믿는 것만큼 동일성 사고에 사로잡혀 있는 것이다. 아도르노에게 변증법적 사고의 목적은 "사고와 사물의 부적절성을 추구하는 것"이다(Adorno, 1973: 153). 아도르노는 우리의 사고가 경험적으로 적용되자마자 어떻게 지체되는지를 보도록 사고와 사물 사이의 이러한 간극을 열어두고자 한다(Adorno, 1973: 151). 달리 말하면 사고하는 것과 동일시하는 것이 밀접하게 연관된다면, 비판적으로 사고한다는 것은 어떤 개념에 "비동일성을 향한 전환"을 주는 것이고, 이것이 바로 부정변증법의 요체이다(Adorno, 1973: 12). 모순이란 "동일성의 허위, 즉 개념이 인식된 사물을 다 설명해주지 못한다는 사실을 가리킨다"(Adorno, 1973: 5). 개념과 사물 간의 이 간극을 희비극^{tragicomedy}으로 탐색하는 하나의 미학적 양식이 풍자이다. 가령, 단편 영화 〈세상에서 가장 운 좋은 땅콩$^{The\ Luckiest\ Nut\ in\ the\ World}$〉(에밀리 제임스$^{Emily\ James\ II}$, 2002, 영국)은 신자유주의 담론이 제3세계 국가들에게 빈곤에서 벗어나는 통로로 부과하는 것과 빈곤이 더욱 심각해진 실제 결과들 사이의 커다란 모순을 조명하기 위해 애니메이션과 다큐멘터리 장면, 음악 장르 등을 혼합한다. 이 영화에서 내레이터는 부츠를 신고 기타를 들고 카우보이 모자를 쓴 미국 땅콩이다. 이 땅콩은 자신이 보호받는 상황과, 세계은행과 IMF의 충고에 따라 국제적으로 경쟁하기 위해 시장을 개방했다가 자신들의 산업이 붕괴되는 것을 본 제3세계 땅콩 생산업자의 운명 사이에 있는 명백한 불공평성에 양심의 가책을 받는다(이런 식으로 이 땅콩은 서구측 반자본주의 운동의 한 대변인이 된다). 그러므로 '무역자유화'와 같은 개념에 대한 내재적 비판은 '무지'와 순진함이 야만적인 현실과 나란히 놓이는 대중문화의 일반적인 소재들에 대한 비판이자 재구성이기도 하다. 발터 벤야민이 남긴 유명한 말처럼, 고급예술이든 1950년대 뉴스영화이든 간에 문명화를 말하는 문화적인 기록들은 사회적 야만의 (위장된) 기록이기도 하다. 따라서 비판의 임무는 "핵심을 찾아내기 위해 켜켜이 쌓인 역사의 먼지를 털어내는 것"(Benjamin, 1999b: 248)이다.

동일성 사고에 대한 아도르노의 비판은, 부정보다는 차이 개념이 재현과 실재 간의 관계를 문제 삼는 수단으로서 그 역할을 수행하는 후기구조주의와 몇 가지 유사성을 갖는다. 하지만 『부정변증법』의 아도르노와 현대의 문화상대주의자들 사이에는 근본적인 차이점이 있다(Dews, 1995). 후기구조주의자들과 달리 아도르노는 개념과 그 지시대상 사이에 있는 간극이 터무니없이 클 때조차 그 개념에 숨겨져 있는 이상을 포기할 의사가 없다. 아도르노에게 변증법은 "동일성을 성취하려는 강박을 깨뜨리는 것이자, 그것을 그러한 강박 안에 축적된 그리고 그러한 강박의 대상화 속에서 응축된 에너지를 수단으로 하여 깨뜨리는 것"이다(Adorno, 1973: 157). 가령, 월트디즈니사의 영화 〈릴로와 스티치Lillo and Stitch〉(딘 드볼르와Dean DeBlois와 크리스 샌더스Chris Sanders III, 2002, 미국)는 아무도 뒤처지거나 잊히지 않는다는 의미를 가진 하와이 단어 '오하나ohana'로 집약되는 규범적인 이상향을 주제로 삼는다. 이 영화에 대한 비판은 그러한 규범적인 개념과, 사람들을 잊고 뒤처진 이들은 내버려둔다는 것이 확고하게 전제되어 있는 자본주의의 경험적 현실 사이에 있는 비동일성을 지적하는 것이 될 것이다(그리고 이 영화 안에도 이러한 비동일성과 관련한 반쯤 억압된 단서들이 있다). 동시에 그러한 비판은 '오하나' 개념 안에 '축적된 에너지'를 인식하고, 그것이 가족이라는 '응축된' 대상화로부터 나와서 일반적인 사회적 실천에 기초하도록 그 에너지를 변형시키려고 노력할 것이다. 이런 식으로 아도르노는 동일성과 부정 간의 변증법, 존재와 그것의 불완전성 간의 변증법, 그리고/또는 존재와 그 존재가 새롭게 구성되기 위해 해소dissolution되는 것 사이의 변증법을 발전시키고자 한다. 하지만 상대주의는 (좋게 말해서) 의미 있는 사회적 연대를 어렵게 만드는 일방적이고 비변증법적인 차이를 옹호하고자 한다.

만일 객관성이 주류 미디어노동자가 무모하게 빠져드는 전형적인 오류라면, 상대성, '부정성negativity', 차이에 대한 무비판적인 환호는 지적 노동 분야 안에서 학자와 철학자들이 걸려드는 전형적인 덫이다. 아도르노는 이렇게 말했다.

> [그러한 상대주의적 주관주의의 '완강한 힘'은] 현상유지에 대한, 그리고 그것의 사물성에 대한 오도된 반대로부터 나온다. 그러한 사물성을 상대화하거나 용해시키려 할 때, 철학은 그 사물성이 재화보다 우월하다고 믿으며 또한 이

런 우월함에 대한 주관적 성찰의 형식, 즉 물화된 의식을 초월하여 존재한다고 믿는다(Ardorno, 1973: 189).

우리는 이미 구조주의와 후기구조주의가 이러한 이분법을 어떻게 요약해 왔는지 보았다. 구조주의는 언어를 인간의 행위능력과는 별개인 고정된 대상으로 보았고, 후기구조주의는 '오도된 반대'의 한 가지 행동으로 언어를 '용해시키려' 시도한다. 객관성과 상대주의 사이에 있는 인식론적인 불화에 깔려 있는 것은 **비판적** 사고를 구성하는 것과 관련한 철학적 불화이다. 영화 〈9월의 어느 날〉에서 우리는 객관성에 대한 의존이, 우리의 사회적 위치와 이것이 우리의 이해방식들에 미치는 결정적인 영향과 관련한 우리의 비판적 능력을 차단하는 것을 본다.

이렇게 명백하게 **무비판적인** 입장과 직면한 상대주의자들은 이번에는 세계의 사물성과, 이 사물성의 규범들을 무분별하게 내면화하는 것을 용해시키려 한다. 하지만 여기에는 문제가 있는데, 즉 물화된 객관성에 대한 이러한 급진적인 상대화는 부르주아적 사고의 한 측면을 벗어나려다가 결국 그것의 다른 측면으로 무너져버리고 만다는 것이다. 여기서 부르주아적 사고의 또 다른 측면이란 이와 같은 물화된 구조에 **도전할** 수 있는 이론적, 정치적, 윤리적, 실천적 행위의 사회화된 기반을 해체하는 것을 말한다. 예를 들어, 수백만 명의 미국 시민이 적절한 건강보험 혜택을 받지 못하고 있지만 미국은 현재 군사무기에 3,960억 달러를 지출하고 있다. 이런 자원분배에 문제를 제기하는 것은 가난한 사람들의 필요에 대한, 그리고 그것에 군산복합체의 필요보다 높은 가치에 두는 규범들에 대한 암묵적인 제휴를 요구한다. 모든 지식은 (신념과 독단이 아닌 진정한 지식이라면) 그것의 자격과 부정을 위한 바탕을 가지고 있어야만 한다. 그러나 (상대주의자들이 하는 것과 같이) 언어의 잠정성을 결정적인 것으로 정초하는 것은 **인텔리겐치아로서** 자신들의 사회적 이해관계를 암호화해 넣는 것이다. 이것은 노동의 상품화 속에서 잠자고 있는 더욱 보편적인 잠재성들을 제거하는 것이다. 지식에 (그리고 지식의 한계들에) 관한 (보장이 아니라) 기초를 쌓는 것은 가장 폭넓은 사회적 토대를 동반한 사회적 이해관계 속에, 즉 의미의 (배타적인) 구조보다는 역사적으로 구체화된 구조들의 의미 속에 분명히 자리 잡고 있어야 한다.

지젝과 실재계

독일의 철학자 위르겐 하버마스는 상대성과 차이에의 환호를 향한 포스트모던적 전환에 반대하는 것으로 유명하다. 1980년대 초반에 출판된 그의 저서 『현대성의 철학적 담론The Philosophical Discourse of Modernity』은, 차이와 상대성을 옹호하며 사회질서의 억압적인 객관성에 일종의 무질서를 야기시키는 '비이성적인 것'(권력, 광기, 억압된 욕망, 언어적인 불확정성)을 옹호하는 니체Friedrich Nietzsche, 하이데거Martin Heidegger, 바타유Georges Bataille, 데리다, 푸코와 같은 다양한 철학자들의 모순을 일관되게 비판한 책이다. 1990년대에 슬라보예 지젝Slavoj Žižek의 작업은, 지식이 구성되는 토대를 유동화하는, 그리고 사회를 변화시키는 특정한 사회적 행위자들과 지속적으로 제휴할 가능성을 약화시키는 지식의 급진적인 잠정성을 향한 문화이론의 최근의 경향을 보여준다. 하지만 흥미롭게도 지젝은 포스트모더니즘, 다문화주의, 정체성 정치에 대해 상당히 비판적인데, 이는 대체적으로 이것들이 실상은 그 상대주의적인 철학적 기초를 특정한 사회적 행위자들 및 정치적 세력과 동일시하고 제휴하고자 시도하며 중재하기 때문인 듯하다(Homer, 2001). 지젝은 결국 상대주의의 문제를 그 논리적 결론까지 밀어붙이지만, 그것의 본질적으로 모순적인 성격에서 벗어나지는 못한다. 실존하는 실재들과 이 실재들을 재현하는 것에 대한 그의 급진적이고 끊임없는 부정에서 중심적인 개념은 역설적으로 실재계$^{\text{the Real}}$이다. 지젝의 관심은 이데올로기의 유혹에 저항하고 그 자신의 (그리고 우리 자신의) 비판적 능력을 유지하는 것이다. 지젝의 이 모티브는 잘못될 일이 없지만 그 방법에는 문제가 있을 수 있다.

> 이데올로기에 대한 비판은, 급격한 사회적 삶―이를 통해 몇몇 주체-행위자 $^{\text{subject-agent}}$는 사회적으로 볼 수 있는 것과 볼 수 없는 것을 통제하는 바로 그 숨겨진 메커니즘을 인식할 수 있게 된다―에서 다소나마 면제된 어떤 특권적인 공간을 필요로 하는 것이 아닌가? 우리가 이러한 공간의 일원이 될 수 있다는 주장이야말로 이데올로기의 가장 명백한 경우가 아닌가(Žižek, 1995: 3).

지젝은 이데올로기로부터 벗어나는 일의 어려움을 인정하면서, 그 벗어남은 오직 어떤 '긍정적으로 결정된 현실'과 동일시하는 것을 거부함으로써만 가능하다고 주장한다(Žižek, 1995: 17). 이런 식으로 지젝은 아도르노와 달리 동일시와 제휴의 문제를 동일성 사고와 결합시킨다. 이데올로기 비판이 실천되는 자리는 "반드시 비어 있어야만 한다. 그것은 **어떤 긍정적으로 결정된 현실에 의해서도 점유되어서는 안 된다**. 그 순간 우리는 그런 점유에 대한 유혹에 굴복하게 되며, 결국 이데올로기에 다시 갇히게 된다"(Žižek, 1995: 17). 이데올로기 비판은 순수하게 무엇인가에 대한 부정, 즉 그 무언가의 어떤 측면과도 동일성을 추구하지 않는 것이다. 지젝이 말하는 이 '빈 자리'는 그가 실재계―라캉으로부터 나온―라고 말하는 곳이다. 이 실재계라는 라캉적인 개념은 바로 상징화에 저항하는 것을 의미하는데, 달리 말하면 현실을 불완전하고 비일관적인 것으로 만드는 빈 공간$^{\text{the void}}$이다. 모든 상징적인 매트릭스^{matrix}의 기능은 이 실재계를 은폐하는 것이다(Žižek, 2001: 217~218).

지젝의 이런 입장의 강점과 매력은 이것이 몇 가지 인기 있는 사회운동과 재현에 그것이 갖지 못한 어떤 완결성과 일관성을 투사하기 위해서 우리의 비판적 능력들을 결코 정지시키지는 말라고 요청하는 데서 나온다. 어떤 특정한 상징적 영역, 예를 들면 하위문화 같은 것이 자신의 정체성을 아웃사이더로 설정한다면, 이때 전형적인 지젝 식의 응답은 그것이 (지젝이 '상징계'라고 부를) 사회적 질서 **내부**에 얼마나 안전하게 자리 잡고 있는지에 대한 낭만적인 은폐의 정도를 폭로하는 것이 될 것이다. 어떤 특정한 상징계가 그 자신을 자기결정적인 것으로 구성한다면(이는 실제로 모든 민족 정체성에 중심적인 문제이기도 하다), 짓궂은 지젝의 응답은 그 상징적인 것의 실재계가 외적인 결정요소들이 만들어낸 숨겨진 결정요소임을 입증하는 것이 될 것이다. 지젝의 논의에서 실재계라는 개념은 아주 독창적인 변증법적 역전을 보여준다. 그러나 자신의 준거점을 '실재'가 아니라 실재계 – 억압된 것 – 에 둠으로써, 지젝은 사회질서를 알고 재현할 수 있는 가능성들을 과소평가하고 약화시킨다. 지젝은 지식을 엘리트가 수행하는 고도로 전문화된 해독능력의 영역으로 만들고 있으며, 결국 인텔리겐치아에게 아주 친숙한 어떤 이데올로기로 후퇴한다. 즉, (인텔리겐치아가 아닌) 어떤 집단적인 사회적 행위자와 제휴하는 것을 거부하는 것이다. 궁극적으로 이는 '긍정적으로 결정된 현실'이 되어버리고 만다. 이에 대해 지젝은 중립성이란 존재하지 않는다는 주장, 즉 격렬한 사회적 삶에서 탈출할 수는 없다는 주장에도 불구하고, 자신이 매 순간 실재계의 그 '빈' 공간을 점유하는, 그런 어떤 공간을 향한 순간적이고 일시적이며 회피적인 '지위의 변화'를 함의하고 있다. 만일 그것이 사회적으로 위치 지어진 모든 것에 대해 비어 있지 않다면 그런 빈 공간이란 도대체 무엇을 위한 것인가?

 인식론적 수준에서가 아닌 규범적인 수준에서 실재계가 갖는 또 다른 문제는 실재계의 부정성이 단지 부정에만 기반을 둔다는 점이다. 따라서 실재계의 정치적이고 윤리적인 지침표는 그것이 약화시키고자 하는 것과 연관된다. 이렇게 되면 실재계는 테러리즘을 포함하는 온갖 종류의 정치적 수단을 인정해주는 결과를 낳을 수 있다(지젝 자신이 그렇게 주장하는 것은 아니지만 말이다). 테러리즘은, 자유민주주의의 구성적 토대가 되는 일상의 보이지 않는 폭력을 자유민주주의가 그 자신을 이성적이고 문명적이며 공정하고 관용적인 것으로 상징화하는 것과는 충돌하는 노골적인 폭력의 스펙터클로 만듦으로써 자유민주주의적 자본주의를 괴롭히고 있다. 다큐멘터리 〈9월의 어느 날〉에서 팔레스타인 테러리스트들은 또 다른 의미에서 실재계로 기능한다. 이는 팔레스타인이 공식적으로는 존재하지 않고, 정체성의 측면에서뿐만 아니라 제도적으로도 그들을 부정하는 바로 그 국민국가들 간의 경쟁 게임인 올림픽에서 그들은 단지 방해꾼일 뿐이기 때문이다. 그러나 이런 상징적 비판은, (9·11 사건, 즉 미국 쌍둥이 빌딩에 대한 테러 공격의 경우와 마찬가지로) 한편으로는 전복적이지만 그 행위에 윤리적 근거를 제공해주기는 어려워 보이며, 더불어 실행가능한 정치적 전략도 창출하지 못한다.

하버마스, 지식, 사회적 갈등

하버마스가 비판한 문화상대주의 전통의 중심개념은 이성 그 자체이다. 왜냐하면 (다큐멘터리의 중추적 원리인) 이성과 합리성은 계몽시대 이후로 모든 반대를 이겨낸 사회질서의 의기양양한 진보과정에서 슬로건 역할을 해왔기 때문이다. 앞장에서 우리는 합리성, 지식, 과학이 가치 관계를 동질화하는 논리 속에 통합되어왔다는 것을 보았다. 그러나 자본주의 경제와 형식적인 합리성 사이의 이러한 밀접한 관계는 상대주의자들에 의해 다양한 수준으로 단절된다. 왜냐하면 둘 사이의 너무나 밀접한 연결이 자본의 잠재적인 안티테제antithesis인 노동과의 일정한 제휴를 함축하기 때문이다. 포스트모던적인 상대주의자들이 사회적 제휴들을 향해 취한 태도가 무엇이든 간에 (혼성 이주는 당시 선호된 사회적 제휴이다), 사회적 행위로서의 노동은 전반적으로 무시되어왔다. 하버마스는 이성이 억압적으로 사용될 수 있음을 부인하지는 않지만, 아도르노와 마찬가지로 그 개념을 포기하려 하지는 않는다. 그 대신 하버마스는 "자기성찰의 과정 또는 계몽된 실천의 과정들"을 통해 이성의 해방하는 잠재력을 성취하고자 한다(Habermas, 1987: 103).

하버마스의 요점은 '반이성주의자들'은 그들 스스로가 이렇게 자처함에도 불구하고 반드시 그들이 전복하고자 하는 그 이성의 범위 안에서 활동한다는 것이다. 다양한 학자들이 실천하는, 이성에 대한 총체적인 비판의 중심에는 어떤 '수행적인 모순'이 있다. 어떤 '이성'이 이성을 포괄적으로 비난할 수 있는가? 가령 푸코의 경우, 담론의 타당성 주장은 삶과 그 담론의 영역에 전적으로 한정된다고 한다. 하지만 만일 이 주장이 맞다면, 그러한 담론에 대한 어떤 **연구**도 그 자신의 타당성을, 혹은 다른 '진리 체제들'과 관련된 진리주장들을 약화시켜야만 한다(Habermas, 1987: 279). 이러한 모순은 인텔리겐치아들이 만든 억압된 사람들(예를 들면 푸코의 경우 감옥의 죄수들)과 사회적 제휴를 이루기 위한 행동들을 약화시킨다. 따라서 하버마스가 주장하는 것은, 주체-대상 관계 안에서 규범을 정초할 수 있는 모든 가능성에 대한 상대주의의 부정이 이미 그러한 주체-대상 관계를 전제한다는 것인데, 그 이유는 그러한 상대주의가 그 자신의 진정한 성격을 규정하기 위한 명제들(즉, "진실은 알 수 없다", "담론은 모두 권력적이다" 등)을 만들고 있기 때문이다.

결국 하버마스에게 상대주의자들은 하버마스가 주체의 철학이라고 부르는 것에서 벗어나지 못한다. 이 주체의 철학은 주체-대상 관계에 지나치게 사로잡힌 사고의 전통이다(예를 들면, 상대주의자들 역시 담론권력에 의해 물화된 대상 세계를 전복하려고 노력한다). 이러한 주체의 철학은 부르주아적인 변형을 거치면서, 동시대의 인간들로부터 분리되어 자율적인 성격을 지니며 인간에 대한 공격적이고 지배적인 관계 속에서 그 자신의 정체성과 자의식을 생성한다는 환상을 품는 강력한 개인주의에 의해 더욱 힘을 얻는다. 하버마스가 이런 지배관계에 대항하여 자신의 의사소통 철학이라는 제안과 함께 진척시키며 유지하고자 하는 것은 다름 아닌 간주관성 또는 사회성이다. 반대로 주체 중심적인 이성은 '대화적 관계들'을 없애고 독백하듯이 자신에게 침잠하는 주체들을 또 다른 주체를 위한 대상으로 그리고 오직 대상일 뿐인 것으로 만들어버린다(Habermas, 1987: 246).

주체 중심적 이성이라는 문제에 대한 하버마스의 해법은 이 논의의 몇몇 용어들과는 단호하게 단절을 꾀하면서도 그가 비판하는 포스트모더니스트들과 마찬가지로 동일한 영역의 많은 부분을 남기려 한다. 타자를 대상으로 환원하는 것은 대상세계를 통제하고 지배하려는 주체 자신의 욕망으로부터 비롯된다. "대상에 대한 지식 패러다임은 발화와 행동이 가능한 주체들 간의 상호적 이해의 패러다임으로 대체되어야 한다"(Habermas, 1987: 295~296). 달리 말하면, 개념과 지시대상 간의 관계는 우리가 서로의 차이를 논의하는 수단을 구성하는 사회적 조건보다 중요하지는 않다는 것이다. 하버마스는 "사실을 반영하는 언어의 기능에 대한 집착"(Habermas, 1987: 312)으로부터, 혹은 상대주의자들의 용어로 하면 즉각적인 조건과 이해관계들 이외에 다른 무언가를 성찰하는 데 언어가 실패하는 것에 대한 집착으로부터 의사소통을 끄집어내고 싶어 한다. 하버마스의 의사소통 이성이라는 패러다임은, 인간이 "세계에 대한 무언가를 이해하게 됨으로써 상호작용하고 자신들의 행동을 위한 계획을 서로 조정하는 참여자들의 수행적 태도"에 강조점을 둔다(Habermas, 1987: 296). 결국 어떤 의미에서 보자면, 하버마스는 진리주장이라는 문제의 중요성을 떨어뜨림으로써 실상 포스트모던의 논리를 밟고 있다. 하지만 그가 추구하는 것은 차이를 존중하면서도 그 차이가 만들어내는 적대들이 일소될 수 있는 수단을 찾아서, 토론, 논쟁, 갈등 해결을 위해 우리가 지닌 공적 메커니즘 안에 합리성이 자리 잡게 하려는 것이다.

이런 기획은 대화의 참여자들이 참조하는 맥락이 "의심의 여지없이 상호 이해의 과정을 위한 맥락"(Habermas, 1987: 314)을 포함하기 때문에 가능하다. 의사소통하는 내용의 격이 떨어진다 하더라도, 대화가 적대적이라 하더라도, 또는 대화가 만들어지는 맥락이 평등하지 않다 하더라도(예를 들면, 기업과 국가가 커뮤니케이션 수단들을 지배하고 있는 상황), 동의와 상호성이 발견될 수 있는 합리적 대화를 위한 잠재적인 혹은 맹아적인 동인^{impetus}은 있다고 하버마스는 주장한다. 이렇게 하버마스는 "일상 언어를 통한 의사소통에 각인된 목적^{telos}으로서의 간주관적 이해를 인식한다"(Habermas, 1987: 311). 현재 유럽 전역에 퍼져 있는 이민자들에 대한 파괴적이고 인종주의적인 미디어 담론을 예로 들어보자. 국경에서 이민자 검문검색을 강화하는 데 종종 부여되는 명시적이거나 암묵적인 정당화는, 국가는 한정된 자원을 가지고 있지만 새로운 (종종 가난한) 사람들이 그 자원을 고갈시키고 있다는 것이다. 그러나 이 주장에 문제가 있다 하더라도, 이러한 담론은 적어도 자원의 문제와 관련하여 어떤 급진적인 대안적 담론이 끼어드는 것을 허용하여 자원이 어떻게 발생하고 분배되는지, 어떤 사회적 힘들이 자원의 인위적 희소성에 책임이 있는지에 관해 질문하게 해준다. 만일 이민에 관한 인종주의적인 미디어 담론이 그러한 급진적인 담론 비판과 전혀 상응할 수 없는 것이었다면 어떠한 근본적인 비판도 가능하지 않을 것이다. 하버마스의 의사소통적 합리성이란 개념이 합의^{consensus}라는 관념을 폭넓게 전파시켜서 "정치의 근본적인 조건(적대적 이해관계)이 사라지게"(Aronowitz, 1981: 53) 될 수 있다는 것이 사실이라면, 역으로 그에 반대하는 주장마저도 어떤 공통된 기반을 필요로 한다는 것 역시 명확하다.

이와 같이 하버마스는 포스트모더니스트들보다도 의미(의사소통)의 구조를 더 깊이 그리고 넓게 파고들어 가고, 그의 반대자들이 공유하는 당연시되는 가정들을 강조함으로써 그들의 의표를 찌른다. 하버마스의 이런 전략은, 의미구조가 리오타르$^{Jean-François\ Lyotard}$가 '언어 게임'의 확산이라고 부른 것에 의해 만들어진 파편화와 상호 몰이해를 특징으로 한다고 주장하는 경향이 있는 포스트모더니스트들과 대조된다(Norris, 1992: 70~81). 이렇게 하버마스는 의사소통에서 암묵적으로 새겨져 있는 보편적 규범들을 차이와 다원성에 대한 인정과 함께 화해시키는 문제에 대한 정연한 해결책을 제공한다.

우리는 종교적이고 문화적이며 민족적인 차이들과 그 밖의 차이들의 문제 이면에 놓인 합의방식이라는 하버마스의 개념을 주류 미디어와 미디어 재현에 대한 비판에 실제적으로 적용할 수 있다. 예를 들면, 북아일랜드에서 가톨릭과 프로테스탄트 사이, 또는 중동에서 팔레스타인과 이스라엘 사이에서처럼 이해관계로 얽힌 공동체들 간에 충돌이 있는 곳에서, 뉴스는 자신이 속한 공동체와 결부된 주장의 정당성을 승인하고 이를 변호할 대변인만을 찾으려는 경향이 있다. 한편의 구성원들이 다른 편 구성원의 주장들을 인정할 수도 있다는 생각을 주류 미디어가 심사숙고하는 것은 거의 불가능한 것처럼 보인다. 보수적인 유대인들의 분노를 산 존 필거$^{John\ Pilger}$의 2002년도 다큐멘터리 〈팔레스타인이 여전히 문제다$^{Palestine\ is\ Still\ the\ Issue}$〉는 갈라진 공동체들을 가로지르는 어떤 합의선을 제시한다는 점에서 평범한 작품이 아니다. 필거는 이스라엘의 역사가, 전직 군인, 그리고 10대 딸을 팔레스타인의 자살폭탄 테러로 잃은 아버지를 인터뷰했다. 특히 마지막 인터뷰 대상자의 도덕적 용기는 두드러졌다. 왜냐하면 그는 애통하게 딸을 잃었음에도 왜 누군가가 그토록 자기파괴적인 행위를 할 수 있는지 물었고, 그러한 증오를 양산하는 데 이스라엘 국가가 공모하고 있지 않은지 의문을 가졌으며, 팔레스타인 사람들이 지닌 슬픔의 정당함을 인식했기 때문이다. 또한 갈등하는 구성원들 사이를 가로지르는 '수평적' 합의선과 간주관적 인식을 명확히 하는 것은, 주류 뉴스 미디어가 어떤 다른 동질적인 집단과는 충돌하는 '수직적' 합의를 이룬 동질적인 집단으로 제시하는 경향이 있는 구성원 안에 내적인 불일치들이 있음을 드러내준다. 그러나 이 다큐멘터리는 ITV에서 밤 11시에 방영되어 약 100만 명이 시청했을 뿐이다. 만일 이 다큐멘터리가 황금시간대에 편성되었다면 시청자의 수는 6~8배까지 늘어났을 것이다. 이렇게 어떤 방송이 주변시간대에 편성되도록 밀어붙이는 경제적이고 정치적인 힘에 대한 문제는 이 책에서 여러 차례 언급한 바 있다. 하버마스의 주장이 갖는 문제점을 아도르노의 부정변증법을 빌어서 제시한다면, 의사소통 이성이라는 개념과, 공적 논의를 위해 우리가 지니고 있는 사회적 기관들 사이의 비동일성이 자본주의적 생산양식 **내에서** 극복될 수 있겠는가 하는 점이 될 것이다.

하버마스의 정치적 입장은 때때로 분별하기가 어려운데, 이는 그것이 모호하고 복잡하며 모순적이기도 하기 때문이다. 그는 좌파 철학자로 간주되지만, 테리 이클턴이 말하는 것처럼 그의 철학이 "참여적인 사회주의적 민주주의를 형성하는 것"(Eagleton, 1991: 130)에 정당성을 부여하고 있는지는 논란의 소지가 있다. 하버마스 철학의 가치를 독해하고 그 실천적 함의들을 끌어내기 위해서 우리가 기억해야 할 그의 초기 작업이 『공론장의 구조변동 The Structural Transformation of the Public Sphere』인데, 그는 이 저서에서 부르주아 공론장의 등장과 실패를 설명할 뿐만 아니라 그것에 묵직한 위치를 부여하고 있다. 하버마스는 부르주아 공론장을 "사적 개인들이 공중^{public}으로서 함께 모이는 장으로서 인식되는" 것으로 정의한다(Habermas, 1996: 27). 이러한 정의는 부르주아 공론장에는 적절할 수 있지만, 그것이 '사적' 시민들의 집단적인 (계급적) 측면을 도외시하고 서로 다른 집단적인 세력 간의 적대적인 갈등을 도외시한다는 것이 지적되어야 한다. 실제로 이 저서에서 하버마스는 초기의 '영웅적인' 부르주아 공론장을 무너뜨린 세력을 공격적으로 비판하면서, 노동계급의 **집단적인** 이해관계와 조직들을 부르주아(독점, 카르텔,

사업 연합)의 집단적인 조직 및 실천들과 동일시해버린다(Habermas, 1996: 176). 그 계급적 본성과는 무관한, 집단성에 대한 이러한 적대감을 놓고 볼 때, 하버마스가 19세기 초에 한 노동계급 신문이 추진하기 시작했던 맹아적인 노동자 공론장을 부르주아 공론장보다 열등한 것으로서 평가하는 것은 놀라운 일이 아니다(Habermas, 1996: 168). 『공론장의 구조변동』이 출간된 지 20여 년 후에 쓰인 『현대성의 철학적 담론』에서 공론장의 부르주아적 정의定義가 여전히 하버마스가 유일하게 인정하는 것임은 명확해 보인다.

거칠게 표현하자면, 하버마스가 원하는 것은 자본주의 생산양식을 유지시키는 것이며 다만 그 생산양식이 만들어내는 갈등을 치유할 만한 (상부구조 차원의) 공적 커뮤니케이션 기관들을 구축하겠다는 것이다. 이런 의미에서 볼 때, 그는 간주관성을 강조했음에도 불구하고 부르주아적인 이성 주체와 결별한 것은 결코 아니다. 오히려 그의 철학적 작업은 부르주아적 생산양식의 기반을 건드리지 않도록 고안되어 있다. 포스트모더니스트들의 설명처럼, 하버마스의 설명 역시 우리가 언어를 사용하는 방식에서 한 발짝 더 나아가지 못하는데, 달리 말하면 하버마스식 설명의 규범적 판단들은 구조의 의미는 축소하고 의미의 구조에 관심을 기울인다. 하버마스가 이렇게 의미의 구조에 더 비중을 두는 것은, 우리가 간주관적 의사소통의 합의적 잠재성을 통해 지식과 행위를 충분히 매개하지 않고 오히려 전형적인 진술들을 만들어내며 그에 입각해 계획들을 수행하여 외부세계에 대해 알고 있는 바를 미성숙하게 확정 짓고 싶어함으로써 우리의 지식과 행위를 축소하고 왜곡하기 때문이다. 결국 하버마스가 보기에 우리는 그가 '인지적 환원주의cognitive reductionism'라고 부르는 나쁜 경우로 고통받고 있는 것이다. 그에게 이성은 "사안의 현재 상태를"(Habermas, 1987: 311) 권력에 의해서뿐만 아니라 스피치와 의사소통의 질적인 본성에 의해서도 규정한다. 즉, 우리가 어떻게 의사소통하는가 하는 것이 우리가 무엇을 의사소통하는가만큼이나 중요하다는 것이다. 하지만 이것은 근본적인 문제가 아니다. '어떻게'와 '무엇', 또는 형식과 내용 간의 복잡한 관계는 아주 오랫동안 미학을 둘러싼 마르크스주의와 다른 논의들에 중심적인 문제였다(Taylor, 1988을 보라). 하지만 이런 논의들이 하버마스가 원하는 것처럼 '어떻게'에서 '무엇'을 분리시키지는 않았다. 의사소통적 이성에서 '무엇'을 분리시키는 것의 정치적 효과는, 사실상 '무엇'(갈등에, 그리고 간주관적 상호성의 약화된 형식에 책임이 있는 지배적인 사회적 관계들)을 정확히 있는 그대로 남겨두고 다소 치료요법식으로 그 후유증을 다루는 것에 집중하는 것이다.

이렇게 하버마스는 의사소통에서 '무엇'과 그 명시적인 내용을 인지적 도구주의와 연관시키고, '어떻게'는 우리의 도덕적이고 미학적인 감각들과 연관시킨다. 하버마스의 모델에서, 주체는 세계에 대한 인지적이고 도구주의적인 일대일(즉, 주체 대 대상) 관점을 가지고서 자기 자신의 **사적인** 이해관계들을 지닌 개인적 주체로 구성된다. 그러나 이러한 사적 이해관계들은 그것들을 공동체나 사회성이나 간주관성의 몇 가지 형식 속으로 통합해버리는 의사소통적 이성의 '어떻게'라는 차원에 의해 수정되고 달래지는 것이다.

달리 말하면 부르주아적인 사적 이해관계들, 즉 자연과 노동에 대한 그들의 도구적 전용은 그러한 필수적인 사회적 관계들을 문명화시킬 과정들과는 분리될 수 있다. 이는 그것들을 언어를 통해 간주관적이고 공동체적인 책임 안으로 묶어냄으로써 가능하다. 이렇게 하버마스에게 물질적 생산의 영역이 조정될 수 있는 것은, "사회적 통합에 상호 이해라는 위험하고 비효율적인 과정을 떠안기지 않는, 가령 재화와 서비스의 생산 및 분배와 같은 기능적으로 전문화된 행위들을 조정하는 피폐화되고 표준화된 언어를 통해서이다"(Habermas, 1987: 350~351).

이것은 자본 축적이라는 우선순위가, 일터에서 민주주의를 발전시키는 것('상호 이해')을 의미하는 그러한 비효율적인 세부사항들로 인해 방해받지 말아야 한다는 매우 보수적인 옹호이며, 반면 위계적인 사회관계들과 노동 분업 안에서 그저 열심히 일하는 사람들에게 필요한 협애하고 표준화된 주체성만을 요구하는 것이다. 하버마스에게 인간의 노동행위와 관련해서 지식과 이성의 복합적인 이해에 입각하는 것은 문제시될 수 없는데, 그 이유는 그가 노동을 단순히 추상적인 노동으로서, 즉 어쩔 수 없이 그리고 돌이킬 수 없이 도구적인 것으로서 부르주아 철학의 범위 안에서만 인식하기 때문이다. 일단 생산의 영역이 **반드시** 도구적인 것으로 여겨지면 사회적 실천 안에 근대성의 규범적인 내용을 정초시키는 것은 문제시될 수 없게 된다. 하버마스는 다음과 같이 주장한다.

> 마르크스주의 자체는 이성의 타당성 스펙트럼에서 진리와 효율성에 관한 타당성 차원들을 제외한 모든 차원을 걸러낸다. 결국 학습되는 것은 생산력이 발전하는 가운데 축적되는 것일 따름이다. 이런 생산주의적인 개념 전략을 가지고는 근대성의 규범적인 내용은 더 이상 이해될 수 없다(Habermas, 1987: 320).

대체로 인정되는 바와 같이, 서구 따라잡기에 골몰하다가 지금은 사실상 멸종된 정치적 괴물인 스탈린주의가 이런 모델을 따른다. 하지만 마르크스주의의 수사修辭를 빌린다 하더라도 스탈린주의는 언제나 혁명적이라기보다는 부르주아적이었다. 분명히 누구라도 레닌과 그람시에게서 생산주의의 요소들을 발견할 수는 있다. 하지만 어떤 진정한 마르크스주의도 생산주의 패러다임에 동화될 수는 없다. 마르크스와 마르크스주의에게, 생산력을 증진시키는 것은 단지 근대성의 규범적 내용을 위한 본질적인 **토대**―사회적 필요들을 충족시키는―를 제공할 뿐이다. 그러나 마르크스주의적 근대성의 규범적 내용은 생산력 자체를 증진시키는 것에 달린 것이 아니라 생산자들의 자유로운 연합, 즉 해방된 사회적 관계들을 발전시키는 것이다.

결국 하버마스에게 자본주의 생산양식은 초월할 수 없는 전제이며, 따라서 의사소통 행위의 협동적 성격으로부터 나오는 간주관성이란 사실 근본적으로 적대적인 토대를 갖는 사회질서에는 '사후적으로' 접목되어야 하는 것이 된다. 하버마스의 관점에서, 생산의 지점에서 사회성, 협력, 간주관성의 양식들을 발전시키는 것은 생각할 수 없는 것인 반면, 그런 양식들이 미디어나 다른 의사소통 체계들을 통해 (생산을 배제한) 다른 곳에서 성공적으로 재구성될 수 있다고 기대하는 것은 완벽하게 이치에 닿는 이야기이다. 하버마스의 모델 안에서 주체는, 이미 주어져 실용적으로 수용되어야만 하고 도덕적인 자율성을 행사할 길은 거의 없는 영역, 그리고 주체가 양심과 실천적 행위능력을 다시금 결합시킬 수 있는 상대적 자유(즉, 의사소통적 이성)가 있는 영역, 이 두 영역 사이에서 분할되어 있다.

실제로 하버마스의 모델이 토대-상부구조 모델에 어떤 기여를 할 수 있을까? 하버마스에게 의사소통적 이성은 궁극적으로 언어의 본질적인 특성인 것으로 보인다. 앞서 제6장에서 나는 의사소통 안에 있는 합리성의 심층 구조가, 자율적 실체로서 언어에 기반을 두고 있는 것이 아니라 사회적 잉여를 넘어서는 혁신적인 차원에서 인간을 재생산하는 데 요구되는 실천적인 사회적 교류, 상호의존, 협력의 방식들에 기반을 두고 있다고 주장했다. 이것이 바로 마르크스의 토대-상부구조 모델이 우리에게 세심하게 주의를 기울이도록 요청하는 종류의 기반이다. 이것은 또한 우리에게 사회적 생산이라는 영역과 정반대의 방식으로 작동할 것이라고 기대되는 상부구조의 측면들에 대해 경종을 울려준다. 하버마스의 모델은 생산양식이라는 차원에 종속되는 사회적 이해관계들이 그 생산양식을 지배하는 사회적 이해관계들과 마치 동등한 듯이 의사소통적 이성의 영역에 접근할 수 있게 하는 방법에 대해서는 거의 설명하지 못한다. 계급착취와 아주 복잡하게 얽혀 있는 다른 모든 억압의 형식들에 관해서도 마찬가지이다. 또한 그의 모델은 경제권력과 정치권력이 "더 나은 통찰을 지닌 힘없는 집단"(Habermas, 1987: 305)의 우수함을 인정하지 않으려 할 때 무슨 일이 일어나는지, 또는 다수를 희생시키면서 아주 소수의 부를 축적하려는 노력이나 그렇게 할 수 있는 환경을 구축하기 위한 비용과 같은 근본적으로 갈등적인 이해관계들을 어떻게 해결해야 할지 등을 설명할 수 없다. 무엇보다도 이러한 간주관적 인식에 대한 열망, 즉 자본과 노동이라는 두 극 사이의 호혜와 상호성에 대한 열망은, 그들 자신을 해방시키고자 투쟁하는 노동과 사회적 정체성들 내부의 간주관적 인식 능력을 필연적으로 깎아내리게 된다. 우리는 의사소통 이성을 그러한 투쟁 속으로 끌어들임으로써 하버마스를 급진적인 정치적 목표에 이용할 수 있다. 제3영화와 같은 급진적인 미학적 실천들은, 분열되고 분리된 집단들이 자신들의 매개된 지위로부터 벗어나 넓은 의미에서 그들 공동의 적인 자본 및 그 기구들과 맞설 때, 공통의 이해관계를 기반으로 엮인 지식, 이해, 인식, 연대의 네트워크로 상호성, 인식, 사회성과 같은 계급 내부의 간주관성 또는 집단 사이의 간주관성('무엇'과 더불어 '어떻게'에 관한 질문을 중요하게 다루는 과정)을 발전시키는 역할을 한다(Wayne, 2001).

노동의 관점에서

마르크스가 노동계급, 노동, 프롤레타리아를 자본주의를 전복하기 위한 기반으로서 인식했을 때, 그가 선택한 사회적 행위자는 세계적인 의미에서는 여전히 노동인구 중에 아주 작은 부분을 대표할 뿐이었다. 당시의 역사적 순간이 우리와 어떻게 연관되는지 이해하기 위해서, 우리는 우리가 이 사회적 행위자를 가리키는 데 사용하는 용어들을 구별하고 노동계급, 노동,

프롤레타리아가 서로 바꾸어 쓸 수 있는 용어들이 아니라 단선적인 방식은 아니지만 과거, 현재, 미래와 폭넓게 상호 연관되는 역사적 궤적을 드러내는 것으로 파악해야 할 것이다. 오히려 이 세 용어는 언제나 동시에 작동한다. 마르크스는 양적 기준이 아니라 질적 기준을 기반으로 하여 노동계급 미래의 역사적 관련성, 즉 생산의 사회적 관계들 안에 있는 노동계급의 객관적 위치가 세상을 알고 변화시키는 데 필요한 실천적인 가능성과 동기를 노동계급에게 주었다는 관점을 제시한다. 비록 부르주아들이 사회의 모든 영역에 손을 뻗치고 있는 경제적 체제를 좌지우지하는 자리에 앉아 있다 하더라도, **소수** 계급으로서 그리고 생산의 체계 안에서 착취하는 계급으로서 이들의 지위는 부르주아 자신의 의식^{意識}에 구조적인 한계를 부과한다. 앤드루 핀버그^{Andrew Feenberg}가 말하는 것처럼, "어떤 계급이 자신의 사회에 대한 진리를 알 수 있게 되고자 한다면 아주 간단하다. 그렇게 할 수 있게 하는 이해관계 속에 있으면 된다"(Feenberg, 1980: 159). 노동은 임금을 위해 자신의 노동력을 팔면서 생산과정의 중심에 배치된다. 노동은 상품이자 상품의 생산자가 되기 때문에, **만약** 그 안티테제인 자본과 실천적으로 대면하기 위해 노력한다면 의식적으로 사회적 총체성을 이해할 수 있는 사회적 위치를 점유하고 있다. 이 실천적 대면이 없다면, 노동은 상품 형식 속에 매몰되고 의식은 이에 따라 더욱 제한되며 간주관성이 시공간적인 의미에서 축약되면서 편협해진다. 비유하자면 정치적 의식―주체 대 주체 그리고 주체 대 객체 관계 모두에 해당되는―은 깊은 겨울잠에 빠지게 되는 것이다. 하지만 노동과 자본 간의 대립이 노동의 의식과 실천에서 얼마나 흐릿해지는지는 문제가 아니다. 축적을 향한 자본의 지칠 줄 모르는 욕망은 노동의 삶 속으로 침투해 들어가 그것이 지닌 결들을 마모시키며, 불가피하게 다양한 강도의 새로운 대결들을 주기적으로 만들어낸다. 비록 아도르노가 비판이론과 아방가르드 미학만을 부정변증법의 영역으로 보고(Lunn, 1984: 240), 완벽하게 '관리되는' 사회에 노동계급이 충분히 통합되어버린 것으로 간주했다 하더라도, 노동은 존재와 부정의 아도르노적인 변증법을 실천하고 있는 자기분할적이고 모순적인 범주이다. 노동이 자본의 매개범위 안에서 안락하게 자신을 생산할 때, 노동은 마르크스가 **종적 존재**species being라고 불렀던 것을, 즉 자율성, 창의성, 사회적 참여라는 규범적인 이상들을 부정하는 것이다. 노동은 자본과 싸워 나아갈 때, 자신을 적대하는 것을 거부하기 위해서뿐만 아니라 많은 시대를 거치면서 억압이 남겨놓은 모든 찌꺼기들을 그대로 품고 있는 계급 주체로서의 자신의 정체성도 거부하기 위해 투쟁하고 있는 것이다.

루카치에게 피지배계급을 위한 성숙한 계급의식은 사회적 총체성이 자율적인 차원과 실천들로 물화되어 분리되는 것을 극복하려는 특징을 갖는다. 성숙한 계급의식은, 예를 들면 신문 지면에서는 일상적으로 파편화되고 해체되는 경제, 정치, 문화 사이의, 즉 지역적인 것과 전 지구적인 것 사이의 공언되지 않는 연결들을 이끌어내며 ('생산자 이해관계'와 소비자가 두 가지 서로 다른 종種이라는 관념으로 최근 담론들에서 일상적으로 나뉘는) 생산과 소비를 몇몇 매개된 제휴로 이끈다. 자본주의는 물론 매개들을 통해 구성되는 사회이지만, 사회를 하나로 묶어주는 그러한 연결과 상호연관이 근본적인 적대주의를 만들어내기 때문에 이러한 매개들은 비대칭적이며 기능 장애로 인한 위기에 빠지는 경향이 있다(Mészáros, 1995). 탈자본사회란 대칭적인, 즉 균형 잡힌 매개들을 발전시키고자 하는 사회일 것이며, 발전하는 상호연관성으로부터 나오는 호혜적인 자원 분배 윤리와 사회 정의를 지향하는 실천 및 의식의 방식을 추구하는 요소-작금 우리 사회 내의-들을 무의미하게 만들어버리는 것이 아니라 발전시키는 것을 특징으로 하는 사회일 것이다.

마르크스가 노동계급을 사회변화의 중심적 힘으로 파악했을 때, 노동계급은 정확히 그 수가 상대적으로 적다는 점 때문에 뚜렷하게 인식 가능한 사회 집단이었으며 명확한 지리적, 산업적 위치와 분명하게 식별될 수 있는 문화적 특성들을 지니고 있었다. 하지만 '노동계급working class'이라는 용어가 여전히 사회학적이고 정치적인 중요성을 일정하게 갖고 있다 해도 국가들을 넘어서, 사회학자들에 의해 분류된 '계급'과 직업들을 넘어서, 인종과 성별을 넘어서 임금관계가 일반화된 것은 이 용어가 포괄하던 의미를 근본적으로 변화시켜왔다. 동시에 정치적 스펙트럼을 통해 볼 때 이 '옛' 노동계급은 좌파에게는 아련한 향수로서 그리고 우파에게는 자신들이 분명한 역사의 승자임을 상기시키는 유물로서 어떤 잔여적인 존재감을 유지해오고 있다. 나는 노동labour이라는 용어를 선호하는데, 그 이유는 그것이 '노동계급'이라는 용어가 지닌 이러한 문화적 함의들과 사회학적인 오염에서 보다 안전하기 때문이다. 그리고 이 노동계급이라는 용어는 사무직 직업의 경우 다소간은 임금노동 상품화의 동학 바깥에 놓여 있다고 믿게 만든다.

자신들 사이에 있는 물질적이고 문화적인 차이들(즉, 자신들 서로서로와 자본 간의 매개된 관계들)을 잘 고려한다면, 착취와 억압의 현장에서 이러한 신음과 투쟁을 인식하고 있는 급진적인 문화노동자들은 자본이 자신들의 창조적 행위들에 부과하는 좌절과 제약 때문에 자신의 경험을 통해 그러한 인식을 향한 길을 닦을 수 있다. '노동'이란 용어가 너무 포괄적인 나머지, 예를 들면 어쨌든 봉급쟁이인 고위 경영진과 이들 밑에서 일하는 노동자들 간에 반드시 필요한 구별들을 할 수 없게 한다는 비판도 있을 수 있다. **하지만 노동의 존재론은 그것의 집단적이며 상호의존적인 사회성 자체이다.** 노동이 불평등한 권력과 임금 격차로 위계적으로 조직화되면 될수록, 그런 불평등을 인격화하는 노동―자기모순적이고 자기분할적이지만 그 자체로 사회성에 의존하고 그것을 증진하는―은, 사회성과 상호의존적인 윤리를 임의로 방해하고 왜곡하는 데 필수적인 강요를 결코 회피하지 않는 자본의 이해관계와 논리를 더욱더 드러내게 될 것이다.

사회적 이해관계들과 이들이 지식과 맺는 관계에 대한 문제는 논평가들에게 심지어 마르크스주의에 공감하는 논평가들에게도 많은 어려움을 야기하는데, 이것은 비쿠 파레크$^{Bhikhu\ Parekh}$의 저서『마르크스의 이데올로기 이론 Marx's Theory of Ideology』에 잘 묘사되어 있다. 마르크스 또는 마르크스주의가 그 자체로 노동의 관점과 제휴하고, 또는 그러한 관점에 입각하여 이야기하거나 글을 쓰고 있다는 파레크의 비판은 유용하다. 왜냐하면 그의 비판은 마르크스주의가 갖는 그러한 정식화 자체가 진리주장의 비판적 잠정성$^{critical\ provisionality}$을 유지하겠다는 것을 의미**할 수는 없음**을 명확하게 해주기 때문이다. 파레크는 논리적으로 볼 때 사회이론가가 어떤 계급 관점으로부터 사회를 연구함으로써 무언가를 얻는다는 생각은 이치에 맞지 않는 것이라고 주장한다.

> 사회가 하나의 계급 관점에 입각하여 연구되어야 한다는 논제는 어떤 계급 관점으로부터 주장되는 것인가? 만약 어느 특정한 계급 관점에 입각해 있다면, 그러한 주장이 보편적 타당성을 얻을 수 없다는 것은 명백하다. 그리고 만일 보편적 타당성을 주장하려 한다면, 그것은 어떤 단편적인 계급 관점에 입각하여 주장되어서는 안 된다(Parekh, 1982: 171).

우리가 살펴본 것처럼 마르크스는 노동계급을 인간해방의 담지자로 인식했는데, 그것은 질적으로 볼 때, 즉 사회구조 안에서 지닌 지위라는 측면에서 노동계급이 가장 포괄적인 사회적 토대를 대변하고 있었기 때문이며, 더불어 이런 방식으로 보편적 타당성이 아니라 어떤 보편적인 잠재성을 주장할 수 있었기 때문일 것이다. 여기서 잠재성^{potentiality}이란 개념은 시간성^{temporality}을 도입하면서, 또 한편으로는 특별하게 열망하는 목표들을 최소한 가능한 것으로 만드는 객관적인 사회적 조건들이 있다는 것을 암시하기도 한다. 하지만 동시에 아직 성취되지 않은 잠재성들이 있는 한 그 잠재성의 개념은 사회적 행위자들의 마음에 그들이 현재 처해 있는 상태와 그들이 될 수 있는 상태 사이의 간극을 느끼게 한다. 이러한 간극 안에서 비판적 잠정성은 스스로를 실현해나가며 사회적 연대와, 획일적 행위자라는 비판, 즉 개인을 일렬로 정렬시킨다는 비판을 화해시킨다. 프롤레타리아라는 용어는 정확하게 이러한 잠정성과 잠재성을 구체적으로 표현하는 데 사용될 수 있다. 이것은 스티븐 퍼킨스Stephen Perkins가 "그 현실이 만들어지는 상태에 있는 정치-사회적 범주politico-social category"(Perkins, 1993: 169)라고 유용하게 규정한 것이기도 하다. 따라서 노동계급/노동/프롤레타리아를 보는 관점에 바탕이 되는 지식은 (파레크가 그렇다고 생각하는 것처럼) ① 그들의 경험, 여론, 가치들을 그것의 장단점과는 무관하게 단순히 반영하고 증폭시키는 것을 의미하는 것이 아니고(즉, 프로파간다를 만들려는 것이 아니고), ② 자기 자신을 노동의 경험과 지식에 제한시키는 것을 의미하는 것도 아니다(마르크스는 노동이 부르주아가 제공한 철학적, 문화적, 물질적 유산들을 재구성해야 한다고 주장했다).

지식의 지위와 관련한 순환성의 문제, 그리고 관점의 표현의 문제는 파레크 자신의 위치로 되돌려질 수도 있을 것이다. 노동계급의 관점이 제한되고 부분적이라고 판단할 수 있는 것은 어떤 **계급적** 관점에 입각해서인가?

> 사회과학자로서 마르크스는 계급이론가가 아니라 '자유로운 사상가'였다. 그는 가능한 한 가장 포괄적이고 자기비판적인 관점에 입각해서 자본주의 생산양식과 인간사에 관해 연구하고자 했다. 따라서 그는 프롤레타리아의 관점에 입각해서가 아니라, 프롤레타리아를 포함하여 자신이 이용가능한 모든 관점을 가지고 비판적으로 구성된 사회 전체의 관점에 입각해서 자신의 연구를 수행했다(Parekh, 1982: 175).

여기서 우리는 사회이론가들(또는 다큐멘터리 제작자들)이 가진 두려움, 즉 자신들의 지식 주장을 특정한 사회적 행위자 집단의 사회적 상황에 바탕을 두면 자신들이 지닌 사고의 자유로운 활용능력을 접어야 할 수도 있다는 두려움을 보게 된다. 하지만 이렇게 마르크스가 사회 전체의 관점에 입각하고 있었다는 파레크의 해석은, 결국은 마르크스를 분별력 있게 '여러 각도에서' 사물들을 관찰하고, 서로 갈등하는 (그리고 결국은 양립할 수 없는) 관점들 간에 균형을 잡고자 하는 고전적인 자유주의 사상가로 만들어버린다. (객관성이라는 환상의 한 가지 변형인) 이 사회 전체의 관점에 대한 파레크의 주장은 노동의 관점에 입각하여 전체를 보는 어떤 매개된 지식이나 변증법적 종합과 전혀 같지 않다. 그의 주장은 경합하는 주장, 경험, 가치, 그리고 다양한 집단의 이해관계들이 어떤 사회적 위치에서 종합될 수 있는지에 대해 답을 내놓을 수 없다. 그것은 그 자체로 어떤 계급 지위로서 인정—어떤 경우에서든 그것은 스스로를 인텔리겐치아라는 계급위치로서 자각하고 있을 것이다—하는 것이거나, 개인주의로 후퇴하여 계급투쟁을 초월하려는 인텔리겐치아의 계급적으로 결정된 욕망을 표현하는 (그리고 은폐하는) 환상일 뿐이다(Ehrenreich and Ehrenreich, 1979: 22). 인텔리겐치아의 관점에서 말하는 것은, 잘해야 지젝이나 하버마스와 같은 독특한 경우처럼 자본과 노동 모두에 의해 매개되는 비판을 낳거나, 최악의 경우에는 신자유주의적 철학자들과 경제학자들의 경우처럼 전체적으로 또는 대체로 자본에 의해 매개되는 비판을 낳을 것이다.

루카치에게 매개라는 개념은 서로 연관되면서도 각기 다른 사회적 총체성의 측면들을 이해하는 데 중심적이었으며, 노동은 이런 매개의 실천적 동인이었다(Lukács, 1971: 163). 하지만 노동이라는 범주는 그 자신뿐만 아니라 다른 사회적 정체성들과도 구체적으로 매개되는 관계들 안에서 주체적으로 고려되어야 한다. 잘 알려진 것처럼 마르크스는 즉자적卽自的 계급과 대자적對的的 계급*을 구별했다. 그는 19세기 중반 프랑스 소작농에 대한 분석에서 이 소작농들이 즉자적 계급으로서의 객관적인 실재를 갖는다고 주장했다. 이들은 "유사한 환경 속에 있었지만 서로와의 다중적인 관계들 속으로 들어가지는 않는다"(Marx, 1984: 108~109). "열악한 커뮤니케이션 수단"으로 더욱 깊어지는 이러한 고립은, 작은 소작지를 가진 이 프랑스 농노들이 '거의 자기충족적'이었음을 의미했다.

작은 소작지를 가진 소작농과 그 가족들이 있고, 그 옆에는 또 다른 소작지를 가진 또 다른 소작농과 또 다른 가족이 있다. 이들 몇몇이 하나의 마을을 구성하고, 이러한 몇몇 마을이 하나의 주州를 구성한다. 이런 식으로 동질적인 동급의 단위들이 단순히 더해지는 방식으로, 마치 포대 속의 감자들이 감자 한 포대를 만드는 것처럼 프랑스라는 국가의 대중이 형성된다(Marx, 1984: 109).

(그에 대한 이해방식과는 독립된) 객관적인 사실로서, 소작농들은 하나의 계급을 형성하고, 따라서 정치적인 문제의 결과에 수동적인 성향과 영향력을 갖게 된다. 하지만 이들이 **대자적** 계급을 형성하는 것은 아니다. 이들의 삶의 조건은, 자신들을 하나의 계급으로 **인식하게 하고** 자신들의 이해관계를 독립적으로 추구하게 하는 능력에 반하여 이루어진다. 소작농들의 생산양식과 상대적으로 제한적인 생산력을 구성하는 경제적 상호의존성의 부족은, 객관적으로 그들의 삶의 조건에서 계급의식을 출현시키기보다 그럴 수 없게 할 가능성이 더 컸다는 것을 의미한다. 자본주의하의 임금노동에서도

---

* 즉자적 계급 class in itself 은 특정한 계급에 속해 있지만 계급의식이 결여된 부류의 노동자들을, 대자적 계급 class for itself 은 이러한 노동자들이 투쟁이라는 매개를 통해 자신을 보게 될 때 새로이 태어나는 존재를 말한다.

광범위한 시공간적 관계들(경쟁, 노동 분업, 불균등 발전 등)을 넘어서 서로를 인식하고 동질감을 형성해나갈 수 있는 능력을 박탈하기 위해 작용하는 객관적인 조건들이 있다. 하지만 이런 조건들은 자본주의 생산양식이 또 한편으로 발전시키는, 즉 결국은 자원의 이용과 분배를 정치화하는, 시공간을 넘어선 광범위한 경제적 상호의존 및 정교한 소통의 가능성이라는 조건들과 경쟁한다. 대자적 계급이란 개념은 어떤 계급(특히 힘에 의존하지 않으려는 진보적 계급)이 자신의 삶의 조건 가운데 있는 객관적 잠재성을 실현하고자 한다면 (간)주관적으로 구성되어야만 한다는 것을 의미한다. 노동에게 이러한 간주관성의 특성은, 부르주아적인 권리와 이것이 모든 사회 집단들에 보편적으로 적용되는 것 사이의 **비동일성**을, 그리고 물질적이고 문화적인 필요와 이것을 자본주의 내에서 보편적으로 만족시키는 것 사이의 **비동일성**을 인식하는 것이어야 한다.

  벤하빕과 같은 비판가들에게 계급에 대한 마르크스적 개념은 잘해야 어떤 집단적 특성과 동질적인 간주관성에 호소하는 것이다(Benhabib, 1986: 128). 결국 노동의 관점이라는 것은 그 계급의 일체화된 성격 때문에 일의적이고 독백적이라는 것이다. 그러나 한 계급으로서 (노동과는 다른) 프롤레타리아의 일체성은 언제나 형성의 과정이고 실제로 끊임없이 연기되는 것인데, 이는 의미상으로 볼 때 계급으로서의 프롤레타리아가 자신의 간주관성을 좌절시키는 삶의 조건들에 놓여 있다는 것을 나타낸다. 이것이 함축하는 것은 어떤 시간적인 축을 따라서 협상되어야 할 긴장이 있다는 것이다. 만일 프롤레타리아가 언제나 형성^{becoming}의 과정 가운데 있는 계급이라면, (이전의 혁명적인 이론과 실천의 높은 지향점에 기반을 둔,) 무엇이 계급의식을 구성하는가에 관한 지침이나 나침반은 그러한 형성의 과정에 의해 드러나도록 잠정적으로 열려 있어야만 한다. 어떤 사회적 축을 따라서 볼 때, 노동은 많은 마르크스주의자들의 작업에서 이상하게도 추상적인, 즉 비매개적인 것으로 남아 있다. 루카치는 "프롤레타리아의 의식만이 자본주의라는 막다른 골목에서 빠져 나올 수 있는 길을 일러줄 수 있다"라고 말한다(Lukács, 1971: 76). 여기서 **누군가가** 지닌 의식이 유일하게 자본의 벽을 넘어설 수 있다거나 의식에 이렇게 배타적으로 집중하는 것은 문제가 있다. 분명히 자본주의의 교착점에서 우리를 빼내주는 것은 사회 질서에 대한 우리의 의식이 아니라 참여, 집단적 통제, 민주화, 대칭적인 매개 등의 구체적인 실천이다. 의식에 대한 루카치의 과도한 강조가 갖는 문제는, 요구되는 '진정한' 계급의식이라는 것이 계급의 보호자와 대변인으로 자처하는 국가 엘리트들에 의해 이용될 수 있는 반면, 실천적이고 민주적인 성장은 엘리트들이 이용하기가 쉽지 않다는 것이다. 왜냐하면 국가에서 이러한 성장을 '대신'한다는 것은 의미상 그것의 실체를 부정하는 것이기 때문이다.

루카치는 또한 급진적인 의식의 성장을 위해 노동에 배타적인 역할을 부여한다는 점에서도 실수를 범한다. 노동 외에도, 자본을 넘어설 것을 강조하는 해방적인 주장들(의식)을 정당화하며 강력하게 대두되어온 많은 원천들이 있다. 마르크스주의의 몇몇 전통들에는 젠더나 인종이나 환경과 관련한 주장들이 노동이나 마르크스주의 이론에서 주변부에 속한 행위주체들에 의해 접합되어온 것으로 인식하거나, 그런 주장들을 동화시키거나, 이런 주장의 원^原대변자들을 헐뜯거나, 이런 주장들에 대한 어떤 끊이지 않은 연속성이 있어왔다고 입증하는 것으로서 과거 그 주장들을 언급한 사회주의 전통 안의 이론이나 실천이 보인 몇 가지 산발적인 순간들을 거론하는 불행한 경향이 있다. 이러한 망가진 변증법들을, 일반화된 노동의 사회적 관계들 속에서 그러한 해방적 주장들이 뿌리를 내림으로써만 분파주의 또는 중산계급의 정치학과는 다른 진정한 보편성을 획득할 수 있다는 마르크스주의의 전망과 혼동해서는 안 된다. 반대로 그리고 변증법적으로, 프롤레타리아의 잠재적 보편성은 오직 이 일반화된 범주가 탈균질화되어 가치형태

value-form라는 추상적인 보편주의에서 벗어남으로써, 그러한 해방적 주장들을 서로 긴밀히 연결되어 서로를 구성하고 있는 각각의 그리고 모든 사회적 그룹 및 정체성들(흑인, 동성애자, 장애인, 여성)로 확대시킬 때만 성취될 수 있다.

이것은 자유주의나 포스트모더니즘과 같은 철학을 마르크스주의에 묶어 놓는 문제가 아니다. 그보다는, 다원적이고 다양한 프롤레타리아의 개념화가 논리적으로 가치법칙에 대한 마르크스적 비판에서 나온다는 점을 이해해야 한다. 왜냐하면 서로 다른 물질과 사용가치와 실천들을 어떤 양적 비율에 따라서 거칠게 **등가화**하려는 가치법칙의 무자비한 압력은 **평등함**을 좌절시키려는 압력과 반드시 짝을 이루기 때문이다. 이윤율을 상향 평준화하기 위해 기회주의적으로 이용할 수 있는 어떤 그리고 모든 사회적인 차이나 문화적으로 구성된 차이나 자연적인 차이들을 자본이 틀어쥐고 있기 때문에, 추상적인 평등과 실질적인 불평등은 가치법칙이라는 한 동전의 앞면과 뒷면인 것이다. 아도르노가 주장하는 것처럼, "하나의 과정으로서의 물물교환은 실제로 객관성을 가지면서도 동시에 그 자신의 원칙, 즉 평등의 원칙을 거스르기 때문에 객관적으로 허위이다"(Ardorno, 1973: 190). 분명히 모든 억압이 경제적 동기로부터 연유하는 것은 아니지만, 가치법칙은 문화, 의식, 국가가 삶의 모든 영역에서 억압적인 동일성 사고를 발전시킬 수 있는, 그리고 차이에 대한 적대를 발전시킬 수 있는 맥락을 형성한다. 순조로운 산출 흐름에 끼어드는 어떠한 혼란이나 방해나 통합되지 않는 문제도 참아낼 수 없는 생산과정에서의 도구적 사고와, 지배적인 정체성과 어울리지 않는 어떤 사회적 집단이든 적대하는 사고 형식들을 연결해주는 일련의 매개된 연속성이 있는 것이다.

나는 이미 어떤 비판적이고 변증법적인 사회적 제휴가 그 자신을, 존재하는 것으로서의 노동—파편화되고 수동적이고 방어적이고 성차별적이고 인종적인

―과 있을 수 있는 것으로서의 노동(프롤레타리아) 간의 간극에 자리 잡게 한다고 진술했다. 비슷하게 루카치는 실제적 계급의식과 **귀속된**^{imputed} 계급의식 사이를 구별했다. 귀속된 계급의식은 "생산과정에서 어떤 특정한 전형적 지위에 '귀속된' 적절하고 합리적인 반응들"을 가리킨다(Lukács, 1971: 151). 프롤레타리아의 귀속된 계급의식은 사회화된 노동 **실천**에 암묵적으로 코드화된 해방적 잠재성과 연관될 어떤 의식을 말한다. 하지만 이런 경우에도 실천이든 의식이든 지금 그리고 여기에 존재하는 어떤 성취 지위와 제휴해서는 안 된다. 누군가는 이러한 노동의 실제적 계급의식과 귀속된 계급의식 사이의 구별을 (보통 그러는 것처럼 이 귀속된 의식을 체현하는 전위적인 혁명정당의 지도적 역할을 정당화하는 것으로보다는) 아도르노의 부정변증법과 유사한 것으로 읽을 수 있을 것이다. 왜냐하면 이런 구별이 가장 혁명적인 운동의 와중에서조차, 노동과 연관되면서도 국가의 지속적인 유지와도 관련되는, 이상과 실천 사이의 어떤 비동일성과 영원한 비판적 연기^{deferral}를 자리 잡게 하기 때문이다.

종속계급 (그리고 그것이 함축하는 필수적인 사회적 변혁) 안에 존재하는 실제적 계급의식과 귀속된 계급의식 간의 **간극**은 지배계급 안에서 뒤집히는데, 왜냐하면 이들에게는 실제적 계급의식이 자본의 인격화로서 자신들의 행위에 암묵적으로 코드화된 그 적절하고 합리적인 반응들에 상당히 근접해 있기 때문이다. 결국 지배계급 안에서 그날그날 동요하고 혼란스러워하는 실제적 계급의식과 일종의 계급 지위의 증류된 재현인 귀속된 계급의식 간의 간극은 상당히 좁다. 왜냐하면 이들에게 '적절하고 합리적인' 것은 지배적인 사회적·경제적 관계라는 **특성**과 더불어 작동하기 때문이다. 자본과 결부된 계급의식은 필연적으로 제한적이며, 자본가들은 그들을 둘러싼 세계를 스스로 추궁하고 비판적으로 이해하기 위한 능력이, 사물의 본성을 깊이 있게 탐구할 필요성이나 이해관계가 전혀 없는 그들의 사회적 위치에 의해 재단되어 있다.

이는 1990년대 후반 인터넷 붐이 한창일 때 온라인 시장의 한 부분을 장악하고자 했던 두 죽마고우의 운명을 그린 다큐멘터리 〈스타텁 닷컴$^{Startup.com}$〉(크리스 헤게두스$^{Chris\ Hegedus}$와 지한 누자임$^{Jehane\ Noujaim}$, 2001, 미국)에서 아주 잘 다루어지고 있다. 이 다큐멘터리 영화의 초반 장면 중에서 톰 허먼$^{Tom\ Herman}$은 고무 밴드로 어린 딸의 머리카락을 두 갈래로 땋는다. 양쪽 머리가 충분히 '똑같이', 즉 대칭적으로 땋아지지 않아 불만스러운 허먼은 아프다며 그만하라는 딸의 간청에도 불구하고 머리 땋기를 계속한다. 여기서 추구되는 '똑같음'이란, 관련된 더욱 실질적인 문제들에는 관심을 두지 않는, 단정한 디자인에 대한 어떤 합리화된 선호와 유사하다. 허먼이 딸의 의견을 무시하고 계속 머리를 만지는 동안 카메라는 어린 딸의 불퉁한 표정을 클로즈인한다. 이 다큐멘터리의 이와 같은 수사학적인 카메라 움직임은 허먼이 하고 있다고 생각하는 것과 그가 실제로 하고 있는 것 사이의 불일치, 그리고 무엇이 옳은지에 대한 허먼 자신의 평가와 관객에게 제공되는 반대되는 해석 사이의 균열을 보여준다. 이 장면은 전체 영화의 전략과 구조를 요약하고 있다. 허먼과 그의 친구 칼레일 이사자 터즈먼$^{Kaleill\ Isaza\ Tuzman}$은 정부와 시민 사이에 (특히 주차 위반 벌금을 내는 영역에서) 인터페이스^{interface}를 제공하기 위해서 govworks.com이라고 하는, 뉴욕에 기반을 둔 웹사이트를 설립할 것을 목표로 하고 있다. 허먼은 웹사이트 구축에 초점을 두는 '기계기술 밖에는 모르는$^{techno-geek}$' 사람이고, 반면에 벤처 투자가들로부터 자금을 조달하는 일을 맡은 터즈먼은 아주 경쟁적이고 독선적인 인물이다.

루카치는 자신의 문학비평에서 전형성^{typicality}이라는 개념을 통해, 귀속된 계급의식의 문제를 탐구했다. 그는 통계적인 평균의 측면이 아니라 사회적 힘들의 중심적인 모순과 움직임들을 명확히 드러내고 안정화시키는 어떤 상황과 의식이 지닌 특징이라는 측면에서 전형성을 정의했다. 따라서 자기 자신의 계급적 지위에 대한 이러한 명료함을 습득한 부르주아적인 혹은 귀족적인 캐릭터는 자신의 일상적이고 평범한 초월성 때문에, 즉 자기 계급에서는 단지 '평균적인' 의식 때문에, 그 계급이 지닌 구조적 지위에서 추락하거나 착취자로서 역할을 해야 할 때 적응할 수 없다는 것을 알게 된다고 하는, 어떤 의미에서는 비극적인 인물이 되기도 한다. 하지만 우리는 여기서 다큐멘터리를 다루기 때문에[그리고 다큐멘터리에서 주식 및 주식 거래야말로 정확히 통계적으로 평균에 해당하는데 왜냐하면 다큐멘터리의 사회적 관련성이 종종 여기에 토대를 두기 때문이다(Winston 1995: 130~137)], 허먼과 터즈먼이 루카치적인 의미에서 보면 결코 전형적인 캐릭터들이 아니라는 점이 크게 놀랄 만한 일은 아니다. 그 대신에 이들은 백만장자가 되고픈 마음에 닷컴 붐에 필사적으로 편승하려는 탐욕스러운 기업가 지망생이다. 우리—그들이 아니라—는 그들이 아주 희망이 없는 곳에서 허우적대고 있음을 발견한다. 하지만 이렇게 완전히 평균적인 캐릭터들이 루카치적인 전형성을 결핍하고 있음에도, 이 다큐멘터리는 상황과 사건들의 전형성을 잘 이용하고 있다.

제2장에서 논의했던 것처럼, 닷컴 버블의 성쇠는 이 시대의 핵심적인 사회경제적 역학관계가 생생하게 드러나는 계약 경제와 자본의 순환적 팽창의 고전적인 사례였다. 이 다큐멘터리 영화에서 내러티브는 이러한 방향으로 변화하며, 그 도덕적 비평은 **우리가** 이 세계에 대해서 배우는 것과 이 두 예비 자본가가 배우지 못한 것 사이의 불일치를 드러내준다. 이 다큐멘터리 영화가 갖는 형식은 부분적으로 관찰자적이지만, 더불어 아주 종종 캐릭터들이 자신들의 삶과 자신들이 마주한 세계에 대한 의미 있는 통찰을 위해 이 텍스트적 공간을 이용할 수 있게끔 직접 카메라를 들이대기도 한다. 하지만 이 캐릭터들이 이 공간을 생산적으로 이용하는 것은 아니다. 허먼과 터즈먼은 지금 이 세계로 우리를 이끌어주는 수단이지만, 그들에게는 자기비판 또는 자본주의 환경에 대한 비판을 위한 능력이 사실상 존재하지 않는다. 우

리는 이 캐릭터들이 지닌 약간의 순수성, 우정, 자기존중, 가족들, 사랑하는 사람들에 대해 이 자본주의 세계가 미치는 유독한 영향들을 본다. 이 영향들에 문제를 제기하는 것은 차치하더라도 이런 영향들을 인식할 수 있게 할 허먼과 터즈먼의 능력은, 이들이 이 자본주의 체제의 결을 따라 일하고 자신들의 이익을 위해 이 체제를 악용하면서 사라진다. 이 다큐멘터리가 보여주는 것은, 이들에게 간주관적 인식을 위한 능력이 계발되지 못한 것이 자본주의에 대한 이들의 주체-대-대상적인 집착과 밀접한 연관이 있다는 것이다.

이 다큐멘터리에서 인지적인 통찰은 그 주인공들의 의식과는 거의 관계가 없고, 그 대신 관객과 주체 간의 **아이러니한 불일치**로부터 나온다. 이 다큐멘터리와 〈불의^{Injustice}〉(켄 페로$^{Ken\ Fero}$와 타리크 메흐무드$^{Tariq\ Mehmood}$, 2001, 영국)〉를 비교해보자. 〈불의〉는 영국에서 지난 30년간 경찰의 손에 폭력적으로 죽어간 몇몇 흑인에 관한 사례들을 조사한다. 이 다큐멘터리는 최근 사건들에 중점을 두면서 정의를 위한 투쟁을 그리고, 왜 이런 투쟁이 필수적이며 또한 경찰과 사법당국에 의해 방해받아왔는지를 그린다. 1,000명 이상의 흑인이 경찰서에 구금되어 숨졌지만 어떠한 경찰관도 그러한 죽음들과 관련하여 유죄판결을 받지 않았다. 이 다큐멘터리 영화는 그 유가족의 투쟁과정에서 정의와 영국 국가라는 경험적 현실 간의 불일치를 통찰력 있게 보여준다. 특히 장례식과 가두행진, 공식적인 모임, 직접적인 인터뷰 등을 통해 우리는 이들의 투쟁이 어떻게 이들의 삶을 소진시켜왔는지, 그리고 그들을 둘러싼 세계에 대한 그들의 이해를 보다 확장시켰는지 알 수 있다. 이렇게 이 다큐멘터리의 구조는, 처음에는 다양한 집단이 개별적으로 자신의 목표를 추구하다가 **다른 사람들, 자기 자신의 고통, 종속된 지위라는 상황을 인식하면서** 점점 더 높은 국가권력 기관들을 상대하며 점차 그들의 투쟁이 한데 수렴하는 병렬적인 사례들을 둘러싸고 구축되어 있다.

〈불의〉에서 우리는 인식론적인 범주로서의 계급이 어떻게 인종에 대한 지위변화모델로서, 그리고 이 다큐멘터리가 그리는 상황에 대한 어떤 '인과적으로 매개된 결정요인'으로서 작동하는지 볼 수 있다. 지위변화모델로서, 자본에 저항하는 노동의 투쟁들에서 나타나는 강한 유사성은 개인적 위기와 관련한 주인공들의 여정(그들이 대면하게 되는 인종주의적 국가기구에 대한 첫 문제제기, 투쟁, 날로 늘어나는 지식과 실천적 비판) 안에서 발견될 것이다. 〈불의〉의 힘은, 지배와 종속의 양 극에서 종속적인 극의 투쟁과 관련하여 이 다큐멘터리가 이 종속적인 극과 가까운 위치를 점하고 있다는 데서 연유한다. 이 텍스트는 그들의 투쟁―그러한 투쟁이 수년이 넘게 계속되기도 한다는 것 자체가 헌신의 어떤 깊은 수준을 말해준다―을, 방송 다큐멘터리 프로그램들을 규제하는 '균형'과 '객관성'의 영역 바깥에 두는 방식으로 인식한다. 〈불의〉는 아직 영국 텔레비전에서 방송되지 않았다. 이 다큐멘터리가 자신이 다루는 주체들과 관련하여 길어 올리는 풍부한 간주관성은 결국 시청자들이 흑인들과 국가기구 사이에 간주관성이 붕괴되어 있다는 것을 인식하도록 자극한다. 이 다큐멘터리가 노동, 특히 백인 노동자에게 제기하는 도전은, 자본에 대해서 대상이 되는 그 자신의 지위와 국가에 의해 대상으로 환원되는 흑인들 사이에 유사성이 있음을 상상하게 된다는 것이다. 〈불의〉는, 주인과 노예의 변증법에서 '노예'의 자리에 있는 다양하고 중첩되는 (그러나 동질적이지는 않은) 사회적 집단들 내에서 수평적인 간주관성이 수용되는 행위와 더불어 그 문제를 제기하는 것이다. 인과적으로 매개된 결정요인으로서의 계급은 노동계급(중산층 계급이 아닌)과 흑인(백인이 아닌)에게서 희생자가 압도적으로 많다는 사실에서 분명하게 나타난다. 계급과 인종 간의 이런 얽힘은, 가해자 중에 지배계급이 주도하는 제도적인 국가 환경 안에서 일하고 있는 백인과 노동자들이 압도적으로 많다는 측면에서 보완된다.

〈불의〉를 존 웨어$^{\text{John Ware}}$가 영국군 및 영국 정보기관, 그리고 북아일랜드 테러리스트들 사이의 충돌을 다룬 BBC 다큐멘터리 〈파노라마^{Panorama}〉와 비교해보자. 여기서 살인에 대한 국가 공모와 무관심의 희생자들은 유가족과의 인터뷰라는 형식으로 텍스트에 덧붙여진다. IRA(북아일랜드공화국군) 테러리스트 용의자의 변호를 맡았다가 살해된 변호사 팻 피누케인$^{Pat\ Finucane}$의 아들은 그의 아버지가 바로 그의 앞에서 살해당한 날 밤의 일과 남겨진 상처에 대해 말한다. 하지만 그런 살인이 발생하는 맥락과 관련해 정의를 얻기 위한 그 가족의 싸움, 캠페인, 문제 제기, 지식, 추론, 평가는 이 프로그램 안에서는 찾아볼 수 없는데, 그런 것들을 포함시키는 것이 영국에서 흑인과 유사한 지위를 지닌 어떤 집단(북아일랜드의 민족주의자들과 가톨릭교도)과의 담론적인 친화성 속에 텍스트를 위치시킬 것이기 때문이다. 분명히 〈파노라마〉는 규준에서 용감히 벗어나 그 자체로 새로운 정보를 만들며 탐사를 수행하지만, 이 다큐멘터리의 탐사가 살인자들과 직접적으로 관련된 사람들이 수행한 모든 캠페인 및 제기한 질문들의 한 가지 답인 '범죄의 장면'에 도달하는 정도를 은폐한다. 이는 유가족들을 '희생자'로 남겨둔 채로 어떤 공적인 변화를 통해서 이들의 슬픔이 치유될 수는 없는 것으로 그리는데, 이런 측면은 유가족들을 공적 맥락(시위, 법정 출두 등)에 위치시키는 〈불의〉와 극명한 대조를 보인다. 이렇게 〈파노라마〉에는 어떤 계급의 잔상이, 그리고 1차적인 공적 탐사자이자 지배적인 미디어 커뮤니케이션 기구을 통해 자신들의 어두운 일면을 '객관적으로' 조명하고자 하고 관객이 어떤 문제에 대해 동일시하고 인식하는 경로를 설정하고자 하는 국가 체제의 잔상이 담겨 있다. 하버마스가 강조하는 의사소통의 '어떻게'라는 측면에서 〈파노라마〉는 영국이라는 국가가 많은 시간 동안 기본적인 자유와 권리를 부인해왔던 그 공동체와의 간주관적 인식을 위한 아주 미약한 기회를 제공할 뿐이다. 달리 말하면, 〈파노라마〉와 〈불의〉의 '어떻게'는 이들이 진술하고자 하는 권력과 지향, 즉 이들이 말해야만 하는 '무엇'과 밀접한 연관이 있다.

◆ ◆ ◆

우리는, 책임 있고 비판적인 문화적 실천과 이론들을 위한 철학적 바탕을 다지고자 한다면 주체의 유사-객관성$^{pseudo-objectivity}$(즉, 객관주의)과 대상의 유사-주관주의$^{pseudo-subjectivism}$(즉, 상대주의) 사이에서 어느 쪽으로도 빠지지 않고 나아가야 한다는 것을 보았다. 전자의 경우, 화자와 수용자들이 사회적으로 어떻게 자리 잡히는지와 이것이 갖는 영향들과 관련한 비판적 능력이 심각하게 차단된다. 객관적 주체의 철학 안에는 사회적 이해관계들을 초월할 수 있다는 환상을 즐기려는 경향이 있는가 하면, 개념적 모순이나 규범과 현실 간의 간극을 다루기 위한 내재적 비판의 가능성들은 다양한 정도로 감소하는 경향이 있다. 일반적으로 객관적인 주체는 주체를 내적으로 분열되고 모순적인 것으로서 이해하는 것을 수용할 수 없다. 대상 세계의 객관성이 주관주의에 의해 냉정하게 부인되는 상대주의의 경우 대상 세계에 대한 객관주의라는 자기만족은 사라지지만, 이러저러한 방법, 정치, 행위, 결과를 다른 것보다 선호하기 위한 규범적이고 인식론적인 토대를 구축할 가능성 역시 사라진다. 우리는 실재계라는 지젝의 개념이 그러한 문제를 지니고 있는 것을 보았다. 객관주의와 상대주의, 이 둘 중 어느 쪽도 자기모순에 빠지지 않고서는 이론과 실천에서 지속적인 사회적 제휴를 이루기가 어렵게 된다.

우리는 하버마스를 객관주의와 주관주의 양 극 사이에서 어떤 종합을 이루려고 하는 시도로 위치시킬 수 있다. (우리가 살펴본 것처럼 어느 쪽이 다른 쪽을 지배하느냐는 제도적인 맥락, 즉 미디어 산업이나 학계에 달려 있다.) 객관주의자들과 마찬가지로 하버마스는 방법론적인 엄격함과 계몽주의적인 규준에 기초하여 증거와 바람직한 가치에 관해서 기본적인 합의를 이루는 것이 가능하다고 믿는다. 그는 이것을 상대주의자들을 비판하기 위해 이용하지만, 상대주의자들처럼 (상대주의자들의 반모사주의적anti-mimetic 힘을 모방하면서) 논점을 의사소통의 지시적인 '무엇'의 측면에서 '어떻게'의 측면으로 옮겨놓는다. 이런 과정에서 하버마스는 객관주의자도 상대주의자도 열 수 없는 간주관성의 공간을 연다.

주체의 철학에서 벗어나는 길을 찾고자 했던 하버마스의 시도는 불충분하게 물질주의적이고 불충분하게 변증법적이라는 문제를 갖는다. 어느 누구도 구조의 의미(생산양식)를 제쳐두고서 의미구조(의사소통이성)에서만 간주관성과 합리성을 정초할 수 없다. 하버마스적 이론이 생산양식이라는 깊은 물질주의에 대해 갖는 저항감은 세일라 벤하빕의 주장에서 분명하게 나타나는데, 벤하빕은 변혁의 과정으로서의 노동은 "의사소통, 해석, 논쟁, 그리고 조직화"와 결부되는 과정들과는 상당히 다르다고 주장한다(Benhabib, 1986: 156). 여기서 변증법적 매개가 결여되어 있다는 것은 우리가 노동의 실천을 간주관성의 근본적인 특성들 없이도 할 수 있는 무언가로 상상하자마자 명백히 드러날 것이다. 실제로 앞장들에서 살펴보았듯이, 자본주의 경영가들과 자본주의 이데올로기의 주창자들은 기업 조직 내의 커뮤니케이션을 혁신과 유연성을 위한 싸움에서 필수적인 자원으로 여기며 그것에 점점 더 많은 관심을 기울이고 있다. 하버마스 자신이, 물질적 생산의 영역에서 약화되고 표준화된 의사소통 양식을 보다 충만한 사회성이 발전될 수 있는 이론적이고 실천적인 의사소통 기구를 만들 수 있는 토대로서 받아들이는 데 그치고 있다. 하버마스 식의 '토대'와 '상부구조' 사이에 있는 비동일성은 그 자신의 철학적 기획에 치명적이며, 물질적 생산에서 왜곡되고 제한된 간주관성의 이러한 수용은 자본을 위해서는 필수적이겠지만 노동과 관련되는 한 임의적인 것이다.

반면 마르크스주의적인 생산의 사회적 관계들 안에서 간주관성의 개념을 정초하는 것은 이중의 비판, 즉 하버마스적인 관념론에 대한 비판뿐만 아니라 적어도 그것이 자주 인식되고 실천된다면 마르크스주의 자체에 대한 비판으로도 작동한다. 이렇게 이 장의 도입부에서 제시한 변증법적 모델을 다시 한 번 떠올려보면, 하버마스 대 마르크스주의라는 양 극 사이에서 마르크스주의라는 극 안에서부터 하버마스뿐만 아니라 마르크스주의 역시 비판하는 것이 가능하다.

추상적이고 어설프게 매개된 노동 개념은, 다른 사회적 정체성들에 의해 노동이 매개되는 것 그리고 그런 정체성들을 노동이 매개하는 것에 대한 무감각, (노동과 직접적으로 관련 있는 영역 바깥의 다른 쟁점과 갈등들은 주변화되는) '노동자주의', 그리고 정치적 다양성에 대한 무관심이나 단지 단기적인 전략적 관심 등과 같은 온갖 종류의 문제로 이어진다. 어떤 특정한 사회적, 경제적 관계를 거의 보편화시키는 (임금)노동의 객관적 조건들은 사회적 이해관계들에서 (경제적 또는 정치적 힘에 의해 왜곡되지 않는) 지식과 규범들의 바탕을 마련하기 위해 가능한 한 가장 포괄적인 기반을 형성한다. 하지만 즉자적 계급이 대자적 계급이 된다는 것은 어떤 한 집단이 독점할 수 없는, 혹은 어느 한 '진보적인' 국가―그런 국가가 미디어 측면에서 얼마나 필수적인지와는 별개로―에서 적절하게 재현할 수는 없는, 형성되는 중에 있는 집단적인 과정이다. 한 계급이 자신의 모든 다양성과 다원성 안에서 그 자신을 인식한다는 것은 자본주의 공론장이 수용할 수 있는 것을 넘어서 상상의 지평을 확장하는 것을 요구한다. 급진적이고 책임 있는 미학은 그러한 인식의 방식들을 발전시키려 할 것이며, 더불어 그러한 문화적 기획은 마르크스주의 정치에 하나의 도전이 될 것이다.

제9장

결론
주요 개념과 최근의 흐름에 대한 성찰

> 가치는 …… 그것이 무엇인지 말해주는 이름표를 달고 돌아다니지 않는다. 오히려 모든 생산물을 판독하기 어려운 사회적 상형문자로 바꾸어버리는 것이 가치이다. 나중에서야 우리는 상형문자를 해독하여 우리 자신의 사회적 생산물이 지닌 비밀을 풀고자 애쓰는 것이다.
>
> _ 마르크스, 『자본』

정말로 비밀을 푸는 시간이 점점 더 늦어지고 있다. 관건은, 할 수만 있다면, 우리가 오늘날 우리 앞에 놓인 암호화된 현상-형태를 어떻게 해독할 것인가에 크게 달려 있다. 지금까지 이 책은 가치 관계라는 사회적 상형문자를 해독하기 위해 이용할 수 있는 가장 좋은 방법론적 도구가 마르크스주의라고 주장해왔다. 가치 이론은 마르크스주의에게 노동과 자본 사이의 변증법을 파악하는 길인 셈이다. 노동은 (노동의 원료를 마련해주는 자연과 더불어) 사회적으로 생산된 모든 부의 주된 생성원이다. 마르크스는 노동을 그것이 부의 원천임을 파악해낼 수 있는 일반적인 사고 범주로 끌어올리는 것이 정치경제학의 발전에서 위대한 도약임을 지적했다. 경제사상의 초기 형식들이 부의 근거를 바라본 관점은 여러 단계를 거쳐왔다. 초기의 경제사상들은 부의 근거를 물질 대상에 두었으며 그 후에는 화폐에, 그 후에는 노동의 특정 형태, 즉 농경에, 그리고 마지막으로 애덤 스미스$^{Adam\ Smith}$에 이르러서는 노동 **일반**에 놓게 되었다. 마르크스가 주장했듯이, 경제사상의 형식에서 이

러한 도약은 자본주의적 사회관계가 추동한 생산력의 발전에 의존하고 있었다.

특정 종류의 노동을 고려하지 않을 수 있게 된 것은 다른 종류의 구체적인 노동의 매우 발전된 집합체가 존재하며 그중 어느 것도 다른 것을 압도하지 못함을 의미한다. 따라서 가장 일반적인 추상은 대개 가장 구체적인 발전이 이루어진 곳에서만 일어나며, 거기에서의 한 가지 특징은 많은 이들이 함께 그리고 모두가 공동으로 **소유**하는 것처럼 보인다는 것이다(Marx, 1973: 49, 강조는 필자).

그러나 자본주의가 추상적인 **사유** 속에서 실제로 인간(활동을 창출하는, 변형된 부로서의 노동력)에게 공통적으로 공유되는 소유를 실현하기 위해 물질적 조건을 증진하는 것이라면(즉, 우리의 사회성을 발전시키는 것이라면), 이는 또한 추상이 노동과 그 생산물의 사용가치에 대해 **실질적으로** 무관심하게 되는 모순적이고 양면적인 과정이기도 하다. 따라서 가치는 사용가치의 특수성과 특정성과 구체성을 탈물질화하는 물질적 힘인 자본의 모습으로 노동에게 되돌아온다. 이렇게 공유된 소유(인간의 노동력, 기술, 지식)는 완전히 다른 의미를 지닌 소유가 된다. 즉, 소유는 장악, 변영, 통제가 되며 또한 부의 생산에서 실질적인 주체로부터 공동화된다. 『공산당 선언』에 나오는 프롤레타리아의 유령(억압된 기억의 유령, 그리고 착취당하고 불의에 희생된 유령)의 반대편에는 필연적으로, 마치 노동과 그 산물이 그들 자신의 축적이나 경쟁과는 무관하게 그 스스로의 몸(사용가치)을 갖지 못한 듯이 노동을 소유하는 자본의 유령이 있다. 그러나 자본의 탈물질화하는 물질주의는, 주체와 그것의 물질적인 내용이자 효력인 대상을 결코 완전히 제거할 수 없다. 비록 주체 없는 주체가 내재, 분열, 억압, 전도라는 물신화의 힘에 의해 찢겨져 있다 해도, 절반의 기억에 불과하기는 하지만 교환이나 등가성에 저항하며 완고하게 남아 있는 본질적인 마찰이 있다. 이러한 (기억과 필요의) 물질성과 탈물질화 사이의 일반적인 갈등에 대한 알레고리는 〈다크시티〉의 주인공인 존 머독의 경우에서 살펴본 바 있다.

마르크스주의에서 추상과 구체성 사이의 마찰에 대한 함의는 사회적 총체성을 분석하기 위한 방법론으로서 중요하다. **비판적** 사유는 자본과는 반대 방향으로 움직이기 때문이다. 자본은 모든 특수성과 구체적인 특정성을 추상적인 교환으로 흡수하려 한다. 구체적인 노동은 "그 밑에서 그 대립물인 추상적인 인간 노동이 스스로 발현하는 형식"이 된다(Marx, 1983: 64). 마르크스주의는 이 전도를 전도시켜서, 고도로 발전되고 상호의존적인 경제 속에 함축된 추상적 원리들에 구체성과 특수성을 다시금 부여하려 한다. 그럼으로써 사용가치들의 특정성이 제대로 발전될 수 있게 하려는 것이다. 지금 그리고 여기에서, 즉 추상이 구체적 노동을 지배하고 있는 사회적 관계하에서 구체성을 적용한다는 목표는 진정한 변화에 기여하려는 비판적 실천 속에 내재화되어야 한다.

그러므로 마르크스주의의 방법론은 그 추상적 개념들 안에 사회적 차이에 대한 민감성을 내재화하는 추상적 개념들의 발전을 의미한다. 그 방법은 무엇인가? 추상이 더 복잡해질수록 사회적 질서의 "많은 결정요인들과 관계들의 풍부한 집합체"(Marx, 1973: 45)에 더 가까워진다. 복잡성이란, 개념적 관계들의 망을 구성하는 것을, 즉 그러한 개념적 관계들이 지닌 내적 동학을 통해 작동하며 그 설명 능력을 역사적 지시대상과 경험적 지시대상에 대해서 시험하는 것을 의미하는 것이다.

인구는, 가령 우리가 그것이 계급으로 구성된다는 것을 무시한다면 추상이다. 이 계급도 그것이 바탕을 두고 있는 요소들, 즉 임금노동이나 자본과 같은 요소들이 무엇인지를 인식하지 않는다면 텅 빈 단어에 지나지 않는다. 그다음으로 이러한 요소들은 교환, 노동 분업, 가격 등을 의미한다. 예를 들어 자본은 임금노동, 가치, 화폐, 가격 등이 없다면 아무것도 아니다(Marx, 1973: 44).

이 책에서는 마르크스주의 개념이 말하는 구체성에 대한 민감성을 발전시키고자 시도하면서 변증법적 구조를 지닌 논증을 펴왔다. 나는 제1장에서 노동과 자본 사이의 투쟁 안에서 인텔리겐치아가 지닌 구체적 특수성은 마르크스주의적 분석 안에서 발전되어야 한다고 제시했다. 지식노동자가 된다는 일의 특수성은, 생산 과정 속에서 문화적 노동과 그 산물(아이디어들)을 통제하고 수량화하려는 자본 앞에 일정한 어려움을 그리고 일정한 저항의 가능성을 들여온다. 예를 들어, 2001년에 할리우드의 작가들이 비디오, 위성방송, 케이블방송에서 상영되는 영화에 대해서도 로열티를 지급하라며 파업을 하겠다고 경고했을 때, 그들은 다른 (덜 문화적인) 종류의 상품과 서비스를 생산하는 데 관련된 노동자들이 모방할 수 없는 잉여의 지분에 대해 주장하는 것이었다. 물론 자본이 문화노동을 통제하는 과정에서 맞닥뜨리는 어려움들은 극복할 수 있는 것이며, 자본은 생산과정 속에 자신의 통제 논리를 관철시키고 창조적 과정을 될수록 경제적으로 그리고 (다소 모순되지만) 이데올로기적으로 안전하게 만들기 위해 온갖 종류의 전략을 발전시킨다. 적어도 나는 지식인들의 자율성을 낭만적으로 그리고자 하지 않는다. 그러나 분명히 거기에는 자본이 통제하기 어려운 점이 있으며, 논쟁의 여지가 있지만 생산 일반의 경우와는 다른 방식으로 그러한 결과가 나타난다. 비록 그 자체로 문화/커뮤니케이션 상품 및 서비스의 확장되는 생산과 무관하지 않은 생산의 문화화가 아마 이 어려움들을 그 어느 때보다도 더 넓은 사회 기층에 일반화시키고 있는 것 같지만 말이다. 나는 소프트웨어 기술자에 대한 논의에서 이를 상당 부분 제시했다. 소프트웨어 기술자들은 자신의 노동을 문화적 표현의 한 형태로 보며, 반면 기업 자본은 컴퓨터 소프트웨어를 상업적 기밀로 두기 위해 소스코드를 숨기려 한다. 마르크스주의에게 이러한 분석에서 덜 구체적이어도 좋을 여유는 없다. 마르크스주의는 사회적 실천의 아주 특수한 속성에까지 내려가야 한다. 왜냐하면 그것이 마르크스주의가 다른 종류의 정치적·문화적 이론들에 대한 충분히 해방적이고 민주적인 대안을 줄 수 있을지의 관건이 되기 때문이다. 사유는 추상과 구체성 사이에서 어려운 균형을 잡아나가야 한다. 이를테면 흑인 문화노동자들에게 있어 영화와 음악 사이의 차이란, 동일한 다면적 힘(즉, 자본)에 대한 생산과 소비의 특수한 관계 내에서 특정한 문화노동이 서로 다르게 접합된 것이다.

루카치가 마르크스주의에서 구체적 분석이란 특정한 실천이 사회적 전체와 맺는 관계에 대한, 즉 어떤 관계에 대한 분석이라고 지적한 것은 옳다. 앞에서 살펴본 것처럼, 이 관계는 자본의 탈물질화하며 탈맥락화하는 경향들이 현상-형태의 수준에서 지워버리는 관계이다. 그러나 동시에 사회적 전체는 특정한 것이 단순히 사회적 전체를 반영하거나 그것의 수동적 표현이 되지는 않는 방식으로 바라보아야 한다. 나는 토대-상부구조라는 장치와 매개의 개념이 이러한 변증법을 파악하는 데 주된 개념적 도구라고 주장했다. 그러나 그 둘 다 신중하게 정의하고 탐구해야 한다. 제5장에서 나는 자본의 추상화―축적, 상품화, 경쟁, 통제 등―와 (여러 제도 및 사회적 '수준'들의) 구체적 물질성, 둘 다를 적절하게 표현할 토대와 상부구조 모델을 개관하려 했다. 나는 다소 단조로운 전통적인 토대-상부구조 모델을 매개의 일곱 층위로 풀어냈다. 이는 토대를 두 개의 개념적 층위로 분화시키는 것과 관련된다. 그 두 층위는 곧 생산양식과 발전양식이다. 생산양식은 사회관계와 생산력의 추상화에 대한 요구와 더불어 나타나며, 발전양식은 토대 안에 내재하면서 기술과 사회적 관계들의 어떤 특정한 배치가 특수한 역사적 연관성 속에서 더 많이 나타나게 해준다. 이렇게 발전양식이라는 개념-특히 정보주의-은 생산양식을 역사적 변화에 대해 더 민감하게 만들어주는 반면, 생산양식은 그러한 발전을 자본주의를 구성하는 근본적인 투쟁과 모순의 연속성 안에 놓이게 하며, 제2장에서 논의했던 새로운 종류의 잘못된 패러다임에 맞설 수 있도록 도와준다. 나는 이렇게 두 층위로 토대를 분화시키는 동시에 상부구조를 미디어 분석에 맞게 다섯 층위로 더 나누었다. 그것은 국가, 산업적 맥락, 생산적 맥락, 생산과정, 그리고 마지막으로 텍스트이다.

매개는 이 상이한 층위들 사이를, 그리고 부분과 사회적 총체 사이를 필연적으로 연결해주는 중심 개념이다. 마르크스주의적인 방법 안에 있는 매개는 현상들 사이의 동일성을 기도하지 않는다. 왜냐하면 그것은 자본 자체의 탈물질화하는 등가성이라는 환상과 은연중에 결탁하는 일이 될 것이기 때문이다. 물질주의적 매개는, 서로 연결되어 있지만 상이한 현상들 사이의 내적 관계들에 적절한 비중과 역사와 보상을 제공한다. 나는 매개에 대한 알튀세르의 거부와 그의 중층결정 개념에 대항하여 매개가 내화와 재구성이라는 이중의 과정을 의미한다고 제시했다. 따라서 우리는 생산양식으로부터 생겨나서 사회구성체의 다른 층위들로 나아가는 과정을 추적해야 한다. 그 과정은 생산양식의 '표현'으로서가 아니라, 생산양식으로부터 생성되는 자율적인 어떤 공간에서 '수렴'-알튀세르가 말한 중층결정의 개념과 마찬가지로-되지 않으며, 오히려 특유의 구체적인 방식으로 생산양식을 바꾸는 여러 실천들을 묶어서 압축하는 것으로서의 문화적 텍스트로 완결된다. 물론 상부구조의 여러 가지 제도와 층위 안에 있는 그 과정의 각 단계마다 사회적 행위주체는 어떤 한정범위 내에서 선택을 한다. 그리고 만일 다른 선택을 했더라면 우리가 공부하는 문화적 텍스트나 현상들의 결과물들도 다양하게 변경되었을 것이다. 이렇게 〈빅브러더〉는 바로 생산양식에까지 거슬러 올라갈 수 있는 상품화와 갈등의 영역에 대한 한 가지 개입으로 이해되어야 한다. 주어진 일련의 특수한 상황들, 즉 〈빅브러더〉와 같은 프로그램이 등장하는 것은 필연일 수밖에 없다는 느낌은 부분(들)을 전체에 연결하는 분석을 다시 끌어들인 데서 나온다. 그렇지만 이러한 느낌이, 불가피한 예정이란 없으며 그 대신 더 넓은 생산맥락 안에 있는 특정한 경향의 재구성이 있을 따름인 실제 역사적 과정과 혼동되어서는 안 된다.

매개 과정 안에서 재구성이 이루어지는 모든 지점이 투쟁의 거점이자 경계이다. 우리는 제2장에서 이를 새로운 디지털 매체 기술, 특히 인터넷 및 그와 연관된 음악파일 교환 기술(P2P와 MP3) 속에서 살펴보았다. 우리는 그러한 커뮤니케이션 기술의 특정한 측면들이 다음과 같은 실천을 촉발할 가능성을 열어주었음을 보았다. 그것은 ① 바로 지금 여기에서 생산양식 안의 지배적인 힘(즉, 자본)을 무력화하는 실천, 그리고 ② 만일 일반화된다면 자본의 종말을 도래하게 할 예표적인 실천과 가치이다. 그러한 투쟁들과 그것들을 통해 대안적 미래를 감지할 수 있는 것은 오직 생산양식과 발전양식 안에 있는 모순들 때문에 가능하다. 실제로 모순은 우리가 어떤 형태의 기능주의나 비관주의로 빠져들지만 않는다면 또 다른 절대적인 중심 개념이 된다. 모순은 어떤 과정이나 사회적 힘이나 행위주체가 그 사회 안에서 그 자신의 재생산을 추구하는 도중에 그 자신 그리고/또는 더 넓은 사회의 어떤 측면들을 부정하는 방식을 가리킨다. 나는 제2장에서 자본주의 생산양식이 발전시킨 생산과 소비의 사회화―뉴미디어라는 고정자본 속에서 형성된―와, 문화 및 정보에 대한 접근을 제한하는 사적 소유, 위계구조, 경쟁, 상품관계, 가격 등의 필연적인 영속성 사이에서 나타나는 모순을 살펴보았다. 냅스터와 그 이후의 음악파일 교환 서비스들은 (교환가치를 덧붙이지 않고 자원을 교환하는 비공식적인 '공산주의' 문화와 더불어) 정확히 이 근본적인 모순의 교차점에 자리 잡고 있다.

그렇지만 이러한 모순에도 불구하고 공론장, 즉 커뮤니케이션과 담론의 영역에 대한 자본의 침투, 자본의 명령에 대한 이 영역의 종속, 그리고 이에 따라 선별되는 목소리와 의미들은 기술과 기업들이 집중될 때, 기업들이 그 관심사를 다양화할 때, 자본이 지구적 공간 속에서 (제2세계와 제3세계라는 남은 영역에 침투하면서) 그리고 이미 상품화된 영역으로부터 더 많은 잉여가치를 힘껏 쥐어 짜내는 과정에서 자신의 도달영역을 확장할 때 속개된다. 기업구조와 전략이라는 면에서 가치관계는 이제 실재적 관계와는 완전히 반대되는 현상-형태를 취한다. 나는 제3장에서 포스트포드주의와 결부된 새로운 조직 구조들을 검토했다. 자회사와 하도급업자의 다원성과 다양성을 둘러싸고 나타나는 기업 간 관계는, 여전히 그 자신의 집적과 중앙통제에 박차를 가하고 있는 거대 자본이 지역적이고 권역적인 문화적 기호, 경향, 시장에 지구적인 규모로 반응할 수 있게 한다.

   제3장에서 개괄한 것 같은 자본의 증가하는 힘은 다시 자본주의 국가에 영향을 준다. 자본주의 국가와 그 국가 내부의 계급 사이의 관계, 그리고 자본주의 국가와 국제적인 부르주아와의 관계는 지난 30여 년 동안 극적인 변화를 겪어왔다. 자본주의의 모순을 완벽하게 갈파한 마르크스의 표현을 빌어서 말하자면, 국가는 (어떤 수준에서는) 그 모습 그대로의 현상이다. 바로 경제적 생산관계로부터 분리된 정치적 기관이라는 것이다. 이 현상-형태는 케인스주의와 신자유주의 모두의 출발점이기도 하다. 비록 그 의미에 대한 평가는 상이하지만 말이다. 케인스주의자들은 그런 분리로 인한 현상의 실재성을 바탕으로, 국가에게 경제의 불평등과 비합리성에 개입하여 그 문제를 해결할 능력이 있다고 가정한다. 이는 국가가 경제의 계급관계에 **의해** 형성되고 그러한 비합리성과 불평등을 재생산하는 정도를 외면한다. 신자유주의자들은 이처럼 국가가 경제적 관계로부터 분리되는 현상의 실재를 바탕으로, 국가에게 경제 영역에 간섭할 능력이 되지 않는다면 아예 손을 떼라고 주장한다. 이는 자본의 경제적 요구와 관계가 사실상 국가의 끊임없는

'개입'에 의해 수행되고 그러한 개입에 따라 설정되는 정도를 외면한다. 이러한 매개변수들에 따라 구축되는 정치 담론이 전형적으로 띠는 모습은, 경제에서 정치를 떼어내거나(신자유주의) 정치에서 경제를 떼어내는(케인스주의) 것이다. 국가 경제를 국제 경제와 통합하는 것은 대부분의 국가들에게 일반적인 목표가 되었고, 이런 식으로 미디어 정책의 목표들은 국가적으로나 국제적으로 문화적인 책무는 가볍게 하고 경쟁은 강화하는 방향을 추구한다. 동시에 국가란 국민 안에 '자리 잡고' 있는 것이기 때문에, 이러한 전 지구화는 국가의 정당성이 (계급으로 분열된) 국민과 관련되는 것을 종결짓지 않고서는 문화적 가치와 문화적 책무와 문화적 요구라는 문제들을 완전히 억누를 수는 없다. 한 나라의 인텔리겐치아와 문화노동자와 만국의 부르주아들 사이에 존재하는 균열지점은 특히 민감하다. 이것이 다시 한 번 드러난 것은 2002년 영국에서 데이비드 퍼트넘 경이 의장으로 있던 상하원 특별위원회Joint Parliamentary Committee가 신노동당 정부의 통신법을 검토하면서 정부와 충돌했을 때이다. 이때 위원회는 이 법이 영국 텔레비전을 미국의 기업체에 넘겨주기 위해 발의된 것은 아닌지 의문을 품었다.

국가와 기술과 문화와 텍스트가 지니는 명백한 자율성은 자본주의에서 반복되는 중심 사상이다. 따라서 마르크스주의 문화이론이 기호와 의미의 세계에서 자율성이라는 현상-형태 그리고 기호이론들 및 의미이론들에 이의를 제기한다고 해서 놀랄 일은 아니다. 자율화는 일반적으로 잘 세분화된 전문화와 노동 분업의 실제 과정들로부터 유래한다. 이 과정이 광범위한 사회적 관계를 제거해버리는 것은, 우리가 앞에서 본 것처럼 상품물신주의의 고전적인 특징(내재)이다. 그러한 광범위한 사회적 관계들이 사회 질서의 어떤 특정한 영역 안에서부터 유령 같은 희미한 흔적이 되는 것과 마찬가지로, 이 영역들—국가든 사회과학이든—은 환영적 물신주의의 또 다른 특징을 얻게 된다. 그 특징은 바로 환영적인 객관성이다. 언어학 이론들에서 이는 기호의 **물질화**로 이어진다. 그러나 여기에서 물질화란 말은 정확히 그 '물리적인' 물질성을 물신주의적으로 부각시키는 것일 뿐이다. 여기에서조차 랑그/파롤, 기표/기의, 계열체/통합체 등의 구조주의적인 용어들을 동반하는 이러한 유물론은 자본주의 발전의 모순을 증언해주는 퇴행이기도 한 과정의 한 형식이다.

그러나 생산양식에 의해 매개되어야 할 의미로서의 기호의 물질성을 재물질화하지 못하는 것은, 언어가 실재를 일방적으로 결정하는 것을 옹호하는 많은 문화이론들의 한계로 남아왔다. 이는 어떤 이론에서는 사회적 질서를 재생산하는 데 주요한 수단이 되기도 하는 이데올로기와 같은 개념의 유용성을 위협해왔다(그럼으로써 생산양식과 같은 보다 존재론적인 힘을 외면하고 있다). 다른 한편으로, 보다 포스트모던적인 이론들에서는 이데올로기의 '물질성'이 언어 일반과 마찬가지로 진리와 지식(이데올로기적이지 않은)에 대한 특권적(의도가 빤히 보이는) 접근을 지칭하기 위한, 지지하기 어려운 개념이 된다는 것을 의미했다. 여기에서는 언어가 실재를 지배한다는 것은 담론을 판단하기 위한 어떤 기준도 불가능하거나 바람직하지 않은 것으로 만든다. 나는 정보와 자원의 공유에, 기호와 지시대상의 믿을 만한 연결에, 상호 유익을 위한 조정과 협력에 암묵적으로 필요한 소통적 합리성이 이데올로기의 비합리성—언어와 커뮤니케이션이 지배적 관계에 복무하도록 강요하는—과 얽혀 있는 경쟁이 치열한 대화적 공간인 기호와 의미를 통해 우리가 사고한다면 비이데올로기적인 것은 본질적으로 가능성으로 남는다고 주장했다.

헤게모니 개념, 즉 지배계급의 도덕적이고 지적인 주도권이라는 개념은 우리가 기호의 세계를 통해 공론장 안의 광범위한 쟁점들을 생각할 수 있게 한다. 헤게모니적 우위는 그것이 힘의 사용을 최소화하려 하는 한, 차이와 협상과 모순까지도 수용할 수 있으며 그렇게 해야 한다. 헤게모니를 말하는 것은 매우 불균질한 영역을, 끊임없이 변이하고 적응하고 변화하는 영역을 제시하는 것임에 틀림없다. 어떤 부문에서는 헤게모니 영역이 특히 강할 수 있다. 가령 북아일랜드의 경우에 싸우고 있는 양측 사이에서 영국 정부가 '정직한 중개자'로 스스로를 포장할 수 있는 방식—분명히 영국 안에서 심각한 도전이 없는—을 생각해보라. 그러나 다른 영역에서는, 특히 섹슈얼리티나 약물 남용과 같은 개인적 행위의 영역에서는 이제까지의 지배적인 방침이 몇십 년에 걸쳐 적응하고 변화해왔다. 그러나 그러한 '자유주의적인' 모습 속에서도 헤게모니의 구성체들은 '자유주의' 이론과 보수적 실천 사이의 간극이 노출—영국의 지방정부법 28조와 같은 동성애 반대 법안의 경우처럼—될 때나, 점점 악화되는 사회적 불평등의 현실을 자유주의가 봉합하려 할 때는 방어적인 쪽에 서게 된다.

 지식철학 안에서 헤게모니는 각각 객관성과 상대성을 옹호하는 두 가지 반대 입장으로 나뉜다. 이 양분된 입장들과 대조적으로, 마르크스주의는 이 두 입장이 주장하는 것만큼 사회적 이해관계가 사회적 지식에 유해하다는 가정에서 출발하지 않는다. 객관주의자들에게 사회적 이해관계는 초월되어야 할 것이며, 따라서 본질적으로 무력화되어야 한다. 상대주의자들이 볼 때, 우리는 불가피하게 이해관계(니체식으로 말하자면 권력에의 의지)로 더럽혀져 있어서 우리 자신의 가치와 믿음과 관점으로 꾸민 '감옥-집'을 건설하고는 일반적인 이해관계를 주장할 수도, 다른 감옥-집에 사는 사람들과의 동의를 이룰 수도 없다. 이와 달리 일반적 이해관계를 위한 잠재성은 직접적인 생산자들의 자유로운 연합 안에서 토대가 마련되어야 하며, 2중의 독해 작업으로서의 계급 변증법의 정식화를 뒷받침한다. 이 2중의 독해 작업 가운데 하나는 지위변화모델로서 갈등적이고 자기분열적인 모든 현상들과 범주들에 걸쳐 있는 기본형태이자 형식이며, 다른 하나는 이 현상들에 관한 매개된 인과적 결정요소(또는 내용)이다. 계급은 그 형식과 내용 모두에서 다른 더 가시적인 범주 속에 묻히기 쉬우며, 이 2중의 독해 작업(혹은 제임슨의 말을 빌리자면 인지적 지도 그리기)이 폭로하려 하는 것은 이러한 정치적인 무의식이다.

가령 고도자본주의 안에 주체를 뿌리 깊은 회의주의와 경신성輕信性으로 분열시키는 광범위한 문화적 경향이 있다는 주장을 생각해보자. 최근의 연구 결과들에 따르면, 도시의 젊은 구매자들은 자신들이 선호하는 브랜드 상품 중 다수가 개발도상국들의 착취하는 환경 속에서 제조되었다는 것을 잘 알고 있지만, 이러한 지식이 그 브랜드 상품에 대한 매력을 손상시키지는 않는다고 한다.[1] 어떤 면에서 그들은 그들이 좋아하는 물질적 상품이 실제 생산되는 조건 및 그 브랜드 이미지와 크게 불일치한다는 점을 '알고' 있다. 그러나 이 지식은 자신들의 실제 실천 속에 각인된, 이 경우에는 브랜드 제품과 함께 그들이 파는 모든 행복과 만족의 약속을 구매하고 있다는, 너무 쉽게 수용된 지식 및 동일시와 결합되어 있다. 우리가 아는 것과 하는 것(그리고 우리가 하는 것에 암묵적으로 각인된 생각들) 사이의 이러한 간극은 자본이 지닌 스스로를 소외시키는 물신주의적 동력에 의해 유발된다. 그러한 동력 안에서 우리는 우리가 통제하지 않는 것에 우리 스스로를 종속시키는 장본인이 된다.

이렇게 분열된 주체에 대해서는 〈빅브러더〉를 분석하면서 논의했고, 상품물신주의에 관한 장에서 보다 자세히 살핀 바 있다. 분열된 주체는 보통 처음에 그러한 분열을 구조화한 모순을 해결하지 못한 채 회의주의와 경신성 사이에서 오락가락한다. 〈빅브러더〉의 사례에서 이러한 양극성을 매개하는 가장 즉각적인 힘은 물론 미디어 문화와 미디어 커뮤니케이션 테크놀로지였다. 감시라는 이념소는 이 특유의 이분법을 이해하게 해준다. 한편으로 〈빅브러더〉는 출연하는 경쟁자들이나 관객 모두에게 대규모로 조작되는 영역임이 명백하고, 때때로 이렇듯 암울한 감시를 거스르려는 깨달음이 발생하기도 한다. 다른 한편으로, 〈빅브러더〉가 인기를 끄는 것은 경신성의 부여에 의존하고 있다. 즉, 실시간 모니터링은 소비자의 진정한 욕망을 포착해서 소비자들이 그것을 깨닫게 하는 악의 없는 수단이라거나, 〈빅브러더〉의 경우에서 구체적으로 드러나듯 시청각적인 파놉티콘을 토대로 하면 캐릭터와 정서의 진정성을 판단할 수 있다는 것이다. 따라서 회의주의/경신성이라는 이분법은 그 형식과 내용 모두에서 계급투쟁의 요소를 매개하고 있다.

〈빅브러더〉와 아도르노의 『부정변증법』을 나란히 놓고 비교해보면, 지식철학에서 상대성과 객관성 사이에 있는, 혹은 부정과 동일성 사고 사이에 있는 중대한 균열과 회의주의/경신성이라는 양 극단이 놀랄 만큼 유사성을 지니고 있음을 알 수 있다. 우리가 앞에서 본 것처럼, 아도르노는 쉽게 속아 넘어가는 동일성 사고를 비판했지만 부정성을 단순히 옹호하는 정반대의 우를 범하지도 않았다. 지젝의 '실재계'와 같은 고도의 이론적 개념은 비변증법적인 대중의 회의주의와 마찬가지로 특정한 사회 세력이나 특정한 이상 및 가치와 제휴하려는 사람을 순식간에 비합리적으로 보이게 한다. 하지만 개념/재현과 실재 사이의 잠정적인 상응성이나 동일성을 마음에 품는 어느 정도의 경신성이나 기꺼움은 피할 수 없는 일일 뿐 아니라 사회적 활동을 효과적으로 만드는 데 분명 필요한 일이다.

지식철학-다큐멘터리 전통과 함께-을 구조화하고 있는 모순의 실천적이고 변증법적인 종합과 분열된 주체는, 자기 자신 안에 결정적인 변혁(부정)을 위한 씨앗이나 잠재력을 담고 있는 사회 세력(노동)에 자리하고 있다. 이것이 의미하는 바는 직접적 생산자들의 자유로운 연합이라는 일종의 성취로서의 규범적인 목표가, 반성적이며 내재적인 비판을 잠재워버리는 고통 앞에서 영구적으로 연기되는 것으로 가정되어야 한다는 것이다. 이것이 트로츠키$^{Leon\ Trotsky}$가 "영원한 혁명$^{permanent\ revolution}$"이라고 부른 것에 대한 하나의 해석이다. 이러한 결정적인 변환과 영원히 지연되는 목표에서 핵심이 되는 것은 간주관성이라는 전면적인 문제이다. 여기에서 나는 마르크스주의와 하버마스를 동원하여 서로를 변증법적으로 비판하게 하면서도, 이 모순적인 양 극 중에서 전자, 즉 마르크스주의에 굳건하게 자리 잡고 있다. 간주관성은 주체 대 주체의 관계 영역으로 우리를 이끌어주고, 서로 의사소통하게 하고 우리가 우리 스스로에 대해 인식하는 것과 마찬가지로 타자 안에 있는 합리성과 이성과 보편적인 권리를 인식하게 하는 질적인 방식으로 우리를 이끌어준다. 나는 마르크스주의적인 미학이 우리가 의미를 '어떻게' 구성하는지의 중요성을 오랫동안 인지해왔었다고 주장했다. 하버마스의 간주관성 개념은 이 '미학적' 차원을 의사소통과 공공 기관의 차원으로 확장했지만, 그러는 가운데 생산양식을 손대지 않고 사실상 내버려두는, 주체 대 대상의 관계가 지닌 '무엇'의 차원을 고려하지 않는 결과를 낳았다. 민주적인 사회적 실천과 정치적 실천을 발전시키는 것은 탈자본 질서에 속한 대칭적인 매개라고 할 수 있으며, 우리가 타자 속에서 우리 자신을 인지하게 되고 주체 대 주체의 관계, 즉 오늘날 우리가 지닌 공론장과는 매우 다른 공론장을 요구하는 간주관성을 발전시키는 필수 요소이다.

간주관성 철학을 발전시키려 노력한 하버마스는 주체의 철학이 그 스스로를 열고, 다른 주체들이 단순히 대상이거나 (우리식의 표현인지도 모르지만) 보이지 않게 되는 독백하는 닫힌 주체 개념으로부터 멀어지기를 원한다. 여기에는 새로운 인지미학이 필요하다. 그것은 제8장에서 분석했던 〈9월의 어느 날〉이나 〈파노라마〉에서처럼 지배적인 제도들과의 '수직적인' 동일시를 장려하는 것이 아니라, 〈불의〉와 같은 다큐멘터리가 창출하는 '수평적인' 동일시를 장려하는 것이어야 한다. 우리는 하버마스와 다큐멘터리의 실천을, 상품물신주의와 사물화에 관해 논의했던 장에서 설명했던 환영의 변증법과 나란히 놓고 비교할 수 있다. 왜냐하면 특별한 인물들이 유령을 보고 인지할 수 있는 시각 기관이나 감각 기관을 획득하게 되는 이러한 영화들에서 명확히 드러나는 것이야말로, 자본주의하에서 현재 우리가 지니고 있는 간주관성의 환영적이고 비본질적이며 얄팍하고 애매한 특성이기 때문이다. 〈식스 센스$^{\text{The Six Sense}}$〉(나이트 샤말란$^{\text{M. Night Shyamalan}}$, 1999, 미국)에 등장하는 소년 콜 시어$^{\text{Cole Sear}}$가 가진 것이 바로 다른 이들은 고통받고 있지만 정작 우리는 우리의 편협하고 상실되고 개인화되고 독백하는 내향적인 간주관성으로 인해 너무 쉽게 보지 못하게 된, 시공간적인 모든 고통과 역사와 불행에 대한 고통스러운 인식이다.

따라서 마르크스주의의 상품물신주의 이론이, 우리의 주체 대 주체 관계, 즉 우리의 '직접적인 사회적 관계'가 우리가 서로에 대한 **상호의존성**을 인지하는 데 애를 먹는 난해한 '상형문자'가 되어버리면서 유령이 남기는 흔적처럼 희미해지는 방식에 많은 관심을 기울이고 있음을 언급해두어야 하겠다. 자본주의하에서 사회성은 생산의 지점 자체가 아니며 교환의 영역 안에서만 수립되는 것이다. 기호와 의미의 교환은 자본주의 생산양식이 재단하고 좌절시킨 사회성이 낳는 부정적인 결과들을 결코 치유할 수 없다. 기껏해야 의사소통과 재현의 영역은 이렇게 좌절된 사회성의 부정적인 결과들을 탐색하고, 자본주의 내에서는 해소될 수 없는 그것의 특성을 지적하며, 대안적 형태의 사회성을 논의하고 예시하기 위한 장을 마련할 수 있을 뿐이다. 마르크스주의 (문화) 이론이야말로 '우리의 사회적 생산물들이 지닌 비밀을' 꿰뚫어보게 하는 최선의 안내자이자 희망이다.

주

서론
1 Dominic Thomas, "TV's bad credit rating," *Guardian* (New Media), 5 August 2002, pp. 30~31.
2 Dominic Thomas, "TV's bad credit rating."

제1장
1 McArthur의 2000년의 분석을 보라.
2 Paul Abbott, "Culture Clash", *Guardian* (Media), 28 May 2001, pp. 16~17.

제2장
1 Jamie Doward, "Meltdown", *Observer*, 9 September 2001, p. 13.
2 Jamie Doward, "Meltdown".
3 Jon Snow, "Old MacDonald had a modem…", *Guardian* (G2), 25 April 2001, p. 5.
4 Mark Simpson, *Independent*, 5 August 2001, p. 15.
5 Edward Helmore, "P2P-is it pirate to pirate?", *Guardian*, 19 October 2000, pp. 2~3.
6 Peter H. Lewis, www.nytimes.com/;ibr…tech/00/06/circuits/articles/29pete.html
7 www.mtv.com/news/articles/1439602/20010220/story.html
8 Chris Arthur, "Huge increase in music swaps over the Net despite demise of Napster", *Independent*, 8 November 2001, p. 15.
9 Ronald Grover and Tom Lowry, "Can't get no satisfaction", *Business Week*, 3 September 2001, pp. 78~79.

제3장
1 Larry Elliot, "Rise and rise of the super-rich," *Guardian* (G2), 14 July 1999, pp. 2~3.
2 Eddie Dyja가 편집하고 BFI가 발행한 *BFI Film and Television Handbook, 2002* (p. 43), *2000* (p. 35), *1999* (p. 35)를 보라.
3 Edward Helmore, "'Wicked' Disney accused of plot to eat the world," *Observer*, 24 May 1998, p. 18.
4 Paul Betts, "Disneyland enlists the Hunchback," *Financial Times*, December 1996,

p. 8.
5 Benedict Carver, *Screen International*, no. 974, 9~15 September 1994, p. 8.
6 David Teather, "Magic kingdom under siege," *Guardian*, 15 January 2002, p. 24.
7 http://disney.go.com/corporate/investors/financials/annual/2001/keybusinesses/studioentertainment/bvinternational.html에서 디즈니의 연간 보고서를 보라.
8 Christopher Grimes, "TV mogul with finger on the button," *Financial Times*, 18 December 2001, p. 28.
9 James Harding, "Messier's feast", *Financial Times*, 18 December 2001, p. 22.
10 James Harding, "Disney's Eisner admits rival is at peak of perfection," *Financial Times*, 6 February 2002, p. 15.
11 http://disney.go.com/corporate/investors/financials/annual/2001/financials/pdf/wdw2k1ar_financials.pdf에서 디즈니의 2001년 연간 보고서를 보라.
12 Christopher Grimes, "Disney's income drops 55% despite job cuts," *Financial Times*, 1 February 2002, p. 31.
13 Oliver Burkeman, "Why the TV Chiefs think Letterman is worth $71m," *Guardian*, 8 March 2002, p. 3.
14 Ed Vulliamy, "Outrage as American TV giant sends for the crown," *Observer*, 3 March 2002, p. 23.
15 Matt Wells, "ITN cuts jobs and shifts towards lifestyle news," *Guardian*, 22 November 2001, p. 1.
16 Kamal Ahmed, "Kids TV 'dumbing down'," *Guardian*, 5 November 1997, p. 3.
17 Roy Greenslade, "The news standard bearer," *Guardian* (Media), 21 January 2002, p. 8.
18 Leo Lewis, "GE boss on mission to be big in China," *Independent on Sunday*, 3 February 2002, p. 5.
19 John Hazelton, "China open doors to Hollywood," *Screen International*, no. 1261, 2~8 June 2000, p. 8.
20 Danny Gittings and Julian Borger, "Homer and Bart realise Murdoch's dream of China coup," *Guardian*, 6 September 2001, p. 3.

제4장

1 UNESCO, http://www.unesco.org/culture/policies/index.sht
2 *InterMedia*, May 1997, vol. 25, no. 3, p. 6.
3 Paul Brown, "Printers pulp Monsanto edition of Ecologist," *Guardian*, 29

September 1998, p. 5.

4 Adrian Cooper, "My tears will catch them," *Sight and Sound*, October 2001, pp. 30~31.

5 Mike Davis, "Great and glorious days," *Socialist Review*, no. 262, April 2002, p. 23.

6 http://europa.eu.int/eur-lex/en/lit/dat/1997/en_397L0036.html

7 Eurimages, http://culture.coe.fr/eurimages/eng/eeurprof.lm.html

8 John Hazelton, "China opens doors to Hollywood," *Screen International*, 2~8 June 2000, p. 8.

9 Peter Chapman, "Turn on, tune in, opt out," *Screen International*, 19 November 1999, p. 14.

10 John Hooper, "Politicians prepare to pay for Kirch rescue," *Guardian*, 30 March 2002, p. 20.

11 Mark Milner, "Murdoch frozen out of Kirch," *Guardian*, 6 April 2002, p. 25.

12 John Hooper, "Minister says Kirch should stay German," *Guardian*, 5 April 2002, p. 24.

13 Gurinder Chadha, "Call that a melting pot?" *Guardian* (2), 11 April 2002, p. 11.

제5장

1 Christopher Dunkley, "It's downhill from here: Christopher Dunkley despairs as he surveys the increasingly populist schedules," *Financial Times*, 20 September 2000, p. 20.

2 Ed Martin, "Toss out the scrip," *Advertising Age*, vol. 71, no. 21, 15 May.

3 Peter Thal Larsen, "Spanish were watching as Big Brother stole the show," *Financial Times*, 18 March 2000, p. 10.

4 Paul McGann, "Web reaps the benefits of TV," *Media Week*, 25 August 2000, p. 8.

5 Kate Watson-Smyth, "Would you pay to watch TV on your computer?", *Guardian* (New Media), 15 July 2002, p. 40.

6 Kate Watson-Smyth, "Would you pay to watch TV on your computer?"

7 Kate Watson-Smyth, "Would you pay to watch TV on your computer?"

8 Paul McGann, "Web reaps the benefits of TV".

9 Kathryn Flett, "Only a gameshow? TV's theatre of cruelty," *Observer*, 20 August 2000, p. 15.

제6장

1 *The Times,* 19 July 2002, p. 1.
2 Kevin Mitchell, *Observer* (sport), 21 July 2002, p. 3.
3 Dea Birkett, "Remember Jade and Keiren?", Guardian (2), 13 December 2001, pp. 6~7.
4 Dea Birkett, "Remember Jade and Keiren?"

제7장

1 Yvonne Roberts, *Observer*, 5 May 2002, p. 30.
2 Jill Trenor and Nils Pratley, *Guardian*, 5 July 2002, p. 4.
3 주사위는 조작된다는 걸 누구나 알고 있지
  누구나 기도하며 주사위를 굴리지만
  모두들 투쟁은 끝났다는 걸 알고 있고
  좋은 사람들이 졌다는 걸 알고 있지
  누구나 그 싸움이 불공평하다는 걸 알지
  가난한 놈은 늘 가난하고 부자는 더 부자가 되지
  그게 돌아가는 방식인 것을 누구나 다 알고 있지
  배가 가라앉고 있다는 것을
  선장이 거짓말을 하고 있다는 것도
  다들 알고 있지
  모두들 이런 망가진 느낌을 받고 있어
  아버지나 사랑하던 강아지가 막 죽었을 때 느껴지는 것 같은
  ……
  _레너드 코헨[Leonard Cohen], 「누구나 알고 있지[Everybody Knows]」

제8장

1 Kevin Macdonald, "My film is not biased against Palestine," *Guardian*, 27 May 2000, p. 23.

제9장

1 Felicity Lawrence, "Sweatshop campaigners demand Gap boycott," *Guardian*, 22 November 2002, p. 8.

참고문헌

Abercrombie, Nicholas, Stephen Hill and Bryan S. Turner. 1980. *The Dominant Ideology Thesis*. George Allen & Unwin, London.

Adorno, Theodore. 1973. *Negative Dialectics*. Seabury Press, New York.

Adorno, Theodore and Max Horkheimer. 1977. "The cultural industry: Enlightenment as mass deception." *Mass Communications and Society*. eds. J. Curran, M. Gurevitch and J. Woolacott. Open University Press, London.

Aglietta, Michael. 1979. *A Theory of Capitalist Regulation: The US Experience*. translated by David Fernbach. New Left Books, London.

Alderman, John. 2001. *Sonic Boom, Napster, MP3, and the New Pioneers of Music*. Fourth Estate, London.

Althusser, Louis. 1971. *Lenin and Philosophy and Other Essays*. Monthly Review Press, New York.

_____. 1996. *For Marx*. Verso, London.

Amariglio, Jack and Antonio Callari. 1996. "Marxian value theory and the problem of the subject: The role of commodity fetishism." *Fetishism as Cultural Discourse*. ed. Emily Apter and William Pietz. Cornell University Press, New York.

Amin, Ash. 1997. "Post-Fordism: Models, fantasies and phantoms of transition." in *Post-Fordism: A Reader*. ed. Ash Amin. Blackwell, Oxford.

Anderson, Perry. 1976. "The antinomies of Antonio Gramsci." *New Reft Review*, no. 100, December-November.

_____. 1980. *Arguments Within English Marxism*. Verso, London.

Annan, Lord. 1977. *Report of the Committee on the Future of Broadcasting*. HMSO, London.

Aronowitz, Stanley. 1981. *The Crisis in Historical Materialism: Class, Politics and Culture in Marxist Theory*. Praeger, New York.

Askoy, Asu and Kevin Robins. 1992. "Hollywood for the 21st century: Global competition for critical mass in image markets." *Cambridge Journal of*

Economics, Vol. 16, no. 1.

Bagdikian, Ben H. 1997. *The Media Monopoly*. Beacon Press, Boston.

Bakhtin, M. M. 1992. *The Dialogic Imagination*. University of Texas Press, Austin.

Barker, Colin. 1997. "Some reflections on two books by Ellen Wood." *Historical Materialism, Research in Critical Marxist Theory*, no. 1, Autumn.

Barthes, Roland. 1986. *Mythologies*. Paladin, London.

_____. 1990. *S/Z*. Blackwell, Oxford.

Baudrillard, Jean. 1994. *Simulacra and Simulation*. University of Michigan Press, Ann Arbor.

Benhabib, Seyla. 1986. *Critique, Norm, and Utopia: A Study of the Foundations of Critical Theory*. Columbia University Press, New York.

Benjamin, Walter. 1999a. *The Arcades Project*. translated by Howard Eiland and Kevin McLaughlin, Harvard University Press, Cambidge, Massachusetts.

_____. 1999b. *Illuminations*. Pimlico, London.

Bennett, Tony. 1997. "Towards a pragmatic for cultural studies." in *Cultural Methodologies*. ed. Jim McGuigan. Sage, London.

Best, Seven and Douglas Kellner. 1991. *Postmodern Theory, Cultural Interrogations*. Macmillan Press, London.

Bordwell, David, Janet Staiger and Kristen Thompson. 1988. *The Classical Hollywood Cinema, Film Style and Mode of Production to 1960*. Routledge, London.

Bottomore, Tom. ed. 1988. *A Dictionary of Marxist Thought*. Blackwell, Oxford.

Bourdieu, Pierre. 1996. *Distinction, A Social Critique of the Judgement of Taste*. Routledge, London.

Braverman, Harry. 1974. *Labor and Monopoly Capital: The Degradation of Work in the Twentieth Century*. Monthly Review Press, New York.

Brecht, Bertolt. 2000. "A short organum for the theatre." in *Marxist Literary Theory*. ed. Terry Eagleton and Drew Milne. Blackwell, Oxford.

Briggs, Asa. 1961. *The Birth of Broadcasting*. Oxford University Press.

Buck-Morss, Susan. 1989. *The Dialectics of Seeing, Walter Benjamin and the Arcades Project*. MIT Press, Cambridge, Massachusetts.

Byrne, Eleanor and Martin McQuillan. 1999. *Deconstructing Disney*. Pluto Press, London.

Castells, Manuel. 1996. *The Rise of the Network Society*. Blackwell, Oxford.

_____. 1997. *The Power of Identity*. Blackwell, Oxford.

Caughie, John. ed. 1990. *Theories of Authorship*. Routledge, London.

Chanan, Michael. 1983. "The emergence of an industry." in *British Cinema History*. ed. James Curran and Vincent Porter. Weidenfeld and Nicolson, London.
Christopherson, S. and M. Storper. 1986. "The city as studio; the world as back lot: The impact of vertical disintegration of the location of the motion picture industry." *Environment and Planning D: Society and Space*, no. 4.
Clarke, John. 1991. *New Times and Old Enemies: Essays on Cultural Studies and America*. HarperCollins/Academic, London.
Clarke, Simon. ed. 1991. *The State Debate*. Macmillan, London.
Clarke, Simon, et al. 1980. *One Dimensional Marxism, Althusser and the Politics of Culture*. Allison and Busby, London.
Cohen, G. A. 1978. *Karl Marx's Theory of History: A Defence*. Clarendon Press, Oxford.
Cohen, Nick. 1999. *Cruel Britania, Notes on the Sinister and Preposterous*. Verso, London.
Collins, Jim. 1992. "Television and postmodernism." in *Channels of Discourse*. ed. Robert C. Allen. Routledge, London.
Collins, Richard. 1999. "European Union media and communication policies." in *The Media in Britain, Current Debates and Development*. ed. Jane Stoke and Anna Reading. Macmillan, London.
Collins, Richard and Cristina Murroni. 1996. *New Media, New Policies*. Polity Press, Cambridge.
Coward, Rosalind and John Ellis. 1977. *Language and Materialism: Developments in Semiology and the Theory of the Subject*. Routledge and Kegan Paul, London.
Crowling, Keith. 1982. *Monopoly Capitalism*. Macmillan, London.
Creed, Barbara. 1993. *The Monstrous Feminine, Film, Feminism, Psychoanalysis*. Routledge, London.
Crofts, Stephen. 1998. "Concepts of national cinema." in *The Oxford Guide to Film Studies*. ed. John Hill and Pamela Church Gibson. Oxford University Press, Oxford.
Curran, James and Jean Seaton. 1997. *Power Without Responsibility, The Press and Broadcasting in Britain*. Routledge, London.
Debord, Guy. 1983. *Society of the Spectacle*. Black and Red, Detroit.
_____. 1990. *Comments on the Society of the Spectacle*. Verso, London.
Derrida, Jacques. 1994. *Spectres of Marx, the State of the Debt, the Work of Mourning and the New International*. Routledge, London.

Dews, Peter. 1995. "Adorno, post-structualism and the the critique of identity." in *Mapping Ideology*. ed. Slavoj Žižek. Verso, London.

Dijk, Jan Van. 1999. *The Network Society*. Sage, London.

Doane, Mary Anne. 1996. "The Economy of desier: The commodity form in/of the cinema." in *Movies and Mass Culture*. ed. John Belton. Rutgers University Press, New Jersey.

Dorfman, Ariel and Armand Mattelart. 1991. *How to Read Donald Duck: Imperialist Ideology in the Disney Comic*. International General, New York.

Dovey, Jon. 2000. *Freakshow, First Person Media and Factual Television*. Pluto Press, London.

Downing, John, et al. 2001. *Radical Media, Rebellious Communication and Social Movements*. Sage, London.

Dyer, Richard. 1985. "Utopia as entertainment." in *Movies and Methods Vol. 2*. ed. Bill Nichols. University of California Press, Berkeley.

Eagleton, Terry. 1986a. *Against the Grain*. Verso, London.

_____. 1986b. Criticism and Ideology. Verso, London.

_____. 1989. "Base and superstructure in Raymond Williams." in *Raymond Williams, Critical Perspectives*. ed. Terry Eagleton. Polity Press, Cambridge.

_____. 1991. *Ideology: An Introduction*. Verso, London.

_____. 1993. *Literary Theory*. Blackwell, Oxford.

_____. 1997. *The Ideology of the Aesthetic*. Blackwell, Oxford.

_____. 2000. *The Idea of Culture*. Blackwell, Oxford.

Eckert, Charles. 1996. "The Carole Lombard in Macy's window." in *Movies and Mass Culture*. ed. John Belton. Rutgers University Press, New Jersey.

Ehrenreich, Barbara. 1995. "The sileced majority: Why the average working person has disappeared from American media and culture." in *Gender, Race and Class in Media: A Text-reader*. ed. Gail Dines and Jean M. Humez. Sage, London.

Ehrenreich, Barbara and John Ehrenreich. 1979. "The professional-managerial class." in *Between Capital and Labour*. ed. Pat Walker. Harvester Press, Hassocks.

Enzenberger, Hans Magnus. 1999. "Constituents of a theory of the media." in *Media studies: A Reader*. ed. Paul Marris and Sue Thornham. Edinburgh University Press, Edinburgh.

Feenberg, Andrew. 1980. *Lukács, Marx and the Sources of Critical Theory*. Oxford University Press, Oxford.

Ferguson, Robert. 1998. *Representing "Race", Ideology, Identity and the Media*.

Arnold, London.
Fleming, Dan. 2000. "The ghost citizen and class." in *Formations, A 21st Century Media Studies Textbook*. ed. Dan Fleming, Manchester University Press, Manchester.
Friedman, Milton. 1982. *Capitalism and Freedom*. University of Chicago Press, Chicago.
Gardiner, Michael. 1992. *The Dialogics of Critique, M. M. Bakhtin and the Theory of Ideology*. Routledge, London.
Garnham, Nicholas. 1990. *Capitalism and Communication: Global Culture and the Economics of Information*. Sage, London.
_____. 1997. "Political economy and the practice of cultural studies." in *Cultural Studies in Question*. ed. Marjorie Ferguson and Peter Golding. Sage, London.
_____. 2000. *Emancipation, the Media, and Modernity: Arguments About the Media and Social Theory*. Oxford University Press, Oxford.
Giddens, Anthony. 1999. *Runaway World, How Globalization is Reshaping Our Lives*. Profile Books, London.
Golding, Peter and Graham Murdock. 2000. "Culture, communications and political economy." in *Mass Media and Society*. ed. James Curran and Michael Gurevitch. Arnold, London.
Goodwin, Peter. 1999. "The role of the state." in *The Media in Britain, Current Debates and Developments*. ed. Jane Stoke and Anna Reading. Macmillan, London.
Gramsci, Antonio. 1967. *The Modern Prince and Other Writings*. Lawrence and Wishart, London.
_____. 1971. *Selection from the Prison Notebooks of Antonio Gramsci*. ed. Quintin Hoare and Geoffrey Nowell Smith. International Publishers, New York.
Grantham, Bill. 2000. "Some Big Bourgeois Brothel." *Contexts for France's Culture Wars with Hollywood*. University of Luton Press, Luton.
Grover, Ron. 1997. *The Disney Touch, Disney, ABC and the Quest for the World's Greatest Media Empire*. Irwin Publishing, Chicago.
Habermas, Jürgen. 1976. *Legitimation Crisis*. Heinemann, London.
_____. 1987. *The Philosophical Discourse of Modernity*. Polity Press, Cambridge.
_____. 1986. *The Structural Transformation of the Public Sphere*. Polity Press, Cambridge.
Hall, Stuart. 1997. *Representation, Cultural Representations and Signifying Practices*. ed. Stuart Hall. Sage/Open University Press, London.
Hall, Stuart, Chas Critcher, Tony Jefferson, John Clarke and Brian Roberts. 1978.

Policing the Crisis, Mugging, the State and Law and Order. Macmillan, London.

Hall, Stuart and Martin Jacques. 1989. *New Times: The Changing Face of Politics in the 1990s*. Lawrence and Wishart, London.

Hamacher, Werner. 1979. "Lingua Amissa: The Messianism of commodity-language and Derrida's Spectres of Marx." in *Ghostly Demarcations, A Symposium on Jacques Derrida's Spectres of Marx*. ed. Michael Sprinker. Verso, London.

Haralambos, Michael. 1985. *Sociology: Themes and Perspectives*. Unwin Hyman, London.

Harvey, David. 1984. *The Limits to Capital*. Blackwell, Oxford.

_____. 1990. *The Condition of Postmodernity: An Enquiry into the Origins of Cultural Change*. Blackwell, Oxford.

Heffernan, Nick. 2000. *Capital, Class and Technology in Contemporary American Culture*. Pluto Press, London.

Herman, Edward S. and Noam Chomsky. 1994. *Manufacturing Consent, The Political Economy of the Media*. Vintage, London.

Herman, Edward S. and Robert W. McChesney. 1997. *The Global Media: The New Missionaries of Corporate Capitalism*. Cassell, London.

Hesmondhalgh, David. 2002. *The Culture Industries*. Sage, London.

Higson, Andrew. 2000. "The limiting imagination of national cinema." in *Cinema and Nation*. ed. Mette Jort and Scott Mackenzie. Routledge, London.

Hobsbawm, Eric J. 1968. *Industry and Empire, An Economic History of Britain Since 1750*. Penguin/Weidenfeld and Nicolson, London.

Hogenkamp, Bert. 1986. *Deadly Parallels: Film and the Left in Britain 1929~1939*. Lawrence and Wishart, London.

Holloway, John, and Sol Picciotto. 1991. "Capital, crisis and the state." in *The State Debate*. ed. Simon Clarke. Macmillan, London.

Homer, Sean. 2001. "It's the political economy, stupid! On Zizek's Marxism." *Radical Philosophy*, no. 108, July-August.

Hoskins, Colin, Stuart McFadyen and Adam Finn. 1997. *Global Television and Film, An Introduction to the Economics of the Business*. Oxford University Press, Oxford.

Humphreys, Peter J. 1996. *Mass Media and Media Policy in Western Europe*. Manchester University Press, Manchester.

Hutton, Will. 1996. *The State We're In*. Vintage, London.

Jackson, Leonard. 1994. *The Dematerialisation of Karl Marx: Literature and Marxist Theory*. Longman, London.

Jameson, Fredric. 1974a. *Marxism and Form, Twentieth-Century Dialectical Marxist Theory*. Longman, London.

_____. 1974b. *The Prison-House of Language, A Critical Account of Structuralism and Russian Formalism*. Princeton University Press, Princeton.

_____. 1988. "Reflections in conclusion." in *Aesthetics and Politics*. ed. Ronald Taylor. Verso, London.

_____. 1989. *The Political Unconscious*. Routledge, London.

_____. 1991. *Postmodernism: Or, the Cultural Logic of Late Capitalism*. Verso, London.

_____. 1992. *Signatures of the Visible*. Routledge, London.

_____. 1999. "Marx's purloined letter." in *Ghostly Demarcations, A Symposium on Jacques Derrida's Spectres of Marx*. ed. Michael Sprinker. Verso, London.

Jessop, Bob. 1991. "Thatcherism and flexibility: the white heat of a post-Fordist revolution." in *The Politics of Flexibility*. ed. Bob Jessop et al. Edward Elgar, Aldershot.

_____. 1997. "Post-Fordism and the state." in *Post-Fordism: A Reader*. ed. Ash Amin. Blackwell, Oxford.

Jhally, Sut. 1987. *The Codes of Advertising, Fetishism and the Political Economy of Meaning in the Consumer Society*. Routledge, London.

Keenan, Thomas. 1996. "The point is to (ex)change it: Reading *Capital* rhetorically." in *Fetishism as Cultural Discourse*. ed. Emily Apter and William Pietz. Cornell University Press, New York.

Kellner, Douglas. 1997. "Overcoming the divide: Cultural studies and political economy." in *Cultural Studies In Question*. ed. Marjorie Ferguson and Peter Golding. Sage, London.

Klein, Naomi. 2000. *No Logo*. Flamingo, London.

Korsch, Karl. 1972. *Marxism and Philosophy*. New Left Books, London.

Kroker, Arthur. 1996. "Virtual capitalism." in *Techno Science and Cyber Culture*. ed. Stanley Aronowitz. Routledge, London.

Kuhn, Annette. 1990. *Alien Zone: Cultural Theory and Contemporary Science Fiction Cinema*. Verso, London.

Lash, Scott and John Urry. 1987. *The End of Organized Capitalism*. Polity Press, Cambridge.

Lenin, V. I. 1996. *The State and Revolution*. Foreign Langauge Press, Beijing.

Lesile, Esther. 2000. *Walter Benjamin: Overpowering Conformism*. Pluto Press,

London.

_____. 2002. *Hollywood Flatlands: Animation, Critical Theory and the Avant-Garde*. Verso, London.

Lichtenberg, Judith. 2000. "In defence of objectivity revisited." in *Mass Media and Society*. ed. J. Curran and M. Gurevitch. Arnold, London.

Lipietz, Alain. 1987. *Mirages and Miracles: The Crises of Global Fordism*. Verso, London.

Lodziak, Conrad. 1995. *Manipulating Needs: Capitalism and Culture*. Pluto Press, London.

Lovell, Terry. 1983. *Pictures of Reality: Aesthetics, Politics and Pleasure*. BFI, London.

Lukács, Georg. 1971. *History and Class Consciousness: Studies in Marxist Dialectics*. Merlin Press, London.

Lunn, Eugene. 1984. *Marxism and Modernism: An Historical Study of Lukacs, Brecht, Benjamin and Adorno*. University of California Press, Berkeley.

Macherey, Pierre. 1978. *A Theory of Literary Production*. Routledge and Kegan Paul, London.

MacKinnon, Kenneth. 1998. "Bare necessities and naked luxuries: The 1990s male as erotic object." in *Dissident Voices: The Politics of Television and Cultural Change*. ed. Mike Wayne. Pluto Press, London.

Mandel, Ernest. 1978. *Late Capitalism*. Verso, London.

Marcuese, Herbert. 1955. *Reason and Revolution: Hegel and the Rise of Social Theory*. Routledge and Kegan Paul, London.

Mattelart, Armand. 1991. *Advertising International. The Privatisation of Public Space*. Routledge, London.

Marx, Karl. 1967. *Essential Writings of Karl Marx*. ed. David Caute. Panther, London.

_____. 1972. *The Economic and Philosophical Manuscripts of 1844*. International Publishers, New York.

_____. 1973. *Marx's Grundrisse*. ed. David McLellan. Paladin, London.

_____. 1980. *The Thought of Karl Marx*. ed. David McLellan. Macmillan, London.

_____. 1983. *Capital Vol. 1*. Lawrence and Wishart, London.

_____. 1984. The Eighteenth Brumaire of Louis Bonaparte. Lawrence and Wishart, London.

Marx, Karl and Friedrich Engels. 1956. *The Holy Family or Critique of Critical Critique*. Foreign Languages Publishing House, Moscow.

_____. 1985. *The Communist Manifesto*. Penguin, London.

_____. 1989. *The German Ideology*. Lawrence and Wishart, London.

McArthur, Colin. 2000. "The critics who knew too little: Hitchcock and the absent class paradigm." *Film Studies*, no. 2, Spring.

McCarthy, Cameron. 2000. "Reading the American popular: suburban resentment and the representation of the inner city in contemporary film and television." in *Formations, A 21st Century Media Studies Textbooks*. ed. Dan Fleming. Manchester University Press, Manchester.

McLennan, Gregor. 1996. "Post-Marxism and the 'four sins' of modernist theorizing." *New Left Review*, no. 218, July-August.

McQuail, Denis. 1997. "Policy help wanted: Willing and able media culturalists please apply." in Cultural Studies In Questions. ed. Marjorie Ferguson and Peter Golding. Sage, London.

_____. 1998a. "Changing media and changing society." in *Media Policy: Convergence, Concentration and Commerce*. ed. Denis McQuail and Karen Siune. Sage, London.

_____. 1998b. "Commercialization and beyond." in Media Policy: *Convergence, Concentration and Commerce*. ed. Denis McQuail and Karen Siune. Sage, London.

Meier, Werner A. and Josef Trappel. 1998. "Media concentration and the public interet." in Media Policy: *Convergence, Concentration and Commerce*. ed. Denis McQuail and Karen Siune. Sage, London.

Mepham, John. 1979. "The theory of ideology in Capital." in *Issues In Marxist Philosophy, Epistemology, Science, Ideology Volume 3*. ed. John Mepham and D. H. Ruben. Harvester Press, Hassocks.

Merriden, Trevor. 2001. *Irresistible Forces: the Business Legacy of Napster and the Growth of the Underground Internet*. Capstone, Oxford.

Mészáros, Istvan. 1995. *Beyond Capital*. Merlin Press, London.

Miliband, Ralph. 1987. *The State in Capitalist Society*. Quartet Books, London.

Moran, Albert. 1996. *Film Policy: International, National and Regional Perspectives*. Routledge, London.

Mulvey, Laura. 1996. "The carapace that failed: Ousmane Sembene's Xala." in *Fetishism and Curiosity*. ed. Laura Mulvey. BFI, London.

Murdock, Graham. 1997. "Base notes: The conditions of cultural practice." in *Cultural Studies In Questions*. ed. Marjorie Ferguson and Peter Golding. Sage, London.

_____. 2000. "Reconstructing the ruined tower: Contemporary communications and questions of class." in *Mass Media and Society*. ed. James Curran and Michael Gurevitch. Arnold, London.

_____. 2001. "Against enclosure: Rethinking the cultural commons' in *British Cultural Studies*. ed. David Morley and Kevin Robins. Oxford University Press, Oxford.

Murray, Patrick. 2000. "Marx's 'Truly social' labour theory of value: Part II. How is labour that is under the sway of capital *actually* abstract?" *Historical Materialism*, No. 7, Winter.

Negus, Keith. 1997. "The production of culture." in *Production of Culture/Cultures of Production*. ed. Paul du Gay. Open University Press/Sage, London.

Nichols, Bill. 1996. "Reality TV and social perversion." in Media Studies: A Reader. ed. Paul Marris and Sue Thornham. Edinburgh University Press, Edinburgh.

Noble, David. 1979. "The PMC: A critique." in *Between Capital and Labour*. ed. Pat Walker. Harvester Press, Hassocks.

Norris, Christopher. 1992. *Uncritical Theory: Postmodernism, Intellectuals and the Gulf War*. Lawrence and Wishart, London.

Palmer, Bryan, D. 1990. *Decent into Discourse: The Reification of Language and the Writing of Social History*. Temple University Press, Philadelphia.

Parekh, Bhikhu. 1982. *Marx's Theory of Ideology*. Croom Helm, London.

Penley, Constance. 1989. "Time travel, primal scene and the critical dystopia." in *Fantasy and the Cinema*. ed. James Donald. BFI, London.

Perkins, Julian. 1999. "The regulation of media content." in *The Media in Britain: Current Debates and Developments*. ed. Jane Stokes and Anna Reading. Macmillan, London.

Pietz, William. 1996. "Fetishism and materialism: The limits of theory in Marx." in *Fetishism as Cultural Discourse*. ed. Emily Apter and William Pietz. Cornell University Press, New York.

Pinker, Stephen. 1994. *The Language Instinct*. Penguin, London.

Piore, Michael and Charles Sable. 1984. *The Second Industrial Divide*. Basic Books, New York.

Porter, Vincent. 1983. "The context of creativity: Ealing Studios and Hammer Films." in *British Cinema History*. ed. James Curran and Vincent Porter. Barnes and Noble Books, New Jersey.

Prusak, Laurence. ed. 1997. *Knowledge in Organizations*. Butterworth Heinemann, Oxford.

Puttnam, David. 1997. *The Undeclared War: The Struggle for Control of the World's*

Films Industry. HarperColins, London.

Rees, John. 1998. *The Algebra of Revolution: The Dialectic and the Classical Maxist Tradition.* Routledge, London.

Reich, Robert. 1991. *The Work of Nations: Preparing Ourselves for 21st-Century Capitalism.* Simons and Schuster, London.

Rigby, S. H. 1998. *Marxism and History: A Critical Introduction.* Manchester University Press, Manchester.

Ritchie, Jean. 2000. *Big Brother: The Official Unseen Story.* Channel Four Books, London.

Roos, Johan. ed. 1997. *Intellectual Capital: Navigating the New Business Landscape.* Macmillan Business, Basingstoke.

Rustin, Michael. 1989. "The trouble with 'new times'." in *New Times: The Changing Face of Politics in the 1990s.* ed. Stuart Hall and Martin Jacques. Lawrence and Wishart, London.

Sable, Charles F. 1997. "Flexible specialisation and the re-emergence of regional economics." in *Post-Fordism: A Reader.* ed. Ash Amin. Blackwell, Oxford.

Said, Edward. 1978. *Orientalism.* Routledge and Kegan Paul, London.

Sardar, Ziauddin. 2002. "What Disney and the double victimization of Pocahontas." in *The Third Text Reader on Art, Culture and Theory.* ed. Rasheed Araeen, Sean Cubitt and Ziaudddin Sardar. Continuum Press, London.

Schiller, Dan. 1999. *Digital Capitalism: Networking the Global Market System.* MIT Press, Cambridge, Massachusetts.

Schiller, Herbert. 1989. *Culture, Inc.: The Corporate Takeover of Public Expression.* Oxford University Press, Oxford.

Schlosser, Eric. 2001. *Fast Food Nation.* Allen Lane. Penguin, London.

Sinclair, John. 1989. *Images Incorporated: Advertising as Industry and Ideology.* Routledge, London.

Smith, Andrew. 2001. "Reading wealth in Nigeria: Occult capitalism and Marx's vampires." *Historical Materialism: Research in Critical Marxist Theory,* vol. 9, Winter.

Sobchack, Vivian. ed. 2000. *Metamorphing: Visual Transformation and the Culture of Quick-Change.* University of Minnesota Press, Minneapolis.

Soper, Kate. 1986. *Humanism and Anti-Humanism: Problems of Modern European Thought.* Hutchinson, London.

Storper, Michael. 1997. "The transition to flexible specialisation in the US Film industry:

External economics, the division of labour and the crossing of industrial divides." in *Post-Fordism: A Reader*. ed. Ash Amin. Blackwell, Oxford.

Strinati, Dominic. 1995. *An Introduction to Theories of Popular Culture*. Routledge, London.

Tapscott, Don, Alex Lowy and David Ticoll. 1998. *Blueprint to the Digital Economy: Creating Wealth in the Era of E-business*. McGraw-Hill, London.

Taussig, Michael T. 1980. *The Devil and Commodity Fetishism in South America*. University of North Carolina Press, Chapel Hill.

_____. 1996. "Maleficium: State Fetishism." in *Fetishism as Cultural Discourse*. ed. Emily Apter and William Pietz. Cornell University Press, New York.

Taylor, Ronald. ed. 1988. *Aesthetics and Politics*. Verso, London.

Thompson, E. P. 1978. *The Poverty of Theory and Other Essays*. Merlin Press, London.

Thompson, John B. 1990. *Ideology and Modern Culture: Critical Social Theory in the Era of Mass Communication*. Polity Press, Cambridge.

Thrift, Nigel. 1999. "Capitalism's cultural turn." in *Culture and Economy After the Cultural Turn*. ed. Larry Ray and Andrew Sayer. Sage, London.

Tracey, Michael. 1998. *The Decline and Fall of Public Service Broadcasting*. Oxford University Press, Oxford.

Vološhinov, V. N. 1996. *Marxism and the Philosophy of Language*. Harvard University Press, Cambridge, Massachusetts.

Wallerstein, Immanuel. 1989. *Historical Capitalism*. Verso, London.

Wasko, Janet. 1994. *Hollywood in the Information Age: Beyond the Silver Screen*. Polity Press, Cambrige.

Wayne, Mike. 1997. *Theorising Video Practice*. Lawrence and Wishart, London.

_____. 2000. "Who Wants To Be A Millionaire? Contextual analysis and the endgame of public televison." in *Formations: A 21st Century Media Studies Textbook*. ed. Dan Fleming. Manchester University Press, Manchester.

_____. 2001. *Political Film: The Dialectics of Third Cinema*. Pluto Press, London.

_____. 2002a. *The Politics of Contemporary European Cinema: Histories, Borders, Diasporas*. Intellect Books, Bristol.

_____. 2002b. "Constellating Walter Benjamin and British cinema: A study of *The Private Life of Henry VIII* (1933)." *Quarterly Review of Film and Video*, vol. 19, no. 3, July-September.

Webster, Frank. 1995. *Theories of the Information Society*. Routledge, London.

Wilkin, Peter. 2001. *The Political Economy of Global Communication*. Pluto Press,

London.

Willemen, Paul. 1989. "The Third Cinema question: Notes and reflections." in *Questions of Third Cinema*. ed. Jim Pines and Paul Willemen. BFI, London.

Williams, Raymond. 1980. *Problems in Materialism and Culture*. Verso, London.

_____. 1988. Keywords: *A Vocabulary of Culture and Society*. Fontana Press, London.

Winston, Brian. 1995. *Claiming the Real: The Griersonian Documentary and its Legitimations*. BFI, London.

_____. 1998. *Media Technology and Society, A History: From the Telegraph to the Internet*. Routledge, London.

Wollen, Peter. 1970. *Signs and Meanings in the Cinema*. BFI/Thames and Hudson, London.

Wright, Erik Olin. 1979. "Intellectuals and the class structure." in *Between Labour and Capital*. ed. Pat Walker. Harvester Press, Hassocks.

Wyatt, Justin. 1998. "The formation of the 'major independent': Miramax, New Line and the new Hollywood." in *Contemporary Hollywood Cinema*. ed. Steve Neale and Murray Smith. Routledge, London.

Žižek, Slavoj. 1989. *The Sublime Object of Ideology*. Verso, London.

_____. ed. 1995. *Mapping Ideology*. Verso, London.

_____. 2001. *Enjoy Your Symptom! Jacques Lacan in Hollywood and Out*. Routledge, London.

찾아보기

ㄱ

가족 264~266
가치 67, 68, 97, 99, 125, 199~201, 213, 274, 275, 278, 279, 286, 298~300, 306, 308~313, 318, 319, 343, 362, 373~375, 377, 382
  사용가치 37, 38, 46, 57, 85, 86, 92, 99, 210, 216, 298~302, 306, 308, 310, 311, 313, 328, 363, 375, 376
  셀러브리티 199
  잉여가치 38, 48, 49, 56, 57, 66, 82, 86, 162, 166, 298, 301, 381
간주관성 326, 345, 349, 350, 352~354, 361, 368, 371, 387, 388
간햄 N. Garnham 49, 189
강제 151, 152, 201
결정의 척도 127, 128
경쟁 23, 36, 43, 47, 51, 70, 104~106, 108, 111, 141, 147, 155, 157, 158, 162, 163, 168, 169, 382
『경제학-철학 수고 Economic and Philosophical Manuscripts』 29, 75, 310
계급
  계급투쟁 39, 52, 89, 91, 99, 102, 114, 213, 228, 248, 278, 324, 325, 328, 359, 386
  계급투쟁과 기호 213, 214, 220, 221
  마르크스주의적 정의 36~40, 42~44, 69
  사회학적 정의 33~36, 40~43, 69, 355, 356
  의미 30~36, 44
계급의 사회학적 정의 33, 34, 36
계급투쟁 89
계급투쟁과 기호 221, 228, 325~328
고정자본 19, 72, 74, 76, 82, 84~86, 93, 95, 99, 186, 380
골드스미스 Teddy Goldsmith 152
공론장 92, 104, 125~128, 132, 137, 348, 372, 380, 383, 387
『공론장의 구조변동 The Structural Transformation of the Public Sphere』 348
『공산당 선언』 27, 294, 295, 306, 375
공영방송 142, 145, 146, 151, 157, 158, 164, 167~169, 171
관념론 184, 186~189, 204, 309~312, 371
광고 115, 124, 125, 129, 132, 133, 168~170, 292, 293, 303, 304
구디 Jade Goody 227
〈9월의 어느 날 One Day in September〉 331, 333, 339, 343, 387
구조주의 211, 235~238, 241, 252, 266, 339, 383
국민국가 102, 112, 113, 150, 171, 173, 174, 227, 334, 343
균형 242, 250, 328, 331, 332, 368
그라나다 Granada 163
그린 Michael Green 68
기술결정주의 74~79

ㄴ

『나사의 회전』^{The Turn of the Screw} 296
냅스터 74, 83, 84, 91~94, 96, 97, 99, 380
노동 분업 45, 62, 197, 270, 275, 300, 351, 361, 377, 382
노동계급 31~33, 35, 36, 40~44, 46, 49, 52, 58, 62, 63, 68, 112, 159, 201, 225, 295~297, 306, 330, 348, 349, 353, 355, 357, 358, 368
노동력 31, 37, 38, 42, 44, 46, 57, 58, 66, 67, 72, 112, 116, 165, 281, 299, 300, 307, 308, 315, 354, 375
〈노스페라투〉^{Nosferatu} 314
〈노트르담의 꼽추〉^{The Hunchback of Notre Dame} 120
〈누가 백만장자가 되고 싶어 하는가?〉^{Who Wants to be a Millionaire?} 217
〈뉴 잭 시티〉^{New Jack City} 64
≪뉴스 오브 더 월드≫^{News of the World} 226
뉴스코퍼레이션 107, 108, 155
≪뉴욕 포스트≫^{New York Post} 253
니콜스^{Bill Nichols} 220

ㄷ

〈다크엔젤〉^{Fallen} 308
〈다크시티〉^{Dark City} 285, 306, 311~314, 316~319, 376
닥터 드레^{Dr. Dre} 63, 95
〈닥터 모로의 DNA〉^{The Island of Dr. Moreau} 60, 61
담론 이론 209, 242, 243
대처^{Margaret Thatcher} 249, 263
더 쿠프^{The Coup} 63
더글러스^{Michael Douglas} 332
던클리^{Christopher Dunkley} 198, 200, 215
데리다^{Jacques Derrida} 239, 241, 242, 246, 253, 320, 340
데이비스^{Mike Davis} 154
≪데일리 메일≫^{Daily Mail} 248, 250, 257, 258
≪데일리 미러≫^{Daily Mirror} 260
〈도시괴담〉^{Urban Ghost Story} 307
독립텔레비전위원회(영국) 128, 170
『독일 이데올로기』^{The German Ideology} 187, 202, 205
독점 43, 62, 95, 96, 103~107, 109~114, 116, 117, 125, 136, 145, 147, 150, 163, 193, 235, 237, 239
돈 24, 245, 300
동의 151, 166, 171, 177
드보르^{Guy Debord} 77, 220
〈디 아더스〉^{The Others} 295~297
디즈니 104, 107, 118~124, 127, 135, 136, 153, 338

ㄹ

〈라스트 리조트〉^{Last Resort} 290, 291
라이시^{Robert Reich} 60, 115, 123
라이트^{Erik Olin Wright} 45
라캉^{Jacques Lacan} 242, 273, 320, 341
래시^{Scott Lash} 116
러스틴^{Michael Rustin} 114
레닌^{Vladimir Lenin} 139, 351
레비스트로스^{Claude Lévi-Strauss} 320
레이지 어게인스트 더 머신^{Rage Against The Machine} 57
레터먼^{David Letterman} 124, 125
로렌스^{Stephen Lawrence} 257, 258
로벨^{Terry Lovell} 256
로슨^{Nigella Lawson} 231
『루이 보나파르트의 브뤼메르 18일』^{The Eighteenth Brumaire of Louis Bonaparte} 297
루카치^{G. Lukács} 181, 235, 236, 271, 275~277, 285, 287, 290, 355, 359, 362,

364~366, 378
리그비^{S. H. Rigby} 90, 91
리스^{John Reith} 169
리오타르^{Jean-François Lyotard} 347
리히텐버그^{Judith Lichtenberg} 331~335
〈릴로와 스티치^{Lillo and Stitch}〉 338
〈링^{Ring}〉 295

ㅁ

마르코니 76
마르크스^{Karl Marx} 27, 37, 40, 65~69, 75, 76, 78, 82, 86, 87, 90, 92, 93, 99, 155, 162, 166, 186~188, 208, 209, 262, 267, 273, 275, 282, 292, 294, 296~299, 305, 307~312, 315, 324, 330, 353~355, 357~359, 374
『마르크스의 이데올로기 이론^{Marx's Theory of Ideology}』 357
『마르크스주의와 언어철학^{Marxism and the Philosophy of Language}』 181, 236
마텔라르^{Armand Mattelart} 169
마허^{Bill Maher} 153
만델^{Ernest Mandel} 29, 47, 48
매개 45, 60, 80, 85, 144, 188, 190~193, 200, 202, 207~211, 216, 220, 239, 242, 245, 257, 270, 278, 285, 288, 295, 315, 324, 328~330, 336, 349, 353, 355, 359, 361, 363, 368, 371, 372, 378~380, 382~387
매콜^{Davina McCall} 222
매쿼일^{Denis McQuail} 167
매퀼런^{Martin McQuillan} 128
〈매트릭스^{Matrix}〉 23, 308
맥도널드^{Kevin Macdonald} 331, 333
맥체스니^{Robert W. McChesney} 130
머독^{Graham Murdock} 98, 190, 191, 211
머독^{Rupert Murdoch} 108, 131, 135, 155, 163, 175
멀론^{John Malone} 108
메자로스^{István Mészáros} 139, 155
모순 25, 31, 43, 57, 69, 72, 73, 78, 81, 82, 84, 85, 87, 89, 99, 103, 110, 127, 137, 139, 141, 146, 147, 162, 163, 171, 188, 190, 191, 196, 198, 205, 215, 223, 235, 250, 259, 262, 273, 327, 328, 344, 365, 375, 379~381, 383, 385, 386
모순의 억압 212, 213, 254
사고와 사물 337
사고와 실재 사이의 336, 337
생산양식과 발전양식 사이의 215, 216
어린이 재현에서의 288
의식 안에서의 270
이데올로기 내에서의 259, 327
주체 내에서의 273
토대와 상부구조 사이의 196~198, 227
몬산토 131, 152
〈몬스터 주식회사^{Monster, Inc.}〉 121, 122
무로니^{Cristina Murroni} 146~148
무솔리니^{Benito Mussolini} 260
문화화 50~53, 246, 377
〈뮬란^{Mulan}〉 120
미 레코드 산업 연합^{RIAA} 74, 95
〈미녀와 야수^{Beauty and Beast}〉 120
미디어 구조 103, 104, 109, 110, 112, 120~124, 168~170, 216~221
미라맥스 필름 121, 122
〈미스터 빈^{Bean}〉 107
밀로세비치^{Slobodan Milošević} 61, 149

ㅂ

바르트^{Roland Barthes} 32, 237, 250, 253
〈바운티호의 반란^{Mutiny on the Bounty}〉 274, 276

바흐친^{Mikhail Bakhtin} 251, 253, 255, 266
발리바르^{Etienne Balibar} 193
발전양식 52, 74, 79~81, 92, 98, 103, 108, 111, 125, 136, 166, 174, 183, 193, 194, 198, 199, 215, 220, 221, 228, 237, 239, 324, 378, 380
방송표준위원회(영국) 129
번^{Eleanor Byrne} 128
베넷^{Tony Bennett} 148, 162, 184
베를루스코니^{Silvio Berlusconi} 154, 175
베버^{Max Weber} 276
베텔스만 93, 98, 108, 154
벤야민^{Walter Benjamin} 83, 84, 92, 292, 337
벤틀리^{Marcus Bentley} 222
벤하빕^{Seyla Benhabib} 326, 361, 371
보수당(영국) 128, 156, 163
『보이는 것의 서명^{Signatures of the Visible}』 212
〈보이즈 앤 후드^{Boyz N the Hood}〉 64
볼로시노프^{V. N. Vološinov} 181, 205, 213, 236, 237, 246, 251, 255, 266
부르디외^{Pierre Bourdieu} 45
부시^{George W. Bush} 154, 185, 260, 331
『부정변증법^{Negative Dialectics}』 229, 336, 337, 348, 354, 364, 386
〈불의^{Injustice}〉 367~369, 387
브랜도^{Marlon Brando} 60, 275
브레이버먼^{Harry Braverman} 46
〈브레즈네프에게 보내는 편지^{A Letter to Breznev}〉 39
브릭스^{A. Briggs} 144
블레어^{Tony Blair} 234, 240, 260
〈블루칼라^{Blue Collar}〉 32
비버브룩 경^{Lord Beaverbrook} 169
비벤디 98, 108, 123, 154, 301
비아콤 107
〈빅브러더^{Big Brother}〉 28, 199, 200, 211~219, 221~223, 225, 226, 228, 260, 291, 379, 385, 386
〈빅브러더의 리틀 브러더^{Big Brother's Little Brother}〉 219
빈라덴^{Osama bin Laden} 61, 153

ㅅ

사르트르^{Jean-Paul Sartre} 290
사물화 270, 271, 275, 277~279, 285, 304, 305, 311~313, 316, 319, 320, 324, 387
사이드^{Edward Said} 241, 333
사파티스타 86
상호의존
 부정 248
 사회적이고 경제적인 31, 41, 243, 330, 352, 356, 361, 376, 388
 상호의존과 동일시 333
 상호의존과 젠더 286
 언어의 상호의존 205, 206, 236, 237, 248, 251, 252, 266, 326
 지배적인 극과 종속적인 극의 상호의존 325
 토대와 상부구조의 208
생산양식 19, 46, 52, 74, 78~81, 98, 103, 111, 125, 153, 174, 183, 185, 186, 187, 189, 193, 195~198, 201, 202, 204~211, 213~215, 217, 220, 224, 227, 243, 273, 275, 278, 281, 309, 324, 327, 348, 349, 352, 358, 360, 371, 378~380, 387, 388
 봉건적 85, 194, 196
 생산력과 생산관계 87~92
 생산양식과 언어 248, 326, 383
 이누이트 244
 정의 72, 73
〈서바이버^{Survivor}〉 217
「서비스 무역에 관한 일반 협정^{GATS}」 150

〈세상에서 가장 운 좋은 땅콩The Luckiest Nut in the World〉 337
세이블Charles Sable 101, 109, 116, 123
〈섹스 앤 더 시티Sex and the City〉 293, 294
소니 93, 95, 98, 108
소브책Vivian Sobchack 318
소쉬르Ferdinand de Saussure 230, 232, 235, 236, 238, 239, 241, 242, 244, 245, 257, 266, 270
수행적 모순 250, 344
슈뢰더Gerhard Schröder 175
〈슈팅 라이크 베컴Bend It Like Beckham〉 177
스노John Snow 88
스미스Adam Smith 374
〈스타텁 닷컴Startup.com〉 365
스탠리Richard Stanley 60, 61
스토퍼M. Storper 116
스톨먼Richard Stallman 55, 56
〈스트레이트 아웃 오브 브루클린Straight Out of Brooklyn〉 64
스트리나티Dominic Strinati 185
〈식스 센스The Six Sense〉 388
신노동당(영국) 382
『신성가족The Holy Family』 309, 321
신자유주의 113, 117, 142, 150, 160, 168, 178, 273, 337, 359, 381, 382
『신화론Mythologies』 237

ㅇ

아글리에타Michael Aglietta 76, 109, 114, 115
아도르노T. W. Adorno 58, 189, 229, 293, 327, 336~338, 341, 344, 348, 354, 363, 364, 386
아동 264
아리스토텔레스Aristoteles 67, 68
아마리글리오Jack Amariglio 304
〈아메리칸뷰티American Beauty〉 286

아이스너Michael Eisner 118, 119, 124, 135
아프가니스탄 61, 153, 253
〈악마의 등뼈The Devil's Backborne〉 288, 289, 295
〈악의 손길Touch of Evil〉 59
알리Muhammad Ali 253, 254
알자지라 153
알튀세르Louis Althusser 193, 207~210, 272, 273, 320, 379
애넌 보고서 164, 169
애버크롬비Nicholas Abercrombie 263
애버트Paul Abbot 46, 47
애플렉Ben Affleck 121
어리John Urry 116
언더커런츠Undercurrents 323
에런라이크Barbara Ehrenreich 42, 48
〈에이리언Alien〉 32, 35, 36, 42
에이커Jane Akre 131
≪에콜로지스트Ecologist≫ 152
엔데몰 엔터테인먼트 216, 218, 219
엔드 크레디트 22~25, 117
엥겔스Friedrich Engels 187, 203~205, 309, 310
여성주의 293
『역사와 계급의식History and Class Consciousness』 181, 235, 277
연방라디오위원회(미국) 145
영화위원회(영국) 151, 159, 176
예술위원회(영국) 151
오스틴Jade Austin 265
오스틴Keiren Austin 265
오픈소스 55, 56, 85, 96, 99
와스코Janet Wasko 110
와인스타인Bob Weinstein 122
와인스타인Harvey Weinstein 122
〈우리는 파키스탄인East is East〉 176
〈우주생명체 블롭The Blob〉 66
우즈Tiger Woods 252, 254

웨어 John Ware 368
웰스 Orson Wells 59, 60
윈스턴 Brian Winston 89
윌리스 Bruce Willis 121
윌리엄스 Raymond Williams 183, 190, 203, 206, 208, 215
윌먼 Paul Willemen 334
윌슨 Steve Wilson 131
유네스코 UNESCO 143, 161
유럽연합 157
유럽위원회 160
유령 271, 272, 288, 289, 294~297, 304~307, 309, 315, 375, 382, 387, 388
유리미지스 Eurimages 160
유물론 186~190, 204~207, 210, 228, 235, 245, 272, 285, 290, 292, 308, 309, 311, 312, 320, 383
  자본의 탈물질화 논리 272, 285, 292, 305, 307, 309, 375~379
〈유브 갓 메일 You Have Mail〉 43
이글턴 Terry Eagleton 172, 200, 206, 239, 258
이념소 35, 214, 221~223, 227, 385
이데올로기 49, 53, 86, 143, 164, 187, 188, 220, 231, 240, 241, 248~250, 252, 255~266, 270, 280, 281, 283, 289, 302, 303, 306, 316, 323, 324, 331, 341, 342, 377, 383
이멜트 Jeff Immelt 134, 135
〈이모 二嬢〉 174
《이브닝 뉴스 Evening News》 133
《이브닝 스탠더드 Evening Standard》 133
이상주의 94, 146, 165, 218, 224
『이차 산업분할 The Second Industrial Divide』 101
인터넷 24, 28, 53~55, 73~78, 85~89, 92, 93, 95, 96, 98, 210, 365, 380
  닷컴 붕괴 73, 76, 79, 171, 290, 302, 313, 366

인터넷과 〈빅브러더〉 218, 219, 221, 222
인텔리겐치아 43, 45, 52, 53, 62, 69, 72, 112, 159, 189, 196, 203, 330, 339, 342, 344, 359, 377, 382
일반공중허가서 55

ㅈ
자본가 계급 35, 155
자본의 인격화 36, 66, 67, 282, 364
『자본 Capital』 12, 166, 273, 278, 282, 298, 304, 373
『재현, 문화적 재현, 그리고 의미화 실천 Representation, Cultural Representation and Signifying Practices』 243
잭슨 Leonard Jackson 204
『정치적 무의식 The Political Unconscious』 211
제너럴 일렉트릭 108, 118
제임슨 Fredric Jameson 26, 35, 101, 197, 198, 201, 211~215, 220, 226, 227, 306, 316~318, 324, 384
졸리 Angelina Jolie 121
주체 198~200, 214, 215, 226, 227, 229, 236, 241, 271~275, 279~282, 284, 286~291, 293~295, 301, 303, 304, 306, 307, 311~313, 315~317, 319, 320, 326, 327, 329~331, 333~335, 344, 349~352, 354, 367, 370, 371, 375, 385~388
  객관적 주체 329, 330, 335, 370
  주관주의 236, 338, 370
중간계급 33
중산층 36, 39, 40, 42~46, 48, 49, 57, 62, 69, 130, 132, 133, 197, 198, 275, 291, 294, 368
지위변화모델 323~325, 334, 368, 384
지젝 Slavoj Žižek 273, 281, 310, 340~343, 359,

370, 386

ㅊ

차다^{Gurinder Chadha} 176
채널4 88, 129, 170, 217~219
채널5 129
촘스키^{Noam Chomsky} 104, 127
추상화 70, 309, 310, 378

ㅋ

카날 플뤼^{Canal Plus} 155
카스텔^{Manuel Castells} 74, 79~81, 85, 98, 193, 221
칼라리^{Antonio Callari} 304
〈칼리가리 박사의 밀실^{The Cabinet of Dr. Caligari}〉 314
칼튼 커뮤니케이션즈^{Carlton Communications} 68
〈캐스터웨이^{Castaway}〉 218
〈캔디맨^{Candyman}〉 295
켈너^{Douglas Kellner} 190
코르슈^{Karl Korsch} 232
코르준^{Dina Korzun} 290
코울링^{Keith Cowling} 114
코토^{Yaphet Kotto} 32
코펠^{Ted Koppel} 124, 125
코헨^{G. A. Cohen} 91
〈콜드피트^{Cold Feet}〉 57
콜린스^{Richard Collins} 146~148
퀸^{Carol Quinn} 266
크로커^{Arthur Kroker} 89
크로프츠^{Stephen Crofts} 176
크리스토퍼슨^{S. Christopherson} 116
클라크^{John Clarke} 48
〈클라킹오프^{Clocking Off}〉 46
키넌^{Thomas Keenan} 298
키르히^{Leo Kirch} 175
킬머^{Val Kilmer} 60

ㅌ

타우시그^{Michael Taussig} 271, 285
≪타임스^{The Times}≫ 234, 241, 248
타임워너 98, 107, 135, 136, 154, 219
테러리즘 287, 343
텔레포니카^{Telefonica} 219
〈토이스토리^{Toy Story}〉 121, 127
톰슨^{John B. Thompson} 256
트로츠키^{Leon Trotsky} 386
〈트루먼쇼^{The Truman Show}〉 306

ㅍ

〈파노라마^{Panorama}〉 369, 370, 387
파레크^{Bhikhu Parekh} 357~359
〈파이^{Pi}〉 282, 283
≪파이낸셜 타임스^{Financial Times}≫ 124, 198, 200
〈파이트클럽^{Fight Club}〉 286, 287
패닝^{Shawn Fanning} 93, 94
〈패스워드^{Antitrust}〉 41, 93, 94
퍼킨스^{Stephen Perkins} 358
퍼트넘^{David Puttnam} 144, 382
페인^{Sarah Payne} 265
〈펠햄 123^{The Taking of Pelham 123}〉 315
포드주의 103, 108, 109, 111~114, 116, 124, 160, 165, 166, 179, 237, 239
포스트모더니즘 212, 214, 215, 224, 316, 317, 340, 363
포스트포드주의 80, 103, 104, 108~111, 113, 114, 116, 124, 136, 165, 169, 199, 237, 381
〈포카혼타스^{Pocahontas}〉 120
포터^{Vincent Porter} 59
〈폴리티컬리 인커렉트^{Politically Incorrect}〉 153

푸코^{M. Foucault}　241, 246, 247, 320, 340, 344
〈프렌치 커넥션^{French Connection}〉　315
프롤레타리아　42, 47, 52, 275, 307, 353, 358, 361~364, 375
프롭^{Vladimir Propp}　237
프리드먼^{Milton Friedman}　107
프리소프트웨어 재단　55
프티부르주아　42~45, 47, 52, 64, 72, 159, 196, 259
〈플레전트빌^{Pleasantville}〉　306
피누케인^{Pat Finucane}　369
피닌베스트　154
피오레^{Michael Piorre}　101, 109
피카소^{Pablo Picasso}　289
필거^{John Pilger}　260, 347

ㅎ

하버마스^{Jürgen Harbermas}　126, 127, 132, 165, 241, 250, 251, 326, 340, 343~346, 348~352, 359~371, 387
하비^{David Harvey}　105, 109, 115
〈해리포터와 마법사의 돌^{Harry Porter and the Philosopher's Stone}〉　196, 225, 308
〈해변의 바지^{Bhaji on the Beach}〉　177
해크먼^{Gene Hackman}　121
허먼^{Edward S. Herman}　104, 127, 130
허튼^{Will Hutton}　168
헤게모니　151, 174, 203, 214, 231, 246, 255, 260, 262, 267, 383, 384
헤겔^{G. W. F. Hegel}　162, 187, 188, 191, 204, 208, 209, 248, 267, 272, 309, 310, 325
헤스몬달^{David Hesmondhalgh}　59
〈헬레이저^{Hellraiser}〉　122, 314
『현대성의 철학적 담론^{The Philosophical Discourse of Modernity}』　340, 349

현상-형태　103, 136, 149, 150, 166~168, 178, 179, 191, 272, 279, 280, 284, 304~306, 312, 320, 374, 378, 381, 382
호스킨스^{Collin Hoskins}　106
홀^{Stuart Hall}　243, 244
후기구조주의　239, 266, 337, 339
휴스^{David Hughes}　60
흑인 영화　62, 64
힙합　57, 63, 64

1990년 방송법(영국)　128, 163
AT&T　108, 123, 150
BBC　130, 135, 169, 170, 218, 368
BSkyB　129, 163, 167
〈ER〉　170
GATT　175
IMF　22, 102, 276, 337
ITV　57, 128, 129, 130, 142, 156, 163, 217, 348
ITV 디지털　155, 163, 292, 293
MAFF　88, 172
MEDIA 프로그램　160
N. W. A.^{Niggaz With Attitude}　63
OFCOM　151
RAI　154
TF1　169
WTO　102, 135, 150, 174, 175

지은이

마이크 웨인 Mike Wayne
브루넬대학교 교수(필름 및 텔레비전 연구)
*Dissident Voices: The Politics of Television and Cultural Change*의 편집자이며 *Political Film: The Dialectics of Third Cinema*의 저자.

옮긴이

류웅재
한양대학교 사회과학대학 미디어커뮤니케이션학과 교수
경기개발연구원 연구위원, 호남대학교 신문방송학과 교수, 조지아주립대학교 방문교수 역임
조지아주립대학교 커뮤니케이션학 박사
주요 논저: 『작은 문화콘텐츠 만들기』(공저), 『문화저널리즘』(공저), 『소통하는 문화기획론』(공저), 『시민사회와 의식』(공저), 「담론분석과 정치경제학의 조우가능성에 관한 탐색적 연구」, 「절충적 세계화와 국가의 담론정치」, 「한국 문화연구의 정치경제학적 패러다임에 대한 모색」, 「한류문화산업에 대한 비판적 제언과 전망」, "The Political Economy of Global Mediascape", "Globalization, or the Logic of Cultural Hybridization" 등.

김수철
숭실대학교 글로벌미디어학부 BK21 연구교수
캐나다 사이먼프레이저대학교 커뮤니케이션학부 박사 후 연구원 역임
일리노이대학교 커뮤니케이션학 박사
주요 논저: 「유비쿼터스 커뮤니케이션 환경에 대한 이론적 고찰」, "Moving around Seoul", "Relocating the National", "Seoul Searching", "Metropolis, Memory, and Visual Media" 등.

이희은
조선대학교 신문방송학과 교수
아이오와대학교 커뮤니케이션학 박사
주요 논저: Medi@sia: Global Media/tion In and Out of Context(공저), 『인간의 인간적 활용: 사이버네틱스와 사회』(역서), 「텔레비전 버라이어티쇼의 사적인 이야기 서술」 등.

이영주
한국예술종합학교 한국예술연구소 책임연구원
성균관대학교 사회과학대학 신문방송학 박사
방송통신심의위원회 특별위원, 한국언론정보학회 연구이사 역임
주요 논저: 『작은 문화콘텐츠 만들기』(공저), 『텔레비전 프로그램 포맷 창작론』(공저), 『방송통신융합시대 공영방송의 좌표와 개혁』(공저), 「방송 공공성의 구조변동 연구」, 「정치, 저널리즘, 그리고 미디어커뮤니케이션 양식 변환의 의미」, 「한류 담론의 비판적 성찰: 열정과 위기론을 넘어 현실을 들여다보기」, 「지식 저널리즘과 텔레비전 문화」, 「한국 언론학에서의 문화연구에 대한 메타분석과 일비판」 등.

성민규
울산과학기술대학교(UNIST) 기초과정부 교수
아이오와대학교 커뮤니케이션학 박사
고려대학교, 서울대학교, 연세대학교 강사 역임
주요 논저: "The Psychiatric Power of Neo-liberal Citizenship: The North Korean Human Rights Crisis, North Korean Settlers, and Incompetent Citizens", "The 'Truth Politics' of Anti-North Koreanism: The Post-Ideological Cultural Representation of North Korea and the Cultural Criticisms of Korean Nationalism" 등.

한울아카데미 1571
마르크스, TV를 켜다 마르크스주의 미디어 연구의 쟁점과 전망
ⓒ 류웅재·김수철·이희은·이영주·성민규, 2013

지은이 | 마이크 웨인
옮긴이 | 류웅재·김수철·이희은·이영주·성민규
펴낸이 | 김종수
펴낸곳 | 도서출판 한울
편집책임 | 박록희

초판 1쇄 인쇄 | 2013년 6월 24일
초판 1쇄 발행 | 2013년 7월 15일

주소 | 413-756 경기도 파주시 파주출판도시 광인사길 153(문발동 507-14) 한울시소빌딩 3층
전화 | 031-955-0655
팩스 | 031-955-0656
홈페이지 | www.hanulbooks.co.kr
등록번호 | 제406-2003-000051호

Printed in Korea.
ISBN (양   장) 978-89-460-5571-1 93330
    (학생판) 978-89-460-4730-3 93330

* 책값은 겉표지에 표시되어 있습니다.
* 이 도서는 강의를 위한 학생판 교재를 따로 준비했습니다.
   강의 교재로 사용하실 때에는 본사로 연락해주십시오.